舊唐書

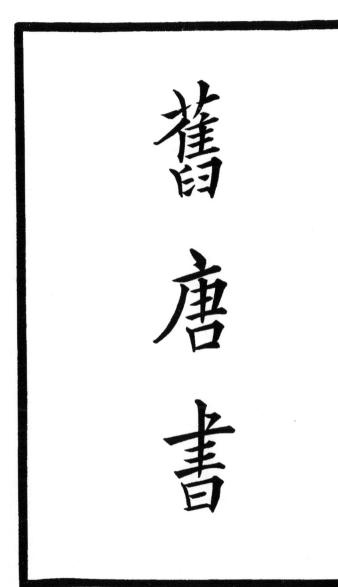

四部備要

史部

中華書局據武英殿本校刊

桐鄉陸費逵總勘

杭縣高時顯　吳汝霖輯校

杭縣丁輔之監造

舊唐書卷八十

後晉司空同中書門下平章事劉昫撰

列傳第三十

褚遂良　韓瑗　來濟　上官儀

褚遂良散騎常侍亮之子也大業末隨父在隴右薛舉僭號署爲通事舍人舉敗歸國授秦州都督府鎧曹參軍貞觀十年自祕書郎遷起居郎遂良博涉文史尤工隸書父友歐陽詢甚重之太宗嘗謂侍中魏徵曰虞世南死後無人可以論書徵曰褚遂良下筆遒勁甚得王逸少體太宗卽日召令侍書太宗嘗出御府金帛購求王羲之書迹天下爭齎古書詣闕以獻當時莫能辯其真僞遂良備論所出一無舛誤十五年詔有事太山先幸洛陽有星孛于太微犯郎位遂良言於太宗曰陛下撥亂反正功超前烈將告成東嶽天下幸甚而行至洛陽彗星輒見此或有所未允合者也且漢武優柔數年始行岱禮臣愚伏願詳擇太宗深然之下詔罷封禪之事其年遷諫議大夫兼知起居事太宗嘗問卿

知起居記錄何事大抵人君得觀之否遂良對曰今之起居古左右史書人君言事且記善惡以爲鑒誡庶幾人主不爲非法不聞帝王躬自觀史太宗曰朕有不善卿必記之耶遂良曰守道不如守官臣職當載筆君舉必記黃門侍郎劉洎曰設令遂良不記天下亦記之矣太宗以爲然時魏王爲太宗所愛禮秩如嫡其年太宗問侍臣曰當今國家何事最急中書侍郎岑文本曰傳稱導之以德齊之以禮由斯而言禮義爲急遂良進曰當今四方仰德誰敢爲非但太子諸王須有定分陛下宜爲萬代法以遺子孫太宗曰此言是也朕年將五十已覺衰怠既以長子守器東宮弟及庶子數將五十心常憂慮頗在此耳但古嫡庶無良何嘗不傾敗國家公等爲朕搜訪賢德以傳儲宮爰及諸王咸求正士且事人歲久卽分義情深非意窺窬多由此作於是限王府官僚不得過四考七年太宗問遂良曰舜造漆器禹雕其俎當時諫舜禹者十餘人食器之間苦諫何也遂良對曰雕琢害農事纂組傷女工首創奢淫危亡之漸漆器不已必金爲之金器不已必玉爲之所以諍臣必諫其漸及其滿盈無所復諫太宗

以爲然因曰夫爲人君不憂萬姓而事奢淫危亡之機可反掌而待也時皇子年幼者多任都督刺史遂良上疏曰昔兩漢以郡國理人除郡以外分立諸子割土分疆雜用周制皇唐州縣粗依秦法皇子幼年或授刺史陛下豈不以王之骨肉鎭扞四方此之造制道高前烈如臣愚見有小未盡何者刺史郡帥民仰以安得一善人部內蘇息遇一不善合州勞弊是以人君愛恤百姓常爲擇賢或稱河潤九里京師蒙福或人興歌詠生爲立祠漢宣帝云與我共理者惟良二千石如臣愚見陛下兒子內年齒尚幼未堪臨人者且留京師教以經學一則畏天之威不敢犯禁二則觀見朝儀自然成立因此積習自知爲人審堪臨州然後遣出臣謹按漢明章和三帝能友愛于弟自茲已降取爲準的封立諸王雖各有國土年尚幼小者召留京師訓以禮法垂以恩惠訖三帝世諸王數十百人唯二王稍惡自餘飡和染教皆爲善人則前事已驗惟陛下詳察太宗深納之其年太子承乾以罪廢魏王泰入侍太宗面許立爲太子因謂侍臣曰昨青雀自投我懷云臣今日始得與陛下爲子更生之日也臣唯有一子臣

百年之後當爲陛下殺之傳國晉王父子之道故當天性我見其如此甚憐之遂良進曰陛下失言伏願審思無令錯誤也安有陛下百年之後魏王執權爲天下之主而能殺其愛子傳國於晉王者乎陛下昔立承乾爲太子而復寵愛魏王禮數或有踰於承乾者良由嫡庶不分所以至此殷鑒不遠足爲龜鏡陛下今日既立魏王伏願陛下別安置晉王始得安全耳太宗涕泗交下曰我不能即日召長孫無忌房玄齡李勣與遂良等定策立晉王爲皇太子時頻有飛雉集於宮殿之內太宗問羣臣曰是何祥也對曰昔秦文公時有童子化爲雉雌者鳴於陳倉雄者鳴於南陽童子曰得雄者王得雌者霸文公遂以爲寶雞後漢光武得雄遂起南陽而有四海陛下舊封秦王故雄雉見於秦地此所以彰表明德也太宗悅曰立身之道不可無學遂良博識深可重也尋授太子賓客時薛延陁遣使請婚太宗許以女妻之納其財聘既而不與遂良上疏曰臣聞信爲國本百姓所歸是以文王許枯骨而不違仲尼寧去食而存信延陁囊歲迺一俟斤耳值神兵北指盪平沙塞狠山瀚海萬里蕭條陛下兵加諸外而

恩起於內以爲餘寇奔波須立酋長璽書鼓纛立爲可汗其懷恩光仰天無極而餘方戎狄莫不聞知以共沐和風同滄恩信頃者頻年遣使請婚大國陛下復降鴻私許其姻媾於是報吐蕃告思摩示中國五尺童子人皆知之於是御幸北門受其獻食于時百寮端笏戎夷左袵虔奉歡宴皆承德音口歌手舞樂以終日百官會畢亦各有言咸以爲陛下欲得百姓安寧不欲邊境交戰遂不惜一女而妻可汗預在含生所以感德今一朝生進退之意有改悔之心臣爲國家惜茲聲聽君子不失色於物不失口於人晉文公圍原命三日糧原不降命去之諜出曰原將降矣軍吏請待之公曰信國之寶也民之庇也得原失信何以庇之陛下慮生意表信在言前今者臨事忽然乖殊所惜尤少所失滋多情既不通方生嫌隙一方所以相畏忌邊境不得無風塵西州朔方能無勞擾彼胡以主被欺而心怨此士以此無信而懷慚不可以訓戎兵不可以勵軍事伏惟陛下以聖德神功廓清四表自君臨天下十有七載以仁恩而結庶類以信義而撫戎夷莫不欣然負之無力其見在之人皆思報厚德其所生胤嗣亦

望報陛下子孫今者得一公主配之以成陛下之信有始有卒其唯聖人乎且
又龍沙以北部落無算中國擊之終不能盡亦由可北敗茵茵與突厥亡延陁
盛時以古人虛外實內懷之以德為惡在夷不在華失信在彼不在此伏惟陛
下聖德無涯威靈遠震遂平高昌破吐渾立延陁滅頡利輕刑薄賦庶事無壅
菽粟豐賤祥符累臻此則堯舜禹湯不及陛下遠矣伏願旁垂愷悌廣茲含育
而常嗔絕域有意遠藩非偃伯興文之道非止戈為武之義臣以庸暗忝居左
右敢獻瞽言不勝戰懼時太宗欲親征高麗顧謂侍臣曰高麗莫離支賊殺其
王虐用其人夫出師弔伐當乘機便今因其弒虐誅之甚易遂良對曰陛下兵
機神算人莫能知昔隋末亂離手平寇亂及北狄侵邊西蕃失禮陛下欲命將
擊之羣臣莫不苦諫陛下獨斷進討卒並誅夷海內之人徼外之國畏威懾伏
為此舉也今陛下將興師遼東臣意熒惑何者陛下神武不比前代人君兵既
渡遼指期剋捷萬一差跌無以威示遠方若再發忿兵則安危難測太宗深然
之兵部尚書李勣曰近者延陁犯邊陛下必欲追擊此時陛下取魏徵之言遂

失機會若如聖策延陁無一人生還可五十年間疆場無事帝曰誠如卿言由
魏徵誤計耳朕不欲以一計不當而尤之後有良算安肯失謀繇是從勳之言
經畫渡遼之師遂寢良以太宗銳意三韓懼其遺悔翌日上疏諫曰臣聞有國家
者譬諸身兩京等於心腹四境方乎手足他方絕域若在身外臣近於坐下伏
奉口勅布語臣下云自欲伐遼臣數夜思量不達其理高麗王爲陛下之所立
莫離支輒殺其主陛下討逆收地斯實乘機關東賴陛下德澤久無征戰但命
二三勇將發兵四五萬飛石輕梯取如迴掌夫聖人有作必履常規貴能剋平
兇亂駕馭才傑惟陛下弘兩儀之道扇三五之風提厲人物皆思効命昔侯君
集李靖所謂庸夫猶能掃萬里之高昌平千載之突厥皆是陛下發蹤指示聲
歸聖明臣旁求史籍訖乎近代爲人之主無自伐遼人臣往征則有之矣漢朝
則荀彘楊僕魏代則毋丘儉王頎司馬懿猶爲人臣慕容真僭號之子皆爲其
主長驅高麗虜其人民削平城壘陛下立功同於天地美化包於古昔自當超
邁於百王豈止俯同於六子陛下昔翦平寇逆大有爪牙年齒未衰猶堪任用

匪唯陛下之所使亦何行而不克方今太子新立年實幼少自餘藩屏陛下所
知今一旦棄金湯之全渡遼海之外臣忽三思煩愁並集大魚依於巨海神龍
據於川泉此謂人君不可輕而遠也且以長遼之左或遇霖淫水潦騰波平地
數尺夫帶方玄菟海途深渺非萬乘所宜行踐東京太原謂之中地東撝可以
爲聲勢西指足以摧延陁其於西京逕路非遠爲其節度以設軍謀繫莫離支
頸獻皇家之廟此實處安全之上計社稷之根本特乞天慈一垂省察太宗不
納十八年拜黄門侍郎參綜朝政高麗莫離支遣使貢白金遂良言於太宗曰
莫離支虐弑其主九夷所不容陛下以之興兵將事弔伐爲遼山之人報主辱
之恥古者討弑君之賊不受其賂昔宋督遺魯君以郜鼎桓公受之於太廟臧
哀伯諫曰君人者昭德塞違今滅德立違而寘其賂器於太廟百官象之其又
何誅焉武王克商遷九鼎於洛邑義士猶或非之而況將昭違亂之賂器寘諸
太廟其若之何夫春秋之書百王取法若受不臣之筐篚納弑逆之朝貢不以
爲愆何所致伐臣謂莫離支所獻自不得受太宗納焉以其使屬吏太宗既滅

高昌每歲調發千餘人防遏其地遂良上䟽曰臣聞古者哲后必先事華夏而後夷狄務廣德化不事遐荒是以周宣薄伐至境而止始皇遠塞中國分離漢武負文景之聚財翫士馬之餘力始通西域初置校尉軍旅連出將三十年復得天馬於宛城採蒲萄於安息而海內虛竭生人失所租及六畜算至舟車因之凶年盜賊並起搜粟都尉桑弘羊復希主意遣士卒遠田輪臺築城以威西域帝翻然追悔情發於中棄輪臺之野下哀痛之詔人神感悅海內乃康向使武帝復用弘羊之言天下生靈皆盡之矣是以光武中興不踰葱嶺孝章即位都護來歸陛下誅滅高昌威加西域收其鯨鯢以爲州縣然則王師初發之歲河西供役之年飛芻輓粟十室九空數郡蕭然五年不復陛下歲遣千餘人遠事屯戍終年離別萬里思歸去者資裝自須營辦既賣菽粟傾其機杼經途死亡復在其外兼遣罪人增其防遏彼罪人者生於販肆終朝惰業犯禁違公止能擾於邊城實無益於行陣所遣之內復有逃亡官司捕捉爲國生事高昌途路沙磧千里冬風冰冽夏風如焚行人去來遇之多死易云安不忘危理不忘

亂設令張掖塵飛酒泉烽舉陛下豈能得高昌一人菽粟而及事乎終須發隴右諸州星馳電擊由斯而言此河西者方於心腹彼高昌者他人手足豈得靡費中華以事無用書曰不作無益害有益其此之謂乎陛下道映先天威行無外平頡利於沙塞滅吐渾於西海突厥餘落爲立可汗吐渾遺甿更樹君長復立高昌非無前例此所謂有罪而誅之既伏而立之四海百蠻誰不聞見蠕動懷生畏威慕德宜擇高昌可立者立之徵給首領遣還本國負戴洪恩長爲藩翰中國不擾既富且寧傳之子孫以貽永世二十年太宗於寢殿側別置一院令太子居絶不令往東宮遂良復上疏諫曰臣聞周世問安三至必退漢儲視膳五日乃來前賢作法規模弘遠禮曰男子十年出就外傅出宿於外學書計也然則古之達者豈無慈心滅茲私愛欲使成立凡人尚猶如此況君之世子乎自當春誦夏絃親近師傅體人閒之庶事適君臣之大道使翹足延首皆聆善聲若獻歲之有陽春玄天之有日月弘此懿德乃作元良伏惟陛下道育三才功包九有親樹太子莫不欣欣既云廢昏立明須稱天地瞻望而教成之道

實深乖闕不離膝下常居宮內保傅之說無暢經籍之談蔑如且朋友不可以深交深交必有怨父子不可以滯愛滯愛或生愁伏願遠覽殷周近遵漢魏不可頓革事須階漸嘗計旬日半遣還宮專學藝以潤身布芳聲於天下則微臣雖死猶曰生年太宗從之遂良前後諫奏及陳便宜書數十上多見採納其年加銀青光祿大夫二十一年以本官檢校大理卿尋丁父憂解明年起復舊職俄拜中書令二十三年太宗寢疾召遂良及長孫無忌入臥內謂之曰卿等忠烈簡在朕心昔漢武寄霍光劉備託葛亮朕之後事一以委卿太子仁孝卿之所悉必須盡誠輔佐永保宗社又顧謂太子曰無忌遂良在國家之事汝無憂矣仍命遂良草詔高宗即位賜爵河南縣公永徽元年進封郡公尋坐事出爲同州刺史三年徵拜吏部尚書同中書門下三品監修國史加光祿大夫其月又兼太子賓客四年代張行成爲尚書右僕射依舊知政事六年高宗將廢皇后王氏立昭儀武氏爲皇后召太尉長孫無忌司空李勣尚書左僕射于志寧及遂良以籌其事將入遂良謂無忌等曰上意欲廢中宮必議其事遂良今欲

陳諫衆意如何無忌曰明公必須極言無忌請繼焉及入高宗難於發言再三顧謂無忌曰莫大之罪絶嗣爲甚皇后無胤息昭儀有子今欲立爲皇后公等以爲何如遂良曰皇后出自名家先朝所娶伏事先帝無愆婦德先帝不豫執陛下手以語臣曰我好兒好婦今將付卿陛下親承德音言猶在耳皇后自此未聞有愆恐不可廢臣今不敢曲從上違先帝之命特願再三思審愚臣上忤聖顏罪合萬死但願不負先朝厚恩何顧性命遂良致笏於殿陛曰還陛下此笏仍解巾叩頭流血帝大怒令引出長孫無忌曰遂良受先朝顧命有罪不加刑翌日帝謂李勣曰冊立武昭儀之事遂良固執不從遂良既是受顧命大臣事若不可當且止也勣對曰此乃陛下家事不合問外人帝乃立昭儀爲皇后左遷遂良潭州都督顯慶二年轉桂州都督未幾又貶爲愛州刺史明年卒官年六十三遂良卒後二歲餘許敬宗李義府奏言長孫無忌所構逆謀並遂良扇動乃追削官爵子孫配流愛州弘道元年二月高宗遺詔放還本郡神龍元年則天遺制復遂良及韓瑗爵位

韓瑗雍州三原人也祖紹隋太僕少卿父仲良武德初爲大理少卿受詔與郎楚之等掌定律令仲良言於高祖曰周代之律其屬三千秦法已來約爲五百若遠依周制繁紊更多且官吏至公自當奉法苟若徇己豈顧刑名請崇寬簡以允惟新之望高祖然之於是採定開皇律行之時以爲便貞觀中位至刑部尙書秦州都督府長史潁川縣公瑗少有節操博學有吏才貞觀中累至兵部侍郎襲父潁川公永徽三年拜黃門侍郎四年與中書侍郎來濟皆同中書門下三品監修國史五年加銀青光祿大夫六年遷侍中其年兼太子賓客時高宗欲廢王皇后瑗涕泣諫曰皇后是陛下在藩府時先帝所娶今無愆過欲行廢黜四海之士誰不惕然且國家屢有廢立非長久之術願陛下爲社稷大計無以臣愚不垂採察帝不納明日瑗又諫悲泣不能自勝帝大怒促令引出尋而尙書左僕射褚遂良以忤旨左授潭州都督瑗復上疏理之曰古之聖王立諫鼓設謗木冀欲聞逆耳之言甘苦口之議發揚大化裨益洪猷垂令譽於將來播休聲於不朽者也伏見詔書以褚遂良爲潭州都督臣夙夜思之用增感

邀臣識慚知遠業謝通經載撫憑情誠爲未可遂頁運偶昇平道昭前烈束髮
從宦方淹累稔趨侍陛下俄歷歲年不聞涓滴之愆常覩勤勞之効竭忠誠於
早歲罄直道於玆年體國忘家捐身徇物風霜其操鐵石其心誠可重於皇明
詎專方於曩昔且先帝納之於帷幄寄之以心膂德逾水石義冠舟車公家之
利言無不可及纏悲四海遏密八音竭忠國家親承顧託一德無二千古懍然
此不待臣言陛下備知之矣臣嘗有此心未敢聞奏且萬姓失業旰食忘勞一
物不安納隍軫慮在於微細寧得過差況社稷之舊臣陛下之賢佐無聞罪狀
斥去朝廷內外甿黎咸嗟舉措觀其近日言事披誠懇切詎肯後陛下之德異
於堯舜懼陛下之過塵於史冊而乃深遭厚謗重負醜言可以痛志士之心損
陛下之明也臣聞晉武弘裕不貽劉毅之誅漢祖深仁無恚周昌之直而遂頁
被遷已經寒暑違忤陛下其罰塞焉伏願細鑒無辜稍寬非罪俯矜微款以順
人情疏奏帝謂瑗曰遂頁之情朕亦知之矣然其悖戾犯上以此責之朕豈有
過卿言何若是之深也瑗對曰遂頁可謂社稷忠臣臣恐以諛佞之輩蒼蠅點

白損陷忠貞昔微子去之而殷國以亡張華不死而綱紀不亂國之欲謝善人其衰今陛下富有四海八紘清泰忽驅逐舊臣而不垂省察乎伏願違彼覆車以收往過垂勸誡於事君則羣生幸甚帝竟不納瑗以言不見用憂憤上表請歸田里詔不許顯慶二年許敬宗李義府希皇后之旨誣奏瑗與褚遂良潛謀不軌以桂州用武之地故授遂良桂州刺史實以爲外援於是更貶遂良爲愛州刺史左授瑗振州刺史四年卒官年五十四明年長孫無忌死敬宗等又奏瑗與無忌通謀遣使殺之及使至瑗已死更發棺驗屍而還籍沒其家孫配徙嶺表神龍元年則天遺制令復其官爵

來濟揚州江都人隋左翊衞大將軍榮國公護子也宇文化及之難闔門遇害濟幼逢家難流離艱險而篤志好學有文詞善談論尤曉時務舉進士貞觀中累轉通事舍人太子承乾之敗太宗謂侍臣曰欲何以處承乾羣臣莫敢對濟進曰陛下上不失作慈父下得盡天年卽爲善矣帝納其言俄除考功員外郎十八年初置太子司議郎妙選人望遂以濟爲之仍兼崇賢館直學士尋遷中

書舍人與令狐德棻等撰晉書永徽二年拜中書侍郎兼弘文館學士監修國
史四年同中書門下三品五年加銀青光祿大夫以修國史功封南陽縣男賜
物七百段六年遷中書令檢校吏部尚書時高宗欲立昭儀武氏爲宸妃濟密
表諫曰宸妃古無此號事將不可武皇后既立濟等懼不自安后乃抗表稱濟
忠公請加賞慰而心實惡之顯慶元年兼太子賓客進爵爲侯中書令如故二
年又兼太子詹事尋而許敬宗等奏濟與褚遂良朋黨構扇左授台州刺史五
年徙庭州刺史龍朔二年突厥入寇濟總兵拒之謂其衆曰吾嘗挂刑網蒙赦
性命當以身塞責特報國恩遂不釋甲胄赴賊沒於陣時年五十三贈楚州刺
史給靈轝遞還鄉有文集三十卷行於代濟兄亘有學行與濟齊名上元中官
至黃門侍郎同中書門下三品
上官儀本陝州陝人也父弘隋江都宮副監因家于江都大業末弘爲將軍陳
稜所殺儀時幼藏匿獲免因私度爲沙門遊情釋典尤精三論兼涉獵經史善
屬文貞觀初楊仁恭爲都督深禮待之舉進士太宗聞其名召授弘文館直學

士累遷祕書郎時太宗雅好屬文每遣儀視草又多令繼和凡有宴集儀嘗預焉俄又預撰晉書成轉起居郎加級賜帛高宗嗣位遷祕書少監龍朔二年加銀青光祿大夫西臺侍郎同東西臺三品兼弘文館學士如故本以詞彩自達工於五言詩好以綺錯婉媚爲本儀既貴顯故當時多有斆其體者時人謂爲上官體儀頗恃才任勢故爲當代所嫉麟德元年宦者王伏勝與梁王忠抵罪許敬宗乃構儀與忠通謀遂下獄而死家口籍沒子庭芝歷位周王府屬與儀俱被殺庭芝有女中宗時爲昭容每侍帝草制誥以故追贈儀爲中書令秦州都督楚國公庭芝黃門侍郎岐州刺史天水郡公仍令以禮改葬

史臣曰褚河南上書言事亹亹有經世遠略魏徵王珪之後骨鯁風彩落落負王佐器者殆難其人名臣事業河南有焉昔齊人饋樂而仲尼去戎王溺妓而由余奔婦人之言聖哲懼罹其禍況二佞據衡軸之地爲正人之魑魅乎古之志士仁人一言相期死不之悔況於君臣之間受託孤之寄而以利害禍福忘平生之言哉而韓來諸公可謂守死善道求福不回者焉

贊曰褚公之言和樂愔愔鍾石在簴動成雅音二猘雙吠三賢一心人皆觀望

我不浮沉

舊唐書卷八十

舊唐書卷八十一

後晉司空同中書門下平章事劉昫撰

列傳第三十一

崔敦禮　盧承慶　劉祥道　李敬玄

李義琰　孫處約　樂彥瑋　趙仁本

崔敦禮雍州咸陽人隋禮部尙書仲方孫也其先本居博陵世爲山東著姓魏末徙關中敦禮本名元禮高祖改名焉頗涉文史重節義嘗慕蘇子卿之爲人武德中拜通事舍人九年太宗使敦禮往幽州召廬江王瑗瑗舉兵反執敦禮問京師之事敦禮竟無異詞太宗聞而壯之遷左衞郎將賜以良馬及黃金雜物貞觀元年擢拜中書舍人遷兵部侍郎頻使突厥累轉靈州都督二十年徵爲兵部尙書又奉詔安撫迴紇鐵勒部落時延陁寇邊敦禮與英國公李勣擊破之又有瀚海都督迴紇吐迷度爲其下所殺詔敦禮往就部落綏輯之因立其嗣子而還敦禮深識蕃情凡所奏請事多允會永徽四年代高季輔爲侍中

累封固安縣公仍修國史六年加光祿大夫代柳奭爲中書令尋又兼檢校太
子詹事敦禮以老疾屢陳乞請退顯慶元年拜太子少師仍同中書門下三品
勅召其子定襄都督府司馬餘慶使侍其疾尋卒年六十餘高宗舉哀於東雲
龍門賜東園祕器贈開府儀同三司幷州大都督陪葬昭陵賻絹布八百段米
粟八百碩謚曰昭子餘慶官至兵部尚書敦禮孫貞愼神龍初爲兵部侍郎
盧承慶幽州范陽人隋武陽太守思道孫也父赤松大業末爲河東令與高祖
有舊聞義師至霍邑棄縣迎接拜行臺兵部郎中武德中累轉率更令封范陽
郡公尋卒承慶美風儀博學有才幹少襲父爵貞觀初爲秦州都督府戸曹參
軍因奏河西軍事太宗奇其明辯擢拜考功員外郎累遷民部侍郎太宗嘗問
歷代戸口多少之數承慶敘夏殷以後迄于周隋皆有依據太宗嗟賞久之尋
令兼檢校兵部侍郎仍知五品選事承慶辭曰選事職在尚書臣今掌之便是
越局太宗不許曰朕今信卿卿何不自信也俄歷雍州別駕尚書左丞永徽初
爲褚遂良所構出爲益州大都督府長史遂良俄又求索承慶在雍州舊事奏

之由是左遷簡州司馬歲餘轉洪州長史會高宗將幸汝州之温湯擢承慶爲汝州刺史入爲光祿卿顯慶四年代杜正倫爲度支尚書仍同中書門下三品尋坐度支失所出爲潤州刺史再遷雍州長史加銀青光祿大夫總章二年代李乾祐爲刑部尚書以年老請致仕許之仍加金紫光祿大夫三年病卒年七十六臨終誡其子曰死生至理亦猶朝之有暮吾終斂以常服晦朔常饌不用牲牢墳高可認不須廣大事辦卽葬不須卜擇墓中器物瓷漆而已有棺無槨務在簡要碑誌但記官號年代不須廣事文飾贈幽州都督謚曰定弟承業亦有學識貞觀末官至雍州長史檢校尚書左丞兄弟相次居此任時人榮之俄坐承慶事左遷忠州刺史顯慶初復爲雍州長史前後皆有能名三遷左肅機兼掌司列選事賜爵魏縣子總章中卒於揚州大都督府長史贈洛州刺史謚曰簡承業弟承泰齊州長史承泰子齊卿長安初爲雍州錄事參軍時則天令雍州長史薛季旭擇寮吏堪爲御史者季旭以聞齊卿薦長安尉盧懷慎李休光萬年尉李乂崔湜咸陽丞倪若水盩厔尉田崇辟新豐尉崔日用後皆至大

官齊卿開元初爲豳州刺史時張守珪爲果毅齊卿禮接之謂曰十年內當知節度果如其言時人謂齊卿有人倫之鑒齊卿好酒飲至斗餘不亂寬厚可親士友以此譽之累遷太子詹事封廣陽縣公尋卒承慶弟孫藏用別有傳

劉祥道魏州觀城人也父林甫武德初爲內史舍人時兵機繁速庶事草創高祖委林甫專典其事以才幹見稱尋詔與中書令蕭瑀等撰定律令林甫因著律議萬餘言久之擢拜中書侍郎賜爵樂平男貞觀初再遷吏部侍郎初隋代赴選者以十一月爲始至春即停選限既促選司多不究悉時選人漸衆林甫奏請四時聽選隨到注擬當時甚以爲便時天下初定州府及詔使多有赤牒授官至是停省盡來赴集將萬餘人林甫隨才銓擢咸得其宜時人以林甫典選比隋之高孝基三年病卒臨終上表薦賢太宗甚嘉悼之賜絹二百五十疋祥道少襲父爵永徽初歷中書舍人御史中丞吏部侍郎顯慶二年遷黃門侍郎仍知吏部選事祥道以銓綜之術猶有所闕乃上疏陳其得失其一曰今之選司取士傷多且濫每年入流數過一千四百傷多也雜色入流不如銓簡是

僞濫也經明行修之士猶或罕有正人多取胥徒之流豈能皆有德行卽知共
釐務者善人少而惡人多有國以來已四十載尚未刑措豈不由此乎但服膺
先王之道者奏第然始付選趨走几案之閒者不簡便加祿秩稽古之業雖則
難知斗筲之材何其易進其雜色應入流人望令曹司試判訖簡爲四等奏聞
第一等付吏部第二等付兵部次付主爵次付司勳其行署等私犯公坐情狀
可責者雖經赦降亦量配三司不經赦降者放還本貫冀入流不濫官無冗雜
且令胥徒之輩漸知勸勉其二曰古之選者爲官擇人不聞取人多而官員少
今官員有數入流無限以有數供無限遂令九流繁總人隨歲積謹約準所須
人量支年別入流者今內外文武官一品以下九品已上一萬三千四百六十
五員略舉大數當一萬四千人壯室而仕耳順而退取其中數不過支三十年
此則一萬四千人三十年而略盡若年別入流者五百人經三十年便得一萬
五千人定須者一萬三千四百六十五人足充所須之數況三十年之外在官
者猶多此便有餘不慮其少今年常入流者遂逾一千四百計應須數外其餘

兩倍又常選放還者仍停六七千人更復年別新加實非處置之法其三曰儒爲教化之本學者之宗儒教不興風俗將替今庠序遍於四海儒生溢於三學誘掖之方理實爲備而奬進之道事或未周但永徽已來于今八載在官者以善政粗聞論事者以一言可採莫不光被綸音超升不次而儒生未聞恩及臣故以爲奬進之道未周其四曰國家富有四海已四十年百姓官寮未有秀才之舉豈今人之不如昔人將薦賢之道未至寧可方稱多士遂闕斯人望六品已下爰及山谷特降綸言更審搜訪仍量爲條例稍加優奬不然赫赫之辰斯舉遂絶一代盛事實爲朝廷惜之其五曰唐虞三載考績黜陟幽明兩漢用人亦久居其職所以因官命氏有倉庾之姓魏晉以來事無可紀今之在任四考卽還官人知將秩滿必懷去就百姓見有還代能無苟且以去就之人臨苟且之輩責以移風易俗其可得乎望經四考就任加階至八考滿然後聽選還淳反樸雖未敢必期送故迎新實稍減勞弊其六曰尚書省二十四司及門下省中書都事主書主事等比來選補皆取舊任流外有刀筆之人縱欲參用士流

皆以傳類爲恥前後相承遂成故事且掖省崇峻王言祕密尚書政本人物攸歸而多用胥徒恐未盡銓衡之理望有釐革稍清其選明年中書令杜正倫亦言入流人多爲政之弊高宗遣祥道與正倫詳議其事時公卿已下憚於改作事竟不行祥道尋以修禮功進封陽城縣侯四年遷刑部尚書每覆大獄必歔欷累歎奏決之日爲之再不食龍朔元年權檢校蒲州刺史三年兼檢校雍州長史俄遷右相祥道性謹愼既居宰相深懷憂懼數自陳老疾請退就閑職俄轉司禮太常伯罷知政事麟德二年將有事於泰山有司議依舊禮皆以太常卿爲亞獻光祿卿爲終獻祥道駁曰昔在三代六卿位重故得佐祠漢魏以來權歸臺省九卿皆爲常伯屬官今登封大禮不以八座行事而用九卿無乃徇虛名而忘實事乎高宗從其議竟以司徒徐王元禮爲亞獻祥道爲終獻事畢進爵廣平郡公乾封元年又上表乞骸骨優制加金紫光祿大夫聽致仕其年卒年七十一贈幽州都督謚曰宣子齊賢襲爵齊賢初自侍御史出爲晉州司馬高宗聞其方正甚禮之時將軍史興宗嘗從帝於苑中弋獵因言晉州出好

鴿劉齊賢見爲司馬請使捕之帝曰劉齊賢豈是覓鴿人耶卿何以此待之遂
止齊賢後避章懷太子名改名景先永淳中累遷黃門侍郎同中書門下平章
事則天臨朝代裴炎爲侍中及裴炎下獄景先與鳳閣侍郎胡元範抗詞明其
不反則天甚怒之炎既誅死景先左遷普州刺史未到又貶授吉州長史永昌
年爲酷吏所陷繫於獄自縊死仍籍沒其家景先自祖父三代皆爲兩省侍郎
及典選又叔父吏部郎中應道從父弟禮部侍郎令植等八人前後爲吏部郎
中員外有唐已來無有其比云
李敬玄亳州譙人也父孝節穀州長史敬玄博覽羣書特善五禮貞觀末高宗
在東宮馬周啓薦之召入崇賢館兼預侍讀仍借御書讀之敬玄雖風格高峻
有不可犯之色然勤於造請不避寒暑馬周及許敬宗等皆推薦延譽之乾封
初歷遷西臺舍人弘文館學士總章二年累轉西臺侍郎兼太子右中護同東
西臺三品兼檢校司列少常伯時員外郎張仁禕有時務才敬玄以曹事委之
仁禕始造姓曆改修狀樣銓曆等程式處事勤勞遂以心疾而卒敬玄因仁禕

之法典選累年銓綜有序自永徽以後選人轉多當其任者罕聞稱職及敬玄掌選天下稱其能預選者歲有萬餘人每於街衢見之莫不知其姓名其被放有訴者即口陳其書判失錯及身負殿累略無差殊時人咸服其強記莫之敢欺選人有杭州參軍徐太玄者初在任時同僚有張惠犯贓至死太玄哀其母老乃詣獄自陳與惠同受惠贓數既少遂得減死太玄亦坐免官不調十餘年敬玄知而大嗟賞之擢授鄭州司功參軍太玄由是知名後官至祕書少監申王師以德行爲時所重敬玄賞鑒多此類也咸亨二年授中書侍郎餘並如故三年加銀青光祿大夫行吏部侍郎依舊兼太子右庶子同中書門下三品四年監修國史上元二年拜吏部尚書仍依舊兼太子左庶子監修國史同中書門下三品敬玄久居選部人多附之前後三娶皆山東士族又與趙郡李氏合譜故臺省要職多是其同族婚媾之家高宗知而不悅然猶不彰其過儀鳳元年代劉仁軌爲中書令調露二年吐蕃入寇仁軌先與敬玄不協遂奏請敬玄鎮守西邊敬玄自以素非邊將之才固辭高宗謂曰仁軌若須朕朕即自往卿

不得辭也竟以敬玄爲洮河道大總管兼安撫大使仍檢校鄯州都督率兵以禦吐蕃及將戰副將工部尚書劉審禮先鋒擊之敬玄聞賊至狼狽却走審禮既無繼援遂沒于陣俄有詔留敬玄於鄯州防禦敬玄累表稱疾乞還醫療許之既入見驗疾不重高宗責其詐妄又積其前後愆失貶授衡州刺史稍遷揚州大都督府長史永淳元年卒年六十八贈兗州都督撰禮論六十卷正論三卷文集三十卷子思沖神龍初歷工部侍郎左羽林軍將軍從節愍太子誅武三思事敗見殺籍沒其家敬玄弟元素亦有吏才初爲武德令時懷州刺史李文暕將調率金銀造常滿樽以獻百姓甚弊之官吏無敢異議者元素抗詞固執文暕乃損其制度以家財營之延載元年自文昌左丞遷鳳閣侍郎鳳閣鸞臺平章事加銀青光祿大夫萬歲通天二年坐與洛州錄事參軍綦連耀交結爲武懿宗所陷被殺神龍初雪免

李義琰魏州昌樂人常州刺史玄道族孫也其先自隴西徙山東世爲著姓父玄德瓔陶令義琰少舉進士累補太原尉時李勣爲并州都督寮吏皆望風慴

懼義琰獨廷折曲直勳甚禮之義琰麟德中爲白水令有能名拜司刑員外郎上元中累遷中書侍郎又授太子右庶子同中書門下三品時天后預知國政高宗嘗欲下詔令后攝知國事義琰與中書令郝處俊固爭以爲不可事竟寢義琰身長八尺博學多識高宗每有顧問言皆切直章懷太子之廢也高宗慰勉官寮盡捨罪令復其位庶子薛元超等皆舞蹈謝恩義琰獨引罪涕泣時論美之義琰宅無正寢弟義璡爲司功參軍乃市堂材送焉及義璡來覲義琰謂曰以吾爲國相豈不懷愧更營美室是速我禍此豈愛我意哉義璡曰凡人仕爲丞尉卽營第宅兄官高祿重豈宜卑陋以偪下也義琰曰事難全遂物不兩興既有貴仕又廣其宇若無令德必受其殃吾非不欲之懼獲戾也竟不營構其木爲霖雨所腐而棄之義琰後改葬父母使舅氏移其舊塋高宗知而怒曰豈以身在樞要凌蔑外家此人不可更知政事義琰聞而不自安以足疾上疏乞骸骨乃授銀青光祿大夫聽致仕乃將歸東都田里公卿已下祖餞於通化門外時人以比漢之二疏垂拱初起爲懷州刺史義琰自以失則天意恐禍及

固辭不拜四年卒於家義琰從祖弟義琛永淳初爲雍州長史時關輔大飢高宗令貧人散於商鄧逐食義琛恐黎人流轉因此不還固爭之由是忤旨出爲梁州都督轉岐州刺史稱爲良吏卒官高宗時宰相又有孫處約樂彥瑋趙仁本並有名跡

孫處約者汝州郟城人也貞觀中爲齊王祐記室祐既失德處約數上書諫之祐既誅太宗親檢其家文疏得處約諫書甚嗟賞之累轉中書舍人其年中書令杜正倫奏請更授一舍人與處約同知制誥高宗曰處約一人足辦我事何須多也處約以預修太宗實錄成賜物七百段三遷中書侍郎與李勣許敬宗同知國政尋避中宮諱改名茂道坐事左轉司禮少常伯顯慶中拜少司成以老疾請致仕許之尋卒子佺睿宗時爲左羽林大將軍征契丹戰歿

樂彥瑋者雍州長安人顯慶中爲給事中時故侍中劉洎之子詣闕上言洎貞觀末爲褚遂良所譖枉死稱冤請雪中書侍郎李義府又左右之高宗以問近臣衆希義府之旨皆言其枉彥瑋獨進曰劉洎大臣舉措須合軌度人主暫有

不豫豈得卽擬負國先朝所責未是不愜且國君無過舉若雪洎之罪豈可謂
先帝用刑不當乎然其言遂寢其事彥瑋尋丁憂起爲唐州刺史及入辭高宗
記其言直復拜東臺舍人累遷西臺侍郎同東西臺三品乾封元年代劉仁軌
爲大同憲官名復舊改爲御史大夫上元三年卒贈秦州都督永昌年以子思
晦貴重贈揚州大都督思晦則天時官至鸞臺侍郎兼檢校天官尚書同鳳閣
鸞臺三品爲酷吏所殺
趙仁本者陝州河北人也貞觀中累轉殿中侍御史自義寧已來詔勅皆手自
纂錄臨事皆暗記之甚爲當時所伏會有勅差一御史遠使同列遞相辭託仁
本越次請行言於治書侍御史馬周曰食君之祿死君之事雖復跋涉艱險所
不敢辭也及迴事又稱旨擢吏部員外郎乾封中歷遷東臺侍郎同東西臺三
品尋轉司列少常伯知政事如故時許敬宗爲右相頗任權勢仁本拒其請託
遂爲敬宗所構俄授尚書左丞罷知政事咸亨初卒官
史臣論曰崔盧數公皆以忠清文行致位樞要恪恭匪懈以保名位誠所謂持

盈守成太平之君子然敬玄之擢太玄可謂能舉善者矣義琰腐材而不營第
舍可謂有儉德矣彥瑋獨遏姦臣仁本請當遠使終昇輔相不亦宜乎
贊曰盧劉兩族奕世名卿二李二樂俱號公清權臣獨抗美第不營以茲輔弼
無愧德聲

舊唐書卷八十一

舊唐書卷八十一考證

崔敦禮傳勑召其子定襄都督府司馬餘慶使侍其疾○新書作弟餘慶

盧承慶弟承泰傳子齊卿開元初爲豳州刺史○新書作幽州

樂彥瑋傳卒贈秦州都督○新書作齊州

舊唐書卷八十一考證

珍做宋版邱

舊唐書卷八十二

後晉司空同中書門下平章事劉昫撰

列傳第三十二

許敬宗　李義府少子湛

許敬宗杭州新城人隋禮部侍郎善心子也其先自高陽南渡世仕江左敬宗幼善屬文舉秀才授淮陽郡司法書佐俄直謁者臺奏通事舍人事江都之難善心爲宇文化及所害敬宗流轉投於李密密以爲元帥府記室與魏徵同爲管記武德初赤牒擬漣州別駕太宗聞其名召補秦府學士貞觀八年累除著作郎兼修國史遷中書舍人十年文德皇后崩百官縗絰率更令歐陽詢狀貌醜異衆或指之敬宗見而大笑爲御史所劾左授洪州都督府司馬累遷給事中兼修國史十七年以修武德貞觀實錄成封高陽縣男賜物八百段權檢校黃門侍郎高宗在春宮遷太子右庶子十九年太宗親伐高麗皇太子定州監國敬宗與高士廉等共知機要中書令岑文本卒於行所令敬宗以本官檢校

中書侍郎太宗大破遼賊於駐蹕山敬宗立於馬前受旨草詔書詞彩甚麗深見嗟賞先是庶人承乾廢黜宮僚多被除削久未收敘敬宗上表曰臣聞先王慎罰務在於恤刑往哲寬仁義在於宥過聖人之道莫尙于玆竊見廢官五品以上除名棄斥頗歷歲時但庶人疇昔之年身處不疑之地苞藏悖逆陽結宰臣所預姦謀多連宗戚禍生膚表非可防萌宮內官寮迥無關預今乃投鼠及器孰謂無冤焚山毀玉稍同遷怒伏尋先典例有可原昔吳國陪臣則爰絲不坐於劉濞昌邑中尉則王吉免緣於海昏譬諸欒布乃策名於彭越比乎田叔亦委質於張敖主以凶逆陷其誅夷臣以賢良荷彼收擢歷觀往代此類尤多近者有隋又遵斯義楊勇之廢罪止加於倿人李綱之徒皆不預於刑網古今裁其折衷史籍稱爲美談而今張玄素令狐德棻趙弘智裴宣機蕭鈞等並砥節勵操有雅望於當朝經明行修播令名於天下或以直言而遭箠扑或以忤意而見猜嫌一槪雷同並罹天憲恐於王道傷在未弘由是玄素等稍得敘用二十一年加銀青光祿大夫高宗嗣位代于志寧爲禮部尙書敬宗嫁女與蠻

曾馮盎之子多納金寶爲有司所劾左授鄭州刺史永徽三年入爲衞尉卿加弘文館學士兼修國史六年復拜禮部尚書高宗將廢皇后王氏而立武昭儀敬宗特贊成其計長孫無忌褚遂良韓瑗等並直言忤旨敬宗與李義府潛加誣構並流死於嶺外顯慶元年加太子賓客尋冊拜侍中監修國史三年進封郡公尋贈其父善心爲冀州刺史高宗因於古長安城遊覽問侍臣曰朕觀故城舊基宮室似與百姓雜居自秦漢已來幾代都此敬宗對曰秦都咸陽郭邑連跨渭水故云渭水貫都以象天河至漢惠帝始築此城其後苻堅姚萇後周並都之帝又問昆明池是漢武帝何年中開鑿敬宗對曰武帝遣使通西南夷而爲昆明滇池所閉欲伐昆明國故因鎬之舊澤以穿此池用習水戰元狩三年事也帝因令敬宗與弘文館學士具檢秦漢已來歷代宮室處所以奏其年代李義府爲中書令任遇之重當朝莫比龍朔二年從新令改爲右相加光祿大夫三年冊拜太子少師同東西臺三品並依舊監修國史乾封初以敬宗年老不能行步特令與司空李勣每朝日各乘小馬入禁門至內省敬宗自掌知

國史記事阿曲初虞世基與敬宗父善心同爲宇文化及所害封德彝時爲內
史舍人備見其事因謂人曰世基被誅世南匍匐而請代善心之死敬宗舞蹈
以求生人以爲口實敬宗深銜之及爲德彝立傳盛加其罪惡敬宗嫁女與左
監門大將軍錢九隴本皇家隸人敬宗貪財與婚乃爲九隴曲敘門閥妄加功
績幷升與劉文靜長孫順德同卷敬宗爲子娶尉遲寶琳孫女爲妻多得賂遺
及作寶琳父敬德傳悉爲隱諸過咎太宗作威鳳賦以賜長孫無忌敬宗改云
賜敬德白州人龐孝泰蠻酋凡品率兵從征高麗賊知其懦襲破之敬宗又納
其寶貨稱孝泰頻破賊徒斬獲數萬漢將驍健者唯蘇定方與龐孝泰耳曹繼
叔劉伯英皆出其下虛美隱惡如此初高祖太宗兩朝實錄其敬播所修者頗
多詳直敬宗又輒以己愛憎曲事刪改論者尤之然自貞觀已來朝廷所修五
代史及晉書東殿新書西域圖志文思博要文館詞林累璧瑤山玉彩姓氏錄
新禮皆總知其事前後賞賚不可勝紀敬宗好色無度其長子昂頗有才藻歷
位太子舍人母裴氏早卒裴侍婢有姿色敬宗嬖之以爲繼室假姓虞氏昂素

與通丞之不絕敬宗怒黜虞氏加昂以不孝奏請流于嶺外顯慶中表乞昂還除虔化令尋卒咸亨元年抗表乞骸骨詔聽致仕仍加特進俸祿如舊三年薨年八十一高宗爲之舉哀廢朝三日詔文武百官就第赴哭冊贈開府儀同三司揚州大都督陪葬昭陵文集八十卷太常將定謚博士袁思古議曰敬宗位以才昇歷居清級然棄長子於荒徼嫁少女於夷落聞詩學禮事絕於趨庭納采問名唯聞於黷貨白圭斯玷有累清塵易名之典須憑實行按謚法名與實爽曰繆請謚爲繆敬宗孫太子舍人彥伯不勝其恥與思古大相忿競又稱思古與許氏先有嫌隙請改謚官太常博士王福畤議曰謚者飾終之稱也得失一朝榮辱千載若使嫌隙是實即合據法推繩如其不虧直道義不可奪官不可侵二三其德何以言禮福畤忝當官守匪躬之故若順風阿意背直從曲更是甲令虛設將謂禮院無人何以激揚雅道顧視同列請依思古謚議爲定戶部尚書戴至德謂福畤曰高陽公任遇如此何以定謚爲繆答曰昔晉司空何曾薨太常博士秦秀謚爲繆醜公何曾既忠且孝徒以日食萬錢所以貶爲繆

醜況敬宗忠孝不逮於曾飲食男女之累有逾於何氏而謚之爲繆無負於許
氏矣時有詔令尚書省五品已下重議禮部尚書袁思敬議稱按謚法既過能
改曰恭請謚曰恭詔從其議彥伯昂之子起家著作郎敬宗末年文筆多令彥
伯代作又納婢妾讒言奏流於嶺表後遇赦得還除太子舍人早卒有集十卷
李義府瀛州饒陽人也其祖爲梓州射洪縣丞因家於永泰貞觀八年劒南道
巡察大使李大亮以義府善屬文表薦之對策擢第補門下省典儀黃門侍郎
劉洎持書御史馬周皆稱薦之尋除監察御史又敕義府以本官兼侍晉王及
昇春宮除太子舍人加崇賢館直學士與太子司議郎來濟俱以文翰見知時
稱來李義府嘗獻承華箴其辭曰邃初冥昧元氣氤氳二儀始闢三才既分司
乾立宰出震爲君化昭淳朴道映典墳功成揖讓事極華勛肇興夏啓降及姬
文咸資繼德永樹高芬百代沿襲千齡奉聖粵若我后丕承寶命允穆三階爰
齊七政時雍化洽風移俗盛載崇國本式延家慶震維標德離警體正寄切宗
祧事隆監撫思皇茂則敬詢端輔業光啓誦藝優干羽九載崇儒三朝問豎歷

選儲儀遺文在斯望試登組高諭喬枝俯容思順非禮無施前修盛業來哲通
規飭躬是蹈則叡問風馳立志或爽則玄猷日虧無恃尊極修途難測無恃親
賢失德靡全勿輕小善積小而名自聞勿輕微行累微而身自正佞諛有類邪
巧多方其萌不絕其害必彰監言斯屏儲業攸昌竊惟令嗣有殊前事雖以貴
以賢而非長非次皇明睠德超倫作貳匪懋聲華莫酬恩異匪崇徽烈莫符天
志勉之又勉光茲守器下臣司箴敢告近侍太子表上其文優詔賜帛四十疋
又令預撰晉書高宗嗣位遷中書舍人永徽二年兼修國史加弘文館學士高
宗將立武昭儀爲皇后義府嘗密申協贊尋擢拜中書侍郎同中書門下三品
監修國史賜爵廣平縣男義府貌狀溫恭與人語必嬉怡微笑而褊忌陰賊既
處權要欲人附己微忤意者輒加傾陷故時人言義府笑中有刀又以其柔而
害物亦謂之李貓顯慶元年以本官兼太子右庶子進爵爲侯有洛州婦人淳
于氏坐姦繫於大理義府聞其姿色囑大理丞畢正義求爲別宅婦特爲雪其
罪卿段寶玄疑其故遽以狀聞詔令按其事正義惶懼自縊而死侍御史王義

方廷奏義府犯狀因言其初容貌爲劉洎馬周所幸由此得進言詞猥褻帝怒出義方爲萊州司戶而不問義府姦濫之罪義府云王御史妄相彈奏得無愧乎義方對云仲尼爲魯司寇七日誅少正卯於兩觀之下義方任御史旬有六日不能去姦邪於雙闕之前實以爲愧尋兼太子左庶子二年代崔敦禮爲中書令兼檢校御史大夫監修國史學士並如故尋加太子賓客進封河間郡公三年又追贈其父德晟爲魏州刺史諸子孩抱者並列清官詔爲造甲第榮寵莫之能比而義府貪冒無厭與母妻及諸子女壻賣官鬻獄其門如市多引腹心廣樹朋黨傾動朝野初杜正倫爲中書侍郎義府時任典儀至是乃與正倫同爲中書令正倫每以先進自處不下義府而中書侍郎李友益密與正倫共圖議義府更相伺察義府知而密令人封奏其事正倫與義府訟於上前各有曲直上以大臣不和兩責之左貶義府爲普州刺史正倫爲橫州刺史友益配流峯州四年復召義府兼吏部尚書同中書門下三品自餘官封如故龍朔元年丁母憂去職二年起復爲司列太常伯同東西臺三品義府尋請改葬其祖

父營墓於永康陵側三原令李孝節私課丁夫車牛爲其載土築墳晝夜不息於是高陵櫟陽富平雲陽華原同官涇陽等七縣以孝節之故懼不得已悉課丁車赴役高陵令張敬業恭勤怯懦不堪其勞死於作所王公已下爭致贈遺其羽儀導從轜輴器服並窮極奢侈又會葬車馬祖奠供帳自灞橋屬於三原七十里間相繼不絕武德已來王公葬送之盛未始有也義府本無藻鑑才怙武后之勢專以賣官爲事銓序失次人多怨讟時殷王初出閤又以義府兼王府長史三年遷右相殷王府長史仍知選事並如故義府入則諂言自媚出則肆其姦宄百寮畏之無敢言其過者帝頗知其罪失從容誡義府云聞卿兒子女婿皆不謹慎多作罪過我亦爲卿掩覆未卽公言卿可誡勗勿令如此義府勃然變色腮頸俱起徐曰誰向陛下道此上曰但我言如是何須問我所從得耶義府睆然殊不引咎緩步而去上亦優容之初五禮儀注自前代相沿吉凶畢舉太常博士蕭楚材孔志約以皇室凶禮爲預備凶事非臣子所宜言之義府深然之於是悉刪而焚焉義府既貴之後又自言本出趙郡始與諸李敘昭

穆而無賴之徒苟合籍其權勢拜伏爲兄叔者甚衆給事中李崇德初亦與同譜敘昭穆及義府出爲普州刺史遂卽除削義府聞而銜之及重爲宰相乃令人誣構其罪竟下獄自殺初貞觀中太宗命吏部尚書高士廉御史大夫韋挺中書侍郎岑文本禮部侍郎令狐德棻等及四方士大夫諳練門閥者修氏族志勒成百卷升降去取時稱允當頒下諸州藏爲永式義府恥其家代無名乃奏改此書專委禮部郎中孔志約著作郎楊仁卿太子洗馬史玄道太常丞呂才重修志約等遂立格云皇朝得五品官者皆升士流於是兵卒以軍功致五品者盡入書限更名爲姓氏錄由是搢紳士大夫多恥被甄敘皆號此書爲勳格義府仍奏收天下氏族志本焚之關東魏齊舊姓雖皆淪替猶相矜尚自爲婚姻義府爲子求婚不得乃奏隴西李等七家不得相與爲婚陰陽占候人杜元紀爲義府望氣云所居宅有獄氣發積錢二千萬乃可猒勝義府信之聚斂更急切義府居母服有制朔望給哭假義府輒微服與元紀淩晨共出城東登古塚候望哀禮都廢由是人皆言其窺覘災眚陰懷異圖義府又遣其子右司

議郎津召長孫無忌之孫延謂曰相爲得一官數日詔書當出居五日果授延司津監乃取延錢七百貫於是右金吾倉曹參軍楊行穎表言義府罪狀制下司刑太常伯劉祥道與侍御詳刑對推其事仍令司空李勣監焉按皆有實乃下制曰右相行殷王府長史河間郡公李義府洩禁中之語鬻寵授之朝恩交占候之人輕朔望之哀禮蓄邪黷貨實玷衣冠稔惡嫉賢載虧政道特以任使多年未忍便加重罰宜從遐棄以肅朝倫可除名長流巂州其子太子右司議郎津專恃權門罕懷忌憚姦淫是務賄賂無猒交遊非所潛報機密亦宜明罰屏跡荒裔可除名長流振州義府次子率府長史洽千牛備身洋子壻少府主簿柳元貞等皆憑恃受贓並除名長流延州朝野莫不稱慶時人爲之語曰今日巨唐年還誅四凶族四凶者謂洽及柳元貞等四人也或作河間道行軍元帥劉祥道破銅山大賊李義府露布牓之通衢義府先多取人奴婢及敗一時奔散各歸其家露布稱混奴婢而亂放各識家而競入者謂此也乾封元年大赦長流人不許還義府憂憤發疾卒年五十餘文集三十卷傳於代又著宦遊

記二十卷尋亡失自義府流放後朝士常憂懼恐其復來及聞其死於是始安上元元年大赦義府妻子得還洛陽如意元年則天以義府與許敬宗御史大夫崔義玄中書舍人王德儉大理正侯善業大理丞袁公瑜等六人在永徽中有翊贊之功追贈義府揚州大都督義玄益州大都督德儉魏州刺史公瑜江州刺史長安元年又賜義府子左千牛衛將軍湛及敬宗諸子實封各三百戶義玄子司賓卿基德儉子殿中監璿實封各二百五十戶善業子太子右庶子知一公瑜子殿中丞忠臣實封各二百戶睿宗即位景雲元年並停義府等六家實封義府少子湛年六歲時以父貴授周王文學神龍初累遷右散騎常侍襲封河間郡公時鳳閣侍郎張柬之將誅張易之兄弟遂引湛爲左羽林將軍令與敬暉等啓請皇太子備陳將誅易之兄弟意太子許之及兵發湛與右羽林大將軍李多祚等詣東宮迎皇太子拒而不時出湛進啓曰逆豎反道亂常將圖不軌宗社危敗實在須臾湛等諸將與南衙執事剋期誅翦伏願殿下暫至玄武門以副衆望太子曰凶豎悖亂誠合誅夷然聖躬不豫慮有驚動公等

且止以俟後圖湛曰諸將棄家族共宰相同心戮力匡輔社稷殿下奈何不哀其懇誠而欲陷之鼎鑊湛等微命雖不足惜殿下速出自止遏太子乃馳馬就路湛從至玄武門斬關而入率所部兵直至則天所寢長生殿環繞侍衞因奏臣等奉令誅逆賊易之昌宗恐有漏洩遂不獲預奏輒陳兵禁掖是臣等死罪則天謂湛曰卿亦是誅易之軍將耶我於汝父子恩不少何至是也則天移就上陽宮因留湛宿衞中宗卽位拜右羽林大將軍進封趙國公加實封通前滿五百戶頃之復授左散騎常侍累轉左領軍衞大將軍開元初卒崔義玄別有傳

史臣曰許高陽武德之際已爲文皇入館之賓垂三十年位不過列曹尹而馬周劉洎起羈旅徒步六七年間皆登宰執考其行實則高陽之文學宏奧周洎無以過之然而太宗任遇相殊者良以高陽才優而行薄故也及屬嗣君沖暗嬖妾姦邪阿附豺狼窺圖權軸人之兇險一至於斯仲尼所謂雖有周公之才不足觀也義府才思精密所謂猩猩能言鄙哉

贊曰貞觀文士高陽河間圖形學館染翰書山進身以筆得位由姦爲虎傅翼

卽又胡顏

舊唐書卷八十二

舊唐書卷八十二考證

李義府傳尋擢拜中書侍郎同中書門下三品○新書紀表皆參知政事

義府恥其家代無名乃奏改此書○臣宗萬按通鑑許敬宗等以其書不敘武氏本望奏請改之敬宗傳不載其事於此詳載之蓋義府創其議敬宗贊成之者借武后以立言無非遂其欲改之心可謂深於自爲者小人之假公濟私大率類此

授延司津監乃取延錢七百貫○臣宗萬按司津監掌川澤津梁之政令職從六品龍朔元年改置卽漢之都水長後漢之河隄謁者晉之都水臺使梁之太舟卿隋之都水監貞觀時都水使是也又通鑑受其錢七百緡漢書注緡絲也以貫錢也据此貫緡無異義惟新書作七十萬然以數核之當亦是七百貫也

舊唐書卷八十二考證

舊唐書卷八十三

後晉司空同中書門下平章事劉昫撰

列傳第三十三

郭孝恪　張儉　蘇定方　薛仁貴

程務挺　張士貴　趙道興

郭孝恪許州陽翟人也少有志節隋末率鄉曲數百人附於李密密大悅之謂曰昔稱汝潁多奇士故非謬也令與徐勣守黎陽後密敗勣令孝恪入朝送款封陽翟郡公拜宋州刺史令與徐勣經營武牢已東所得州縣委以選補其後竇建德率衆來援王世充孝恪於青城宮進策於太宗曰世充日蹙月迫力盡計窮懸首面縛翹足可待建德遠來助虐糧運阻絕此是天喪之時請固武牢屯軍氾水隨機應變則易爲剋殄太宗然其計及破建德平世充太宗於洛陽置酒高會諸將曰郭孝恪謀擒建德之策王長先龍門下米之功皆出諸人之右也歷遷貝趙江涇四州刺史所在有能名入爲太府少卿轉左驍衛將軍貞

觀十六年累授金紫光祿大夫行安西都護西州刺史其地高昌舊都士流與流配及鎮兵雜處又限以沙磧與中國隔絕孝恪推誠撫御大獲其歡心初王師之滅高昌也制以高昌所虜焉耆生口七百盡還之焉耆王尋叛歸欲谷可汗朝貢稀至令孝恪伺其機便因表請擊之以孝恪爲西道行軍總管率步騎三千出銀山道以伐焉耆孝恪夜襲其城虜其王龍突騎支太宗大悅璽書勞之曰卿破焉耆虜其僞王功立威行深副所委但焉耆絕域地阻天山恃遠憑深敢懷叛逆卿望崇位重報効情深遠涉沙場龔行罰罪取其堅壁曾不崇朝再廓遊魂遂無遺寇緬思竭力必大艱辛超險成功深足嘉尚俄又以孝恪爲崑丘道副大總管以討龜茲破其都城孝恪自留守之餘軍分道別進龜茲國相那利率衆遁逃孝恪以城外未賓乃出營於外有龜茲人來謂孝恪曰那利爲相人心素歸今亡在野必思爲變城中之人頗有異志公宜備之孝恪不以爲虞那利等果率衆萬餘陰與城內降胡表裏爲應孝恪失於警候賊將入城鼓譟孝恪始覺之乃率部下千餘人入城與賊合戰城中人復應那利攻孝恪

孝恪力戰而入至其王所居旋復出戰於城門中流矢而死孝恪子待詔亦同死於陣賊竟退走將軍曹繼叔復拔其城太宗聞之初責孝恪不加警備以致顛覆後又憐之爲其家舉哀高宗即位追贈安西都護陽翟郡公待詔贈遊擊將軍仍賻物三百段孝恪性奢侈僕妾器玩務極鮮華雖在軍中床帳完具嘗以遺行軍大總管阿史那社爾社爾一無所受太宗聞之曰二將優劣之不同也郭孝恪今爲寇虜所居可謂自貽伊咎耳次子待封高宗時官至左豹韜衞將軍咸亨中與薛仁貴率兵討吐蕃於大非川戰敗減死除名少子待聘長安中官至宋州刺史

張儉雍州新豐人隋相州刺史皖城公威之孫也父植車騎將軍連城縣公儉即高祖之從甥也貞觀初以軍功累遷朔州刺史時頡利可汗自恃強盛每有所求輒遣書稱勅緣邊諸州遞相承稟及儉至遂拒不受太宗聞而嘉之儉又廣營屯田歲至穀十萬斛邊糧益饒及遭霜旱勸百姓相贍遂免饑餒州境獨安後檢校勝州都督以母憂去職儉前在朔州屬李靖平突厥之後有思結部

落貧窮離散儉招慰安集之其不來者或居磧北既親屬分住私相往還儉並不拘責但存綱紀羈縻而已及儉移任州司謂其將叛遽以奏聞朝廷議發兵進討仍起儉爲使就觀動靜儉單馬推誠入其部落召諸首領布以腹心咸匍匐啓顙而至便移就代州卽令檢校代州都督儉遂勸其營田每年豐熟慮其私蓄富實易生驕侈表請和糴擬充貯備蕃人喜悅邊軍大收其利遷營州都督兼護東夷校尉太宗將征遼東遣儉率蕃兵先行抄掠儉軍至遼西爲遼水汎漲久而未渡太宗以爲畏懦召還儉詣洛陽謁見面陳利害因說水草好惡山川險易太宗甚悅仍拜行軍總管兼領諸蕃騎卒爲六軍前鋒時有獲高麗候者稱莫離支將至遼東詔儉率兵自新城路邀擊之莫離支竟不敢出儉因進兵渡遼趨建安城賊徒大潰斬首數千級以功累封皖城郡公賞賜甚厚其後改東夷校尉爲東夷都護仍以儉爲之永徽初加金紫光祿大夫四年卒於官年六十謚曰密儉兄大師累以軍功仕至太僕卿華州刺史武功縣男儉弟延師永徽初累授左衞大將軍封范陽郡公延師廉謹周慎典羽林屯兵前後

三十餘年未嘗有過朝廷以此稱之龍朔三年卒官贈荊州都督諡曰敬陪葬昭陵唐制三品已上門列棨戟儉兄弟三院門皆立戟時人榮之號爲三戟張家

蘇定方冀州武邑人也父邕大業末率鄉閭數千人爲本郡討賊定方驍悍多力膽氣絕倫年十餘歲隨父討捕先登陷陣父卒郡守又令定方領兵破賊首張金稱于郡南手斬金稱又破楊公卿于郡西追奔二十餘里殺獲甚衆鄉黨賴之後仕竇建德建德將高雅賢甚愛之養以爲子雅賢俄又爲劉黑闥攻陷城邑定方每有戰功及黑闥雅賢死定方歸鄉里貞觀初爲匡道府折衝隨李靖襲突厥頡利于磧口靖使定方率二百騎爲前鋒乘霧而行去賊一里許忽然霧歇望見其牙帳馳掩殺數十百人頡利及隋公主狼狽散走餘衆俯伏靖軍既至遂悉降之軍還授左武候中郎將永徽中轉左衛勳一府中郎將從左衛大將軍程知節征賀魯爲前軍總管至鷹娑川突厥有二萬騎來拒總管蘇海政與戰互有前却既而突厥別部鼠尼施等又領二萬餘騎續至定方正歇

馬隔一小嶺去知節十許里望見塵起率五百騎馳往擊之賊衆大潰追奔二十里殺千五百餘人獲馬二千疋死馬及所棄甲仗綿亘山野不可勝計副大總管王文度害其功謂知節曰雖云破賊官軍亦有死傷蓋決成敗法耳何爲此事自今正可結爲方陣輜重並納腹中四面布隊人馬被甲賊來即戰自保萬全無爲輕脫致有傷損又矯稱別奉聖旨以知節恃勇輕敵使文度爲其節制遂收軍不許深入終日跨馬被甲結陣由是馬多瘦死士卒疲勞無有戰志定方謂知節曰本來討賊今乃自守馬餓兵疲逢賊即敗怯懦如此何功可立又公爲大將閫外之事不許自專別遣軍副專其號令理必不然須囚縶文度飛表奏之知節不從至恆篤城有胡降附文度又曰比我兵迴彼還作賊不如盡殺取其資財定方曰如此自作賊耳何成伐叛文度不從及分財唯定方一無所取師還文度坐處死後得除名明年擢定方爲行軍大總管又征賀魯以任雅相迴紇婆潤爲副自金山之北指處木昆部落大破之其俟斤嬾獨祿以衆萬餘帳來降定方撫之發其千騎進至突騎施部賀魯率胡祿屋闕啜懾舍

提嚩啜鼠尼施處半啜處木昆屈律啜五努失畢兵馬衆且十萬來拒官軍定方率迴紇及漢兵萬餘人擊之賊輕定方兵少四面圍之定方令步卒據原攢矟外向親領漢騎陣於北原賊先擊步軍三衝不入定方乘勢擊之賊遂大潰追奔三十里殺人馬數萬明日整兵復進於是胡祿屋等五努失畢悉衆來降賀魯獨與處木昆屈律啜數百騎西走餘五咄六聞賀魯敗各向南道降于步真於是西蕃悉定唯賀魯及咥運率其牙內餘衆而奔定方追之復大戰於伊麗水上殺獲略盡賀魯及咥運十餘騎逼夜亡走定方遣副將蕭嗣業追捕之至於石國擒之而還高宗臨軒定方戎服操賀魯以獻列其地爲州縣極於西海定方以功遷左驍衛大將軍封邢國公又封子慶節爲武邑縣公俄有思結闕俟斤都曼先鎮諸胡擁其所部及疏勒朱俱般葱嶺三國復叛詔定方爲安撫大使率兵討之至葉葉水而賊保馬頭川於是選精卒一萬人馬三千疋馳掩襲之一日一夜行三百里詰朝至城西十里都曼大驚率兵拒戰於城門之外賊師敗績退保馬保城王師進屯其門入夜諸軍漸至四面圍之伐木爲攻

具布列城下都曼自知不免面縛開門出降俘還至東都高宗御乾陽殿定方操都曼特勒獻之葱嶺以西悉定以功加食邢州鉅鹿真邑五百戸顯慶五年從幸太原制授熊津道大總管率師討百濟定方自城山濟海至熊津江口賊屯兵據江定方升東岸乘山而陣與之大戰揚帆蓋海相續而至賊師敗績死者數千人自餘奔散遇潮且上連舳入江定方於岸上擁陣水陸齊進飛檝鼓譟直趣真都去城二十許里賊傾國來拒大戰破之殺虜萬餘人追奔入郭其王義慈及太子隆奔于北境定方進圍其城義慈次子泰自立爲王嫡孫文思曰王與太子雖並出城而身見在叔總兵馬卽擅爲王假令漢兵退我父子當不全矣遂率其左右投城而下百姓從之泰不能止定方命卒登城建幟於是泰開門頓顙其大將禰植又將義慈來降太子隆幷與諸城主皆同送款百濟悉平分其地爲六州俘義慈及隆泰等獻于東都定方前後滅三國皆生擒其主賞賜珍寶不可勝計仍拜其子慶節爲尚輦奉御定方俄遷左武衞大將軍乾封二年卒年七十六高宗聞而傷惜謂侍臣曰蘇定方於國有功例合褒贈

卿等不言遂使哀榮未及與言及此不覺嗟悼遽下詔贈幽州都督謚曰莊

薛仁貴絳州龍門人貞觀末太宗親征遼東仁貴謁將軍張士貴應募請從行至安地有郎將劉君昂爲賊所圍甚急仁貴往救之躍馬徑前手斬賊將懸其頭於馬鞍賊皆懾伏仁貴遂知名及大軍攻安地城高麗莫離支遣將高延壽高惠真率兵二十五萬來拒戰依山結營太宗分命諸將四面擊之仁貴自恃驍勇欲立奇功乃異其服色著白衣握戟腰鞬張弓大呼先入所向無前賊盡披靡却走大軍乘之賊乃大潰太宗遙望見之遣馳問先鋒白衣者爲誰特引見賜馬兩疋絹四十疋擢授游擊將軍雲泉府果毅仍令北門長上并賜生口十人及軍還太宗謂曰朕舊將並老不堪受閫外之寄每欲抽擢驍雄莫如卿者朕不喜得遼東喜得卿也尋遷右領軍郎將依舊北門長上永徽五年高宗幸萬年宮甲夜山水猥至衝突玄武門宿衛者散走仁貴曰安有天子有急輒敢懼死遂登門桄叫呼以驚宮內高宗遽出乘高俄而水入寢殿上使謂仁貴曰賴得卿呼方免淪溺始知有忠臣也於是賜御馬一疋蘇定方之討賀魯也

於是仁貴上疏曰臣聞兵出無名事故不成明其爲賊敵乃可伏今泥熟仗素
幹不伏賀魯爲賊所破虜其妻子漢兵有於賀魯諸部落得泥熟等家口將充
賤者宜括取送還仍加賜賚卽是矜其枉破使百姓知賀魯是賊知陛下德澤
廣及也高宗然其言使括泥熟家口送還之於是泥熟等請隨軍効其死節顯
慶二年詔仁貴副程名振於遼東經略破高麗於貴端城斬首三千級明年又
與梁建方契苾何力於遼東共高麗大將溫沙門戰於橫山仁貴疋馬先入莫
不應弦而倒高麗有善射者於石城下射殺十餘人仁貴單騎直往衝之其賊
弓矢俱失手不能舉便生擒之俄又與辛文陵破契丹於黑山擒契丹王阿卜
固及諸首領赴東都以功封河東縣男尋又領兵擊九姓突厥於天山將行高
宗內出甲令仁貴試之上曰古之善射有穿七札者卿且射五重仁貴射而洞
之高宗大驚更取堅甲以賜之時九姓有衆十餘萬令驍健數十人逆來挑戰
仁貴發三矢射殺三人自餘一時下馬請降仁貴恐爲後患並坑殺之更就磧
北安撫餘衆擒其僞葉護兄弟三人而還軍中歌曰將軍三箭定天山戰士長

歌入漢關九姓自此衰弱不復更爲邊患乾封初高麗大將泉男生率衆內附
高宗遣將軍龐同善高等迎接之男生弟男建率國人逆擊同善等詔仁貴統
兵爲後援同善等至新城夜爲賊所襲仁貴領驍勇赴救斬首數百級同善等
又進至金山爲賊所敗高麗乘勝而進仁貴橫擊之賊衆大敗斬首五萬餘級
遂拔其南蘇木底蒼巖等三城始與男生相會高宗手勑勞之曰金山大陣兇
黨實繁卿身先士卒奮不顧命左衝右擊所向無前諸軍賈勇致斯剋捷宜善
建功業全此令名也仁貴乘勝領二千人進攻扶餘城諸將咸言兵少仁貴曰
在主將善用耳不在多也遂先鋒而行賊衆來拒逆擊大破之殺獲萬餘人遂
拔扶餘城扶餘川四十餘城乘風震慴一時送款仁貴便並海略地與李勣大
會軍于平壤城高麗既降詔仁貴率兵二萬人與劉仁軌於平壤留守仍授右
威衞大將軍封平陽郡公兼檢校安東都護移理新城撫恤孤老有幹能者隨
才任使忠孝節義咸加旌表高麗士衆莫不欣然慕化咸亨元年吐蕃入寇又
以仁貴爲邏娑道行軍大總管率將軍阿史那道真郭待封等以擊之待封嘗

爲鄯城鎭守恥在仁貴之下多違節度軍至大非川將發赴烏海仁貴謂待封
曰烏海險遠車行艱澁若引輜重將失事機破賊卽迴又煩轉運彼多瘴氣無
宜久留大非嶺上足堪置柵可留二萬人作兩柵輜重等並留柵內吾等輕銳
倍道掩其未整卽撲滅之矣仁貴遂率先行至河口遇賊擊破之斬獲略盡收
其牛羊萬餘頭迴至烏海城以待後援待封遂不從仁貴之命領輜重繼進比
至烏海吐蕃二十餘萬悉衆來救邀擊待封敗走趨山軍糧及輜重並爲賊所
掠仁貴遂退軍屯於大非川吐蕃又益衆四十餘萬來拒戰官軍大敗仁貴遂
與吐蕃大將論欽陵約和仁貴款曰今年歲在庚午軍行逆歲鄧艾所以死於
蜀吾知所以敗也仁貴坐除名尋而高麗衆相率復叛詔起仁貴爲雞林道總
管以經略之上元中坐事徙象州會赦歸高宗思其功開耀元年復召見謂曰
往九成宮遭水無卿已爲魚矣卿又北伐九姓東擊高麗漢北遼東咸遵聲教
者並卿之力也卿雖有過豈可相忘有人云卿烏海城下自不擊賊致使失利
朕所恨者唯此事耳今西邊不靜瓜沙路絕卿豈可高枕鄉邑不爲朕指揮耶

於是起授瓜州長史尋拜右領軍衞將軍檢校代州都督又率兵擊突厥元珍等於雲州斬首萬餘級獲生口二萬餘人駝馬牛羊三萬餘頭賊聞仁貴復起爲將素憚其名皆奔散不敢當之其年仁貴病卒年七十贈左驍衞將軍官造靈轝幷家口給傳還鄉子訥別有傳

程務挺洛州平恩人也父名振大業末仕竇建德爲普樂令甚有能名諸賊不敢犯其境尋棄建德歸國高祖遙授永年令仍令率兵經略河北名振夜襲鄴縣俘其男女千餘人以歸去鄴八十里閱婦人有乳汁者九十餘人悉放遣之鄴人感其仁恕爲之設齋以報其恩及建德敗始之任俄而劉黑闥陷洺州名振復與刺史陳君賓自拔歸朝母潘妻李在路爲賊所掠沒於黑闥名振又從太宗討黑闥時黑闥於冀貝滄瀛等州水陸運糧以拒官軍名振率千餘人邀擊之盡毀其舟車黑闥聞之大怒遂殺名振母妻及黑闥平名振請手斬黑闥以其首祭母名振以功拜營州都督府長史封東郡公賜物二千段黃金三百兩累轉洺州刺史太宗將征遼東召名振問以經略之事名振初對失旨太宗

動色詰之名振酬對逾辯太宗意解謂左右曰房玄齡常在我前每見别嗔餘人猶顏色無主名振生平不見我向來責讓而詞理縱橫亦奇士也即日拜右驍衛將軍授平壤道行軍總管前後攻沙卑城破獨山陣皆以少擊衆稱爲名將永徽六年累除營州都督兼東夷都護又率兵破高麗於貴端水焚其新城殺獲甚衆後歷晉蒲二州刺史龍朔二年卒贈右衞大將軍謚曰烈務挺少隨父征討以勇力聞遷右領軍衞中郎將永隆中突厥史伏念反叛定襄道行軍總管李文暕曹懷舜竇義昭等相次戰敗又詔禮部尚書裴行儉率兵討之務挺爲副將仍檢校豐州都督時伏念屯於金牙山務挺與副總管唐玄表引兵先逼之伏念懼不能支遂間道降於行儉許伏念以不死中書令裴炎以伏念懼務挺等兵勢而降非行儉之功伏念遂伏誅務挺以功遷右衞將軍封平原郡公永淳二年綏州城平縣人白鐵余率部落稽之黨據縣城反僞稱尊號署百官又進寇綏息殺掠人吏焚燒村落詔務挺與夏州都督王方翼討之務挺進攻其城拔之生擒白鐵余盡平其餘黨又以功拜左驍衞大將軍檢校左羽

林軍嗣聖初與右領軍大將軍檢校左羽林軍張虔勗同受則天密旨帥兵入殿庭廢中宗爲廬陵王立豫王爲皇帝則天臨朝累受賞賜特拜其子齊之爲尙乘奉御務挺泣請迴授其弟則天嘉之下制褒美乃拜其弟原州司馬務忠爲太子洗馬又明年以務挺爲左武衞大將軍單于道安撫大使督軍以禦突厥務挺善於綏禦威信大行偏裨已下無不盡力突厥甚憚之相率遁走不敢近邊及裴炎下獄務挺密表申理之由是忤旨務挺素與唐之奇杜求仁友善或構言務挺與裴炎徐敬業皆潛相應接則天遣左鷹揚將軍裴紹業就軍斬之籍沒其家突厥聞務挺死所在宴樂相慶仍爲務挺立祠每出師攻戰卽祈禱焉貞觀永徽間軍將又有張士貴趙道興狀跡可錄

張士貴者虢州盧氏人也本名忽峍善騎射膂力過人大業末聚衆爲盜攻剽城邑遠近患之號爲忽峍賊高祖降書招懷之士貴以所統送款拜右光祿大夫累有戰功賜爵新野縣公從平東都授虢州刺史高祖謂之曰欲卿衣錦晝遊耳尋入爲右武候將軍貞觀七年破反獠而還太宗勞之曰聞公親當矢石

爲士卒先雖古名將何以加也朕嘗聞以身報國者不顧性命但聞其語未聞其實於公見之矣後累遷左領軍大將軍改封虢國公顯慶初卒贈荊州都督陪葬昭陵

趙道興者甘州酒泉人隋右武候大將軍才之子也道興貞觀初歷遷左武候中郎將明閑宿衞號爲稱職太宗嘗謂之曰卿父爲隋武候將軍甚有當官之譽卿今克傳弓冶可謂不墜家聲因授右武候將軍賜爵天水縣子其父時廨宇仍舊不改時人以爲榮道興嘗自指其廳事曰此是趙才將軍廳還使趙才將軍兒坐爲朝野所笑傳爲口實儀鳳中累遷左金吾衞大將軍文明年以老病致仕於家子晈亦爲金吾將軍凡三代執金吾爲時所稱

史臣曰孝恪機鈐果毅協草昧之際樹勳建策有傑世之風然而務奢爲恆既未盡善舉衆失律不其惑與張公經略有天然才度務穡勸分董和成績惜哉中壽其才未盡邢國公神略翕張雄謀戡定輔平屯難始終成業疏封陟位未暢茂典蓋闕如也仁貴驍悍壯勇爲一時之傑至忠大略勃然有立噫待封不

協以敗全略孔子曰可與立未可與權上加明命竟致立功知臣者君信哉務挺勇力驍果固有父風英概輔時克繼洪烈然而苟預廢立竟陷讒構古之言曰惡之來也如火之燎于原不可嚮邇其是之謂乎士貴道與逢時立効得盡義勇以觀厥成而繼父風概三代執金不亦美乎

贊曰五將雄雄俱立邊功張蘇二族功名始終郭薛務挺徼功奮命垂則窮邊兵無常勝

舊唐書卷八十三

舊唐書卷八十三考證

郭孝恪傳以孝恪爲西道行軍總管率步騎三千出銀山道以伐焉耆○新書作錫山道

蘇定方傳顯慶五年從幸太原制授熊津道大總管率師討百濟○新書作神丘道 臣德潛按新羅傳云定方爲熊津道大總管實錄亦然而唐曆則云以定方爲神丘道大總管舊書據實錄新書本唐曆也

薛仁貴傳明年又與梁建方契苾何力於遼東共高麗大將温沙門戰于橫山○臣德潛按上文顯慶二年則明年爲三年也而通鑑載于四年冬蓋本之實錄云

其年仁貴病卒○臣德潛按玩上文乃開耀元年也然據綱目永淳元年突厥骨篤祿寇并州薛仁貴大破之非卒于開耀中明矣新書在永淳二年爲合

程務挺傳時伏念屯於金牙山○臣宗萬按通鑑注此東突厥可汗所居之金牙山也蘇定方直抵金牙山擒賀魯是西突厥可汗所居蓋突厥之初建牙

於金山其後分爲東西突厥凡建牙之地率謂之金牙山故定方傳云自金山之北指處未嘗云金牙也又可汗所居謂金帳故亦以金牙言之厥後裴行儉爲金牙道大總管卽此地也

舊唐書卷八十三考證

舊唐書卷八十四

後晉司空同中書門下平章事劉昫撰

列傳第三十四

劉仁軌　郝處俊　裴行儉子光庭

劉仁軌汴州尉氏人也少恭謹好學遇隋末喪亂不遑專習每行坐所在輒書空地由是博涉文史武德初河南道大使管國公任瓌將上表論事仁軌見其起草因爲改定數字瓌甚異之遂赤牒補息州參軍稍除陳倉尉部人有折衝都尉魯寧者恃其高班豪縱無禮歷政莫能禁止仁軌特加誡喻期不可再犯寧又暴橫尤甚竟杖殺之州司以聞太宗怒曰是何縣尉輒殺吾折衝遽追入與語奇其剛正擢授櫟陽丞貞觀十四年太宗將幸同州校獵屬收穫未畢仁軌上表諫曰臣聞屋漏在上知之者在下愚夫之計擇之者聖人是以周王詢于芻蕘殷后謀于板築故得享國彌久傳祚無疆功宣清廟慶流後葉伏惟陛下天性仁愛躬親節儉朝夕克念百姓爲心一物失所納隍軫慮臣伏聞大駕

欲幸同州教習臣伏知四時蒐狩前王恆典事有沿革未必因循今年甘雨應
時秋稼極盛玄黃亘野十分纔收一二盡力刈穫月半猶未訖功貧家無力禾
下始擬種麥直據尋常科喚田家已有所妨今既供承獵事兼之修理橋道縱
大簡略動費一二萬工百姓收斂實爲狼狽臣願陛下少留萬乘之恩垂聽一
介之言退近旬日收刈總了則人盡暇豫家得康寧輿輪徐動公私交泰太宗
特降璽書勞曰卿職任雖卑竭誠奉國所陳之事朕甚嘉之尋拜新安令累遷
給事中顯慶四年出爲青州刺史五年高宗征遼令仁軌監統水軍以後期坐
免特令以白衣隨軍自効時蘇定方既平百濟留郎將劉仁願於百濟府城鎮
守又以左衛中郎將王文度爲熊津都督安撫其餘衆文度濟海病卒百濟爲
僧道琛舊將福信率衆復叛立故王子扶餘豐爲王引兵圍仁願於府城詔仁
軌檢校帶方州刺史代文度統衆便道發新羅兵合勢以救仁願轉鬬而前仁
軌軍容整肅所向皆下道琛等乃釋仁願之圍退保任存城尋而福信殺道琛
併其兵馬招誘亡叛其勢益張仁軌乃與仁願合軍休息時蘇定方奉詔伐高

麗進圍平壤不克而還高宗勑書與仁軌曰平壤軍迴一城不可獨固宜拔就新羅共其屯守若金法敏藉卿等留鎮宜且停彼若其不須卽宜泛海還也將士咸欲西歸仁軌曰春秋之義大夫出疆有可以安社稷便國家專之可也況在滄海之外密邇豺狼者哉且人臣進思盡忠有死無貳公家之利知無不爲主上欲吞滅高麗先誅百濟留兵鎮守制其心腹雖妖孽充斥而備預甚嚴宜礪戈秣馬擊其不意彼旣無備何攻不剋戰而有勝士卒自安然後分兵據險開張形勢飛表聞上更請兵船朝廷知其有成必當出師命將聲援纔接凶逆自殲非直不棄成功實亦永清海外今平壤之軍旣迴熊津又拔則百濟餘燼不日更興高麗逋藪何時可滅且今以一城之地居賊中心如其失脚卽爲亡虜拔入新羅又是坐客脫不如意悔不可追況福信兇暴殘虐過甚餘豐猜惑外合內離鴟張共處勢必相害唯宜堅守觀變乘便取之不可動也衆從之時扶餘豐及福信等以眞峴城臨江高險又當衝要加兵守之仁軌引新羅之兵乘夜薄城四面攀草而上比明而入據其城遂通新羅運糧之路俄而餘豐襲

殺福信又遣使往高麗及倭國請兵以拒官軍詔右威衛將軍孫仁師率兵浮海以爲之援仁師既與仁軌等相合兵士大振於是諸將會議或曰加林城水陸之衝請先擊之仁軌曰加林險固急攻則傷損戰士固守則用日持久不如先攻周留城周留賊之巢穴羣兇所聚除惡務本須拔其源若剋周留則諸城自下於是仁師仁願及新羅王金法敏帥陸軍以進仁軌乃別率杜爽扶餘隆率水軍及糧船自熊津江往白江會陸軍同趣周留城仁軌遇倭兵於白江之口四戰捷焚其舟四百艘煙焰漲天海水皆赤賊衆大潰餘豐脫身而走獲其寶劍僞王子扶餘忠勝忠志等率士女及倭衆并耽羅國使一時並降百濟諸城皆復歸順賊帥遲受信據任存城不降先是百濟首領沙吒相如黑齒常之自蘇定方軍迴後鳩集亡散各據險以應福信至是率其衆降仁軌諭以恩信令自領子弟以取任存城又欲分兵助之孫仁師曰相如等獸心難信若授以甲仗是資寇兵也仁軌曰吾觀相如常之皆忠勇有謀感恩之士從我則成背我必滅因機立效在於茲日不須疑也於是給其糧仗分兵隨之遂拔任存城

遲授信棄其妻子走投高麗於是百濟之餘燼悉平孫仁師與劉仁願振旅而還詔留仁軌勒兵鎮守初百濟經福信之亂合境凋殘殭屍相屬仁軌始令收斂骸骨瘞埋弔祭之修錄戶口署置官長開通塗路整理村落建立橋梁補葺堤堰修復陂塘勸課耕種賑貸貧乏存問孤老頒宗廟忌諱立皇家社稷百濟餘衆各安其業於是漸營屯田積糧撫士以經略高麗仁願既至京師上謂曰卿在海東前後奏請皆合事宜而雅有文理卿本武將何得然也對曰劉仁軌之詞非臣所及也上深歎賞之因超加仁軌六階正授帶方州刺史幷賜京城宅一區厚賚其妻子遣使降璽書勞勉之仁軌又上表曰臣蒙陛下曲垂天獎棄瑕錄用授之刺舉又加連率材輕職重憂責更深常思報效冀酬萬一智力淺短淹滯無成久在海外每從征役軍旅之事實有所聞具狀封奏伏願詳察臣看見在兵募手腳沉重者多勇健奮發者少兼有老弱衣服單寒唯望西歸無心展效臣聞往在海西見百姓人人投募爭欲征行乃有不用官物請自辦衣糧投名義征何因今日募兵如此儜弱皆報臣云今日官府與往日不同人

心又別貞觀永徽年中東西征役身死王事者並蒙勑使弔祭追贈官職亦有
迴亡者官爵與其子弟從顯慶五年以後征役身死更不借問往前渡遼海者
卽得一轉勳官從顯慶五年以後頻經渡海不被記錄州縣發遣兵募人身少
壯家有錢財參逐官府者東西藏避並卽得脫無錢參逐者雖是老弱推背卽
來顯慶五年破百濟勳及向平壤苦戰勳當時軍將號令並言與高官重賞百
方購募無種不道洎到西岸唯聞枷鎖推禁奪賜破勳州縣追呼求住不得公
私困弊不可言盡發海西之日已有自害逃走非獨海外始逃又爲征役蒙授
勳級將爲榮寵頻年征役唯取勳官牽挽辛苦與白丁無別百姓不願征行特
由於此陛下再興兵馬平定百濟留兵鎮守經略高麗百姓有如此議論若爲
成就功業臣聞琴瑟不調改而更張布政施化隨時取適自非重賞明罰何以
成功臣又問見在兵募舊留鎮五年尚得支濟爾等始經一年何因如此單露
並報臣道發家來日唯遣作一年裝束自從離家已經二年在朝陽甕津又遣
來去運糧涉海遭風多有漂失臣勘責見在兵募衣裳單露不堪度冬者給大

軍還日所留衣裳且得一冬充事來年秋後更無準擬陛下若欲殄滅高麗不可棄百濟土地餘豐在北餘勇在南百濟高麗舊相黨援倭人雖遠亦相影響若無兵馬還成一國既須鎮壓又置屯田事藉兵士同心同德兵士既有此議不可膠柱因循須還其渡海官勳及平百濟向平壤功効除此之外更相褒賞明勑慰勞以起兵募之心若依今日以前布置臣恐師老且疲無所成就臣又見晉代平吳史籍具載內有武帝張華外有羊祜杜預籌謀策畫經緯諮詢王濬之徒折衝萬里樓船戰艦已到石頭賈充王渾之輩猶欲斬張華以謝天下武帝報云平吳之計出自朕意張華同朕見耳非其本心是非不同乖亂如此平吳之後猶欲苦繩王濬賴武帝擁護始得保全不逢武帝聖明王濬不存首領臣每讀其書未嘗不撫心長歎伏惟天下既得百濟欲取高麗須外內同心上下齊奮舉無遺策始可成功百姓既有此議更宜改調臣恐是逆耳之事無人爲陛下盡言自顧老病日侵殘生詎幾奄忽長逝銜恨九泉所以披露肝膽昧死聞奏上深納其言又遣劉仁願率兵渡海與舊鎮兵交代仍授扶餘隆熊

津都督遣以招輯其餘衆扶餘勇者扶餘隆之弟也是時走在倭國以爲扶餘
豐之應故仁軌表言之於是仁軌浮海西還初仁軌將發帶方州謂人曰天將
富貴此翁耳於州司請曆日一卷幷七廟諱人怪其故答曰擬削平遼海頒示
國家正朔使夷俗遵奉焉至是皆如其言麟德二年封泰山仁軌領新羅及百
濟耽羅倭四國酋長赴會高宗甚悅擢拜大司憲乾封元年遷右相兼檢校太
子左中護累前後戰功封樂城縣男三年爲熊津道安撫大使兼浿江道總管
副司空李勣討平高麗總章二年軍迴以疾辭職加金紫光祿大夫聽致仕咸
亨元年復授隴州刺史三年徵拜太子左庶子同中書門下三品監修國史五
年爲雞林道大總管東伐新羅仁軌率兵徑度瓠盧河破其北方大鎮七重城
以功進爵爲公幷子姪三人並授上柱國州黨榮之號其所居爲樂城鄉三柱
里上元二年拜尚書左僕射同中書門下三品兼太子賓客依舊監修國史儀
鳳二年以吐蕃入寇命仁軌爲洮河道行軍鎮守大使仁軌每有奏請多被中
書令李敬玄抑之由是與敬玄不協仁軌知敬玄素非邊將才冀欲中傷之上

言西蕃鎮守事非敬玄莫可高宗遽命敬玄代之敬玄至洮河軍尋爲吐蕃所敗永隆二年兼太子太傅未幾以老乞骸骨聽解尚書左僕射以太子太傅依舊知政事永淳元年高宗幸東都皇太子京師監國遣仁軌與侍中裴炎中書令薛元超留輔太子二年太子赴東都又令太孫重照京師留守仍令仁軌爲副則天臨朝加授特進復拜尚書左僕射同中書門下三品專知留守事仁軌復上疏辭以衰老請罷居守之任因陳呂后禍敗之事以申規諫則天使武承嗣齎璽書往京慰喻之曰今日以皇帝諒闇不言眇身且代親政遠勞勸誡復表辭衰疾怪望既多徊徨失據又云呂后見嗤於後代祿產貽禍於漢朝引喻良深愧慰交集公忠貞之操終始不渝勁直之風古今罕比初聞此語能不罔然靜而思之是爲龜鏡且端揆之任儀刑百辟況公先朝舊德遐邇具瞻願以匡救爲懷無以暮年致請尋進封郡公垂拱元年從新令改爲文昌左相同鳳閣鸞臺三品尋薨年八十四則天廢朝三日令在京百官以次赴弔冊贈開府儀同三司并州大都督陪葬乾陵賜其家實封三百戶仁軌雖位居端揆不自

矜倨每見貧賤時故人不改布衣之舊初爲陳倉尉相工袁天綱謂曰君終當位鄰台輔年將九十後果如其言仁軌身經隋末之亂輯其見聞著行年記行於代子濬官至太子中舍人垂拱二年爲酷吏所陷被殺妻子籍沒中宗即位以仁軌春宮舊寮追贈太尉濬子冕開元中爲祕書省少監表請爲仁軌立碑諡曰文獻史臣韋述曰世稱劉樂城與戴至德同爲端揆劉則甘言接人以收物譽戴則正色拒下推美於君故樂城之善於今未弭而戴氏之勳無所聞焉嗚呼高名美稱或因邀飾而致遠深仁至行或以韜晦而莫傳豈唯劉戴而然蓋自古有之矣故孔子曰衆好之必察焉衆惡之必察焉非夫聖智鮮不惑也且劉公逞其私忿陷人之所不能覆徒貽國之恥忠恕之道豈其然乎

郝處俊安州安陸人也父相貴隋末與妻父許紹據硤州歸國以功授滁州刺史封甑山縣公處俊年十歲餘其父卒於滁州父之故吏賻送甚厚僅滿千餘匹悉辭不受及長好讀漢書略能暗誦貞觀中本州進士舉吏部尚書高士廉甚奇之解褐授著作佐郎襲爵甑山縣公兄弟篤睦事諸舅甚謹再轉滕王友

恥爲王官遂棄官歸耕久之召拜太子司議郎五遷吏部侍郎乾封二年改爲司列少常伯屬高麗反叛詔司空李勣爲浿江道大總管以處俊爲副嘗次賊城未遑置陣賊徒奄至軍中大駭處俊獨據胡床方餐乾糒乃潛簡精銳擊敗之將士多服其膽略總章二年拜東臺侍郎尋同東西臺三品咸亨初高宗幸東都皇太子於京師監國盡留侍臣戴至德張文瓘等以輔太子獨以處俊從時東州道總管高侃破高麗餘衆於安市城奏稱有高麗僧言中國災異請誅之上謂處俊曰朕聞爲君上者以天下之目而視以天下之耳而聽蓋欲廣聞見也且天降災異所以警悟人君其變苟實言之者何罪其事必虛聞之者足以自戒舜立謗木豈有以也欲籍天下之口其可得乎此不足以加罪特令赦之因謂處俊曰王者無外何藉於守禦雖然重門擊柝蓋備不虞方知禁衞在於謹肅朕嘗以秦法猶爲太寬荊軻匹夫耳而匕首竊發始皇駭懼莫有拒者豈不由積習寬慢使其然乎處俊對曰此由法急所致非寬慢也上曰何以知之對曰秦法輒升殿者夷三族人皆懼族安有敢拒者逮乎魏武法尙峻臣見

魏令云京城有變九卿各居其府其後嚴才作亂與其徒屬數十人攻左掖門魏武登銅雀臺遠望無敢救者時王修爲奉常聞變召車馬未至便將官屬步至宮門魏武望見之曰彼來者必王修乎此由王修察變知機違法赴難向各守法遂成其禍故王者設法數化不可以太急夫政寬則人慢政急則人無所措手足聖王之道寬猛相濟詩曰不懈于位人之攸塈謂仁政也又曰式遏寇虐無俾作慝謂威刑也洪範曰高明柔克沉潛剛克謂中道也上曰善又有胡僧盧伽阿逸多受詔合長年藥高宗將餌之處俊諫曰修短有命未聞萬乘之主輕服蕃夷之藥昔貞觀末年先帝令婆羅門僧那羅邇娑寐依其本國舊方合長生藥胡人有異術徵求靈草祕石歷年而成先帝服之竟無異効大漸之際名醫莫知所爲時議者歸罪於胡人將申顯戮又恐取笑夷狄法遂不行龜鏡若是惟陛下深察高宗納之但加盧伽爲懷化大將軍不服其藥尋而官名復舊處俊授黄門侍郎三年加銀青光祿大夫轉中書侍郎四年監修國史上元元年高宗御含元殿東翔鸞閣觀大酺時京城四縣及太常音樂分爲東西

兩朋帝令雍王賢爲東朋周王諱爲西朋務以角勝爲樂處俊諫曰臣聞禮所以示童子無誑者恐其欺詐之心生也伏以二王春秋尚少意趣未定當須推多讓美相敬如一今忽分爲二朋遞相誇競且俳優小人言辭無度酣樂之後難爲禁止恐其交爭勝負譏誚失禮非所以導仁義示和睦也高宗矍然曰卿之遠識非衆人所及也遽令止之尋代閻立本爲中書令歲餘兼太子賓客檢校兵部尚書三年高宗以風疹欲遜位令天后攝知國事與宰相議之處俊對曰嘗聞禮經云天子理陽道后理陰德則帝之與后猶日之與月陽之與陰各有所主守也陛下今欲違反此道臣恐上則謫見于天下則取怪于人昔魏文帝著令身崩後尚不許皇后臨朝今陛下奈何遂欲躬自傳位於天后況天下者高祖太宗二聖之天下非陛下之天下也陛下正合謹守宗廟傳之子孫誠不可持國與人有私於后族伏乞特垂詳納中書侍郎李義琰進曰處俊所引經旨足可依憑惟聖慮無疑則蒼生幸甚帝曰是遂止儀鳳二年加金紫光祿大夫行太子左庶子並依舊知政事監修國史四年代張文瓘爲侍中處俊性

儉素土木形骸自參綜朝政每與上言議必引經籍以應對多有匡益甚得大臣之體侍中平恩公許圉師即處俊之舅早同州里俱宦達於時又其鄉人田氏彭氏以殖貨見稱有彭志筠顯慶中上表請以家絹布二萬段助軍詔受其絹萬疋特授奉義郎仍布告天下故江淮閒語曰貴如許郝富若田彭處俊遷太子少保開曜元年薨年七十五贈開府儀同三司荊州大都督高宗甚傷悼之顧謂侍臣曰處俊志存忠正兼有學識至於雕飾服翫雖極知無益然常人不能抑情棄捨皆好尙奢侈處俊嘗保其質素終始不渝雖非元勳佐命固亦多時驅使又見遺表憂國忘家今既云亡深可傷惜即於光順門舉哀一日不視事終祭以少牢贈絹布八百段米粟八百碩令百官赴哭給靈轝并家口遞還鄉官供葬事其子祕書郎北叟上表辭所贈賜及葬遞之事高宗不許侍中裴炎曰處俊臨亡臣往見之屬臣曰生既無益明時死後何宜煩費瞑目之後儻有恩賜贈物及歸鄉遞送葬日營造不欲勞官司供給高宗深嘉歎之從其遺意唯加贈物而已處俊孫象賢垂拱中爲太子通事舍人坐事伏誅臨刑言

多不順則天大怒令斬訖仍支解其體發其父母墳墓焚爇屍體處俊亦坐斲
棺毀柩自此法司每將殺人必先以木丸塞其口然後加刑訖於則天之代
裴行儉絳州聞喜人曾祖伯鳳周驃騎大將軍汾州刺史琅邪郡公祖定高馮
翊郡守襲封琅邪公父仁基隋左光祿大夫陷於王世充後謀歸國事洩遇害
武德中贈原州都督謚曰忠行儉幼以門蔭補弘文生貞觀中舉明經拜左屯
衞倉曹參軍時蘇定方爲大將軍甚奇之盡以用兵奇術授行儉顯慶二年六
遷長安令時高宗將廢皇后王氏而立武昭儀行儉以爲國家憂患必從此始
與太尉長孫無忌尚書左僕射褚遂良私議其事大理袁公瑜於昭儀母榮國
夫人譖之由是左授西州都督府長史麟德二年累拜安西大都護西域諸國
多慕義歸降徵拜司文少卿總章中遷司列少常伯咸亨初官名復舊改爲吏
部侍郎與李敬玄爲貳同時典選十餘年甚有能名時人稱爲裴李行儉始設
長名姓歷牓引銓注等法又定州縣升降官資高下以爲故事上元二年加銀
青光祿大夫高宗以行儉工於草書嘗以絹素百卷令行儉草書文選一部帝

覽之稱善賜帛五百段行儉嘗謂人曰褚遂良非精筆佳墨未嘗輒書不擇筆墨而妍捷者唯余及虞世南耳三年吐蕃背叛詔行儉爲洮州道左二軍總管尋又爲秦州鎮撫右軍總管並受元帥周王節度儀鳳二年十姓可汗阿史那匐延都支及李遮匐扇動蕃落侵逼安西連和吐蕃議者欲發兵討之行儉建議曰吐蕃叛渙干戈未息敬玄審禮失律喪元安可更爲西方生事今波斯王身沒其子泥涅師師充質在京望差使往波斯冊立卽路由二蕃部落便宜從事必可有功高宗從之因命行儉冊送波斯王仍爲安撫大食使途經莫賀延磧屬風沙晦暝導者益迷行儉命下營虔誠致祭令告將吏泉井非遙俄而雲收風靜行數百步水草甚豐後來之人莫知其處衆皆悅服比之貳師將軍至西州人吏郊迎行儉召其豪傑子弟千餘人隨己而西乃揚言給其下曰今正炎蒸熱坂難冒涼秋之後方可漸行都支覘知之遂不設備行儉仍召四鎮諸蕃酋長豪傑謂曰憶昔此遊未嘗厭倦雖還京輦無時蹔忘今因是行欲尋舊賞誰能從吾獵也是時蕃酋子弟投募者僅萬人行儉假爲畋遊教試部伍數

日遂倍道而進去都支部落十餘里先遣都支所親問其安否外示閑暇似非討襲續又使人趣召相見都支先與遮匐通謀秋中擬拒漢使卒聞軍到計無所出自率兒姪首領等五百餘騎就營來謁遂擒之是日傳其契箭諸部酋長悉來請命並執送碎葉城簡其精騎輕齎曉夜前進將虜遮匐途中果獲都支還使與遮匐使同來行儉釋遮匐行人令先往曉喻其主兼述都支已擒遮匐尋復來降於是將吏已下立碑於碎葉城以紀其功擒都支遮匐而還高宗廷勞之曰比以西服未寧遣卿總兵討逐孤軍深入經途萬里卿權略有聞誠節夙著兵不血刃而兇黨殄滅伐叛柔服深副朕委尋又賜宴謂行儉曰卿文武兼資今故授卿二職卽日拜禮部尚書兼檢校右衛大將軍調露元年突厥阿史德温傅反單于管內二十四州並叛應之衆數十萬單于都護蕭嗣業率兵討之返爲所敗於是以行儉爲定襄道行軍大總管率太僕少卿李思文營州都督周道務等部兵十八萬并西軍程務挺東軍李文暕等總三十餘萬連亘數千里並受行儉節度唐世出師之盛未之有也行儉行至朔州知蕭嗣業以

運糧被掠兵多餒死遂詐爲糧車三百乘每車伏壯士五人各齎陌刀勁弩以
羸兵數百人援車兼伏精兵令居險以待之賊果大下羸兵棄車散走賊驅車
就泉水解鞍牧馬方擬取糧車中壯士齊發伏兵亦至殺獲殆盡餘衆奔潰自
是續遣糧車無敢近之者及軍至單于之北際晚下營壕塹方周遽令移就崇
岡將士皆以士衆方就安堵不可勞擾行儉不從更令促之比夜風雨暴至前
設營所水深丈餘將士莫不歎伏賊衆於黑山拒戰行儉頻戰皆捷前後殺虜
不可勝數僞可汗泥熟匐爲其下所殺以其首來降又擒其大首領奉職而還
餘黨走依狼山行儉既迴阿史那伏念又僞稱可汗與温傅合勢鳩集餘衆明
年行儉復總諸軍討之頓軍於代州之陘口縱反間說伏念與温傅令相猜貳
伏念恐懼密送降款仍請自効行儉不泄其事而密表以聞數日有煙塵漲天
而至斥候惶惑來白行儉召三軍謂曰此是伏念執温傅來降非他然受降如
受敵但須嚴備更遣單使迎前勞之少間伏念果率其屬縛温傅詣軍門請罪
盡平突厥餘黨高宗大悅遣戶部尚書崔知悌赴軍勞之侍中裴炎害行儉之

功總管程務挺張虔勗上言伏念爲子營逼逐又磧北迴紇等同向南逼之窘急而降由是行儉之功不錄斬伏念及温傅於都市行儉歎曰渾濬前事古今恥之但恐殺降之後無復來者因稱疾不出以勳封聞喜縣公永淳元年十姓僞可汗車薄反叛詔復以行儉爲金牙道大總管率十將軍以討之師未行其年四月行儉病卒年六十四贈幽州都督諡曰獻特詔令皇太子差六品京官一人檢校家事五六年間待兒孫稍成長日停中宗卽位追贈揚州大都督有集二十卷撰草字雜體數萬言並傳於代又撰選譜十卷安置軍營行陣部統剋料勝負甄別器能等四十六訣則天令祕書監武承嗣詣宅並密收入內行儉尤曉陰陽算術兼有人倫之鑒自掌選及爲大總管凡遇賢俊無不甄採每制敵摧兇必先期捷日時有後進楊炯王勃盧照鄰駱賓王並以文章見稱吏部侍郎李敬玄盛爲延譽引以示行儉行儉曰才名有之爵祿蓋寡楊應至令長餘並鮮能令終是時蘇味道王劇未知名因調選行儉一見深禮異之仍謂曰有晚年子息恨不見其成長二公十數年當居衡石願記識此輩其後相繼

爲吏部皆如其言行儉嘗所引偏裨有程務挺張虔勗崔智𧇊王方翼党金毗劉敬同郭待封李多祚黑齒常之盡爲名將至刺史將軍者數十人其所知賞多此類也行儉嘗令醫人合藥請犀角麝香送者誤遺失已而惶懼潛竄又有勑賜馬及新鞍令史輒馳驟馬倒鞍破令史亦逃行儉並委所親招到謂曰爾曹豈相輕耶皆錯誤耳待之如故初平都支遮匐大獲瓌寶蕃酋將士願觀之行儉因宴設遍出歷示有馬腦盤廣二尺餘文彩殊絶軍吏王休烈捧盤歷階趨進誤躡衣足跌便倒盤亦隨碎休烈驚惶叩頭流血行儉笑而謂曰爾非故也何至於是更不形顏色詔賜都支等資產金器皿三千餘事駞馬稱是並分給親故并副使已下數日便盡少子光庭開元中爲侍中以恩例贈行儉爲太尉光庭早孤母庫狄氏則天時召入宮甚見親待光庭由是累遷太常丞後以武三思之壻緣坐左遷郢州司馬開元初六遷右率府中郎將擢授司門郎中歲餘轉兵部郎中光庭沉靜少言寡於交遊既歷清要時人初未許之及在職公務修整衆方歎伏焉十三年將有事于岱岳中書令張說以大駕東巡京師

空虛恐夷狄乘閒竊發議欲加兵守邊以備不虞召光庭謀兵事光庭曰封禪者所以告成功也夫成功者恩德無不及百姓無不安萬國無不懷今將告成而懼夷狄何以昭德也大興力役用備不虞且非安人也方謀會同而阻戎心又非懷遠也有此三者則名實乖矣且諸蕃之國突厥爲大贄幣往來願修恩好有年矣今茲遣一使徵其大臣赴會必欣然應命突厥受詔則諸蕃君長必相率而來雖偃旗息鼓高枕有餘矣說曰善吾所不及矣因奏而行之尋轉鴻臚少卿東封還遷兵部侍郎十七年拜中書侍郎同中書門下平章事尋兼御史大夫無幾遷黃門侍郎依舊知政事從巡五陵迴拜侍中兼吏部尚書又加弘文館學士光庭乃撰瑤山往則及維城前軌各壹卷上表獻之手制襃美賜絹五百疋上令皇太子已下於光順門與光庭相見以重其諷誡之意光庭又引壽安丞李融拾遺張琪著作左郎司馬利賓等令直弘文館撰續春秋傳上表請以經爲御撰而光庭等依左氏之體爲之作傳上又手制襃賞之光庭委筆削於李融書竟不就時有上書請以皇室爲金德者中書令蕭嵩奏請集百

寮詳議光庭以國家符命久著史策若有改易恐貽後學之誚密奏請依舊爲
定乃下詔停百寮集議之事二十年扈從祠后土加光祿大夫封正平男尋卒
年五十八優制贈太師輟朝三日初光庭與蕭嵩爭權不協及爲吏部奏用循
資格并促選限至正月三十日令畢其流外行署亦令門下省之光庭卒後嵩
又奏請一切罷之光庭所引進者盡出爲外職時有門下主事閻麟之爲光庭
腹心專知吏部選官每麟之裁定光庭隨而下筆時人語曰麟之口光庭手太
常博士孫琬將議光庭諡以其用循資格非獎勸之道建議諡爲克時人以爲
希嵩意旨上聞而特下詔賜諡曰忠獻仍令中書令張九齡爲其碑文史官韋
述以改諡爲非論之曰春秋之義諸侯死王事者葬之加一等嘉其有功而不
及其賞也爰至漢魏則襚之印綬寵被窀穸唯德是褒豈虛授也近代已來寵
贈無紀或以職位崇顯一切優錫或以子孫榮貴恩例所加賢愚虛實爲一貫
矣裴光庭以守法之吏驟登相位踐歷機衡豈不多愧贈以師範何其濫歟張
燕公有扶翊之勳居講諷之舊秩躋九命官歷二端議者猶謂贈之過當況光

庭去斯猶遠何妄竊之甚哉蓋名器假人昔賢之所惋也

史臣曰昔晉侯選任將帥取其說禮樂而敦詩書良有以也夫權謀方略兵家之大經邦國繫之以存亡政令因之而強弱則馮衆怙力豨勇虎暴者安可輕言推轂授任哉故王猛諸葛亮振起窮巷驅駕豪傑左指右顧廓定霸圖非他道也蓋智力權變適當其用耳劉樂城裴聞喜文雅方略無謝昔賢治戎安邊綽有心術儒將之雄者也天后預政之時刑峻如壑多以諛佞希恩而樂城甑山昌言規正若時無君子安及此言正平銓藻吏能文學政事頗有深識而前史譏其謬諡有涉陳壽短武侯應變之論乎非通論也

贊曰殷禮阿衡周師呂尚王者之兵儒者之將樂城聞喜當仁不讓管葛之譚是吾心匠

舊唐書卷八十四

舊唐書卷八十四考證

劉仁軌傳仁軌率兵徑度瓠盧河○臣宗萬按胡三省曰此瓠盧河當在高麗南界新羅七重城之北又胡嶠曰黑車子之北有牛蹄突厥人身牛足其地有寒水曰瓠瓤河者非也盧通鑑作蘆

裴行儉傳祖定高○沈炳震曰按隋書裴仁基傳父名定無高字

時人稱爲裴李○沈炳震曰按與李敬玄同典選也新書與馬載同典選有能名人稱裴馬

行儉行至朔州○臣宗萬按通鑑作朔川胡三省曰唐朔州治善陽縣漢定襄縣地單于府治金河縣漢雲中郡城也自朔州至單于府三百五十七里以行儉軍行次舍考之當先至朔州而後至單于府北據此則朔州爲是通鑑蓋本實錄及統紀州川易譌傳寫之失也

賊衆於黑山拒戰行儉頻戰皆捷○臣宗萬按通鑑注黑山一名殺胡山在豐州中受降城正北如東八十里亦謂之呼延谷

舊唐書卷八十四考證

舊唐書卷八十五

後晉司空同中書門下平章事劉昫撰

列傳第三十五

唐臨孫紹　張文瓘兄文琮從弟文收　徐有功

唐臨京兆長安人周內史瑾孫也其先自北海徙關中伯父令則開皇末爲左庶子坐詔事太子勇誅死臨少與兄皎俱有令名武德初隱太子總兵東征臨詣軍獻平王世充之策太子引直典書坊尋授右衛率府鎧曹參軍宮殿廢出爲萬泉丞縣有輕囚十數人會春暮時雨臨白令請出之令不許臨曰明公若有所疑臨請自當其罪令因請假臨召囚悉令歸家耕種與之約令歸繫所囚等皆感恩貸至時畢集詣獄臨因是知名再遷侍御史奉使嶺外按交州刺史李道彥等申叩冤繫三千餘人累轉黃門侍郎加銀青光祿大夫儉薄寡欲不治第宅服用簡素寬於待物嘗欲弔喪令家童自歸家取白衫家僮誤將餘衣懼未敢進臨察知之使召謂曰今日氣逆不宜哀泣向取白衫且止之也又嘗

令人責藥失制潛知其故謂曰陰暗不宜服藥宜即棄之竟不揚言其過其寬恕如此高宗即位檢校吏部侍郎其年遷大理卿高宗嘗問臨在獄繫囚之數臨對詔稱旨帝喜曰朕昔在東宮卿已事朕朕承大位卿又居近職以疇昔相委故授卿此任然爲國之要在於刑法法急則人殘法寬則失罪務令折中稱朕意焉高宗又嘗親錄死囚前卿所斷者號叫稱冤臨所入者獨無言帝怪問狀囚曰罪實自犯唐卿所斷既非冤濫所以絶意耳帝歎息良久曰爲獄者不當如此耶永徽元年爲御史大夫明年華州刺史蕭齡之以前任廣州都督贓事發制付羣官集議及議奏帝怒令於朝堂處置臨奏曰臣聞國家大典在於賞刑古先聖王惟刑是卹虞書曰罪疑惟輕功疑惟重與其殺弗辜寧失弗經周禮刑平國用中典刑亂國用重典天下太平應用堯舜之典比來有司多行重法敘勳必須刻削論罪務從重科非是憎惡前人止欲自爲身計今議蕭齡之事有輕有重重者流死輕者請除名以齡之受委大藩贓罪狼藉原情取事死有餘辜然既遣詳議終須近法竊惟議事羣官未盡識議刑本意律有八議

並依周禮舊文矜其異於衆臣所以特制議法禮王族刑於隱者所以議親刑不上大夫所以議貴知重其親貴議欲緩刑非爲嫉其賢能謀致深法今既許議而加重刑是與堯舜相反不可爲萬代法高宗從其奏齡之竟得流於嶺外尋還刑部尙書加金紫光祿大夫復歷兵部度支吏部三尙書顯慶四年坐事貶爲潮州刺史卒官年六十所撰冥報記二卷大行於世兄皎武德初爲秦府記室從太宗征討專掌書檄深見親待貞觀中累轉吏部侍郎先是選集無限隨到補職時漸太平選人稍衆皎始請以冬初一時大集終季春而畢至今行之歷還益州長史卒贈太常卿子之奇調露中爲給事中坐嘗爲章懷太子僚屬徙邊文明元年起爲括蒼令與徐敬業作亂伏誅臨孫紹博學善三禮神龍中爲太常博士景龍二年韋庶人上言自妃主及命婦宮官葬日請給鼓吹中宗特制許之紹上疏諫曰竊聞鼓吹之樂本爲軍容昔黃帝涿鹿有功以爲警衞故棡鼓曲有靈夔吼鵰鶚爭石墜崖壯士怒之類自昔功臣備禮適得用之丈夫有四方之功以恩加寵錫假如郊天祀地誠是重儀惟有宮懸本無案據

故知軍樂所備尙不洽於神祇鉦鼓之音豈能接於閨闥準式公主王妃已下葬禮惟有團扇方扇綵帷錦鄣之色加之鼓吹歷代未聞又準令五品官婚葬元無鼓吹惟京官五品得借四品官則不當給限便是班秩本因天子儀飾乃復過之事非倫次難爲定制參詳義理不可常行請停前敕各依常典疏奏不納紹尋還左臺侍御史兼太常博士中宗將親拜南郊國子祭酒祝欽明等希旨皇后爲亞獻紹與博士蔣欽緒固爭以爲不可又則天父母二陵各置守戶五百人武三思及子崇訓墓各置守戶六十人以武氏外戚乃與昭陵禮同三思等復踰親王之制又上疏切諫當時雖皆不從深爲議者所美睿宗卽位又數陳時政損益累轉給事中仍知禮儀事先天二年冬今上講武於驪山紹以修儀注不合旨坐斬時今上旣怒講武失儀坐紹於纛下右金吾將軍李邈遽請宣敕遂斬之時人旣痛惜紹而深咎於邈尋有敕罷邈官遂擯廢終其身

張文瓘貝州武城人大業末徙家魏州之昌樂瓘幼孤事母兄以孝友聞貞觀初舉明經補并州參軍時英國公李勣爲長史深禮之累遷水部員外郎時兄

文琮爲戸部侍郎舊制兄弟不許並居臺閣遂出爲雲陽令龍朔年累授東西臺舍人參知政事尋遷東臺侍郎同東西臺三品兼知左史事時初造蓬萊上陽合璧等宮又征討四夷廏馬有萬疋倉庫漸虛文瓘因進諫曰人力不可不惜百姓不可不養養之逸則富以康使之勞則怨以叛秦皇漢武廣事四夷多造宮室使土崩瓦解戸口減半臣聞制化於未亂保邦於未危人罔常懷懷於有仁陛下不制於未亂之前安能救於既危之後百姓不堪其弊必構禍難殷鑒不遠近在隋朝臣願稍安撫之無使生怨上深納其言於是節減廏馬數千疋賜文瓘繒錦百段咸亨三年官名復舊改授黃門侍郎兼太子左庶子俄遷大理卿依舊知政事文瓘至官旬日決遣疑事四百餘條無不允當自是人有抵罪者皆無怨言文瓘常有疾繫囚相與齋禱願其視事當時咸稱其執法平恕以比戴冑上元二年拜侍中兼太子賓客大理諸囚聞文瓘改官一時慟哭其感人心如此文瓘性嚴正諸司奏議多所糾駮高宗甚委之或時臥疾在家朝廷每有大事上必問諸宰臣曰與文瓘議未奏云未者則遣共籌之奏云已

議者皆報可從之其後新羅外叛高宗將發兵討除時文瓘疾病在家乃輿疾請見奏曰比爲吐蕃犯邊兵屯寇境新羅雖未即順師不內侵若東西俱事征討臣恐百姓不堪其弊請息兵修德以安百姓高宗從之儀鳳二年卒年七十三贈幽州都督諡曰懿以其經事孝敬皇帝特勑陪葬恭陵四子潛沛洽涉中宗時潛官至魏州刺史沛同州刺史洽衞尉卿涉殿中監父子兄弟五人皆至三品官時人謂之萬石張家及韋温等被誅之際涉爲亂兵所殺兄文琮貞觀中爲持書侍御史三遷亳州刺史爲政清簡百姓安之永徽初表獻太宗文皇帝頌優制襃美賜絹百疋徵拜戶部侍郎從母弟房遺愛以罪貶授房州刺史文琮作詩祖餞及遺愛誅坐是出爲建州刺史州境素尚淫祀不修社稷文琮下教書曰春秋二社蓋本爲農惟獨此州廢而不立禮典既闕風俗何觀近年已來田多不熟抑不祭先農所致乎神在於敬何以邀福於是示其節限條制百姓欣而行之尋卒文集二十卷子戩官至江州刺史撰喪儀纂要七卷行於時戩弟錫則天時爲鳳閣侍郎同鳳閣鸞臺平章事先是姊子李嶠知政事錫

拜官而嶠罷相出爲國子祭酒舅甥相代爲相時人榮之錫與鄭杲俱知天官選事坐贓則天將斬之以徇臨刑而特赦之中宗時杲遷工部尚書兼修國史尋令於東都留守中宗崩韋庶人臨朝詔錫與刑部尚書裴談並同中書門下三品旬日出爲絳州刺史累封平原郡公以年老致仕而卒文琮從父弟文收隋內史舍人虔威子也尤善音律嘗覽蕭吉樂譜以爲未甚詳悉更博採羣言及歷代沿革裁竹爲十二律吹之備盡旋宮之義時太宗將創制禮樂召文收於太常令與少卿祖孝孫參定雅樂太樂有古鍾十二近代惟用其七餘有五俗號啞鍾莫能通者文收吹律調之聲皆響徹時人咸服其妙尋授協律郎十一年文收表請釐正太樂上謂侍臣曰樂本緣人人和則樂和至如隋煬帝末年天下喪亂縱令改張音律知其終不和諧若使四海無事百姓安樂音律自然調和不藉更改竟不依其請十四年景雲見河水清文收採朱鴈天馬之義制景雲河清樂名曰燕樂奏之管絃爲樂之首今元會第一奏者是也咸亨元年遷太子率更令卒官撰新樂書十二卷

徐有功國子博士文遠孫也舉明經累轉蒲州司法參軍紹封東莞男爲政寬仁不行杖罰吏人感其恩信遞相約曰若犯徐司法杖者衆必斥罰之由是人爭用命終於代滿不戮一人載初元年累遷司刑丞時酷吏周興來俊臣丘神勣王弘義等構陷無辜皆抵極法公卿震恐莫敢正言有功獨存平恕詔下大理者有功皆議出之前後濟活數十百家常於殿庭論奏曲直則天厲色詰之左右莫不悚慄有功神色不撓爭之彌切尋轉秋官員外郎轉郎中俄而鳳閣侍郎任知古冬官尚書裴行本等七人被構陷當死則天謂公卿曰古人以殺止殺我今以恩止殺就羣公乞知古等錫以再生各授以官佇申來效俊臣張知默等又抗表請申大法則天不許之俊臣乃獨引行本重驗前罪奏曰行本潛行悖逆告張知謇與廬陵王反不實罪當處斬有功駮奏曰俊臣乖明主再生之賜虧聖人恩信之道爲臣雖當嫉惡然事君必將順其美行本竟以免死道州刺史李仁褒及弟榆次令長沙又爲唐奉一所構高宗末私議吉凶謀復李氏將誅之有功又固爭之不能得秋官侍郎周興奏有功曰臣聞兩漢故事

附下罔上者腰斬面欺者亦斬又禮云析言破律者殺有功故出反囚罪當不赦請推按其罪則天雖不許繫問然竟坐免官久之起爲左臺侍御史則天特褒異之時遠近聞有功授職皆欣然相賀有功嘗上疏論天官秋官及朝堂三司理匭使愆失其略曰陛下卽位已來海內職員一定而天下選人漸多掌選之曹用捨不平補擬乖次囑請公行顏面罔懼遂使囂謗滿路怨讟盈朝浸以爲常殊無愧憚又往屬唐朝季年時多逆節鞫訊結斷刑獄至嚴革命以來載祀遽積餘風未殄用法猶深今推鞫者猶行酷法妄劾斷臣卽按驗奏而劾之獲其枉狀請卽付法斷罪亦奪祿貶考以懲其德其三司受表及理匭申寃使不速與奪致令擁塞有理不爲申者亦望準前彈奏貶考奪祿臣昔處法緣蒙擢用臣無以上答至造願以執法酬恩無縱詭隨不避強禦猛噬鷙擊是臣之分如蒙允納請降勅施行庶不越旬時亦可以除殘革弊刑措不用天下幸甚

後潤州刺史竇孝諶妻龐氏爲奴誣告云夜解祈福則天令給事中薛季昶鞫之季昶鍛鍊成其罪龐氏當坐斬有功獨明其無罪而季昶等返陷有功黨援

惡逆奏付法法司結刑當棄市有功方視事令史垂泣以告有功曰豈吾獨死而諸人長不死耶乃徐起而歸則天覽奏召有功詰之曰卿比斷獄失出何多對曰失出臣下之小過好生聖人之大德願陛下弘大德則天下幸甚則天默然於是龐氏減死流於嶺表有功除名爲庶人尋起爲左司郎中累遷司刑少卿有功謂所親曰今身爲大理人命所懸必不能順旨詭辭以求苟免故前後爲獄官以諫奏枉誅者三經斷死而執志不渝酷吏由是少衰時人比漢之于張焉或曰若獄官皆然刑措何遠久之轉司僕少卿長安二年卒年六十二贈司刑卿中宗卽位制曰忠正之臣自昔攸尚褒贈之典舊章所重故贈大理卿徐有功節操貞勁器懷亮直徇古人之志業實一代之賢良司彼刑書深存敬愼周與來俊臣等性惟殘酷務在誅夷不順其情立加誣害有功卓然守法雖死不移無屈撓之心有忠烈之議當其執斷並遇平反定國釋之何以加此朕惟新庶政追想前跡其人既歿其德可稱追往贈終慰茲泉壤可贈越州刺史仍遣使就家弔祭賜物百段授一子官今上踐祚竇孝諶之子希瑊等請以身

之官爵讓有功子惀以報舊恩惀由是自太子司議郎恭陵令累遷申王府司馬卒

史臣曰文法理具之大者故舜命臯陶爲士昌言誡勑勤亦至焉蓋人命所懸一失其平寃不可復聖王所以疚心也如臨之守法文瓘之議刑時屬哲王可以理奪當賊后還鼎之際酷吏羅織之辰徐有功獨抗羣邪持平不撓此所以爲難也比釋之定國徐又過之希瑊讓爵酬恩可知遺愛

贊曰聽訟惟明持法惟平二者或爽人何以生猗歟徐公辦務之精世皆紛濁不改吾清

舊唐書卷八十五

舊唐書卷八十五考證

唐臨傳宮殿廢出爲萬泉丞○臣德潛按宮殿字疑譌應是春宮新書太子廢出爲萬泉丞可證也

徐有功傳今上踐祚寶孝諶之子希瑊等請以身之官爵讓有功子惀○今上指玄宗也沿舊文未改

舊唐書卷八十五考證

舊唐書卷八十六

後晉司空同中書門下平章事劉昫撰

列傳第三十六

高宗中宗諸子

高宗八男則天順聖皇后生中宗睿宗及孝敬皇帝弘章懷太子賢後宮劉氏生燕王忠鄭氏生原王孝楊氏生澤王上金蕭淑妃生許王素節

燕王忠字正本高宗長子也高宗初入東宮而生忠宴宮寮於弘教殿太宗幸宮顧謂宮臣曰頃來王業稍可非無酒食而唐突卿等宴會者朕初有此孫故相就爲樂耳太宗酒酣起舞以屬羣臣在位於是遍舞盡日而罷賜物有差貞

觀二十年封爲陳王永徽元年拜雍州牧時王皇后無子其舅中書令柳奭說后謀立忠爲皇太子以忠母賤冀其親己后然之奭與尚書右僕射褚遂良侍中韓瑗諷太尉長孫無忌右僕射于志寧等固請立忠爲儲后高宗許之三年立忠爲皇太子大赦天下五品已上子爲父後者賜勳一級六年加元服制大辟罪已下並降一等大酺三日其年王皇后被廢武昭儀所生皇子弘年三歲禮部尚書許敬宗希旨上疏曰伏惟陛下憲章千古含育萬邦爰立聖慈母儀天下既而皇后生子合處少陽出自塗山是謂吾君之胤夙聞胎教宜展問豎之心乃復爲孽奪宗降居藩邸是使前星匿彩瑤嶽韜峯臣以愚誠竊所未喻且今之守器素非皇嫡永徽爰始國本未生權引彗星越昇明兩近者元妃載誕正胤降神重光日融爝暉宜息安可以茲傍統叨據溫文國有諍臣孰逃其責竊惟息姑克讓可以思齊劉彊守藩宜遵往軌追蹤太伯不亦休哉踵武延陵故常安矣寧可反植枝幹久易位於天庭倒襲衣裳使違方於震位蠹爾黎庶云誰係心垂裕後昆將何播美高宗從之顯慶元年廢忠爲梁王授梁州都

督賜實封二千戶物二萬段甲第一區其年轉房州刺史忠年漸長大常恐不
自安或私衣婦人之服以備刺客又數有妖夢常自占卜事發五年廢爲庶人
徙居黔州囚於承乾之故宅麟德元年又誣忠與東臺侍御上官儀宦者王伏
勝謀反賜死於流所年二十二無子儀等伏誅明年皇太子弘表請收葬許之
神龍初追封燕王贈太尉揚州大都督
原王孝高宗第二子也永徽元年封王三年拜并州都督顯慶三年累除遂州
刺史麟德元年薨贈益州大都督謚曰悼神龍初追贈原王司徒益州大都督
澤王上金高宗第三子也永徽元年封杞王三年遙授益州大都督乾封元年
累轉壽州刺史有罪免官削封邑仍於澧州安置上金既爲則天所惡所司希
旨求索罪失以奏之故有此黜永隆二年二月則天矯抗表杞王上金鄱陽王
素節許同朝集之例義陽宣城二公主緣母蕭氏獲譴從夫外官請授官職以
上金爲沔州刺史素節爲岳州刺史仍不預朝集嗣聖元年上金素節義陽宣
城二公主聽赴哀文明元年上金封畢王素節封爲葛王又改上金封爲澤王

蘇州刺史素節許王隆州刺史垂拱元年改陳州刺史永昌元年授太子左衛率出爲隨州刺史載初元年武承嗣使酷吏周興誣告上金素節謀反召至都繫於御史臺舒州刺史許王素節見殺於都城南驛因害其支黨上金恐懼自縊死子義珍義玫義璋義環義瑾義璲七人並配流顯州而死神龍初追復上金官爵封庶子義珣爲嗣澤王先是義珣竄在嶺外匿於傭保之閒及紹封無幾有人告義珣非上金子假冒襲爵義珣不能自明復流於嶺外開元初封素節子璆爲嗣澤王繼上金後十二年玉真公主表稱義珣實上金遺胤被嗣許王瓘兄弟利其封爵謀構廢之今上由是削璆王爵復召義珣爲嗣澤王拜率更令因是諸宗室非本宗襲爵自中興已後繼爲嗣王者皆令歸宗削其爵邑也

許王素節高宗第四子也年六歲永徽二年封雍王尋授雍州牧素節能日誦古詩賦五百餘言受業於學士徐齊聃精勤不倦高宗甚愛之又轉岐州刺史年十二改封郇王初則天未爲皇后也與素節母蕭淑妃爭寵遞相譖毀六年

則天立爲皇后後淑妃竟爲則天所譖毀幽辱而殺之素節尤被讒嫉出爲申州刺史乾封初下勅曰素節既舊疾患宜不須入朝而素節實無疾素節自以久乖朝覲遂著忠孝論以見意詞多不載時王府倉曹參軍張柬之因使潛封此論以進則天見之逾不悅誣以贓賄降封鄱陽郡王仍於袁州安置儀鳳二年禁錮終身又改於岳州安置永隆元年轉岳州刺史後改封葛王則天稱制又進封許王累除舒州刺史天授中與上金同被誣告追赴都臨發州聞有遭喪哭者謂左右曰病死何由可得更何須哭行至都城南龍門驛被縊死年四十三則天令以庶人禮葬之中宗卽位追封許王贈開府儀同三司許州刺史仍以禮改葬陪於乾陵素節被殺之時子瑛琬璣瑒等九人並爲則天所殺惟少子琳瓘璆欽古以年小特令長禁雷州神龍初封瓘爲嗣許王開元初封琳爲嗣越王以紹越王貞之後璆爲嗣澤王以繼伯父澤王上金之後琳官至右監門將軍卒瓘開元十一年爲衞尉卿以抑伯上金男不得承襲以弟璆繼之遽謫瓘爲鄂州別駕於是下詔絕其外繼乃以故澤王上金男義珣爲嗣澤王

江王禕爲信安郡王嗣蜀王褕爲廣漢郡王嗣密王徹爲濮陽郡王嗣曹王臻
爲濟國公嗣趙王琚爲中山郡王武陽郡王繼宗爲澧國公璀累遷邠州刺史
祕書監守太子詹事璆性仁厚謹愿居家邕睦朝廷重之天寶六載卒贈蜀郡
大都督璀晚有子命璆子嗌爲嗣及卒有解需二子皆幼孺十一載嗌襲封許
王十四載解娶楊銛女乃襲許王璆初爲嗣澤王降爲郢國公宗正卿同正員
特封褒信郡王進龍池皇德頌還宗正卿光祿卿殿中監天寶初重拜宗正卿
加金紫光祿大夫璆友弟聰敏聞善若驚宗子中有一善無不薦拔故宗枝居
省闥者多是璆之所舉九載卒贈江陵大都督
孝敬皇帝弘高宗第五子也永徽四年封代王顯慶元年立爲皇太子大赦改
元弘嘗受春秋左氏傳於率更令郭瑜至楚子商臣之事廢卷而歎曰此事臣
子所不忍聞經籍聖人垂訓何故書此瑜對曰孔子修春秋義存褒貶故善惡
必書褒善以示代貶惡以誡後故使商臣之惡顯於千載太子曰非唯口不可
道故亦耳不忍聞請改讀餘書瑜再拜賀曰里名勝母曾子不入邑號朝歌墨

子迴車殿下誠孝冥資睿情天發凶悖之迹黜於視聽循奉德音實深慶躍臣
聞安上理人莫善於禮非禮無以事天地之神非禮無以辨君臣之位故先王
重焉孔子曰不學禮無以立請停春秋而讀禮記太子從之龍朔元年命中書
令太子賓客許敬宗侍中兼太子右庶子許圉師中書侍郎上官儀太子中舍
人楊思儉等於文思殿博採古今文集摘其英詞麗句以類相從勒成五百卷
名曰瑤山玉彩表上之制賜物三萬段敬宗已下加級賜帛有差總章元年二
月親釋菜司成館因請贈顏回太子少師曾參太子少保高宗並從之時有敕
征邊遼軍人逃亡限內不首及更有逃亡者身並處斬家口沒官太子上表諫
曰竊聞所司以背軍之人身久不出家口皆擬沒官亦有限外出首未經斷罪
諸州囚禁人數至多或臨時遇病不及軍伍緣茲怖懼遂卽逃亡或因樵採被
賊抄掠或渡海來去漂沒滄波或深入賊庭有被傷殺軍法嚴重皆須相傔若
不及傔及不因戰亡卽同隊之人兼合有罪遂有無故死失多注爲逃軍旅之
中不暇勘當直據隊司通狀將作真逃家口令總沒官論情實可哀愍書曰與

其殺不辜寧失不經伏願逃亡之家免其配沒制從之咸亨二年駕幸東都留太子於京師監國時屬大旱關中饑乏令取廊下兵士糧視之見有食榆皮蓬實者乃令家令等各給米使足是時戴至德張文瓘兼左庶子與右庶子蕭德昭同爲輔弼太子多疾病庶政皆決於至德等時義陽宣城二公主以母得罪幽于掖庭太子見之驚惻遽奏請令出降又請以同州沙苑地分借貧人詔並許之又召詣東都納右衛將軍裴居道女爲妃所司奏以白鴈爲贄適會苑中獲白鴈高宗喜曰漢獲朱鴈遂爲樂府今獲白鴈得爲婚贄彼禮但成謠頌此禮便首人倫異代相望我無慚德也裴氏甚有婦禮高宗嘗謂侍臣曰東宮內政吾無憂矣上元二年太子從幸合璧宮尋薨年二十四制曰皇太子弘生知誕質惟幾毓性直城趨駕肅敬著於三朝中寢問安仁孝聞於四海自琰圭在手沉瘵嬰身顧惟耀掌之珍特切鍾心之念庶其痊復以禪鴻名及腠理微和將遜于位而弘天資仁厚孝心純確既承朕命掩欷不言因茲感結舊疾增甚億兆攸繫方崇下武之基五福無徵俄遷上賓之駕昔周文至愛遂延慶於九

齡朕之不慈遽永訣於千古天性之重追懷哽咽宜申往命加以尊命夫諡者行之跡也號者事之表也慈惠愛親曰孝死不忘君曰敬謚爲孝敬皇帝其年葬於緱氏縣景山之恭陵制度一準天子之禮百官從權制三十六日降服高宗親爲製叡德紀幷自書之於石樹於陵側初將營築恭陵功費鉅億萬姓猒役呼嗟滿道遂亂投磚瓦而散太子無子長壽中制令楚王瑋繼其後中宗踐祚制祔于太廟號曰義宗又追贈妃裴氏爲哀皇后景雲元年中書令姚元之吏部尚書宋璟奏言準禮大行皇帝山陵事終卽合祔廟其太廟第七室先祔皇昆義宗孝敬皇帝哀皇后裴氏神主伏以義宗未登大位崩後追尊至神龍之初乃特令昇祔春秋之義國君卽位未踰年者不合列昭穆又古者祖宗各別立廟孝敬皇帝恭陵既在洛州望於東都別立義宗之廟遷祔孝敬皇帝哀皇后神主命有司以時享祭則不違先旨又協古訓人神允穆進退得宜在此神主望入夾室安置伏願陛下以禮斷恩詔從之開元六年有司上言孝敬皇帝今別廟將建享祔有期準禮不合更以義宗爲廟號請以本諡孝敬爲廟稱

於是始停義宗之號

裴居道絳州聞喜人隋兵部侍郎鏡民孫也父熙載貞觀中爲尚書左丞居道以女爲太子妃則天時歷位納言内史太子少保封翼國公載初元年春爲酷吏所陷下獄死

章懷太子賢字明允高宗第六子也永徽六年封潞王顯慶元年遷授岐州刺史其年加雍州牧幽州都督時始出閤容止端雅深爲高宗所嗟賞高宗嘗謂司空李勣曰此兒已讀得尚書禮記論語誦古詩賦復十餘篇暫經領覽遂即不忘我曾遣讀論語至賢賢易色遂再三覆誦我問何爲如此乃言性愛此言方知夙成聰敏出自天性龍朔元年徙封沛王加揚州都督兼左武衛大將軍雍州牧如故二年加揚州大都督麟德二年加右衛大將軍咸亨三年改名德徙封雍王授涼州大都督雍州牧右衛大將軍如故食實封一千戸上元元年又依舊名賢上元二年孝敬皇帝薨其年六月立爲皇太子大赦天下尋令監國賢處事明審爲時論所稱儀鳳元年手勑褒之曰皇太子賢自頃監國留心

政要撫字之道既盡於哀矜刑網所施務存於審察加以聽覽餘暇專精墳典往聖遺編咸窺壼奧先王策府備討菁華好善載彰作貞斯在家國之寄深副所懷可賜物五百段賢又招集當時學者太子左庶子張大安洗馬劉訥言洛州司戶格希玄學士許叔牙成玄一史藏諸周寶寧等注范曄後漢書表上之賜物三萬段仍以其書付祕閣時正議大夫明崇儼以符劾之術爲則天所任使密稱英王狀類太宗又宮人潛議云賢是后姊韓國夫人所生賢亦自疑懼則天又嘗爲賢撰少陽政範及孝子傳以賜之仍數作書以責讓賢賢逾不自安調露二年崇儼爲盜所殺則天疑賢所爲俄使人發其陰謀事詔令中書侍郎薛元超黃門侍郎裴炎御史大夫高智周與法官推鞫之於東宮馬坊搜得皁甲數百領乃廢賢爲庶人幽于別所永淳二年遷於巴州文明元年則天臨朝令左金吾將軍丘神勣往巴州檢校賢宅以備外虞神勣遂閉於別室逼令自殺年三十二則天舉哀於顯福門貶神勣爲疊州刺史追封賢爲雍王神龍初追贈司徒仍遣使迎其喪柩陪葬於乾陵睿宗踐祚又追贈皇太子謚曰章

懷有三子光順守禮守義光順天授中封安樂郡王尋被誅守義文明年封犍爲郡王垂拱四年徙封永安郡王病卒守禮本名光仁垂拱初改名守禮授太子洗馬封嗣雍王時中宗遷於房陵睿宗雖居帝位絕人朝謁諸武贊成革命之計深嫉宗枝守禮以父得罪與睿宗諸子同處於宮中凡十餘年不出庭院至聖曆元年睿宗自皇嗣封爲相王許出外邸睿宗諸子五子皆封郡王與守禮始居於外神龍元年中宗纂位授守禮光祿卿同正員神龍中遺詔進封邠王賜實封五百戶景雲二年帶光祿卿兼幽州刺史轉左金吾衛大將軍遙領單于大都護先天二年遷司空開元初歷虢隴襄晉滑六州刺史非奏事及大事並上佐知州時寧申岐薛邠同爲刺史皆擇首僚以持綱紀源乾曜袁嘉祚潘好禮皆爲邠府長史兼州佐守禮唯弋獵伎樂飲謔而已九年已後諸王並徵還京師守禮以外枝爲王才識猥下尤不逮岐薛多寵嬖不修風教男女六十餘人男無中才女負貞稱守禮居之自若高歌擊鼓常帶數千貫錢債或有諫之者曰王年漸高家累甚衆須有愛惜守禮曰豈有天子兄沒人葬諸王因

內讌言之以爲歡笑時積陰累日守禮白於諸王曰欲晴果晴慘陽涉旬守禮曰卽雨果連澍岐王等奏之云邠哥有術守禮曰臣無術也則天時以章懷遷謫臣幽閉宮中十餘年每歲被勅杖數頓見瘢痕甚厚欲雨臣脊上卽沉悶欲晴卽輕健臣以此知之非有術也涕泗霑襟玄宗亦憫然二十九年薨年七十餘贈太尉子承宏開元初封廣武郡王歷祕書員外監又爲宗正卿同正員廣德元年吐蕃凌犯上都乘輿幸陝蕃渾之衆入城吐蕃宰相馬重英立承宏爲帝以于可封霍瓌等爲宰相補署百餘人旬餘日賊退郭子儀率衆入城送承宏於行在上不之責止於虢州尋死承寧天寶初授率更令同正員嗣邠王承寀至德二載封爲燉煌郡王加開府儀同三司與僕固懷恩使迴紇和親因納其女爲妃冊爲毗伽公主迴紇著勳承寀甚遇恩寵乾元元年六月卒贈司空唐法嗣郡王但加四品階親王子例著緋開元中張九齡爲中書令奏請寧薛王男並賜紫邠王三男衣紫餘二十人衣緋官亦不越六局郎王府掾屬仍員外置十五載扈從至巴蜀依例著紫

中宗四男章庶人生懿德太子重潤後宮生庶人重福節愍太子重俊殤帝重茂

懿德太子重潤中宗長子也本名重照以避則天諱故改焉開耀二年中宗爲皇太子生重潤於東宮內殿高宗甚悅及月滿大赦天下改元爲永淳是歲立爲皇太孫開府置官屬及中宗遷於房州其府坐廢聖曆初中宗爲皇太子封爲邵王大足元年爲人所構與其妹永泰郡主壻魏王武延基等竊議張易之兄弟何得恣入宮中則天令杖殺時年十九重潤風神俊朗早以孝友知名既死非其罪大爲當時所悼惜中宗卽位追贈皇太子謚曰懿德陪葬乾陵仍爲聘國子監丞裴粹亡女爲冥婚與之合葬又贈永泰郡主爲公主令備禮改葬仍號其墓爲陵焉

庶人重福中宗第二子也初封唐昌王聖曆三年徙封平恩王長安四年進封譙王歷遷國子祭酒左散騎常侍神龍初爲韋庶人所譖云與張易之兄弟潛構成重潤之罪由是左授濮州員外刺史轉均州司防守不許視事景龍三年

中宗親祀南郊大赦天下流人並放還重福不得歸京師尤深鬱快上表自陳曰臣聞功同賞異則勞臣疑罪均刑殊則百姓惑伏惟陛下德侔造化明齊日月恩及飛鳥惠加走獸近者焚柴展禮郊祀上玄萬物霑愷悌之仁六合承曠蕩之澤事無輕重咸赦除之蒼生並得赦除赤子偏加擯棄皇天平分之道固若此乎天下之人聞者爲臣流涕況陛下慈念豈不愍臣栖惶伏望捨臣罪愆許臣朝謁儻得一仰雲陛再覲聖顏雖沒九泉實爲萬足重投荒徼亦所甘心表奏不報及韋庶人臨朝遽令左屯衞大將軍趙承恩以兵五百人就均州守衞重福俄而韋氏伏誅睿宗即位又轉集州刺史未及行洛陽人張靈均進計於重福曰大王地居嫡長自合繼爲天子相王雖有討平韋氏功安可越次而居大位昔漢誅諸呂猶迎代王今東都百官士庶皆願王來王若潛行直詣洛陽亦是從天上落遣人襲殺留守即擁兵西據陝州東下河北此天下可圖也初景龍三年鄭愔自吏部侍郎出爲江州司馬便道詣重福陰相結託至是又與靈均通傳動靜亦密遣使勸重福構逆預推尊重福爲天子溫王重茂爲皇

太弟自署爲左丞相重福乃遣家臣王道先赴東都潛募勇敢之士重福遽自均州詐乘驛與靈均繼進王道始至東都俄有洩其謀者洛州司馬崔日知捕獲其黨數十人頃聞重福至王道等率衆隨重福徑取左右屯營兵作亂將至天津橋願從者已數百人皆執持器仗助其威勢侍御史李邕先詣左掖門令閉關拒守又至右屯營號令云重福雖先帝之子已得罪於先帝今者無故入城必是作亂君等皆委質聖朝宜盡誠節立功立事以取富貴有頃重福果來奪右屯營堅壁不動營中矢射如雨便趣左掖門擬取留守遇門閉遂縱火以燒城門左屯營兵又來逼之重福度勢窮出自上東門而遁匿於山谷間明日東都留守裴談等大出兵搜索重福窘迫自投漕河而死磔屍三日時年三十一詔曰集州刺史譙王重福幼則兇頑長而險詖幸託體於先聖嘗通交於巨逆子而不子自絕於天有國有家莫容於代往者頗不含忍長令幽縶自大行晏駕韋氏臨朝將肆屠滅尤加防衛洎天有成命集于朕躬永懷猶子之情庶協先親之義所以開置寮屬任隆刺舉冀其悛改以怙恩榮而詿誤有徒狂狡

未息便卽私出均州詐乘驛騎至于都下遂逞其謀先犯屯兵次燒左掖討窮力屈投河而斃雖人所共棄邦有常刑我非不慈爾自招咎且聞其故有惻于懷昔劉長既歿楚英遂殞以禮收葬抑惟舊章屈法申恩宜仍舊寵可以三品禮葬

節愍太子重俊中宗第三子也聖曆元年封義興郡王長安中累授衞尉員外少卿神龍初封衞王拜洛州牧賜實封千戶尋遷左衞大將軍兼遙授揚州大都督二年秋立爲皇太子重俊性雖明果未有賢師傅舉事多不法俄以祕書監楊璬太常卿武崇訓並爲太子賓客璬等皆主壻年少唯以蹴鞠猥戲取狎於重俊竟無調護之意左庶子姚珽數上疏諫諍右庶子平貞愼又獻孝經議養德傳以諷重俊皆優納焉時武三思得幸中宮深忌重俊三思子崇訓尙安樂公主常教公主凌忽重俊以其非韋氏所生常呼之爲奴或勸公主請廢重俊爲王自立爲皇太女重俊不勝忿恨三年七月率左羽林大將軍李多祚右羽林將軍李思沖李承況獨孤禕之沙吒忠義等矯制發左右羽林兵及千騎

三百餘人殺三思及崇訓于其第並殺黨與十餘人又令左金吾大將軍成王千里分兵守宮城諸門自率兵趨肅章門斬關而入求韋庶人及安樂公主所在又以昭容上官氏素與三思姦通扣閤索之韋庶人及公主遽擁帝馳赴玄武門樓召左羽林將軍劉仁景等令率留軍飛騎及百餘人於樓下列守俄而多祚等兵至欲突玄武門樓宿衛者拒之不得進帝據檻呼多祚等所將千騎謂曰汝並是我爪牙何故作逆若能歸順斬多祚等與汝富貴於是千騎王歡喜等倒戈斬多祚及李承況獨孤禕之沙吒忠義等於樓下餘黨遂潰散重俊既敗率其屬百餘騎趨肅章門奔終南山帝令長上果毅趙思慎率輕騎追之重俊至鄠縣西十餘里騎不能屬唯從奴數人會日暮憩林下爲左右所殺制令梟首于朝又獻之於太廟并以祭三思崇訓屍柩睿宗即位下制曰朕聞曾氏之孝也慈親惑於疑聽趙虜之族也明主哀而望思歷考前聞率由舊典重俊大行之子元良守器往罹構閒困於讒嫉莫顧鈇鉞輕盜甲兵有此誅夷無不悲惋今四凶咸服十起何追方申赤軍之寃以紓黃泉之痛可贈皇太子謚

曰節愍陪葬定陵一子宗暉開元初封湖陽郡王初重俊被害宮府僚吏莫敢
近者永和丞寧嘉勗解衣裹重俊首號哭時人義之宗楚客聞而大怒收付制
獄貶爲平興丞尋卒睿宗踐祚下制曰寧嘉勗能重名節事高欒向幽塗已往
生氣凜然靜言忠義追存褒寵可贈永和縣丞宗暉天寶中爲衞尉員外卿十
一載王鉷反宗暉以賣宅與鉷貶涪州郡長史量移盧陽長史至德元年追赴
行在所授特進鴻臚卿宗暉無他才以外族之親愛恩顧轉隆太常員外卿卒
殤皇帝重茂中宗第四子也聖曆三年封北海王神龍初進封溫王授右衞大
將軍兼遙領幷州大都督未出閤景龍四年中宗崩韋庶人立重茂爲帝而自
臨朝稱制及韋氏敗重茂遂遜位讓叔父相王退居別所景雲二年改封襄王
遷於集州令中郎將率兵五百人守衞開元二年轉房州刺史尋薨時年十七
謚曰殤皇帝葬於武功西原
史臣曰前代以嬖婦孽子破國亡家者多矣然未如大帝孝和之甚也高宗八
子二王早世爲武后所斃者四人章懷以母子之愛穎悟之賢猶不免於虎口

況燕澤素節異腹之胤乎覆載胡心産玆鴆毒悲夫孝和母嚚婦傲女暴如置

身羣魅之中安有保其終吉哉天將滌盪昏氛非重茂所能枝也

贊曰父子天性嬖能害正宜臼申生飜爲不令唐年鈞德章懷最仁兇母畏明

取樂於身

舊唐書卷八十六

舊唐書卷八十六考證

許王素節傳永隆元年轉岳州刺史○新書儀鳳三年

裴居道傳○臣德潛按居道係太子妃兄附高宗諸子孝敬皇帝弘下殊不合體新書入外戚傳中爲允

章懷太子傳子守義垂拱四年徙封永安郡王○新書桂陽郡王

舊唐書卷八十六考證

舊唐書卷八十七

後晉司空同中書門下平章事劉昫撰

列傳第三十七

裴炎　劉禕之　魏玄同　李昭德

裴炎絳州聞喜人也少補弘文生每遇休假諸生多出遊炎獨不廢業歲餘有司將薦舉辭以學未篤而止在館垂十載尤曉春秋左氏傳及漢書擢明經第尋爲濮州司倉參軍累歷兵部侍郎中書門下平章事侍中中書令永淳元年高宗幸東都留太子哲守京師命炎與劉仁軌薛元超爲輔明年高宗不豫炎從太子赴東都侍疾十一月高宗疾篤命太子監國炎奉詔與黄門侍郎劉齊賢中書侍郎郭正一並於東宮平章事十二月丁巳高宗崩太子即位未聽政宰臣奏議天后降令於門下施行中宗既立欲以后父韋玄貞爲侍中又欲與乳母子五品炎固爭以爲不可中宗不悅謂左右曰我讓國與玄貞豈不得何爲惜侍中耶炎懼乃與則天定策廢立炎與中書侍郎劉禕之羽林將軍程務

挺張虔勗等勒兵入内宣太后令扶帝下殿帝曰我有何罪太后報曰汝若將天下與韋玄貞何得無罪乃廢中宗爲廬陵王立豫王旦爲帝炎以定策功封河東縣侯太后臨朝天授初又降豫王爲皇嗣時太后姪武承嗣請立武氏七廟及追王父祖太后將許之炎進諫曰皇太后天下之母聖德臨朝當存至公不宜追王祖禰以示自私且獨不見呂氏之敗乎臣恐後之視今亦猶今之視昔太后曰呂氏之王權在生人今者追尊事歸前代存歿殊迹豈可同日而言炎曰蔓草難圖漸不可長殷鑒未遠當絶其源太后不悅而止時韓王元嘉魯王靈夔等皆皇屬之近承嗣與從父弟三思屢勸太后因事誅之貴絶宗室之望劉禕之韋仁約並懷畏憚唯唯無言炎獨固爭以爲不可承嗣深憾之文明元年官名改易炎爲内史秋徐敬業構逆太后召炎議事炎奏曰皇帝年長未俾親政乃致猾豎有詞若太后返政則此賊不討而解矣御史崔察聞而上言曰裴炎伏事先朝二十餘載受遺顧託大權在己若無異圖何故請太后歸政乃命御史大夫騫味道御史魚承曄鞫之鳳閣侍郎胡元範奏曰炎社稷忠臣

有功於國悉心奉上天下所知臣明其不反右衛大將軍程務挺密表申理之文武之間證炎不反者甚衆太后皆不納光宅元年十月斬炎于都亭驛之前街炎初被擒左右勸炎遜詞於使者炎歎曰宰相下獄焉有更全之理竟無折節及籍沒其家乃無擔石之蓄胡元範申州義陽人坐救炎流死瓊州程務挺伏法納言劉齊賢貶吉州長史吏部侍郎郭待舉貶岳州刺史皆坐救炎之罪也先是開耀元年十月定襄道行軍大總管裴行儉獻定襄所獲俘因除曲赦外斬阿史那伏念溫傅等五十四人於都市初行儉討伐之時許伏念以不死伏念乃降時炎害行儉之功奏云伏念是程務挺張虔勗逼逐于營又磧北迴紇南向逼之窘急而降乃殺之行儉歎曰渾濬之事古今恥之但恐殺降之後無復來者行儉因此稱疾不出炎致國家負義而殺降陷能害功構成陰禍其敗也宜哉睿宗踐祚下制曰飾終追遠斯乃舊章表德旌賢有光恆策故中書令裴炎含弘稟粹履信居貞望重國華才稱人秀唯幾成務績宣于代工偶居無猜義深於奉上文明之際王室多虞保乂朕躬實著誠節而危疑起釁倉卒

罹災歲月屢遷丘封莫樹承言先正感悼良多宜追賁於九原俾增榮於萬古
可贈益州大都督炎長子彥先後爲太子舍人從子佃先後爲工部尚書
劉禕之常州晉陵人也祖與宗陳鄱陽王諮議參軍父子翼善吟諷有學行隋
大業初歷祕書監河東柳顧言甚重之性不容非朋僚有短長面折之友人李
伯藥常稱曰劉四雖復罵人人都不恨貞觀元年詔追入京以母老固辭太宗
許其終養江南大使李襲譽嘉其至孝恆以米帛賚之因上表旌其門閭改所
居爲孝慈里母卒服竟徵拜吳王府功曹再遷著作郎弘文館直學士預修晉
書加朝散大夫永徽初卒高宗遣使弔贈給靈輿還鄉有集二十卷禕之少與
孟利貞高智周郭正一俱以文藻知名時人號爲劉孟高郭尋與利貞等同直
昭文館上元中遷左史弘文館直學士與著作郎元萬頃左史范履冰苗楚客
右史周思茂韓楚賓等皆召入禁中共撰列女傳臣軌百寮新誡樂書凡千餘
卷時又密令參決以分宰相之權時人謂之北門學士禕之兄懿之時爲給事
中兄弟並居兩省論者美之儀鳳二年轉朝議大夫中書侍郎兼豫王府司馬

尋加中大夫禕之有姊在宮中爲內職天后令省榮國夫人之疾禕之潛伺見之坐是配流巂州歷數載天后表請高宗召還拜中書舍人轉相王府司馬復遷檢校中書侍郎高宗謂曰相王朕之愛子以卿忠孝之門藉卿師範所冀蓬生麻中不扶自直耳禕之居家孝友甚爲士族所稱每得俸祿散於親屬高宗以此重之則天臨朝甚見親委及豫王立禕之參預其謀擢拜中書侍郎同中書門下三品賜爵臨淮男時軍國多事所有詔勅獨出禕之構思敏速皆可立待及官名改易禕之爲鳳閣侍郎同鳳閣鸞臺三品時有司門員外郎房先敏得罪左授衞州司馬詣宰相陳訴內史騫味道謂曰此乃皇太后處分也禕之謂先敏曰緣坐改官例從臣下奏請則天聞之以味道善則歸己過則推君貶青州刺史以禕之推善於君引過在己加授太中大夫賜物百段細馬一疋因謂侍臣曰夫爲臣之體在揚君之德君德發揚豈非臣下之美事且君爲元首臣作股肱情同休戚義均一體未聞以手足之疾移於腹背而得一體安者味道不存忠赤已從屏退禕之竭忠奉上情甚可嘉納言王德真對曰昔戴至德

每有善事必推於君太后曰先朝每稱至德能有此事逮其終歿有制褒崇爲臣之道豈過斯行傳名萬代可不善歟儀鳳中吐蕃爲邊患高宗謂侍臣曰吐蕃小醜屢犯邊境我比務在安輯未卽誅夷而戎狄豺狼不識恩造置之則疆場日駭圖之則未聞上策宜論得失各盡所懷時劉景仙郭正一皇甫文亮楊思徵薛元超各有所奏禕之時爲中書舍人對曰臣觀自古明王聖主皆患夷狄吐蕃時擾邊隅有同禽獸得其土地不可攸居被其憑陵未足爲恥願戢萬乘之威且寬百姓之役高宗嘉其言後禕之嘗竊謂鳳閣舍人賈大隱曰太后既能廢昏立明何用臨朝稱制不如返政以安天下之心大隱密奏其言則天不悅謂左右曰禕之我所引用乃有背我之心豈復顧我恩也垂拱三年或誣告禕之受歸州都督孫萬榮金兼與許敬宗妾有私則天特令肅州刺史王本立推鞫其事本立宣勅示禕之禕之曰不經鳳閣鸞臺何名爲勅則天大怒以爲拒捍制使乃賜死於家時年五十七初禕之既下獄睿宗爲之抗疏申理禕之親友咸以爲必見原宥竊賀之禕之曰吾必死矣太后臨朝獨斷威福任己

皇帝上表徒使速吾禍也禕之在獄時嘗上疏自陳及臨終既洗沐而神色自若命其子執筆草謝表其子將絕殆不能書監刑者促之禕之乃自操數紙援筆立成詞理懇至見者無不傷痛時麟臺郎郭翰太子文學周思鈞共稱歎其文則天聞而惡之左遷翰爲巫州司法思鈞爲播州司倉睿宗即位以禕之宮府舊僚追贈中書令有集七十卷傳於時

魏玄同定州鼓城人也舉進士累轉司列大夫坐與上官儀文章屬和配流嶺外上元初赦還工部尚書劉審禮薦玄同有時務之才拜岐州長史累遷至吏部侍郎玄同以既委選舉恐未盡得人之術乃上疏曰臣聞製器者必擇匠以簡材爲國者必求賢以莅官匠之不良無以成其工官之非賢無以致於理君者所以牧人也臣者所以佐君也君不養人失君道矣臣不輔君失臣任矣任人者誠國家之基本百姓之安危也方今人不加富盜賊不衰獄訟未清禮義猶闕者何也下吏不稱職庶官非其才也官之不得其才者取人之道有所未盡也臣又聞傳說曰明王奉若天道建邦設都樹后王君公承以大夫師長不

惟逸豫惟以理人昔之邦國今之州縣士有常君人有定主自求臣佐各選英
賢其大臣乃命於王朝耳秦幷天下罷侯置守漢氏因之有沿有革諸侯得自
置吏四百石以下其傳相大官則漢爲置之州郡掾吏督郵從事悉任之於牧
守爰自魏晉始歸吏部遞相祖襲以迄于今用刀筆以量才按簿書而察行法
令之弊其來日久蓋君子重因循而憚改作有不得已者亦當運獨見之明定
卓然之議如今選司所行者非上皇之令典乃近代之權道所宜遷徙實爲至
要何以言之夫尺丈之量所及者蓋短鍾庾之器所積者寧多非其所及焉能
度之非其所受何以容之況天下之大士人之衆而可委之數人之手乎假使
平如權衡明如水鏡力有所極照有所窮銓綜旣多紊失斯廣又以比居此任
時有非人豈直愧彼清通昧於甄察亦將竭其庸妄糅彼棼絲情故旣行何所
不至贓私一啓以及萬端至乃爲人擇官爲身擇利顧親疎而下筆看勢要而
措情悠悠風塵此焉奔競擾擾遊宦同乎市井加以厚貌深衷險如溪壑擇言
觀行猶懼不周今使百行九能折之於一面具僚庶品專斷於一司不亦難矣

且魏人應運所據者乃三分晉氏播遷所臨者非一統逮乎齊宋以及周隋戰爭之日多安泰之時少瓜分瓦裂各在一方隋氏平陳十餘年耳接以兵禍繼以饑饉旣德業之不逮或時事所未遑非謂是今而非古也武德貞觀與今亦異皇運之初庶事草創豈唯日不暇給亦乃人物常稀天祚大聖享國永年比屋可封異人間出咸以爲有道恥賤得時無怠諸色入流歲以千計羣司列位無復新加官有常員人無定限選集之始霧積雲屯擢敘於終十不收一淄澠雜混玉石難分用捨去留得失相半撫卽事之爲弊知及後之滋失夏殷已前制度多闕周監二代煥乎可覩豈諸侯之臣不皆命於天子王朝庶官亦不專於一職故周穆王以伯冏爲太僕正命之曰慎簡乃僚無以巧言令色便僻側媚唯吉士此則令其自擇下吏之文也太僕正中大夫耳尚以僚屬委之則三公卿亦必然矣周禮太宰內史並掌爵祿廢置司徒司馬別掌興賢詔事當是分任於羣司而統之以數職各自求其小者而王命其大者焉夫委任責成君之體也所委者當所用者精故能得濟濟之多士盛芃芃之棫樸裴子野有言

曰官人之難先王言之尙矣居家視其孝友鄉黨服其誠信出入觀其志義憂歡取其智謀煩之以事以觀其能臨之以利以察其廉周禮始於學校論之州里告諸六事而後貢之王庭其在漢家尙猶然矣州郡積其功能然後爲五府所辟五府舉其掾屬而昇于朝三公參得除署尙書奏之天子一人之身所關者衆一士之進其謀也詳故官得其人鮮有敗事魏晉反是所失弘多子野所論蓋區區之宋朝耳猶謂不勝其弊而況于當今乎又夫從政莅官不可以無學故書曰學古入官議事以制傳曰我聞學以從政不聞以政入學今貴戚子弟例早求官髫齔之年已腰銀艾或童丱之歲已襲朱紫弘文崇賢之生千牛輦脚之類課試既淺藝能亦薄而門閥有素資望自高夫象賢繼父古之道也所謂胄子必裁諸學修六禮以節其性明七教以與其德齊八政以防其淫舉上賢以崇德簡不肖以黜惡少則受業長而出仕並由德進必以才昇然後可以利用賓王移家事國少仕則廢學輕試則無才於此一流良足惜也又勳官三衞流外之徒不待州縣之舉直取之於書判恐非先德而後言才之義也臣

又以爲國之用人有似人之用財貧者猷糟糠思短褐富者餘糧肉衣輕裘然則當衰弊乏賢之時則可磨策朽鈍而乘馭之在太平多士之日亦宜妙選髦俊而任使之詩云翹翹錯薪言刈其楚楚荊也在薪之翹翹者方之用才理亦當爾選人幸多尤宜簡練臣竊見制書每令三品五品薦士下至九品亦令舉人此聖朝側席旁求之意也但以褒貶不甚明得失無大隔故人上不憂黜責下不盡搜揚苟以應命莫慎所舉且惟賢知賢聖人篤論伊皐既舉不仁咸遠復患階秩雖同人才異等身且濫進鑒豈知人今欲務得實才兼宜擇其舉主流清以源潔影端由表正不詳舉主之行能而責舉人之庸濫不可得已漢書云張耳陳餘之賓客廝役皆天下俊傑彼之蕞爾猶能若斯況以神皇之聖明國家之德業而不建久長之策爲無窮之基盡得賢取士之術而但顧望魏晉之遺風留意周隋之末事臣竊惑之伏願稍迴聖慮時採芻言略依周漢之規以分吏部之選卽望所用精詳鮮於差失疏奏不納弘道初轉文昌左丞兼地官尚書同中書門下三品則天臨朝遷太中大夫鸞臺侍郎依前知政事垂拱

三年加銀青光祿大夫檢校納言封鉅鹿男玄同素與裴炎結交能保始終時人呼爲耐久朋而與酷吏周興不協永昌初爲周興所構云玄同言太后老矣須復皇嗣太后聞之怒乃賜死於家監刑御史房濟謂玄同曰何不告事冀得召見當自陳訴玄同歎曰人殺鬼殺有何殊也豈能爲告人事乎乃就刑年七十三子恬開元中爲類王傅

李昭德京兆長安人也父乾祐貞觀初爲殿中侍御史時有鄃令裴仁軌私役門夫太宗欲斬之乾祐奏曰法令者陛下制之於上率土尊之於下與天下共之非陛下獨有也仁軌犯輕罪而致極刑是乖畫一之理刑罰不中則人無所措手足臣忝憲司不敢奉制太宗意解仁軌竟免乾祐尋遷侍御史母卒廬於墓側負土成墳太宗遣使就墓弔之仍旌表其門後歷長安令治書御史皆有能名擢拜御史大夫乾祐與中書令褚遂良不協竟爲遂良所構永徽初繼受邢魏等州刺史乾祐雖強直有器幹而昵於小人旣典外郡與令史結友書疏往返令伺朝廷之事俄爲友人所發坐流愛州乾封中起爲桂州都督歷拜司

刑太常伯舉京兆功曹參軍崔擢爲尚書郎事旣不果私以告擢後擢有犯乃告乾祐泄禁中語以贖罪乾祐復坐免官尋卒昭德卽乾祐之孽子也強幹有父風少舉明經累遷至鳳閣侍郎長壽二年增置夏官侍郎三員時選昭德與婁師德侯知一爲之是歲又遷鳳閣鸞臺平章事尋加檢校內史長壽中神都改作文昌臺及定鼎上東諸門又城外郭皆昭德創其制度時人以爲能初都城洛水天津之東立德坊西南隅有中橋及利涉橋以通行李上元中司農卿韋機始移中橋置于安衆坊之左街當長夏門都人甚以爲便因廢利涉橋所省萬計然歲爲洛水衝注常勞治葺昭德創意積石爲脚銳其前以分水勢自是竟無漂損時則天以武承嗣爲文昌左相昭德密奏曰承嗣陛下之姪又是親王不宜更在機權以惑衆庶且自古帝王父子之閒猶相篡奪況在姑姪豈得委權與之脫若乘便寶位寧可安乎則天矍然曰我未之思也承嗣亦嘗返譖昭德則天曰自我任昭德每獲高臥是代我勞苦非汝所及也承嗣俄轉太子少保罷知政事延載初鳳閣舍人張嘉福令洛陽人王慶之率輕薄惡少數

百人詣闕上表請立武承嗣爲皇太子則天不許慶之固請不已則天令昭德詰責之令散昭德便杖殺慶之餘衆乃息昭德因奏曰臣聞文武之道布在方策豈有姪爲天子而爲姑立廟乎以親親言之則天皇是陛下夫也皇嗣是陛下子也陛下正合傳之子孫爲萬代計況陛下承天皇顧託而有天下若立承嗣臣恐天皇不血食矣則天寤之乃止時朝廷諛佞者多獲進用故幸恩者事無大小但近諂諛皆獲進見有人於洛水中獲白石數點赤詣闕輒進諸宰相詰之對云此石赤心所以來進昭德叱之曰此石赤心洛水中餘石豈能盡反耶左右皆笑是時來俊臣侯思止等枉撓刑法誣陷忠良人皆懾懼昭德每廷奏其狀由是俊臣黨與少自摧屈來俊臣又嘗棄故妻而娶太原王慶詵女侯思止亦奏娶趙郡李自挹女勅政事堂共商量昭德撫掌謂諸宰相曰大可笑往年俊臣賊劫王慶詵女已大辱國今日此奴又請索李自挹女無乃復辱國耶尋奏寢之侯思止後竟爲昭德所繩搒殺之既而昭德專權用事頗爲朝野所惡前魯王府功曹參軍丘愔上疏言其罪狀曰臣聞百王之失皆由權歸於

下宰臣持政常以勢威爲殃魏冉誅庶族以安秦非不忠也弱諸侯以強國亦有功也然以出入自專擊斷無忌威震人主不聞有王張祿一進深言卒用憂死向使昭王不即覺悟魏冉果以專權則秦之霸業或不傳其子孫陛下創業興王撥亂英主總權收柄司契握圖天授已前萬機獨斷發命皆中舉事無遺公卿百寮具職而已自長壽已來厭怠細政委任昭德使掌機權然其幹濟小才不堪軍國大用直以性好凌轢氣負剛強盲聾下人芻狗同列刻薄慶賞矯枉憲章國家所賴者微所妨者大天下杜口莫敢一言聲威翕赫日已熾盛臣近於南臺見勑曰諸處奏事陛下已依昭德請不依陛下便不依如此改張不可勝數昭德參奉機密獻可替否事有便利不預諮謀要待晝旨將行方始別生駮異揚露專擅顯示於人歸美引愆義不如此州縣列位臺寺庶官入謁出辭望塵懾氣一切奏讞與奪事宜皆承旨意附會上言今有秩之吏多爲昭德之人陛下勿謂昭德小心是我手臂臣觀其膽乃大於身鼻息所衝上拂雲漢近者新陷來張兩族兼挫侯王二仇鋒銳更不可當方寸艮難窺測書曰知人

亦未易人亦未易知漢光武將寵龐萌可以託孤卒爲戎首魏明帝期司馬懿以安國竟肆姦回夫小家治生有千百之資將以託人尚憂失授況兼天下之重而可輕忽委任者乎今昭德作福專威橫絕朝野愛憎與奪傍若無人陛下恩遇至深蔽過甚厚臣聞蟻穴壞堤針芒寫氣涓涓不絕必成江河履霜堅冰須防其漸權重一去收之極難臣又聞輕議近臣犯顏深諫明君聖主亦有不容臣孰知今日言之於前明日伏誅於後但使國安身死臣實不悔陛下深覽臣言爲萬姓自愛時長上果毅鄧注又著碩論數千言備述昭德專權之狀鳳閣舍人逢弘敏遽奏其論則天乃惡昭德謂納言姚璹曰昭德身爲內史備荷殊榮誠如所言實負於國延載初左遷欽州南賓尉數日又命免死配流尋又召拜監察御史時太僕少卿來俊臣與昭德素不協乃誣構昭德有逆謀因被下獄與來俊臣同日而誅是日大雨士庶莫不痛昭德而慶俊臣也相謂曰今日天雨可謂一悲一喜矣神龍中降制曰故李昭德勤恪在公強直自達立朝正色不吐剛以茹柔當軸勵詞必抗情以歷詆墉隍府寺樹勳良多變更規模

歿而不朽道淪福善業虧嫉惡名級不追風流將沫式旌壤樹光被幽明可贈
左御史大夫德宗建中三年加贈司空
史臣曰裴炎位居相輔時屬艱難歷覽前蹤非無忠節但見遲而慮淺又遭命
以會時何者當是時高宗晏駕尙新武氏革命未見炎也唯慮中宗之過失是
其淺也不見太后之苞藏是其遲也及乎承嗣請封祖禰三思勸殺宗親然後
徒有諫章何嘗濟事是辜遺託豈痛伏誅時論則然遲淺須信況閒覦構逆則
示其閑暇俾殺降則彰彼猜嫌小數有餘大度何足又其驗也禕之名父之子
諒知其才著述頗精履歷無愧師範王府秉執相權咸有能名固愜羣議何乃
失言於大隱取金於萬榮潛見內人私通嬖妾使濁跡玷其清譽淫行汙於貞
名若言俗困濫刑公行誣告卽又自昧周防之道人非盡戮之寃賜死於家猶
爲多幸臨終不撓抑又徒勞玄同富於詞學公任權衡當爲典選之時備疏擇
才之理但以高宗棄代之後則天居位之閒革命是懷附己爲愛苟一言之不
順則赤族以難逃是以唐之名臣難忘中興之計周之酷吏常謀並進之讒玄

同欲復皇儲固宜難免死而無過人殺何妨昭德強幹爲臣機巧蒞事凡所制置動有規模武承嗣方持左相權將立爲皇太子尋更所任復寢其謀咸由昭德之言能拒則天之旨又覩其誅侯思止法王慶之挫來俊臣致朋黨漸衰諛佞稍退又則天謂承嗣曰我任昭德每獲高臥代我勞苦非汝所及也此則強幹機巧之驗焉公忠之道亦在其中矣不然則何以致是哉若使昭德用謙御下以柔守剛不恃專權常能寡過則復皇嗣而非晚保臣節而必終蓋由道乏弘持器難苞貯純剛是失卷智不全所以丘愔抗陳鄧注深論瓦解而固難收捨風權而豈易扶持自取誅夷人誰怨懟

贊曰政無刑法時屬艱危裴炎之智慮淺見遲禕之履行貨色自欺昭德強猛何由不虧死無令譽孰謂非宜玄同不幸顛殞亦隨

舊唐書卷八十七考證

裴炎傳以定策功封河東縣侯○新書永清縣男

魏玄同傳垂拱三年封鉅鹿縣男○新書永淳元年封

李昭德傳乾封中起爲桂州都督○新書滄州刺史

舊唐書卷八十七考證

舊唐書卷八十八

後晉司空同中書門下平章事劉昫撰

列傳第三十八

韋思謙 子承慶 嗣立　陸元方 子象先　蘇瓌 子頲

韋思謙鄭州陽武人也本名仁約字思謙以音類則天父諱故稱字焉其先自京兆南徙家于襄陽舉進士累補應城令歲餘調選思謙在官坐公事微殿舊制多未敍進吏部尚書高季輔曰自居選部今始得此一人豈以小疵而棄大德擢授監察御史由是知名嘗謂人曰御史出都若不動搖山岳震慴州縣誠曠職耳時中書令褚遂良賤市中書譯語人地思謙奏劾其事遂良左授同州刺史及遂良復用思謙不得進出爲清水令謂人曰吾狂鄙之性假以雄權觸機便發固宜爲身災也大丈夫當正色之地必明目張膽以報國恩終不能爲碌碌之臣保妻子耳左肅機皇甫公義檢校沛王府長史引思謙爲同府倉曹謂思謙曰公豈池中之物屈公爲數旬之客以望此府耳累遷右司郎中永淳

初歷尚書左丞御史大夫時武候將軍田仁會與侍御史張仁禕不協而誣奏之高宗臨軒問仁禕仁禕惶懼應對失次思謙歷階而進曰臣與仁禕連曹頗知事由仁禕懦而不能自理若仁會眩惑聖聰致仁禕非常之罪即臣亦事君不盡矣請專對其狀辭辯縱横音旨明暢高宗深納之思謙在憲司每見王公未嘗行拜禮或勸之答曰鵰鶚鷹鸇豈衆禽之偶奈何設拜以狎之且耳目之官固當獨立也初拜左丞奏曰陛下爲官擇人非其人則闕今不惜美錦令臣製之此陛下知臣之深亦微臣盡命之秋振舉綱目朝廷肅然則天臨朝轉宗正卿會官名改易改爲司屬卿光宅元年分置左右肅政臺復以思謙爲右肅政大夫大夫舊與御史抗禮思謙獨坐受其拜或以爲辭思謙曰國家班列自有差等奈何以姑息爲事耶垂拱初賜爵博昌縣男遷鳳閣鸞臺三品二年代蘇良嗣爲納言三年上表告老請致仕許之仍加太中大夫永昌元年九月卒於家贈幽州都督二子承慶嗣立承慶字延休少恭謹事繼母以孝聞弱冠舉進士補雍王府參軍府中文翰皆出於承慶辭藻之美擅於一時累遷太子司

議郎儀鳳四年五月詔皇太子賢監國時太子頗近聲色與戶奴等款狎承慶上書諫曰臣聞太子者君之貳國之本也所以承宗廟之重繫億兆之心萬國以貞四海屬望殿下以仁孝之德明叡之姿岳峙泉渟金貞玉裕天皇升殿下以儲副寄殿下以監撫欲使照無不及恩無不覃百寮仰重曜之暉萬姓聞洊雷之響夫君無民無以保其位人非食無以全其生故孔子曰百姓足君孰與不足百姓不足君孰與足自頃年已來頻有水旱菽粟不能豐稔黎庶自致煎窮今夏亢陽米價騰踊貧窶之室無以自資朝夕遑遑唯憂餧饉下人之瘼實可哀矜稼穡艱難所宜詳悉天皇所以垂衣北極殿下所以守器東宮爲天下之所尊得天下之所利者豈唯上玄之幽贊亦百姓之力也百姓危則社稷不得獨安百姓亂則帝王不能獨理故古之明君飽而知人飢溫而知人寒每以天下爲憂不以四海爲樂今關隴之外兇寇憑陵西土編甿凋喪將盡干戈日用烽柝薦興千里有勞於饋糧三農不遑於稼穡殿下爲臣爲子乃國乃家爲臣在於竭忠爲子期於盡孝在家不可以自逸在國不可以自康一物有虧聖

上每留神念三邊或梗殿下豈不兢懷況當養德之秋非是任情之日伏承北門之內造作不常翫好所營或有煩費倡優雜伎不息於前鼓吹繁聲亟聞於外既喧聽覽且黷宮闈兼之僕隸小人緣此得親左右亦既奉承顏色能不恃託恩光作福作威莫不由此不加防慎必有愆非儻使微累德音於後悔之何及書云不作無益害有益此皆無益之事固不可耽而悅之臣又聞高而不危所以長守貴滿而不溢所以長守富是知高危不可不慎滿溢不可不持易曰君子終日乾乾夕惕若厲無咎敬慎之謂也在於凡庶能守而行之猶可以高振聲華坐致榮祿況殿下有少陽之位有天挺之姿片善而天下必聞小能而天下咸服豈可不爲盡善盡美之道以取可大可久之名哉伏願博覽經書以廣其德屏退聲色以抑其情靜默無爲恬虛寡欲非禮勿動非法不言居處服玩必循節儉畋獵遊娛不爲縱逸正人端士必引而親之便僻側媚必斥而遠之使惠聲溢於遠近仁風翔於內外則可以克享終吉長保利貞爲上嗣之稱首奉聖人之鴻業者矣又嘗爲諭善箴以獻太子太子善之賜物甚厚承慶又

以人之用心多援濁浮躁罕詣沖和之境乃著靈臺賦以廣其志辭多不載調露初東宮廢出爲烏程令風化大行長壽中累遷鳳閣舍人兼掌天官選事承慶屬文迅捷雖軍國大事下筆輒成未嘗起草尋坐忤大臣旨出爲沂州刺史未幾詔復舊職依前掌天官選事久之以病免改授太子諭德後歷豫虢等州刺史頗著聲績制書褒美長安初入爲司僕少卿轉天官侍郎兼修國史承慶自天授以來三掌天官選事銓授平允海內稱之尋拜鳳閣侍郎同鳳閣鸞臺平章事仍依舊兼修國史神龍初坐附推張易之弟昌宗失實配流嶺表時易之等既伏誅承慶去巾解帶而待罪時欲草赦書衆議以爲無如承慶者乃召承慶爲之承慶神色不撓援筆而成辭甚典美當時咸歎服之歲餘起授辰州刺史未之任入爲祕書員外少監兼修國史尋以修則天實錄之功賜爵扶陽縣子賚物五百段又制撰則天皇后紀聖文中宗稱善特加銀青光祿大夫俄授黃門侍郎仍依舊兼修國史未拜而卒中宗傷悼久之乃召其弟相州刺史嗣立令赴葬事仍拜黃門侍郎令繼兄位其見用如此贈祕書監謚曰温子長

裕膳部員外郎嗣立承慶異母弟也母王氏遇承慶甚嚴每有杖罰嗣立必解
衣請代母不聽輒私自杖母察知之漸加恩貸議者比晉人王祥王覽少舉進
士累補雙流令政有殊績爲蜀中之最三遷萊蕪令會承慶自鳳閣舍人以疾
去職則天召嗣立謂曰卿父往日嘗謂朕曰臣有兩男忠孝堪事陛下自卿兄
弟効職如卿父言今授卿鳳閣舍人令卿兄弟自相替代卽日遷鳳閣舍人時
學校頹廢刑法濫酷嗣立上疏諫曰臣聞古先哲王立學官掌教國子以六德
六行六藝三教備而人道畢矣禮記曰化人成俗必由學乎學之於人其用蓋
博故立太學以教於國設庠序以化於邑王之諸子卿大夫士之子及國之俊
選皆造焉八歲入小學十五入大學春秋教以禮樂冬夏教以詩書是以教洽
而化流行成而不悖自天子以至於庶人未有不須學而成者也國家自永淳
已來二十餘載國學廢散胄子衰缺時輕儒學之官莫存章句之選貴門後進
競以僥倖昇班寒族常流復因凌替弛業考試之際秀茂罕登驅之臨人何以
從政又垂拱之後文明在辰盛典鴻休日書月至因藉際會入仕尤多加以讒

邪兇黨來俊臣之屬妄執威權恣行枉陷正直之伍死亡爲憂道路以目人無固志罕有執不橈之懷殉至公之節偷安苟免聊以卒歲遂使綱領不振請託公行選舉之曹彌長渝濫隨班少經術之士攝職多庸瑣之才徒以猛暴相誇罕能清惠自勗使海內黔首騷然不安州縣官寮貪鄙未息而望事必循理俗致康寧不可得也陛下誠能下明制發德音廣開庠序大敦學校三館生徒即令追集王公已下子弟不容別求仕進皆入國學服膺訓典崇飾館廟尊尚儒師盛陳奠菜之儀宏敷講說之會使士庶觀聽有所發揚弘獎道德於是乎在則四海之內靡然向風延頸舉足咸知所向然後審持衡鏡妙擇良能以之臨人寄之調俗則官無侵暴之政人有安樂之心居人則相與樂業百姓則皆戀桑梓豈復憂其逃散而貧窶哉今天下戶口亡逃過半租調既減國用不足理人之急尤切於茲故知務學之源豈唯潤身進德而已將以誨人利國可不務之哉臣聞堯舜之日畫其衣冠文景之時幾致刑措歷茲千載以爲美談臣伏惟陛下叡哲欽明窮神知化自軒昊已降莫之與京獨有往之論法或未盡善

皆由主司姦兇惑亂視聽尋而陛下聖察具詳之矣然竟未能顯其本源明其
前事令天下萬姓識陛下本心倘使四海多銜寃之人九泉有抱痛之鬼臣誠
愚暗不識大綱請爲陛下始末而言其事揚豫之後刑獄漸興用法之伍務於
窮竟連坐相牽數年不絕遂使巨姦大猾伺隙乘間內苞豺狼之心外示鷹鸇
之跡陰圖潛結共相影會構似是之言成不赦之罪皆深爲巧詆恣行楚毒人
不勝痛便乞自誣公卿士庶連頸受戮道路藉藉雖知非辜而鍛鍊已成辯占
皆合縱臯陶爲理于公定刑則謂汙宮毀柩猶未塞責雖陛下仁慈哀念恤獄
緩死及覽辭狀便已周密皆謂勘鞫得情是其實犯雖欲寬捨其如法何於是
小乃身誅大則族滅相緣共坐者不可勝言此豈宿構讎嫌將申報復皆圖苟
成功効自求官賞當時稱傳謂爲羅織其中陷刑得罪者雖有敏識通材被告
言者便遭枉抑心徒痛其寃酷口莫能以自明或受誅夷或遭竄殛並甘心引
分赴之如歸故知弄法徒文傷人實甚賴陛下特迴聖察昭然詳究周與丘勣
之類弘義俊臣之徒皆相次伏誅事暴遐邇而朝野慶泰若再覩陽和且如仁

傑元忠俱罹枉陷被勘鞫之際亦皆已自誣向非陛下至明垂以省察則葅醢之戮已及其身欲望輸忠聖代安可復得陛下擢而升之各爲良輔國之棟幹稱此二人何乃前非而後是哉誠由枉陷與甄明爾但恐往之得罪者多並此流則向時之寃者其數甚衆昔殺一孝婦尚或降災而濫者蓋多寧無怨氣怨氣上達則水旱所興欲望歲登不可得也儻陛下弘天地之大德施雷雨之深仁歸罪於削刻之徒降恩於枉濫之伍自垂拱已來大辟罪已下常赦所不原者罪無輕重一皆原洗被以昭蘇伏法之輩追還官爵緣累之徒普霑恩造如此則天下知此所陷罪元非陛下之意咸是虐吏之辜幽明歡欣則感通和氣和氣下降則風雨以時風雨以時則五穀豐稔歲既稔矣人亦安矣太平之美亦何遠哉伏願陛下深察尋還秋官侍郎三遷鳳閣侍郎同鳳閣鸞臺平章事長安中則天嘗與宰臣議及州縣官吏納言李嶠夏官尚書唐休璟等奏曰臣等謬膺大任不能使兵革止息倉府殷盈戶口尚有逋逃官人未免貪濁使陛下臨朝軫歎屢以爲言夙夜慚惶不知啓處伏思當今要務莫過富國安人富

國安人之方在擇刺史竊見朝廷物議莫不重內官輕外職每除授牧伯皆再三披訴比來所遣外任多是貶累之人風俗不澄實由於此今望於臺閣寺監妙簡賢良分典大州共康庶績臣等請輟近侍率先具寮務在憂國濟人庶當有所補益則天曰卿等處鸞臺鳳閣誰爲此行嗣立率先對曰臣以庸愚謬膺獎擢內掌機密非臣所堪承乏外臺庶當盡節儻垂採錄臣願此行於是嗣立帶本官檢校汴州刺史無幾嗣立兄承慶入知政事嗣立轉成均祭酒兼檢校魏州刺史又徙洛州刺史尋坐承慶左授饒州長史歲餘徵爲太僕少卿兼掌吏部選事神龍二年爲相州刺史及承慶卒代爲黃門侍郎轉太府卿加修文館學士景龍三年轉兵部尚書同中書門下三品時中宗崇飾寺觀又濫食封邑者衆國用虛竭嗣立上疏諫曰臣聞國無九年之儲家無三年之蓄家非其家國非其國故知立國立家皆資於儲蓄矣夫水旱之災關之陰陽運數非人智力所能及也堯遭大水湯遭大旱則知仁聖之君所不能免當此時不至於困弊者積也今陛下倉庫之內比稍空竭尋常用度不支一年儻有水旱人須

賑給徵發時動兵要資裝則將何以備之其緣倉庫不實妨於政化者觸類而
是臣竊見比者營造寺觀其數極多皆務取宏博競崇瓌麗大則費耗百十萬
小則尚用三五萬餘略計都用資財動至千萬已上轉運木石人牛不停廢人
功害農務事既非急時多怨咨故書曰不作無益害有益功乃成不貴異物賤
用物民乃足誠哉此言非虛談也且玄旨秘妙歸於空寂苟非修心定慧諸法
皆涉有為至如土木雕刻等功唯是殫竭人力但學相誇壯麗豈關降伏身心
且凡所興功皆須掘鑿蟄虫在土種類實多每日殺傷動盈萬計連年如此損
害可知聖人慈悲為心豈有須行此事不然之理皎在目前世俗衆僧未通其
旨不慮府庫空竭不思聖人憂勞謂廣樹福田卽是增修法教儻水旱為災人
至饑餒夷狄作梗兵無資糧陛下雖有龍象如雲伽藍概日豈能裨萬分之一
救元元之苦哉於道法既有乖在生人極為損陛下豈可不深思之臣竊見食
封之家其數甚衆昨略問戸部云用六十餘萬丁一丁兩匹卽是一百二十萬
已上臣頃在太府知每年庸調絹數多不過百萬少則七八十萬已來比諸封

家所入全少儻有虫霜旱澇曾不半在國家支供何以取給臣聞自封茅土裂
山河皆須業著經綸功申草昧然後配宗廟之享承帶礪之恩皇運之初功臣
共定天下當時食封才上三二十家今以尋常特恩遂至百家已上國家租賦
大半私門私門則資用有餘國家則支計不足有餘則或致奢侈不足則坐致
憂危制國之方豈謂爲得封戶之物諸家自徵或是官典或是奴僕多挾勢騁
威淩突州縣凡是封戶不勝侵擾或輸物多索裹頭或相知要取中物百姓怨
歎遠近共知復有因將貨易轉更生釁徵打紛紛曾不寧息貧乏百姓何以克
堪若必限丁物送太府封家但於左藏請受不得輒自徵催則必免侵擾人冀
蘇息臣又聞設官分職量事置吏此本於理人而務安之也故書曰在官人在
安人官人則哲安人則惠能哲而惠何憂乎驩兜何畏乎有苗者也是明官得
其人而天下自理矣古者取人必先採鄉曲之譽然後辟於州郡州郡有聲然
後辟於五府才著五府然後昇之天朝此則用一人所擇者甚悉擢一士所歷
者甚深孔子曰譬有美錦不可使人學製此明用人不可不審擇也用得其才

則理非其才則亂理亂所設焉可不深擇之哉今之取人有異此道多未甚試
効即頓至遷擢夫趨競者人之常情僥倖者人之所趣而今務進不避僥倖者
接踵比肩布於文武之列有文者用理內外則有回邪贓汙上下敗亂之憂有
武者用將軍戎則有庸懦怯弱師旅喪亡之患補授無限員闕不供遂至員外
置官數倍正闕曹署典吏困於祇承府庫倉儲竭於資奉國家大事豈甚於此
古者懸爵待士唯有才者得之若任用無才則有才之路塞賢人君子所以遁
迹銷聲常懷歎恨者也且賢人君子守於正直之道遠於僥倖之門若僥倖開
則賢者不可復出矣賢者遂退若欲求人安化洽復不可得也人若不安國將
危矣陛下安可不深慮之又刺史縣令理人之首近年已來不存簡擇京官有
犯及聲望下者方遣牧州吏部選人暮年無手筆者方擬縣令此風久扇上下
同知將此理人何以率化今歲非豐稔戶口流亡國用空虛租調減削陛下不
以此留念將何以理國乎臣望下明制具論前事使有司改換簡擇天下刺史
縣令皆取才能有稱望者充自今已往應有遷除諸曹侍郎兩省兩臺及五品

已上清望官先於刺史縣令中選用牧宰得人天下大理萬姓欣欣然豈非太平樂事哉唯陛下詳擇疏奏不納嗣立與韋庶人宗屬疎遠中宗特令編入屬籍由是顧賞尤重嘗於驪山構營別業中宗親往幸焉自製詩序令從官賦詩賜絹二千匹因封嗣立爲逍遥公名其所居爲清虛原幽棲谷韋氏敗幾爲亂兵所害寧王憲以嗣立是從母之夫救護免之睿宗踐祚拜中書令旬日出爲許州刺史以定冊尊立睿宗之功賜實封一百戸開元初入爲國子祭酒先是中宗遺制睿宗輔政宗楚客韋温等改削藁草嗣立時知政事府不能正之至是爲憲司所劾左遷岳州別駕久之遷陳州刺史時河南道巡察使工部尚書劉知柔奏嗣立清白可陟之狀詔命未下開元七年卒贈兵部尚書諡曰孝中書門下又奏嗣立衣冠之內夙表才名兄弟之間特稱和睦承恩歷事位列宰臣中年以不能正身頗近兇戚爲憲司糺劾因兹出貶若循其始終是吉人宜棄其瑕以從衆望請贈物一百段從之嗣立承慶俱以學行齊名長壽中嗣立代承慶爲鳳閣舍人長安三年承慶代嗣立爲天官侍郎頃之又代嗣立知政

事及承慶卒嗣立又代爲黃門侍郎前後四職相代又父子三人皆至宰相有唐已來莫與爲比嗣立三子孚恆濟皆知名孚累遷至左司員外郎恆開元初爲碭山令爲政寬惠人吏愛之會車駕東巡縣當供帳時山東州縣皆懼不辦務於鞭扑恆獨不杖罰而事皆濟理遠近稱焉御史中丞宇文融卽恆之姑子也嘗密薦恆有經濟之才請以己之官秩迴授乃擢拜殿中侍御史歷度支左司等員外太常少卿給事中二十九年爲隴右道河西黜陟使恆至河西時節度使蓋嘉運特託中貴公爲非法兼僞敘功勞恆抗表請劾之人代其懼因出爲陳留太守未行而卒時人甚傷惜之濟早以辭翰聞開元初調補鄄城令時有人密奏玄宗今歲吏部選敘太濫縣令非材全不簡擇及縣令謝官日引入殿庭問安人策一道試者二百餘人獨濟策第一或有不書紙者擢濟爲醴泉令二十餘人還舊官四五十人放歸習讀侍郎盧從愿李朝隱貶爲刺史濟至醴泉以簡易爲政人用稱之三遷爲庫部員外郎二十四年爲尚書戶部侍郎累歲轉太原尹製先德詩四章述祖父之行辭致高雅天寶七載又爲河南尹

遷尚書左丞三代爲省轄衣冠榮之濟從容雅度所莅人推善政後出爲馮翊
太守
陸元方蘇州吳縣人世爲著姓曾祖琛陳給事中黃門侍郎伯父東之以工書
知名官至太子司議郎元方舉明經又應八科舉累轉監察御史則天革命使
元方安輯嶺外將涉海時風濤甚壯舟人莫敢舉帆元方曰我受命無私神豈
害我遽命之濟既而風濤果息使還稱旨除殿中侍御史即以其月擢拜鳳閣
舍人仍判侍郎事俄爲來俊臣所陷則天手勑特赦之長壽二年再遷鸞臺侍
郎同鳳閣鸞臺平章事延載初又加鳳閣侍郎證聖初內史李昭德得罪以元
方附會昭德貶綏州刺史尋復爲春官侍郎又轉天官侍郎尚書左丞尋拜鸞
臺侍郎平章事則天嘗問以外事對曰臣備位宰臣有大事即奏人間碎務不
敢以煩聖覽由是忤旨責授太子右庶子罷知政事尋轉文昌左丞病卒元方
在官清謹再爲宰相則天將有遷除每先以訪之必密封以進未嘗露其私恩
臨終取前後草奏悉命焚之且曰吾陰德於人多矣其後庶幾福不衰矣又有

書一匣常自緘封家人莫有見者及卒視之乃前後勅書其愼密如此贈越州都督開元十八年又贈揚州大都督子象先象先本名景初少有器量應制舉拜揚州參軍秩滿調選時吉頊爲吏部侍郎擢授洛陽尉元方時亦爲吏部固辭不敢當頊曰爲官擇人至公之道陸景初才望高雅非常流所及實不以吏部之子妄推薦也竟奏授之遷左臺監察御史轉殿中歷授中書侍郎景雲元年冬同中書門下平章事監修國史初太平公主將引中書侍郎崔湜知政事密以告之湜固讓象先主不許之湜因亦請辭主遽言於睿宗乃並拜焉象先清淨寡欲不以細務介意言論高遠雅爲時賢所服湜每謂人曰陸公加於人一等太平公主時旣用事同時宰相蕭至忠岑羲及湜等咸傾附之唯象先孤立未嘗造謁先天二年至忠等伏誅象先獨免其難以保護功封兗國公賜實封二百戶加銀青光祿大夫時窮討至忠等枝黨連累稍衆象先密有申理全濟甚多然未嘗言及當時無知之者其年出爲益州大都督府長史仍爲劍南道按察使在官務以寬仁爲政司馬韋抱真言曰望明公稍行杖罰以立威名

不然恐下人怠墮無所懼也象先曰爲政者理則可矣何必嚴刑樹威損人益
己恐非仁恕之道竟不從抱真之言歷遷河中尹六年廢河中府依舊爲蒲州
象先爲刺史仍爲河東道按察使嘗有小人犯罪但示語而遣之錄事白曰此
例當合與杖象先曰人情相去不遠此豈不解吾言若必須行杖卽當自汝爲
始錄事慚懼而退象先嘗謂人曰天下本自無事秖是庸人擾之始爲繁耳但
當靜之於源則亦何憂不簡前後爲刺史其政如一人吏咸懷思之按察使停
入爲太子詹事歷工部尚書十年冬知吏部選事又加刑部尚書以繼母憂免
官十三年起復同州刺史尋還太子少保二十四年卒年七十二贈尚書左丞
相諡曰文貞象先弟景倩歷監察御史景融歷大理正滎陽郡太守河南尹兵
吏部侍郎左右丞工部尚書東都留守襄陽郡太守陳留郡太守並兼採訪使
景獻歷殿中侍御史屯田員外郎景裔河南令庫部郎中皆有美譽僧一行少
時嘗與象先昆弟相善常謂人曰陸氏兄弟皆有才行古之荀陳無以加也其
爲當時所稱如此元方從叔餘慶陳右軍將軍珣孫也少與知名之士陳子昂

宋之問盧藏用道士司馬承禎道人法成等交遊雖才學不逮子昂等而風流強辯過之累遷中書舍人則天嘗引入草詔餘慶惶惑至晚竟不能措一辭責授左司郎中累除大理卿散騎常侍太子詹事以老疾致仕尋卒象先四代孫

文宗太和四年除釋褐參軍文學

蘇瓌字昌容京兆武功人隋尚書右僕射威曾孫也祖夔隋鴻臚卿父亶貞觀中台州刺史瓌弱冠本州舉進士累授豫王府錄事參軍長史王德真司馬劉禕之皆器重之長安中累遷揚州大都督府長史揚州地當衝要多富商大賈珠翠珍怪之產前長史張潛于辯機皆致之數萬唯瓌挺身而去神龍初入為尚書右丞以明習法律多識臺閣故事特命刪定律令格式尋加銀青光祿大夫是歲再遷戶部尚書奏計帳所管戶時有六百一十五萬六千一百四十一尋加侍中封淮陽縣子充西京留守時祕書員外監鄭普思謀為妖逆雍岐二州妖黨大發瓌收普思繫獄考訊之普思妻第五氏以鬼道為韋庶人所寵居止禁中由是中宗特勅慰諭瓌令釋普思之罪瓌上言普思幻惑罪當不赦中

宗至京瓌又面陳其狀尚書左僕射魏元忠奏曰蘇瓌長者其忠懇如此願陛下察之帝乃配流普思於儋州其黨並誅瓌遷吏部尚書進封淮陽縣侯景龍三年轉尚書右僕射同中書門下三品進封許國公是歲將拜南郊國子祭酒祝欽明希庶人旨建議請皇后爲亞獻安樂公主爲終獻瓌深非其議嘗於御前面折欽明帝雖悟竟從欽明所奏公卿大臣初拜官者例許獻食名爲燒尾瓌拜僕射無所獻後因侍宴將作大匠宗晉卿曰拜僕射竟不燒尾豈不喜耶帝默然瓌奏曰臣聞宰相者主調陰陽代天理物今粒食踊貴百姓不足臣見宿衛兵至有三日不得食者臣愚不稱職所以不敢燒尾是歲六月與唐休璟並加監修國史四年中宗崩秘不發喪韋庶人召諸宰相韋安石韋巨源蕭至忠宗楚客紀處訥韋溫李嶠韋嗣立唐休璟趙彥昭及瓌等十人入禁中會議初遺制遣韋庶人輔少主知政事授安國相王太尉參謀輔政中書令宗楚客謂溫曰今須請皇太后臨朝宜停相王輔政且皇太后於相王居嫂叔不通問之地甚難爲儀注理全不可瓌獨正色拒之謂楚客等曰遺制是先帝意安可

更改楚客及韋温大怒遂削相王輔政而宣行焉是月韋氏敗相王即帝位下詔曰尚書右僕射同中書門下三品監修國史許國公蘇瓌自周旋近密損益樞機謀猷有成匡贊無忌頃者遺恩顧託先意昭明姦回動搖內外危逼獨申讜議實挫邪謀況藩邸寮屬念殷惟舊無德不報抑惟令典可尚書左僕射餘如故景雲元年以老疾轉太子少傅是歲十一月薨贈司空荊州大都督謚曰文貞瓌臨終遺令薄葬及祖載之日官給儀仗外唯有布車一乘論者稱焉開元二年下詔曰疇庸賞善百王攸先追遠飾終千載同德故尚書左丞相太子少傅贈司空荊州大都督許國文貞公瓌履正體道外方內直悉心奉上卑身率禮協贊帷幄三朝有鹽梅之任燮諧台衮九命爲社稷之臣先朝晏駕釁起宮掖國擅稱制之姦人懷綴旒之懼兇威孔熾宗祀幾傾顧命遺恩太皇輔政逆臣刊削韋氏臨朝遂能首發昌言侃然正色列諸視聽暴於朝野松檟已遠風烈猶存緬懷誠節良深耿歎可賜實封一百戶四年詔與徐國公劉幽求配享睿宗廟庭十七年加贈司徒瓌子頲少有俊才一覽千言弱冠舉進士授烏

程尉累遷左臺監察御史長安中詔頲按覆來俊臣等舊獄頲皆申明其枉由
此雪寃者甚衆神龍中累遷給事中加修文館學士俄拜中書舍人尋而頲父
同中書門下三品父子同掌樞密時以爲榮機事填委文誥皆出頲手中書令
李嶠歎曰舍人思如湧泉嶠所不及也俄遷太常少卿景雲中瓌薨詔頲起復
爲工部侍郎加銀青光祿大夫頲抗表固辭辭理懇切詔許其終制服闋就職
襲父爵許國公玄宗謂宰臣曰有從工部侍郎得中書侍郎否對曰任賢用能
非臣等所及玄宗曰蘇頲可中書侍郎仍供政事食明日加知制誥有政事食
自頲始也頲入謝玄宗曰常欲用卿每有好官闕卽望宰相論及宰相皆卿之
故人卒無言者朕爲卿歎息中書侍郎朕極重惜自陸象先歿後朕每思之無
出卿者時李乂爲紫微侍郎與頲對掌文誥他日上謂頲曰前朝有李嶠蘇味
道謂之蘇李今有卿及李乂亦不讓之卿所製文誥可錄一本封進題云臣某
撰朕要留中披覽其禮遇如此玄宗欲於靖陵建碑頲諫曰帝王及后無神道
碑且事不師古動皆不法若靖陵獨建陛下祖宗之陵皆須追造玄宗從其言

而止開元四年遷紫微侍郎同紫微黃門平章事與侍中宋璟同知政事璟剛
正多所裁斷頲皆順從其美若上前承旨敷奏及應對則頲為之助相得甚悅
璟嘗謂人曰吾與蘇家父子前後同時為宰相僕射長厚誠為國器若獻可替
否罄盡臣節斷割吏事至公無私即頲過其父也八年除禮部尚書罷政事俄
知益州大都督府長史事前司馬皇甫恂破庫物織新樣錦以進頲一切罷之
或謂頲曰公今在遠豈得忤聖意頲曰明主不以私愛奪至公豈以遠近間易
忠臣節也竟奏罷之巂州蠻酋苴院私與吐蕃連謀將為內寇頲獲其間諜將
士咸請出兵討之頲不從乃作書并間諜以送苴院苴院慚悔竟不敢入寇十
三年從駕東封玄宗令頲撰朝覲碑文俄又知吏部選事頲性廉儉所得俸祿
盡推與諸弟或散之親族家無餘資十五年卒年五十八初優贈之制未出起
居舍人韋述上疏曰臣伏見貞觀永徽之時每有公卿大臣薨卒皆輟朝舉哀
所以成終始之恩厚君臣之義上有旌賢錄舊之德下有生榮死哀之美列於
史冊以示將來昔智悼子卒平公宴樂杜蒯一言方始感悟春秋載其感烈禮

經以爲美譚今古舊事昭然可覩臣伏見故禮部尚書蘇頲累葉輔弼代傳忠
清頲又伏事軒陛二十餘載入參謀猷出總藩牧誠績斯著操履無虧天不憖
遺奄違聖代伏願陛下思帷蓋之舊念股肱之親修先朝之盛典鑒晉平之遠
跡爲之輟朝舉哀以明同體之義使歿者荷德於泉壤存者盡節於周行凡百
卿士孰不幸甚臣官忝記事君舉必書敢申舊典上黷宸扆希降恩貸俯垂詳
擇即日於洛城南門舉哀輟朝兩日贈尚書右丞相謚曰文憲及葬日玄宗遊
咸宜宮將出獵聞頲喪出愴然曰蘇頲今日葬吾寧忍娛遊中路還宮頲弟詵
冰乂詵歷授右司郎中給事中徐州刺史先是拜給事中時頲爲中書侍郎上
表讓詵所授玄宗曰古來有內舉不避親乎頲曰晉祁奚是也玄宗曰若然則
朕用蘇詵何得屢言近日卿父子猶同在中書兄弟有何不得卿言非至公也
冰爲虞部郎中乂爲職方郎中幹瓌從父兄也父勗武德中爲秦王府文學館
學士貞觀中尚南康公主拜駙馬都尉累遷魏王泰府司馬勗旣博學有美名
甚爲泰所重因勸泰請開文學館引才名之士撰括地志後歷吏部郎太子左

庶子卒幹少以明經累授徐王府記室參軍徐王好畋獵幹每諫止之垂拱中
歷遷魏州刺史時河北饑饉舊吏苛酷百姓多有逃散幹乃督察姦吏務勸農
桑由是逃散者皆來復業稱爲良牧召拜右羽林將軍尋遷冬官尚書酷吏來
俊臣素忌嫉之遂誣奏幹在魏州與琅邪王沖私書往復因繫獄鞫訊幹發憤
而卒瓌四代孫翔文宗太和四年釋褐文學參軍

史臣曰韋思謙始以州縣奮於煙霄持綱不避於權豪報國能忘於妻子自強
不息剛毅近仁信有之矣高季輔皇甫公義可謂知人矣且福善餘慶不謂無
徵二子構堂俱列相輔文皆經濟政盡明能加以承慶方危染翰而曾非恐悚
嗣立見用襲封而罔墜逍遙無忝父風寧慚祖德諡温諡孝何愧易名陸元方
博學大度再踐鈞衡當則天時非有忠貞應無黜責綏州之任抑又何慚觀其
濟海無私狂風自止臨終焚藁温樹始彰故知正可以動神明德可以延家代
象先益高人品尤著相才全濟有名孤立無禍景倩景融景獻景裔等咸居清
列得非有後於魯乎蘇瓌孔子云居其室出其言善則千里之外應之況其邇

者乎又言行君子之樞機樞機之發榮辱之主也當中宗棄代韋氏奪權預謀
者十有九人咸生異議璟志存大節獨發讜言其後善惡顯彰黜陟明著聖人
之言驗於斯矣頲唯公是相以儉承家李嶠許之湧泉宋璟稱其過父艱難之
際節操不回善始令終先後無愧

贊曰善人君子懷忠秉正盡富文章咸推諫諍豈愧明廷無慚重柄子子孫孫
演承餘慶

舊唐書卷八十八

舊唐書卷八十八考證

韋思謙子嗣立傳若循其始終是吉人○終字下闕一字

陸元方子象先傳景雲元年冬同中書門下平章事○沈炳震曰按通鑑綱目象先入相俱在二年新書亦然此應誤

元方從叔餘慶傳道士司馬承禎法成等交遊○法成新書作懷一

象先四代孫文宗太和四年除釋褐參軍文學○四代孫不詳其名應闕

蘇瓌傳父勗貞觀中台州刺史○沈炳震曰瓌從父兄幹父名勗瓌父不應亦名勗新書本傳不書宰相世系表名亶宜從新書表

瓌子頲傳玄宗欲於靖陵建碑頲諫曰帝王及后無神道碑云云玄宗從其言而止○新書帝不納其言互異

舊唐書卷八十八考證

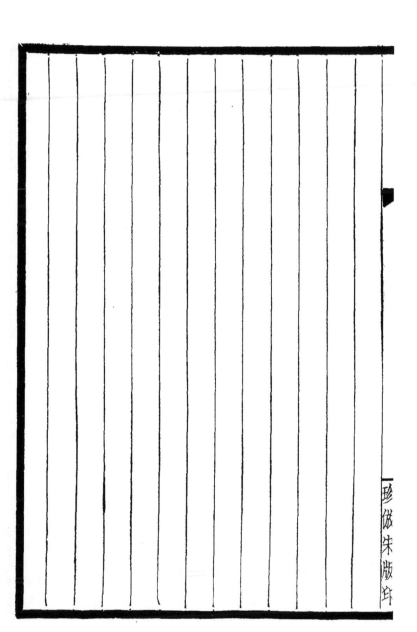

舊唐書卷八十九

後晉司空同中書門下平章事劉昫撰

列傳第三十九

狄仁傑族曾孫兼謨　王方慶　姚璹弟班

狄仁傑字懷英并州太原人也祖孝緒貞觀中尚書左丞父知遜夔州長史仁傑兒童時門人有被害者縣吏就詰之衆皆接對唯仁傑堅坐讀書吏責之仁傑曰黃卷之中聖賢備在猶不能接對何暇偶俗吏而見責耶後以明經舉授汴州判佐時工部尚書閻立本爲河南道黜陟使仁傑爲吏人誣告立本見而謝曰仲尼云觀過知仁矣足下可謂海曲之明珠東南之遺寶薦授并州都督府法曹其親在河陽別業仁傑赴并州登太行山南望見白雲孤飛謂左右曰吾親所居在此雲下瞻望佇立久之雲移乃行仁傑孝友絕人在并州有同府法曹鄭崇質母老且病當充使絕域仁傑謂曰太夫人有危疾而公遠使豈可貽親萬里之憂乃詣長史藺仁基請代崇質而行時仁基與司馬李孝廉不協

因謂曰吾等豈獨無愧耶由是相待如初仁傑儀鳳中爲大理丞周歲斷滯獄
一萬七千人無寃訴者時武衞大將軍權善才坐誤斫昭陵柏樹仁傑奏罪當
免職高宗令卽誅之仁傑又奏罪不當死帝作色曰善才斫陵上樹是使我不
孝必須殺之左右囑仁傑令出仁傑曰臣聞逆龍鱗忤人主自古以爲難臣愚
以爲不然居桀紂時則難堯舜時則易臣今幸逢堯舜不懼比干之誅昔漢文
時有盜高廟玉環張釋之廷諍罪止弃市魏文將徙其人辛毗引裾而諫亦見
納用且明主可以理奪忠臣不可以威懼今陛下不納臣言瞑目之後羞見釋
之辛毗於地下陛下作法懸之象魏徒流死罪俱有等差豈有犯非極刑卽令
賜死法既無常則萬姓何所措其手足陛下必欲變法請從今日爲始古人云
假使盜長陵一抔土陛下何以加之今陛下以昭陵一株柏殺一將軍千載之
後謂陛下爲何主此臣所以不敢奉制殺善才陷陛下於不道帝意稍解善才
因而免死居數日授仁傑侍御史時司農卿韋機兼領將作少府二司高宗以
恭陵玄宮狹小不容送終之具遣機續成其功機於埏之左右爲便房四所又

造宿羽高山上陽等宮莫不壯麗仁傑奏其太過機竟坐免官左司郎中王本立恃寵用事朝廷懾懼仁傑奏之請付法寺高宗特原之仁傑奏曰國家雖乏英才豈少本立之類陛下何惜罪人而虧王法必欲曲赦本立請棄臣於無人之境爲忠貞將來之誡本立竟得罪繇是朝廷肅然尋加朝散大夫累遷度支郎中高宗將幸汾陽宮以仁傑爲知頓使幷州長史李沖玄以道出妬女祠俗云盛服過者必致風雷之災乃發數萬人別開御道仁傑曰天子之行千乘萬騎風伯清塵雨師灑道何妬女之害耶遽令罷之高宗聞之歎曰真大丈夫也俄轉寧州刺史撫和戎夏人得歡心郡人勒碑頌德御史郭翰巡察隴右所至多所按劾及入寧州境內耆老歌刺史德美者盈路翰既授館召州吏謂之曰入其境其政可知也願成使君之美無爲久留州人方散翰薦名於朝徵爲冬官侍郎充江南巡撫使吳楚之俗多淫祠仁傑奏毀一千七百所唯留夏禹吳太伯季札伍員四祠轉文昌右丞出爲豫州刺史時越王貞稱兵汝南事敗緣坐者六七百人籍沒者五千口司刑使逼促行刑仁傑哀其詿誤緩其獄密表

奏曰臣欲顯奏似爲逆人申理知而不言恐乖陛下存恤之旨表成復毀意不能定此輩咸非本心伏望哀其詿誤特勑原之配流豐州豫因次於寧州父老迎而勞之曰我狄使君活汝輩耶相攜哭於碑下齋三日而後行豫因至流所復相與立碑頌狄君之德初越王之亂宰相張光輔率師討平之將士恃功多所求取仁傑不之應光輔怒曰州將輕元帥耶仁傑曰亂河南者一越王貞耳今一貞死而萬貞生光輔質其辭仁傑曰明公董戎三十萬平一亂臣不戢兵鋒縱其暴橫無罪之人肝腦塗地此非萬貞何耶且兇威脅從勢難自固及天兵暫臨乘城歸順者萬計縋墜四面成蹊公奈何縱邀功之人殺歸降之衆但恐寃聲騰沸上徹于天如得尚方斬馬劍加於君頸雖死如歸光輔不能詰心甚銜之還都奏仁傑不遜左授復州刺史入爲洛州司馬天授二年九月丁酉轉地官侍郎判尚書同鳳閣鸞臺平章事則天謂曰卿在汝南時甚有善政欲知譖卿者乎仁傑謝曰陛下以臣爲過臣當改之陛下明臣無過臣之幸也臣不知譖者並爲善友臣請不知則天深加歎異未幾爲來俊臣誣構下獄時一

問卽承者例得減死來俊臣逼脅仁傑令一問承反仁傑歎曰大周革命萬物唯新唐朝舊臣甘從誅戮反是實俊臣乃少寬之判官王德壽謂仁傑曰尚書必得減死德壽意欲求少階級憑尚書牽楊執柔可乎仁傑曰若何牽之德壽曰尚書爲春官時執柔任其司員外引之可也仁傑曰皇天后土遣仁傑行此事以頭觸柱流血被面德壽懼而謝焉既承反所司但待日行刑不復嚴備仁傑求守者得筆硯拆被頭帛書寃置緜衣中謂德壽曰時方熱請付家人去其緜德壽不之察仁傑子光遠得書持以告變則天召見覽之而問俊臣曰仁傑不免冠帶寢處甚安何由伏罪則天使人視之俊臣遽命仁傑巾帶而見使者乃令德壽代仁傑作謝死表附使者進之則天召仁傑謂曰承反何也對曰向若不承反已死於鞭笞矣何爲作謝死表曰臣無此表示之乃知代署也故得免死貶彭澤令武承嗣屢奏請誅之則天曰朕好生惡殺志在恤刑渙汗已行不可更返萬歲通天年契丹寇陷冀州河北震動徵仁傑爲魏州刺史前刺史獨孤思莊懼賊至盡驅百姓入城繕修守具仁傑既至悉放歸農畝謂曰賊猶

在遠何必如是萬一賊來吾自當之必不關百姓也賊聞之自退百姓咸歌誦之相與立碑以紀恩惠俄轉幽州都督神功元年入爲鸞臺侍郎同鳳閣鸞臺平章事加銀青光祿大夫兼納言仁傑以百姓西戍踈勒等四鎮極爲凋弊乃上疏曰臣聞天生四夷皆在先王封疆之外故東拒滄海西隔流沙北橫大漠南阻五嶺此天所以限夷狄而隔中外也自典籍所紀聲教所及三代不能至者國家盡兼之矣此則今日之四境已逾於夏殷者也詩人矜薄伐於太原美化行於江漢則是前代之遠裔而國家之域中至前漢時匈奴無歲不陷邊殺掠吏人後漢則西羌侵軼漢中東寇三輔入河東上黨幾至洛陽由此言之則陛下今日之土宇過於漢朝遠矣若其用武荒外邀功絶域竭府庫之實以爭磽确不毛之地得其人不足以增賦獲其土不可以耕織苟求冠帶遠夷之稱不務固本安人之術此秦皇漢武之所行非五帝三皇之事業也若使越荒外以爲限竭資財以騁欲非但不愛人力亦所以失天心也昔始皇窮兵極武以求廣地男子不得耕於野女子不得蠶於室長城之下死者如亂麻於是天下

潰叛漢武追高文之宿憤藉四帝之儲實於是定朝鮮討西域平南越擊匈奴府庫空虛盜賊蜂起百姓嫁妻賣子流離於道路者萬計末年覺悟息兵罷役封丞相爲富民侯故能爲天所祐也昔人有言與覆車同軌者未嘗安此言雖小可以喻大近者國家頻歲出師所費滋廣西戍四鎮東戍安東調發日加百姓虛弊開守西域事等石田費用不支有損無益轉輸靡絕杼軸殆空越磧踰海分兵防守行役既久怨曠亦多昔詩人云王事靡盬不能蓺稷黍豈不懷歸畏此罪罟念彼蒸人涕零如雨此則前代怨思之辭也上不是恤則政不行而邪氣作邪氣作則蟲螟生而水旱起若此雖禱祀百神不能調陰陽矣方今關東饑饉蜀漢逃亡江淮以南徵求不息人不復業則相率爲盜本根一搖憂患不淺其所以然者皆爲遠戍方外以竭中國爭蠻貊不毛之地乖子養蒼生之道也昔漢元納賈捐之之謀而罷珠崖郡宣帝用魏相之策而弃車師之田豈不欲慕尚虛名蓋憚勞人力也近貞觀年中剋平九姓冊李思摩爲可汗使統諸部者蓋以夷狄叛則伐之降則撫之得推亡固存之義無遠戍勞人之役此

則近日之令典經邊之故事竊見阿史那斛瑟羅陰山貴種代雄沙漠若委之
四鎭使統諸蕃封爲可汗遣禦寇患則國家有繼絶之美荒外無轉輸之役如
臣所見請捐四鎭以肥中國罷安東以實遼西省軍費於遠方幷甲兵於塞上
則恆代之鎭重而邊州之備實矣況綏撫夷狄蓋防其越逸無侵侮之患則可
矣何必窮其窟穴與螻蟻計校長短哉且王者外寧必有內憂蓋爲不勤修政
故也伏惟陛下弃之度外無以絶域未平爲念但當勑邊兵謹守備蓄銳以待
敵待其自至然後擊之此李牧所以制匈奴也當今所要者莫若令邊城警守
遠備斥候聚軍實蓄威武以逸待勞則戰士力倍以主禦客則我得其便堅壁
淸野則寇無所得自然賊深入必有顚躓之慮淺入必無虜獲之益如此數年
可使二虜不擊而服矣仁傑又請廢安東復高氏爲君長停江南之轉輸慰河
北之勞弊數年之後可以安人富國事雖不行識者是之尋檢校納言兼右肅
政臺御史大夫聖曆初突厥侵掠趙定等州命仁傑爲河北道元帥以便宜從
事突厥盡殺所掠男女萬餘人從五迴道而去仁傑總兵十萬追之不及便制

仁傑河北道安撫大使時河朔人庶多爲突厥逼脅賊退後懼誅又多逃匿仁
傑上疏曰臣聞朝廷議者以爲契丹作梗始明人之逆順或因迫脅或有願從
或受僞官或爲招慰或兼外賊或是土人跡雖不同心則無別誠以山東雄猛
由來重氣一顧之勢至死不回近緣軍機調發傷重家道悉破或至逃亡剔屋
賣田人不爲售內顧生計四壁皆空重以官典侵漁因事而起取其髓腦曾無
心媿修築池城繕造兵甲州縣役使十倍軍機官司不矜期之必取枷杖之下
痛切肌膚事迫情危不循禮義愁苦之地不樂其生有利則歸且圖賖死此乃
君子之愧辱小人之常行人猶水也壅之則爲泉疏之則爲川通塞隨流豈有
常性昔董卓之亂神器播遷及卓被誅部曲無赦事窮變起毒害生人京室丘
墟化爲禾黍此由恩不普洽失在機先臣一讀此書未嘗不廢卷歎息今以負
罪之伍必不在家露宿草行潛竄山澤赦之則出不赦則狂山東羣盜緣茲聚
結臣以邊塵暫起不足爲憂中土不安以此爲事臣聞持大國者不可以小道
理事廣者不可以細分人主恢弘不拘常法罪之則衆情恐懼恕之則反側自

安伏願曲赦河北諸州一無所問自然人神道暢率土歡心諸軍凱旋得無侵
擾制從之軍還授內史聖曆三年則天幸三陽宮王公百寮咸經侍從唯仁傑
特賜宅一區當時恩寵無比是歲六月左玉鈐衛大將軍李楷固右武威衛將
軍駱務整討契丹餘衆擒之獻俘於含樞殿則天大悅特賜楷固姓武氏楷固
務整並契丹李盡忠之別帥也初盡忠之作亂楷固等屢率兵以陷官軍後兵
敗來降有司斷以極法仁傑議以爲楷固等並有驍將之才若恕其死必能感
恩効節又奏請授其官爵委以專征制並從之及楷固等凱旋則天召仁傑預
宴因舉觴親勸歸賞於仁傑授楷固左玉鈐衛大將軍賜爵燕國公則天又將
造大像用功數百萬令天下僧尼每日人出一錢以助成之仁傑上疏諫曰臣
聞爲政之本必先人事陛下矜羣生迷謬溺喪無歸欲令像教兼行覩相生善
非爲塔廟必欲崇奢豈令僧尼皆須檀施得栰尚捨而況其餘今之伽藍制過
宮闕窮奢極壯畫繢盡工寶珠殫於綴飾瓌材竭於輪奐工不使鬼止在役人
物不天來終須地出不損百姓將何以求生之有時用之無度編戶所奉常若

不充痛切肌膚不辭箠楚遊僧一說矯陳禍福翦髮解衣仍慚其少亦有離間骨肉事均路人身自納妻謂無彼我皆託佛法詿誤生人里陌動有經坊闤闠亦立精舍化誘倍急切於官徵法事所須嚴於制敕膏腴美業倍取其多水碾莊園數亦非少逃丁避罪併集法門無名之僧凡有幾萬都下檢括已得數千且一夫不耕猶受其弊浮食者衆又劫人財臣每思惟實所悲痛往在江表像法盛興梁武簡文捨施無限及其三淮沸浪五嶺騰煙列剎盈衢無救危亡之禍緇衣蔽路豈有勤王之師比年已來風塵屢擾水旱不節征役稍繁家業先空瘡痍未復此時興役力所未堪伏惟聖朝功德無量何必要營大像而以勞費爲名雖斂僧錢百未支一尊容既廣不可露居覆以百層尚憂未徧自餘廊廡不得全無又云不損國財不傷百姓以此事主可謂盡忠臣今思惟兼採衆議咸以爲如來設教以慈悲爲主下濟羣品應是本心豈欲勞人以存虛飾當今有事邊境未寧宜寬征鎮之徭省不急之費設令雇作皆以利趨既失田時自然弃本今不樹稼來歲必饑役在其中難以取給況無官助義無得成若費

官財又盡人力一隅有難將何救之則天乃罷其役是歲九月病卒則天爲之舉哀廢朝三日贈文昌右相諡曰文惠仁傑常以舉賢爲意其所引拔桓彥範敬暉竇懷貞姚崇等至公卿者數十人初則天嘗問仁傑曰朕要一好漢任使有乎仁傑曰陛下作何任使則天曰朕欲待以將相對曰臣料陛下若求文章資歷則今之宰臣李嶠蘇味道亦足爲文吏矣豈非文士齷齪思得奇才用之以成天下之務者乎則天悅曰此朕心也仁傑曰荊州長史張柬之其人雖老真宰相才也且久不遇若用之必盡節於國家矣則天乃召拜洛州司馬他日又求賢仁傑曰臣前言張柬之猶未用也則天曰已遷之矣對曰臣薦之爲相今爲洛州司馬非用之也又遷爲秋官侍郎後竟召爲相柬之果能興復中宗蓋仁傑之推薦也仁傑嘗爲魏州刺史人吏爲立生祠及去職其子景暉爲魏州司功參軍頗貪暴爲人所惡乃毀仁傑之祠長子光嗣聖曆初爲司府丞則天令宰相各舉尚書郎一人仁傑乃薦光嗣拜地官員外郎莅事稱職則天喜而言曰祁奚內舉果得其人開元七年自汴州刺史轉揚州大都督府長史坐

贓貶歙州別駕卒初中宗在房陵而吉頊李昭德皆有匡復讜言則天無復辟
意唯仁傑每從容奏對無不以子母恩情爲言則天亦漸省悟竟召還中宗復
爲儲貳初中宗自房陵還宮則天匿之帳中召仁傑以廬陵爲言仁傑慷慨敷
奏言發涕流遽出中宗謂仁傑曰還卿儲君仁傑降階泣賀既已奏曰太子還
宮人無知者物議安審是非則天以爲然乃復置中宗於龍門具禮迎歸人情
感悅仁傑前後匡復奏對凡數萬言開元中北海太守李邕撰爲梁公別傳備
載其辭中宗返正追贈司空睿宗追封梁國公仁傑族曾孫兼謨兼謨登進士
第祖郊父邁仕官皆微兼謨元和末解褐襄陽推官試校書郎言行剛正使府
知名憲宗召爲左拾遺累上書言事歷尚書郎長慶太和中歷鄭州刺史以治
行稱入爲給事中開成初度支左藏庫妄破漬污縑帛等贓罪文宗以事在赦
前不理兼謨封還勅書文宗召而諭之曰嘉卿舉職然朕已赦其長官典吏亦
宜在宥然事或不可卿勿以封勅爲艱還御史中丞謝日文宗顧謂之曰御史
臺朝廷綱紀臺綱正則朝廷理朝廷正則天下理凡執法者大抵以畏忌顧望

爲心職業由茲不舉卿梁公之後自有家法豈復爲常常之心哉兼謨謝曰朝法或未得中臣固悉心彈奏會江西觀察使吳士矩違額加給軍士破官錢數十萬計兼謨奏曰觀察使守陛下土地宣陛下詔條臨戎賞軍州有定數而士矩與奪由己盈縮自專不唯貽弊一方必致諸軍援例請下法司正行朝典士矩坐貶蔡州别駕兼謨尋轉兵部侍郎明年檢校工部尚書太原尹充河東節度使會昌中累歷方鎮卒

王方慶雍州咸陽人也周少司空石泉公褒之曾孫也其先自琅邪南度居於丹陽爲江左冠族褒北徙入關始家咸陽焉祖𣆶隋衛尉丞伯父弘讓有美名貞觀中爲中書舍人父弘直爲漢王元昌友畋獵無度乃上書切諫其略曰夫宗子維城之託者所以固邦家之業也大王功無任城戰剋之効行無河間樂善之譽爵高五等邑富千室當思答極施之洪慈保無疆之永祚其爲計者在乎修德冠屨詩禮畋獵史傳覽古人成敗之所由鑒既往存亡之異跡覆前戒後居安慮危奈何列騎齊驅交橫壟畝野有遊客巷無居人貽衆庶之憂逞一

情之樂從禽不息實用寒心元昌覽書而遽止漸見疎斥轉荊王友龍朔中卒方慶年十六起家越王府參軍嘗就記室任希古受史記漢書希古遷爲太子舍人方慶隨之卒業永淳中累遷太僕少卿則天臨朝拜廣州都督廣州地際南海每歲有崑崙乘舶以珍物與中國交市舊都督路元睿冒求其貨崑崙懷刃殺之方慶在任數載秋毫不犯又管內諸州首領舊多貪縱百姓有詣府稱寃者府官以先受首領參餉未嘗鞫問方慶乃集止府寮絶其交往首領縱暴者悉繩之由是境內清肅當時議者以爲有唐以來治廣州者無出方慶之右有制褒之曰朕以卿歷職著稱故授此官既美化遠聞實副朝寄今賜卿雜綵六十段并瑞錦等物以彰善政也證聖元年召拜洛州長史尋加銀青光祿大夫封石泉縣男萬歲登封元年轉并州長史封琅邪縣男未行遷鸞臺侍郎同鳳閣鸞臺平章事俄轉鳳閣侍郎依舊知政事神功元年七月清邊道大總管建安王攸宜破契丹凱還欲以是月詣闕獻俘內史王及善以爲將軍入城例有軍樂既今上孝明高皇帝忌月請備而不奏方慶奏曰臣按禮經但有忌日

而無忌月晉穆帝納后用九月九日是康帝忌月于時持疑不定下太常禮官
荀納議稱禮秖有忌日無忌月若有忌月卽有忌時忌歲益無理據當時從訥
所議軍樂是軍容與常不等臣謂振作於事無嫌則天從之則天嘗幸萬安山
玉泉寺以山逕危懸欲御腰輿而上方慶諫曰昔漢元帝嘗祭廟出便門御樓
船光祿勳張猛奏曰乘船危就橋安元帝乃從橋卽前代舊事今山徑危險石
路曲狹上瞻駭目下視寒心比於樓船安危不等陛下蒸人父母奈何踐此畏
塗伏望停輿駐蹕則天納其言而止是歲改封石泉子時有制每月一日於明
堂行告朔之禮司禮博士辟閭仁諝奏議其略曰經史正文無天子每月告朔
之事唯禮記玉藻云天子聽朔於南門之外其每月告朔者諸侯之禮也臣謹
按禮論及三禮義宗江都集禮貞觀禮顯慶禮及祠令無天子每月告朔之事
若以爲無明堂故無告朔之禮有明堂卽合告朔則周秦有明堂而無天子每
月告朔之事臣等參求旣無其禮不可習非以天子之尊而用諸侯之禮方慶
又奏議其略曰明堂天子布政之宮也謹按穀梁傳云閏者附月之餘日天子

不以告朔非禮也閏以正時時以作事事以厚生生人之道於是乎在矣不告
閏朔棄時政也臣據此文則天子閏月亦告朔矣寧有他月而廢其禮乎先儒
舊說天子行事一年十八度入明堂矣大享不問卜一入也每月告朔十二入
也四時迎氣四入也巡狩之年一入也今禮官議唯歲首一入耳與先儒既異
在臣不敢同宋朝何承天纂集其文以爲禮論雖加編次事則闕如梁代崔靈
恩撰三禮義宗但捃摭前儒因循故事而已隋煬帝命學士撰江都集禮秖抄
撮舊禮更無異文貞觀顯慶禮及祠令不言告朔者蓋爲歷代不傳所以其文
乃闕各有緣由不足依據今禮官引爲明證在臣誠實有疑則天又令春官廣
集衆儒取方慶仁諝所奏議以定得失時成均博士吳揚善太學博士郭山惲
等奏按周禮及三傳皆有天子告朔之禮秦滅詩書由是告朔禮廢望依方慶
議有制從之則天以方慶家多書籍嘗訪求右軍遺跡方慶奏曰臣十代從伯
祖羲之書先有四十餘紙貞觀十二年太宗購求先臣並已進之唯有一卷見
今在又進臣十一代祖導十代祖洽九代祖珣八代祖曇首七代祖僧綽六代

祖仲寶五代祖騫高祖規曾祖褒弃九代三從伯祖晉中書令獻之已下二十
八人書共十卷則天御武成殿示羣臣仍令中書舍人崔融爲寶章集以敘其
事復賜方慶當時甚以爲榮方慶又舉令杖期喪大功未葬不預朝賀未終喪
不預宴會比來朝官不遵禮法身有哀容陪預朝會手舞足蹈公違憲章名教
既虧實玷皇化伏望申明令式更禁斷從之方慶漸以老疾乞從閑逸乃授麟
臺監修國史及中宗立爲東宮方慶兼檢校太子左庶子聖曆二年壹日則天
欲季冬講武有司稽緩延入孟春方慶上疏曰謹按禮記月令孟冬之月天子
命將帥講武習射御角力此乃三時務農一時講武以習射御角校才力蓋王
者常事安不忘危之道也孟春之月不可以稱兵兵者甲冑干戈之總名兵金
性尅木春盛德在木而舉金以害盛德逆生氣孟春行冬令則水潦爲敗雪霜
大摯首種不入蔡邕月令章句云太陰新休少陽尙微而行冬令以導水氣故
水潦至而敗生物也雪霜大摯折陽者也太陰干時雨雪而霜故大傷首種首
種謂宿麥也麥以秋種故謂之首種入收也春爲沍寒所傷故至夏麥不成長

也今孟春講武是行冬令以陰政犯陽氣害發生之德臣恐水潦敗物霜雪損稼夏麥不登無所收入也伏望天恩不違時令至孟冬教習以順天道手制答曰比爲久屬太平多歷年載人皆廢戰並悉學文今者用整兵威故令教習卿以春行冬令則水潦爲敗舉金傷木則便害發生循覽所陳深合典禮若違此請乃月令虛行佇啓直言用依來表是歲正授太子左庶子封石泉公餘並如故俸料同職事三品兼侍皇太子讀書方慶又上言謹按史籍所載人臣與人主言及上表未有稱皇太子名者當爲太子皇儲其名尊重不敢指斥所以不言晉尙書僕射山濤啓事稱皇太子而不言名濤中朝名士必詳典故其不稱名應有憑准朝官尙猶如此宮臣歸則不疑今東宮殿及門名皆有觸犯臨事論啓迴避甚難孝敬皇帝爲太子時改弘教門爲崇教門沛王爲皇太子改崇賢館爲崇文館皆避名諱以遵典禮此即成例足爲軌模伏望天恩因循舊式付司改換制從之長安二年五月卒贈兗州都督謚曰貞中宗即位以宮寮之舊追贈吏部尙書方慶博學好著述所撰雜書凡二百餘卷尤精三禮好事者

多詢訪之每所酬答咸有典據故時人編次名曰禮雜答問聚書甚多不減祕
閣至於圖畫亦多異本諸子莫能守其業卒後尋亦散亡長子光輔開元中官
至潞州刺史少子晙工書知名尤善琴碁而性多嚴整官至殿中侍御史
姚璹字令璋散騎常侍思廉之孫也少孤撫弟妹以友愛稱博涉經史有才辯
永徽中明經擢第累補太子宮門郎與司議郎孟利貞等奉令撰瑤山玉彩書
書成遷祕書郎調露中累遷至中書舍人封吳興縣男則天臨朝遷夏官侍郎
坐從父弟敬節同徐敬業之亂貶桂州都督府長史時則天雅好符瑞璹至嶺
南訪諸山川草樹其名號有武字者皆以爲上應國姓列奏其事則天大悅召
拜天官侍郎善於選補時人稱之長壽二年遷文昌左丞同鳳閣鸞臺平章事
自永徽以後左右史雖得對仗承旨仗下後謀議皆不預聞璹以爲帝王謨訓
不可暫無紀述若不宣自宰相史官無從得書乃表請仗下所言軍國政要宰
相一人專知撰錄號爲時政記每月封送史館宰相之撰時政記自璹始也是
歲九月坐事轉司賓少卿罷知政事延載初擢拜納言有司以璹從父弟犯法

奏言不合更爲侍臣璹上言昔王敦稱兵犯順王導仍典樞機嵇康戮於晉朝嵇紹忠於晉室竊惟前古尚不爲疑今奉聖恩豈由臣下必以體例有乖伏請甘從屏退則天曰此乃我意卿復何言但當盡忠無聽浮說時武三思率蕃夷酋長請造天樞於端門外刻字紀功以頌周德璹爲督作使證聖初璹加秋官尚書同平章事是歲明堂災則天欲責躬避正殿璹奏曰此實人火非曰天災至如成周宣榭卜代愈隆漢武建章盛德彌永臣又見彌勒下生經云當彌勒成佛之時七寶臺須臾散壞覩此無常之相便成正覺之因故知聖人之道隨緣示化方便之利博濟良多可使由之義存於此況今明堂乃是布政之所非宗廟之地陛下若避正殿於禮未爲得也左拾遺劉承慶廷奏云明堂宗祀之所今既被焚陛下宜輟朝思過璹又持前議以爭則天乃依璹奏先令璹監造天樞至是以功當賜爵一等璹表請迴贈父一官乃追贈其父豫州司戶參軍處平爲博州刺史天后將封嵩岳命璹總知撰儀注并充封禪副使及重造明堂又令璹充使督作以功加銀青光祿大夫時有大石國使請獻獅子璹上疏

諫曰獅子猛獸唯止食肉遠從碎葉以至神都肉既難得極爲勞費陛下以百姓爲心慮一物有失鷹犬不蓄漁獵總停運不殺以闡大慈垂好生以敷至德凡在翾飛蠢動莫不感荷仁恩豈容自菲薄於身而厚資給於獸求之至理必不然乎疏奏遽停來使又九鼎初成制令黃金千兩塗之璹進諫曰夫鼎者神器貴在質朴自然無假別爲浮飾臣觀其狀先有五彩輝煥錯雜其間豈待金色方爲炫燿則天又從之尋屬契丹犯塞命梁王武三思爲榆關道安撫大使璹爲副使以備之及還坐事神功初左授益州大都督府長史蜀中官吏多貪暴璹屢有發摘姦無所容則天嘉之降璽書勞之曰夫嚴霜之下識貞松之擅奇疾風之前知勁草之爲貴物既有此人亦宜哉卿早荷朝恩委任斯重居中作相弘益已多防邊訓兵心力俱盡歲寒無改終始不渝迺眷蜀中吐俗殷雜久缺良守弊於侵漁政以賄成人無厝足是用命卿出鎮寄茲存養果能攬轡澄清下車整肅吏不敢犯姦無所容前後糺擿蓋非一緒貪殘之伍屏跡於列城剽奪之儔遁形於外境詎勞期月康此黎元言念德聲良深嘉尚宜布琅邪

之化當以豫州爲法則天又嘗謂侍臣曰凡爲長官能清自身者甚易清得寮吏者甚難至於姚璹可謂兼之矣時新都丞朱待辟坐贓至死逮捕繫獄待辟素善沙門理中陰結諸不逞因待辟以殺璹爲名擬據巴蜀爲亂人密表告之者制令璹按其獄璹深持之事涉疑似引而誅死者僅以千數則天又令洛州長史宋元爽御史中丞霍獻可等重加詳覆亦無所發明逮繫獄數百人不勝酷毒遞相附會以就反狀因此籍沒者復五十餘家其餘稱知反配流者亦十八九道路冤之監察御史袁恕己劾奏其事則天初令璹與恕己對定又尋令罷推俄拜地官尚書歲餘轉冬官尚書仍西京留守長安中累表乞骸骨制聽致仕進爵爲伯遇官名復舊爲工部尚書神龍元年卒遺令薄葬贈越州都督諡曰成弟班少好學以勤苦自立舉明經累除定汴滄虢豳等五州刺史加銀青光祿大夫轉秦州刺史以善政有聞璽書褒美賜絹百匹神龍元年累封宣城郡公三遷太子詹事仍兼左庶子時節愍太子舉事不法班前後上書進諫今載四事其一曰臣聞賈誼曰選天下之端士孝悌博聞有道術者使與太子

居處出入故太子見正事聞正言行正道左右前後皆正人也夫習與正人居之不能無正習與不正人居之不能無不正太子既冠成人免於保傅之嚴則有記過之史徹膳之宰進善之旌誹謗之木敢諫之鼓瞽史誦箴大夫進謀故習與智長化與心成夫教得而左右正則太子正矣太子正而天下定矣臣又聞之木從繩則正后從諫則聖善言古者所以驗於今伏惟殿下睿德洪深天姿聰敏近代成敗前古安危莫不懸鑒在心動合典禮臣以庸朽濫居輔弼虛備耳目叨預股肱輒薦塵露庶裨山海伏以內置作坊工巧得入宮闈之內禁衛之所或言語內出或事狀外通小人無知不識輕重因爲詐僞有玷徽猷臣望並付所司以停宮內造作如或要須役造猶望宮外安置庶得工匠不於宮禁出入其二曰臣聞漢文帝身衣弋綈足履革舄齊高帝欄檻用銅者皆易以鐵經侯帶玉具劍環珮以過魏太子不視經侯曰魏國亦有寶乎太子曰主信臣忠魏之寶也經侯委劍珮而去太子使追還之謂曰珠玉珍玩寒不可衣饑不可食無遺我賊經侯杜門不出臣觀聖賢經籍務以儉素爲貴皇王政化皆

以菲薄爲德伏惟殿下留心恭儉靡尙浮奢臣愚猶望損之又損之居簡以行
簡減省造作節量用度其三曰臣聞銀牓銅樓宮闈嚴祕門閤來往皆有簿曆
殿下時有所須唯門司宣令或恐姦僞之輩因此妄爲增減脫有文狀舛錯事
理便卽差違且近日呂昇之便乃代署宣勑伏賴殿下睿敏當卽覺其姦僞自
餘臣下庸淺豈能深辨真虛望墨令及覆事行下並用內印印畫署之後兾得
免有詐假乃是長久規模臣又聞之忠臣事君有犯而無隱明主馭下納諫以
進德故書云有言逆於志必求諸道有言順於心必求諸非道伏惟殿下仁明
昭著聖敬日躋探幽洞微窮神索隱事之善惡毫釐靡差理有危疑錙銖無爽
臣以庸謬叨侍春闈職居獻替豈敢緘默其四曰臣聞聖人不專其德賢智必
有所師故曰與善人言如入芝蘭之室久自芬芳與不善人言如火銷膏不覺
而盡今司經見無學士供奉未有侍讀伏望時因視膳奏請置人所兾講席談
筵務盡忠規之道披文摘句方資審諭之勤臣又聞臣之事主必盡乃誠君之
進賢務求忠讜伏惟殿下養德儲闈以端靜爲務恭膺守器以學業爲先經所

以立行修身史所以諳識成敗雅誥既習忠孝乃成傳記方通安危斯辨知父子君臣之道識古今鑒戒之規經史爲先斯乃急務至於工巧造作寮吏直司實爲末事無足勞慮臣以庸淺獻替是司臣而不言負譴聖日言而獲罪是所甘心伏願留意經書簡略細事一蒙採納萬殞無辭尤降儲明俯矜狂瞽疏奏太子雖稱善竟不悛革太子敗詔遣索其宮中得班諫書中宗嘉其切直時宮臣皆貶黜唯班擢拜右散騎常侍歲餘遷祕書監睿宗卽位累授戶部尚書轉太子賓客先天二年加金紫光祿大夫復拜戶部尚書班與兄璹數年間俱爲定州刺史戶部尚書時人榮之開元二年卒年七十四班嘗以其曾祖察所撰漢書訓纂多爲後之注漢書者隱沒名氏將爲己說班乃撰漢書紹訓四十卷以發明舊義行於代

史臣曰天子有諍臣七人雖無道不失其天下致廬陵復位唐祚中興諍由狄公一人以蔽或曰許之太甚答曰當革命之時朋邪甚衆非推誠竭力致身忘家者孰能與於此乎仁傑流死不避骨鯁有彰雖逢好殺無辜能使終畏大義

竟存天下豈不然乎王方慶干城南海羽翼東宮臺閣樞機無不功濟所謂君子不器者也苟非文學斯焉取斯璹成都布政始卒不侔相國上章或否或中且焚明堂而避正殿固諍何多黜唐頌而立天樞一言非措矧乃妄求符瑞已失忠貞精擇楚茅難禆過咎不常其德罔畏承羞班規諫有才牧守多善儲幄之任可謂得人

贊曰犯顏忤旨返政扶危是人難事狄能有之終替武氏克復唐基功之莫大人無以師方慶之才周旋特立璹也無常班能操執

舊唐書卷八十九

舊唐書卷八十九考證

狄仁傑傳韋機造宿羽高山上陽等宮仁傑奏其太過機竟坐免官○臣宗萬按唐六典宿羽高山二宮在東都禁苑中又統紀云駕幸東都上遊韋弘機所造宿羽高山等宮乘高臨深有登眺之美乃卽勑弘機造高館及成臨幸卽上陽宮也據此仁傑之奏是矣但按機傳云造上陽宮時人稱其省功便事則不可云太過矣又云儀鳳中坐家人犯盜爲憲司所劾免官則機之去位又不由此矣二者未知孰是而通鑑則本仁傑傳或有所折衷歟新書及通鑑均作韋弘機

初中宗在房陵而吉頊李昭德皆有匡復讜言唯仁傑每從容奏對竟召還○臣宗萬按談賓錄張易之兄弟貴寵逾分懼不全請計于吉頊頊曰天下思唐德久矣主上春秋高武氏諸王殊非所屬意公何不從容請立廬陵王以繫生人之望易之乘間屢言之既召問頊則天意乃定御史臺記及吉頊傳所載略同新書則以易之問計于仁傑仁傑勸迎廬陵爲免禍計若然不惟

抹去吉頊之論且使仁傑非强李抑武祇爲易之兄弟計矣或曰仁傑爲易之計正所以爲李氏謀也梁公正色立朝雖處危疑之地時伸讜直之言豈肯藉易之輩以行其詭遇哉又按朝野僉載曰則天夢鸚鵡兩翅俱折仁傑云鵡者陛下姓也兩翅折者廬陵相王也陛下起此二子則兩翅全矣据此則仁傑之從容奏對可見而勸召中宗豈爲易之昌宗地哉司馬光作通鑑故採衆說之可信者存之其大旨則與舊書相合

仁傑前後匡復奏對凡數萬言開元中北海太守李邕撰爲梁公別傳備載其辭○臣宗萬按通鑑考異曰世有狄梁公傳其辭鄙誕殆非邕所爲其言曰陛下將欲繼統非廬陵餘非臣所知是時睿宗爲皇嗣若仁傑請以廬陵王繼統則是勸太后廢立也此未可信按中宗於永隆元年爲皇太子弘道元年高宗崩受遺詔卽帝位天后臨朝稱制嗣聖元年廢帝爲廬陵王立相王爲帝是廬陵爲高宗所立之皇嗣受高宗所遺之帝位非廬陵不可繼統卽育相王何嫌于廢立仁傑此言所以正君臣之分明兄弟之倫全母子之情

侃侃而談何可厚非且仁傑匡復之言史官不能備載而李邕別撰之舊書

載此者良以正史之不備者當於別傳求之乃斥爲鄙誕何耶

舊唐書卷八十九考證

舊唐書卷九十

後晉司空同中書門下平章事劉昫撰

列傳第九十

王及善　杜景儉　朱敬則　楊再思

李懷遠子景伯 景伯子彭年附　豆盧欽望張光輔 史務滋 崔元綜 周允元附

王及善洺州邯鄲人也父君愕隋大業末并州人王君廓掠邯鄲君愕往說君廓曰方今萬乘失御英雄競起誠宜撫納遺甿保全形勝按甲以觀時變擁衆而歸真主此富貴可圖也今足下居無尺土之地守無兼旬之糧恣行殘忍所過攘斂竊爲足下寒心矣君廓曰計將安出君愕爲陳井陘之險可先往據之君廓從其言乃屯井陘山歲餘會義師入定關中乃與君廓率所部萬餘人來降拜大將軍頻以戰功封新興縣公累遷左武衛將軍從太宗征遼東兼領左屯營兵馬與高麗戰於駐蹕山君愕先鋒陷陣力戰而死太宗深痛悼之贈左衛大將軍幽州都督邢國公賜東園祕器陪葬昭陵及善年十四以父死王事

授朝散大夫襲爵邢國公高宗時累遷左奉裕率孝敬之居春宮因宴集命宮官擲倒次至及善辭曰殿下自有樂官臣止當守職此非臣任也臣將奉令恐非殿下羽翼之備太子謝而遣之高宗聞而特加賞慰賜絹百匹尋除右千牛衞將軍高宗謂曰朕以卿忠謹故與卿三品要職他人非搜辟不得至朕所卿佩大橫刀在朕側知此官貴否俄以病免尋起爲衞尉卿垂拱中歷司屬卿時山東饑及善爲巡撫賑給使尋拜春官尙書秦州都督轉益州大都督府長史以老病請乞致仕加授光祿大夫後契丹作亂山東不安起授滑州刺史則天謂曰邊賊反叛卿雖疾病可將妻子日行三十里緩步至彼與朕臥理此州以斷河路也因問朝廷得失及善備陳理亂之宜十餘道則天曰彼末事也此爲本也卿不可行乃留拜內史時御史中丞來俊臣常以飛禍陷良善自侯王將相被其羅織受戮者不可勝計後俊臣坐事繫獄有司斷以極刑則天欲赦之及善執奏曰俊臣兇狡不軌所信任者皆屠販小人所誅戮者多名德君子臣愚以爲若不剿絕元惡恐搖動朝廷禍從此始則天納之俄而則天將追廬陵

王立爲太子及善贊成其計及太子立又請太子外朝以慰人心則天從之及
善雖無學術在官每以清正見知臨事難奪有大臣之節時張易之兄弟恃寵
每內宴皆無人臣之禮及善數奏抑之則天不悅賜及善曰卿既高年不宜更
侍遊讌但檢校閣中可也及善因病請假月餘則天都不問之及善歎曰豈有
中書令而天子得一日不見乎事可知矣乃上疏乞骸骨三上不許聖曆二年
拜文昌左相旬日而薨年八十二廢朝三日贈益州大都督謚曰貞陪葬乾陵
杜景儉冀州武邑人也少舉明經累除殿中侍御史出爲益州錄事參軍時隆
州司馬房嗣業除益州司馬除書未到即欲視事又鞭笞僚吏將以示威景儉
謂曰公雖受命爲此州司馬而州司未受命也何藉數日之祿而不待九重之
旨即欲視事不亦急耶嗣業益怒景儉又曰公今持咫尺之制真僞未知即欲
攬一州之權誰敢相保揚州之禍非此類耶乃叱左右各令罷散嗣業慚赧而
止俄有制除嗣業荊州司馬竟不如志人吏爲之語曰錄事意與天通益州司
馬折威風景儉由是稍知名入爲司賓主簿轉司刑丞天授中與徐有功來俊

臣俟思止專理制獄時人稱云遇徐杜者必生遇來俟者必死累遷洛州司馬
尋轉鳳閣侍郎同鳳閣鸞臺平章事則天嘗以季秋內出梨花一枝示宰臣曰
是何祥也諸宰臣曰陛下德及草木故能秋木再花雖周文德及行葦無以過
也景儉獨曰謹按洪範五行傳陰陽不相奪倫瀆之即爲災又春秋云冬無愆
陽夏無伏陰春無淒風秋無苦雨今已秋矣草木黃落而忽生此花瀆陰陽也
臣慮陛下布教施令有虧禮典又臣等忝爲宰臣助天理物理而不和臣之罪
也於是再拜謝罪則天曰卿眞宰相也延載初爲鳳閣侍郎周允元奏景儉黨
於李昭德左遷秦州刺史後累除司刑卿聖曆二年復拜鳳閣侍郎同鳳閣鸞
臺平章事時契丹入寇河北諸州多陷賊中及事定河內王武懿宗將盡論其
罪景儉以爲皆是驅逼非其本心請悉原之則天竟從景儉議歲餘轉秋官尚
書坐漏洩禁中語左授司刑少卿出爲幷州長史道病卒贈相州刺史子澄頗
以文藻著名官至鞏縣尉

朱敬則字少連亳州永城人也代以孝義稱自周至唐三代旌表門標六闕州

黨美之敬則倜儻重節義早以辭學知名與三從兄同居財產無異又與左史江融左僕射魏元忠特相友善咸亨中高宗聞而召見與語甚奇之將加擢用爲中書舍人李敬玄所毀乃授洹水尉長壽中累除右補闕敬則以則天初臨朝稱制天下頗多流言異議至是既漸寧晏宜絕告密羅織之徒上疏曰臣聞李斯之相秦也行申商之法重刑名之家杜私門張公室弃無用之費損不急之官惜日愛功疾耕急戰人繁國富乃屠諸侯此救弊之術也故曰刻薄可施於進趨變詐可陳於攻戰兵猶火也不戢將自焚況鋒鏑已銷石城又毀諒可易之以寬泰潤之以淳和八風之樂以柔之三代之禮以導之秦既不然淫虐滋甚往而不返卒至土崩此不知變之禍也陸賈叔孫通之事漢王也當滎陽成皋之間糧饋已窮智勇俱困不敢開一說効一奇唯進豪猾之材薦貪暴之客及區宇適平干戈向戢金鼓之聲未歇傷痍之痛尚聞二子顧眄綽有餘態乃陳詩書說禮樂開王道謀帝圖高皇帝忿然曰吾以馬上得之安事詩書乎對曰馬上得之可馬上理之乎高皇默然於是陸賈著新語叔孫通定禮儀始

知天子之尊此知變之善也向使高皇排二子而不用置詩書而不顧重攻戰之吏尊首級之材複道爭功張𠪨已知其變拔劍擊柱吾屬不得無謀即晷漏難逾何十二帝乎亡秦之續何二百年乎故曰仁義者聖人之蘧廬禮經者先王之陳迹然則祝祠向畢芻狗須投淳精已流糟粕可棄仁義尚捨況輕此者乎自文明草昧天地屯蒙三叔流言四凶構難不設鉤距無以應天順人不切刑名不可摧姦息暴故置神器開告端曲直之影必呈包藏之心盡露神道助直無罪不除人心保能無妖不戮以玆妙算窮造化之幽深用此神謀入天人之祕術故能計不下席聽不出闈蒼生晏然紫宸易主大哉偉哉無得而稱也豈比造攻鳴條大戰牧野血變草木頭折不周可同年而語乎然而急趨無善迹促柱少和聲拯溺不規行療饑非鼎食即向時之妙策乃當今之芻狗也伏願覽秦漢之得失考時事之合宜審糟粕之可遺覺蘧廬之須毀見機而作豈勞終日乎陛下必不可偃蹇太平徘徊中路伏願改法制立章程下恬愉之辭流曠蕩之澤去萋菲之牙角頓姦險之鋒芒窒羅織之源掃朋黨之迹使天下

蒼生坦然大悅豈不樂哉則天甚善之長安三年累遷正諫大夫尋同鳳閣鸞臺平章事時御史大夫魏元忠鳳閣舍人張說爲張易之兄弟所誣搆將陷重辟諸宰相無敢言者敬則獨抗疏申理曰元忠張說素稱忠正而所坐無名若令得罪豈不失天下之望也乃得減死四年以老疾請罷知政事許之累轉冬官侍郎仍依舊兼修國史張易之昌宗嘗命畫工圖寫武三思及納言李嶠鳳閣侍郎蘇味道夏官侍郎李迥秀麟臺少監王紹宗等十八人形像號爲高士圖每引敬則預其事固辭不就其高潔守正如此神龍元年出爲鄭州刺史尋以老致仕二年侍御史冉祖雍素與敬則不協乃誣奏云與王同皎親善貶授廬州刺史經數月洎代到還鄉里無淮南一物唯有所乘馬一匹諸子姪步從而歸敬則重然諾善與人交每拯人急難不求其報又嘗與三從兄同居四十餘年財產無異雅有知人之鑒凡在品論者後皆如其言景龍三年五月卒于家年七十五敬則嘗採魏晉已來君臣成敗之事著十代興亡論又以前代文士論廢五等者以秦爲失事未折衷乃著五等論曰昔秦廢五等崔寔仲長統

王朗曹冏等皆以爲秦之失子竊異之試通其志云蓋明王之理天下也先之以博愛本之以仁義張四維尊五美懸禮樂於庭宇置軌範於中衢然後決玄波使橫流揚薰風以高扇流愷悌之甘澤浸曠蕩之膏腴正理革其淫邪淳風柔其骨髓使天下之人心醉而神足其於忠義也立則見其參於前其於進趨也若章程之在目禮經所及等日月之難踰聲教所行雖風雨之不輟聖人知俗之漸化也王道之已行也於是體國經野庸功勳親分山裂河設磐石之固內守外禦有維城之基連絡徧於城中膠葛盡於封內雖道昏時喪澤竭政塞鄭伯逐王申侯弒主魯不供物宋不成周吳徵伯牢楚問九鼎小白之一匡天下重耳之一戰諸侯無君之迹顯然簒奪之謀中寢者直以周禮尚存簡書不隕故曰不敢失墜天威在顏自春秋之後禮義漸頽風俗壓昏愧恥心盡疾走先得者爲上奪攘投會者爲能加以八世專齊三家分晉子貢之亂五國蘇秦之鬬七雄苛刻繁與經籍道息莫不長詐術貴攻戰萬姓皆戴爪牙無人不屬觜距所以商鞅欺故友李斯因舊交孫臏喪足於龐涓張儀得志于陳軫一旅

之衆便欲稱王再戰之雄爭來奉帝先王會盟之禮昔時樽俎之容三代玄風掃地至盡況始皇削平區宇殊非至公李斯之作股肱罕循大道人無見德唯虐是聞當此時也主猜於上人駭於下父不能保之於子君不能得之於臣欲使始皇分土姦雄建侯薄俗若喻晉鄭之可依便借賊兵而資盜糧寄龍魚而助風雨不可行也是以秦鑒周德之綿深懼己圖之不遠罷侯置守高下在心天下制在一人百姓不聞二主直是不得行其世封非薄功臣而賤骨肉也高皇帝揭日月之明懷天地之量算財不足以分賞論地不足以受封邑皆百城土有千里人殷國富地廣兵強五十年間七國同反賈誼憂失其國鼂錯請削其地若言由大而反也不若召陵之師踐土之衆也若言有材而起也劉濞非王霸之材田祿無先管之略也是齊晉以逆禮爲慚吳楚以犯上非媿釁由教起其所由來遠矣自此之後雜霸又衰中與不能改物創圖黃初不能深謀遠慮紓觀漢魏之際尋其經緯之初未有積德重光澤及萬物觀其教偷薄於秦風察其人豺狼於漢曰故魏太祖曰若使無孤天下幾人稱帝幾人稱王明竊

號議者觸目皆是欲以此時開賜履之祚垂萬代之封必有通車三川以闢周
室介馬汾隰而逐翼侯而王司徒屢請於當時曹元首又勤於宗室皆不知時
也當時賢者是之敬則知政事時每以用人爲先桂州蠻叛薦裴懷古鳳閣舍
人缺薦魏知古右史缺薦張思敬則天以爲知人睿宗卽位嘗謂侍臣曰神龍
已來李多祚王同皎並復舊官韋月將燕欽融咸有褒贈不知更有何人尙抱
冤抑吏部尙書劉幽求對曰故鄭州刺史朱敬則往在則天朝任正諫大夫知
政事忠貞義烈爲天下所推神龍時被宗楚客冉祖雍等誣構左授廬州刺史
長安年中嘗謂臣云相王必膺期受命當須盡節事之及韋氏篡逆干紀臣遂
見危赴難翼戴輿曆雖則天誘其事亦是敬則先啓之心今陛下龍興寶位兇
黨就戮敬則尙銜冤泉壤未蒙昭雪況復事符先覺誠卽可嘉睿宗然之贈敬
則祕書監謚曰元
楊再思鄭州原武人也少舉明經授玄武尉充使詣京師止於客舍會盜竊其
囊裝再思邂逅遇之盜者伏罪再思謂曰足下當苦貧匱至此無行速去勿作

聲恐爲他人所擒幸留公文餘財盡以相遺盜者齎去再思初不言其事假貸以歸累遷天官員外郎歷左右肅政臺御史大夫延載初守鸞臺侍郎同鳳閣鸞臺平章事證聖初轉鳳閣侍郎依前同平章事兼太子右庶子尋遷內史自弘農縣男累封至鄭國公再思自歷事三主知政十餘年未嘗有所薦達爲人巧佞邪媚能得人主微旨主意所不欲必因而毀之主意所欲必因而譽之然恭慎畏忌未嘗忤物或謂再思曰公名高位重何爲屈折如此再思曰世路艱難直者受禍苟不如此何以全其身哉長安末昌宗既爲法司所鞫司刑少卿桓彥範斷解其職昌宗俄又抗表稱冤則天意將申理昌宗廷問宰臣曰昌宗於國有功否再思對曰昌宗往因合鍊神丹聖躬服之有效此實莫大之功則天甚悅昌宗竟以復職時人貴彥範而賤再思也時左補闕戴令言作兩脚野狐賦以譏刺之再思聞之甚怒出令言爲長社令朝士尤加嗤笑再思爲御史大夫時張易之兄司禮少卿同休嘗奏請公卿大臣宴于司禮寺預其會者皆盡醉極歡同休戲曰楊內史面似高麗再思欣然請剪紙自帖於巾却披紫袍

爲高麗舞縈頭舒手舉動合節滿座嗤笑又易之弟昌宗以姿貌見寵倖再思又諛之曰人言六郎面似蓮花再思以爲蓮花似六郎非六郎似蓮花也其傾巧取媚也如此長安四年以本官檢校京兆府長史又遷檢校揚州大都督府長史中宗即位拜戶部尚書兼中書令轉侍中以宮寮封鄭國公賜實封三百戶又爲冊順天皇后使賜物五百段鞍馬稱是時武三思將誣殺王同皎再思與吏部尚書李嶠刑部尚書韋巨源並受制考按其獄竟不能發明其枉致同皎至死罪衆冤之再思俄復爲中書令吏部尚書景龍三年遷尚書右僕射加光祿大夫其年薨贈特進幷州大都督陪葬乾陵諡曰恭子植植子獻並爲司勳員外郎再思弟季昭爲考功郎中温玉爲戶部侍郎

李懷遠邢州柏仁人也早孤貧好學善屬文有宗人欲以高蔭相假者懷遠竟拒之退而歎曰因人之勢高士不爲假蔭求官豈吾本志未幾應四科舉擢第累除司禮少卿出爲邢州刺史以其本鄉固辭不就改授冀州刺史俄歷揚益等州大都督府長史未行又授同州刺史在職以清簡稱入爲太子左庶子兼

太子賓客歷遷右散騎常侍春官侍郎大足年遷鸞臺侍郎尋同鳳閣鸞臺平章事歲餘加銀青光祿大夫拜秋官尚書兼檢校太子左庶子賜爵平鄉縣男長安四年以老辭職聽解秋官尚書正除太子左庶子尋授太子賓客神龍初除左散騎常侍兵部尚書同中書門下三品加金紫光祿大夫進封趙郡公特賜實封三百戶俄以疾請致仕許之中宗將幸京師又令以本官知東郡留守懷遠雖久居榮位而彌尚儉率園林宅室無所改作常乘款段馬左僕射豆盧欽望謂曰公榮貴如此何不買駿馬乘之答曰此馬幸免驚蹶無假別求聞者莫不歎美神龍二年八月卒中宗特賜錦被以充斂輟朝一日親爲文以祭之贈侍中諡曰成子景伯景伯景龍中爲給事中又遷諫議大夫中宗嘗宴侍臣及朝集使酒酣令各爲迴波辭衆皆爲諂佞之辭及自要榮位次至景伯曰迴波爾時酒巵微臣職在箴規侍宴既過三爵諠譁竊恐非儀中宗不悅中書令蕭至忠稱之曰此真諫官也景雲中累遷右散騎常侍尋以老疾致仕開元中卒子彭年彭年有吏才工於剖析當時稱之開元中歷考功員外郎知舉又遷

中書舍人給事中兵部侍郎天寶初又爲吏部侍郎與右相李林甫善慕山東
著姓爲婚姻引就清列以大其門典銓管七年後以贓汚爲御史中丞宋渾所
劾長流嶺南臨賀郡累月渾及弟恕又以贓下獄詔渾流嶺南高要郡恕流南
康郡天寶十二載起彭年爲濟陰太守又遷馮翊太守入爲中書舍人給事中
吏部侍郎十五載玄宗幸蜀賊陷西京彭年沒於賊脅授僞官憂憤忽忽不得
志與韋斌相次而卒及剋復兩京優制贈彭年爲禮部尚書
豆盧欽望京兆萬年人也曾祖通隋相州刺史南陳郡公祖寬即隋文帝之甥
也大業末爲梁泉令及高祖定關中寬與郡守蕭瑀率豪右赴京師由是累授
殿中監仍詔其子懷讓尚萬春公主高祖以寬曾祖萇魏大和中例稱單姓至
是改寬爲盧氏貞觀中歷遷禮部尚書左衞大將軍封芮國公永徽元年卒贈
特進幷州都督陪葬昭陵謚曰定又復其姓爲豆盧氏父仁業高宗時爲左衞
將軍欽望則天時累遷司賓卿長壽二年代宗秦客爲內史時李昭德亦爲內
史執權用事欽望與同時宰相韋巨源陸元方蘇味道杜景儉等並委曲從之

證聖元年昭德坐事左遷涪陵尉則天以欽望等不能執政又爲司刑少卿皇甫文備奏欽望附會昭德罔上附下乃左遷欽望爲趙州刺史韋巨源自右丞爲鄜州刺史陸元方自秋官侍郎爲綏州刺史蘇味道自鳳閣侍郎爲集州刺史其年欽望入爲司禮卿遷秋官尚書封芮國公出爲河北道宣勞使俄而廬陵王復爲皇太子以欽望爲皇太子宮尹聖曆二年拜文昌右相同鳳閣鸞臺三品尋授太子賓客停知政事中宗即位以欽望宮寮舊臣拜尚書左僕射知軍國重事兼檢校安國相王府長史兼中書令知兵部事監修國史欽望作相兩朝前後十餘年張易之兄弟及武三思父子皆專權驕縱圖爲逆亂欽望獨謹其身不能有所匡正以此獲譏於代神龍二年拜開府儀同三司景龍三年五月表請乞骸不許十一月卒年八十餘贈司空并州大都督諡曰元賜東園祕器陪葬乾陵則天時宰相又有張光輔史務滋崔元綜周允元等並有名績

張光輔者京兆人也少明辯有吏幹累遷司農少卿文昌右丞以討平越王貞之功拜鳳閣侍郎知政事永昌元年遷納言旬日又拜內史皆有名其年洛州

司馬房嗣業洛陽令張嗣明坐與徐敬業弟敬真陰相交結敬真自流所繡州逃歸將北投突厥引虜入寇途經洛下嗣業嗣明二人給其衣糧而遣之行至定州爲人所覺嗣業於獄中自縊死嗣明與敬真多引海内相識冀緩其死嗣明稱光輔征豫州日私說圖讖天文陰懷兩端顧望以觀成敗光輔由是被誅家口籍沒

史務滋者宣州溧陽人累至内史天授中雅州刺史劉行實及弟渠州刺史行瑜尚衣奉御行感幷兄子左鷹揚將軍虔通並爲侍御史來子珣誣以謀反誅又於盱眙毀其父左監門大將軍伯英棺柩初務滋素與行感周密意欲寢其反狀則天怒令俊臣鞫之務滋恐被陷刑乃自殺

崔元綜者鄭州新鄭人也祖君肅武德中黄門侍郎鴻臚卿元綜天授中累轉秋官侍郎長壽元年遷鸞臺侍郎同鳳閣鸞臺平章事元綜勤於政事每在中書必束帶至晚未嘗休偃好潔細行薰辛不歷口者二十餘年雖外示謹厚而情深刻薄每受制鞫獄必披毛求疵陷於重辟以此故人多畏而鄙之明年犯

罪配流振州朝野莫不稱慶尋赦還復拜監察御史中宗時累遷尚書左丞蒲州刺史以老疾致仕晚年好攝養導引之術年九十餘卒

周允元者豫州人也弱冠舉進士延載初累轉左肅政御史中丞俄除鳳閣鸞臺平章事嘗與諸宰臣侍宴則天令各述書傳中善言允元曰恥其君不如堯舜武三思以爲語有指斥糾而駁之則天曰聞此言足以爲誡豈特將爲過耶證聖元年卒贈貝州刺史則天爲七言詩以傷之又自繕寫時以爲榮

史官曰王及善在孝敬東宮誠能奉職當俊臣下獄力諫除兇是憂濫及賢良而欲明彰羽翼興復之志不謂無心杜景儉五刑有濫濟活爲心四氣不和歸罪在己則天謂曰真宰相然奈柔順李昭德不無吐剛之過也朱敬則文學有稱節行無愧諫諍果決推擇精真苟非洞鑒古今深識王霸何由立其高論哉惜乎相不得時矣楊再思佞而取貴苟以全身掩不善而自欺謂無十目十手也李懷遠名不苟於假蔭貴不衒於故鄉無改陋居常乘劣駟亦一時之善矣然匪躬之道未之聞也豆盧欽望張光輔史務滋崔元綜周允元等或有片言

非無小善登于大用可謂具臣
贊曰及善奉職非無智力景儉當權不謂不賢雄文高節少連爲絶守道安貧
懷遠當仁欽望之屬片善何足諂媚再思袛宜遄速
舊唐書卷九十

舊唐書卷九十考證

王及善傳契丹作亂山東不安起授滑州刺史○新書魏州

杜景儉傳聖歷二年復拜鳳閣侍郎○新書元年則天本紀神功元年 臣宗萬

按杜景儉新書作景佺蓋實錄以草書致誤新紀表傳因而承之故通鑑從

舊書也

舊唐書卷九十考證

舊唐書卷九十一

後晉司空同中書門下平章事劉昫撰

列傳第四十一

桓彥範　敬暉　崔玄暐　張柬之　袁恕己

桓彥範潤州曲阿人也祖法嗣雍王府諮議參軍弘文館學士彥範慷慨俊爽少以門蔭調補右翊衛聖曆初累除司衛寺主簿納言狄仁傑特相禮異嘗謂曰足下才識如是必能自致遠大尋擢授監察御史長安三年歷遷御史中丞四年轉司刑少卿時司僕卿張昌宗坐遣術人李弘泰占己有天分御史中丞宋璟請收付制獄窮理其罪則天不許彥範上疏曰昌宗無德無才謬承恩寵自宜粉骨碎肌以答殊造豈得苞藏禍心有此占相陛下以簪履恩久不忍加刑昌宗以逆亂罪多自招其咎此是皇天降怒非唯陛下故誅違天不祥乞陛下裁擇原其本奏以防事敗事敗卽言奏訖不敗則候時爲逆此乃姦臣詭計疑惑聖心今果遂其所謀陛下何忍不察若昌宗無此占相奏後不合更與弘

泰往還尚令修福復擬禳厄此則期於必遂元無悔心縱雖奏聞情實難恕此
而可捨誰其可刑況經兩度事彰天恩並垂捨宥昌宗自爲得計人亦以爲應
運卽不勞兵甲天下皆從萬方譏之以爲陛下縱成其亂也君在臣圖天分是
爲逆臣不誅社稷亡矣伏請付鸞臺鳳閣三司考竟其罪疏奏不報時又內史
李嶠等奏稱往屬革命之時人多逆節鞫訊決斷刑獄至嚴刻薄之吏恣行酷
法其周興丘勣來俊臣所劾破家者並請雪免彥範又奏請自文明元年以後
得罪人除揚豫博三州及諸謀逆魁首一切赦之表疏前後十奏辭旨激切至
是方見允納彥範凡所奏議若逢人主詰責則辭色無懼爭之愈厲又嘗謂所
親曰今旣躬爲大理人命所懸必不能順旨詭辭以求苟免是歲冬則天不豫
張易之與弟昌宗入閣侍疾潛圖逆亂鳳閣侍郎張柬之與桓彥範及中臺右
丞敬暉等建策將誅之柬之遽引彥範及暉並爲左右羽林將軍委以禁兵共
圖其事時皇太子每於北門起居彥範與暉因得謁見密陳其計太子從之神
龍元年正月彥範與敬暉及左羽林將軍李湛李多祚右羽林將軍楊元琰左

威衞將軍薛思行等率左右羽林兵及千騎五百餘人討易之昌宗於宮中令李湛李多祚就東宮迎皇太子兵至玄武門彥範等奉太子斬關而入兵士大譟時則天在迎仙宮之集仙殿斬易之昌宗於廊下幷就第斬其兄汴州刺史昌期司禮少卿同休並梟首於天津橋南士庶見者莫不懽叫相賀或臠割其肉一夕都盡明日太子卽位彥範以功加銀青光祿大夫拜納言賜勳上柱國封譙郡公賜實封五百戶又改爲侍中從新令也彥範嘗表論時政數條其大略曰昔孔子論詩以關雎爲始言后妃者人倫之本理亂之端也故皇英降而虞道興任姒歸而姬宗盛桀奔南巢禍階妹喜魯桓滅國惑以齊媛伏見陛下每臨朝聽政皇后必施帷幔坐於殿上預聞政事臣愚歷選列辟詳求往代帝王有與婦人謀及政者莫不破國亡身傾輈繼路且以陰乘陽違天也以婦凌夫違人也違天不祥違人不義由是古人譬以牝雞之晨惟家之索易曰無攸遂在中饋言婦人不得預於國政也伏願陛下覽古人之言察古人之意上以社稷爲重下以蒼生在念宜令皇后無往正殿干預外朝專在中宮聿修陰教

則坤儀式固鼎命惟永又曰臣聞京師喧喧道路籍籍皆云胡僧慧範矯託佛
教誑惑后妃故得出入禁闈撓亂時政陛下又輕騎微行數幸其室上下媟黷
有虧尊嚴臣抑嘗聞興化致理必由進善康國寧人莫大棄惡故孔子曰執左
道以亂政者殺假鬼神以危人者殺今慧範之罪不殊於此也若不急誅必生
變亂除惡務本去邪勿疑實願天聽早加裁貶疏奏不納時有墨勅授方術人
鄭普思祕書監葉淨能國子祭酒彥範苦言其不可帝曰既要用之無容便止
彥範又對曰陛下自龍飛寶位遽下制云軍國政化皆依貞觀故事昔貞觀中
嘗以魏徵虞世南顏師古爲祕書監孔穎達爲國子祭酒至如普思等是方伎
庸流豈足以比蹤前烈臣恐物議謂陛下官不擇才濫以天秩加於私愛惟陛
下少加慎擇帝竟不納時韋皇后既干朝政德靜郡王武三思又居中用事以
則天爲彥範等所廢常深憤怨又慮彥範等漸除武氏乃先事圖之皇后韋氏
既雅爲帝所信寵言無不從三思又私通於韋氏乃日夕譖毀彥範等帝竟用
三思計進封彥範爲扶陽郡王敬暉爲平陽郡王張柬之爲漢陽郡王崔玄暐

爲博陵郡王袁恕己爲南陽郡王並加特進令罷知政事彥範仍賜姓韋氏令
與皇后同屬籍仍賜雜綵錦繡金銀鞍馬等雖外示優崇而實奪其權也易州
刺史趙履温者卽彥範之妻兄也彥範誅易之後奏言先與履温共謀其事於
是召拜司農少卿履温德之乃以二婢遺彥範及彥範罷知政事履温又奪
其婢大爲時論所譏尋出爲洺州刺史轉濠州刺史二年光祿卿駙馬都尉王
同皎以武三思與韋氏姦通潛謀誅之事洩爲三思誣構言同皎將廢皇后韋
氏彥範等通知其情乃貶彥範爲瀧州司馬敬暉崖州司馬袁恕己竇州司馬
崔玄暐白州司馬張柬之新州司馬並仍令長任勳封並削彥範仍復其本姓
桓氏是歲秋武三思又陰令人疏皇后穢行牓於天津橋請加廢黜中宗聞之
怒命御史大夫李承嘉推求其人承嘉希三思旨奏言彥範與敬暉張柬之袁
恕己崔玄暐等教人密爲此牓雖託廢后爲名實有危君之計請加族滅制依
承嘉所奏大理丞李朝隱執奏云敬暉等既未經鞫問不可卽肆誅夷請差御
史按罪待至準法處分大理卿裴談奏云敬暉等祇合據勑斷罪不可别俟推

鞫請並處斬籍沒中宗納其議仍以彥範等五人嘗賜鐵券許以不死乃長流
彥範於瀼州敬暉於崖州張柬之於瀧州袁恕己於環州崔玄暐於古州並終
身禁錮子弟年十六已上者亦配流嶺外擢授承嘉金紫光祿大夫進封襄武
郡公韋氏又特賜承嘉綵物五百段端錦被一張擢拜裴談爲刑部尚書左貶
李朝隱爲聞喜令三思俄又諷節愍太子抗表請夷彥範等三族中宗以既有
前命不依其請三思猶慮彥範等重被進用又納中書舍人崔湜之計特令湜
姨兄嘉州司馬周利貞攝右臺侍御史就嶺外並矯制殺之彥範赴流所行至
貴州利貞遇之於途乃令左右執縛曳於竹槎之上肉盡至骨然後杖殺時年
五十四睿宗卽位延和元年並追復其官爵仍特還其子孫實封二百戶玄宗
卽位開元六年詔曰皇輿肇建必有輔佐之臣天步多艱爰仗經綸之業故侍
中譙國公桓彥範侍中平陽郡公敬暉中書令兼吏部尚書漢陽郡公張柬之
特進博陵郡公崔玄暐中書令南陽郡公袁恕己等並德惟神降材與運生道
協台嶽名書讖緯寅亮帝載勤勞王家參復禹之元謀奉昇唐之景命雖殂謝

既久而勳烈益彰撫彝鼎以念功想旂常而增感緬遵故實用表徽懿俾列在清廟登于明堂克申從祀之儀式茂疇庸之典並可配享中宗孝和皇帝廟庭其子弟咸加收擢建中元年重贈司徒

敬暉絳州太平人也弱冠舉明經聖曆初累除衛州刺史時河北新有突厥之寇方秋而修城不輟暉下車謂曰金湯非粟而不守豈有弃收穫而繕城郭哉悉令罷散由是人吏咸歌詠之再遷夏官侍郎出爲泰州刺史大足元年遷洛州長史天后幸長安令暉知副留守事在職以清幹著聞璽書勞勉賜物百段長安三年拜中臺右丞加銀青光祿大夫神龍元年轉右羽林將軍以誅張易之昌宗功加金紫光祿大夫擢拜侍中賜爵平陽郡公食實封五百戶尋進封齊國公天后崩遺制加實封通前滿七百戶暉等以唐室中興武氏諸王咸宜降爵上章論奏於是諸武降爲公武三思益怒乃諷帝陽尊暉等爲郡王罷知政事仍賜鐵券恕十死朔望趨朝初暉與彥範等誅張易之兄弟也洛州長史薛季昶謂暉曰二凶雖除產祿猶在請因兵勢誅武三思之屬匡正王室以安

天下暉與張柬之屢陳不可乃止季昶歎曰吾不知死所矣翌日三思因韋后之助潛入宮中內行相事反易國政爲天下所患時議以此歸咎於暉暉等既失政柄受制於三思暉每推牀嗟惋或彈指出血柬之歎曰主上疇昔爲英王時素稱勇烈吾留諸武冀自誅鋤耳今事勢已去知復何道三思既深憤惋以許州司功參軍鄭愔素被暉等廢黜因令上表陳其罪狀中宗詔曰則天大聖皇后往以憂勞不豫兇豎弄權暉等因興甲兵剗除妖孽朕錄其勞效備極寵勞自謂勳高一時遂欲權傾四海擅作威福輕侮國章悖道弃義莫斯之甚然收其薄効猶爲隱忍錫其郡王之重優以特進之榮不謂谿壑之志殊難盈滿既失大權多懷怨望乃與王同皎窺覘內禁潛相謀結更欲權兵絳闕圖廢椒宮險迹醜辭驚視駭聽屬以帝圖伊始務靜狴牢所以久爲含容未能暴諸遐邇自同皎伏法釁跡彌彰儻若無其發明何以懲茲悖亂迹其巨逆合寘嚴誅緣其昔立微功所以特從寬宥咸宜貶降出佐遐藩暉可崖州司馬柬之可新州司馬恕己可竇州司馬玄暉可白州司馬並員外置驛到崖州竟爲周利貞

所殺睿宗即位追復五王官爵贈暉秦州都督謚曰肅愍建中初重贈太尉曾孫元膺開成三年自試太子通事舍人爲河南縣丞

崔玄暐博陵安平人也父行謹爲胡蘇令本名曅以字下體有則天祖諱乃改爲玄暐少有學行深爲叔父祕書監行功所器重龍朔中舉明經累補庫部員外郎其母盧氏嘗誡之曰吾見姨兄屯田郎中辛玄馭云兒子從宦者有人來云貧乏不能存此是好消息若聞貲貨充足衣馬輕肥此惡消息吾常重此言以爲確論比見親表中仕宦者多將錢物上其父母父母但知喜悅竟不問此物從何而來必是祿俸餘資誠亦善事如其非理所得此與盜賊何別縱無大咎獨不內媿於心孟母不受魚鮓之饋蓋爲此也汝今坐食祿俸榮幸已多若其不能忠清何以戴天履地孔子云雖日殺三牲之養猶爲不孝又曰父母惟其疾之憂特宜修身潔己勿累吾此意也玄暐遵奉母氏教誡以清謹見稱尋授天官郎中遷鳳閣舍人長安元年超拜天官侍郎每介然自守杜絕請謁頗爲執政者所忌轉文昌左丞經月餘則天謂曰自卿改職以來選司大有罪過

或聞令史乃設齋自慶此欲盛爲貪惡耳今要卿復舊任又除天官侍郎賜雜
綵七十段三年拜鸞臺侍郎同鳳閣鸞臺平章事兼太子左庶子四年遷鳳閣
侍郎加銀青光祿大夫仍依舊知政事先是來俊臣周興等誣陷良善冀圖爵
賞因緣籍没者數百家玄暐固陳其枉狀則天乃感悟咸從雪免則天季年宋
璟劾奏張昌宗謀爲不軌玄暐亦屢有讜言則天乃令法司正斷其罪玄暐弟
昇時爲司刑少卿又請寘以大辟其兄弟守正如此是時則天不豫宰相不得
召見者累月及疾少間玄暐奏言皇太子相王仁明孝友足可親侍湯藥宮禁
事重伏願不令異姓出入則天曰深領卿厚意尋以預誅張易之功擢拜中書
令封博陵郡公中宗將授方術人鄭普思爲祕書監玄暐切諫竟不納尋進爵
爲王賜實封四百戶檢校益州大都督府長史兼知都督事其後被累貶授白
州司馬在道病卒建中初贈太子太師玄暐與弟昇甚相友愛諸子弟孤貧者
多躬自撫養教授頗爲當時所稱昇官至尙書左丞玄暐少時頗屬詩賦晚年
以爲非己所長乃不復搆思唯篤志經籍述作爲事所撰行己要範十卷友義

傳十卷義士傳十五卷訓注文館辭林策二十卷並行於代子璩頗以文學知名官歷中書舍人禮部侍郎璩子渙自有傳曾孫郾開成三年自商州防禦判官兼殿中侍御史入爲監察御史

張柬之字孟將襄州襄陽人也少補太學生涉獵經史尤好三禮國子祭酒令狐德棻甚重之進士擢第累補青城丞永昌元年以賢良徵試同時策者千餘人柬之獨爲當時第一擢拜監察御史聖曆初累遷鳳閣舍人時弘文館直學士王元感著論云三年之喪合三十六月柬之著論駮之曰三年之喪二十五月不刊之典也謹案春秋魯僖公三十三年十二月乙巳公薨文公二年冬公子遂如齊納幣左傳曰禮也杜預注云僖公喪終此年十一月納幣在十二月士婚禮納采納徵皆有玄纁束帛諸侯則謂之納幣蓋公爲太子已行婚禮故傳稱禮也公羊傳曰納幣不書此何以書譏喪娶在三年之外何以譏三年之內不圖婚何休注云僖公以十二月薨至此冬未滿二十五月納采問名納吉皆在三年之內故譏何休以公十二月薨至此冬十二月纔二十四月非二十

五月是未三年而圖婚也按經書十二月乙巳公薨杜預以長曆推乙巳是十一月十二日非十二月書十二月是經誤文公元年四月葬我君僖公傳曰緩也諸侯五月而葬若是十二月薨卽是五月不得言緩明知是十一月薨故注僖公喪終此年至十二月而滿二十五月故丘明傳曰禮也據此推步杜之考校豈公羊之所能逮況丘明親受經於仲尼乎且二傳何杜所爭唯爭一月不爭一年其二十五月除喪由來無別此則春秋三年之喪二十五月之明驗也尙書伊訓云成湯既沒太甲元年惟元祀十有二月伊尹祀于先王奉嗣王祗見厥祖孔安國注云湯以元年十一月崩據此則二年十一月小祥三年十一月大祥故太甲中篇云惟三祀十有二月朔伊尹以冕服奉嗣王歸于亳是十一月大祥訖十二月朔日加王冕服吉而歸亳也是孔言湯元年十一月之明驗顧命云四月哉生魄王不懌是四月十六日也翌日乙丑王崩是十七日也丁卯命作冊度是十九日也越七日癸酉伯相命士須材是四月二十五日也則成王崩至康王麻冕黼裳中間有十月康王方始見廟則知湯崩在十一月

淹停至殮訖方始十二月祗見其祖顧命見廟訖諸侯出廟門俟伊訓言祗見厥祖侯甸羣后咸在則崩及見廟殷周之禮並同此周因於殷禮損益可知也不得元年以前別有一年此尚書三年之喪二十五月之明驗也禮記三年問云三年之喪二十五月而畢哀痛未盡思慕未忘然而服以是斷之者豈不送死有已復生有節又喪服四制云變而從宜故大祥鼓素琴告人以終又間傳云朞而小祥食菜果又朞而大祥有醯醬中月而禫食酒肉又喪服小記云再朞之喪三年也朞之喪二年也九月七月之喪三時也五月之喪二時也三月之喪一時也此禮記三年之喪二十五月之明驗也儀禮士虞禮云朞而小祥又朞而大祥中月而禫是月也吉祭此禮周公所制則儀禮三年之喪二十五月之明驗也此四驗者並禮經正文或周公所制或仲尼所述吾子豈得以禮記戴聖所修輒欲排毀漢初高堂生傳禮既未周備宣帝時少傅后蒼因淹中孔壁所得五十六篇著曲臺記以授弟子戴德戴聖慶溥三人合以正經及孫卿所述並相符會列于學官年代已久今無端構造異論既無依據深可歎息

其二十五月先儒考校唯鄭康成注儀禮中月而禫以中月間一月自死至禫凡二十七月又解禫云言澹澹然平安之意也今皆二十七月復常從鄭議也踰月入禫禫既復常則二十五月爲免喪矣二十五月二十七月其議本同竊以子之於父母喪也有終身之痛創巨者日久痛深者愈遲豈徒歲月而已乎故練而慨然者蓋悲慕之懷未盡而踊擗之情已歇祥而廓然者蓋哀傷之痛已除而孤邈之念更起此皆情之所致豈外飾哉故記曰三年之喪義同過隙先王立其中制以成文理是以祥則縞帶素紕禫則無所不佩今吾子將徇情弃禮實爲乖僻夫弃縗麻之服襲錦縠之衣行道之人皆不忍也直爲節之以禮無可奈何故由也不能過制爲姊服鯉也不能過朞哭其母夫豈不懷懼名教逼己也若孔鄭何杜之徒並命代挺生範模來裔宮牆積仞未易可窺但鑽仰不休當漸入勝境詎勞終年矻矻虛肆莠言請所有掎摭先儒願且以時消息時人以柬之所駁頗合於禮典是歲突厥默啜表言有女請和親則天盛意許之欲令淮陽郡王延秀娶之柬之奏曰自古無天子求娶夷狄女以配中國

王者表入頗忤其旨神功初出爲合州刺史尋轉蜀州刺史舊例每歲差兵募五百人往姚州鎮守路越山險死者甚多柬之表論其弊曰臣竊按姚州者古哀牢之舊國絶域荒外山高水深自生人以來洎於後漢不與中國交通前漢唐蒙開夜郎滇筰而哀牢不附至光武季年始請內屬漢置永昌郡以統理之乃收其鹽布氈罽之稅以利中土其國西通大秦南通交趾奇珍異寶進貢歲時不闕劉備據有巴蜀常以甲兵不充及備死諸葛亮五月渡瀘收其金銀鹽布以益軍儲使張伯岐選其勁卒搜兵以增武備故蜀志稱自亮南征之後國以富饒甲兵充足由此言之則前代置郡其利頗深今鹽布之稅不供珍奇之貢不入戈戟之用不實於戎行寶貨之資不輸於大國而空竭府庫驅率平人受役蠻夷肝腦塗地臣竊爲國家惜之昔漢以得利既多歷博南山涉蘭倉水更置博南哀牢二縣蜀人愁怨行者作歌曰歷博南越蘭津渡蘭倉爲他人蓋譏漢貪珍奇鹽布之利而爲蠻夷之所驅役也漢獲其利人且怨歌今減耗國儲費用日廣而使陛下之赤子身膏野草骸骨不歸老母幼子哀號望祭於千

里之外於國家無絲髮之利在百姓受終身之酷臣竊爲國家痛之往者諸葛亮破南中使其渠率自相統領不置漢官亦不留兵鎮守人問其故亮言置官留兵有三不易大意以置官夷漢雜居猜嫌必起留兵運糧爲患更重忽若反叛勞費更多但粗設紀綱自然安定臣竊以亮之此策妙得羈縻蠻夷之術今姚府所置之官既無安邊靜寇之心又無葛亮且縱且擒之伎唯知詭謀狡算恣情割剝貪叨劫掠積以爲常扇動酋渠遺成朋黨折支諂笑取媚蠻夷拜跪趨伏無復慚恥提挈子弟嘯引凶愚聚會蒲博一擲累萬劍南逋逃中原亡命有二千餘戶見散在彼州專以掠奪爲業姚州本龍朔中武陵縣主簿石子仁奏置之後長史李孝讓辛文協並爲羣蠻所殺前朝遣郎將趙武貴討擊貴及蜀兵應時破敗噍類無遺又使將軍李義摠等往征郎將劉惠基在陣戰死其州乃廢臣竊以諸葛亮稱置官留兵有三不易其言乃驗至垂拱四年蠻郎將王善寶昆州刺史爨乾福又請置州奏言所有課稅自出姚府管內更不勞擾蜀中及置州後錄事參軍李稜爲蠻所殺延載中司馬成琛奏請於瀘南置鎮

七所遣蜀兵防守自此蜀中騷擾于今不息且姚府總管五十七州巨猾遊客
不可勝數國家設官分職本以化俗防姦無恥無厭狼籍至此今不問夷夏負
罪並深見道路劫殺不能禁止恐一旦驚擾爲禍轉大伏乞省罷姚州使隸舊
府歲時朝覲同之蕃國瀘南諸鎮亦皆悉廢於瀘北置關百姓自非奉使入蕃
不許交通往來增舊府兵選擇清良宰牧以統理之臣愚將爲穩便疏奏則天
不納後累拜荆州大都督府長史長安中召爲司刑少卿遷秋官侍郎時夏官
尚書姚崇爲靈武軍使將行則天令舉外司堪爲宰相者崇對曰張柬之沉厚
有謀能斷大事且其人年老惟陛下急用之則天登時召見尋同鳳閣鸞臺平
章事未幾遷鳳閣侍郎仍知政事及誅張易之兄弟柬之首謀其事中宗卽位
以功擢拜天官尚書鳳閣鸞臺三品封漢陽郡公食實封五百戶未幾遷中書
令監修國史月餘進封漢陽郡王加授特進令罷知政事其年秋柬之表請歸
襄州養疾許之仍特授襄州刺史又拜其子漪爲著作郎令隨父之任上親賦
詩祖道又令羣公餞送於定鼎門外柬之至襄州有鄉親舊交抵罪者必深文

致法無所縱捨其子漪恃以立功每見諸少長不以禮接時議以爲不能易荆
楚之剽性焉尋爲武三思所構貶授新州司馬柬之至新州憤恚而卒年八十
餘景雲元年制曰褒德紀功事華典冊飾終追遠理光名教故吏部尙書張柬
之翼戴興運謨明帝道經綸謇諤風範猶存往屬回邪構成釁咎無辜放逐淪
沒荒遐言念勳賢良深軫悼宜加寵贈式賁幽泉可贈中書令封漢陽郡公建
中初又贈司徒玄孫璟開成二年自宜城尉遷壽安尉

袁恕己滄州東光人也長安中歷遷司刑少卿兼知相王府司馬事敬暉等將
誅張易之兄弟恕己預其謀議又從相王統率南衙兵仗以備非常及事定加
銀青光祿大夫行中書侍郎同中書門下三品封南陽郡公食實封五百戶將
作少匠楊務廉素以工巧見用中興初恕己恐其更啓遊娛侈靡之端言於中
宗曰務廉致位九卿積有歲年苦言嘉謀無足可紀每宮室營構必務其侈若
不斥之何以廣昭聖德由是左授務廉陵州刺史恕己俄擢拜中書令仍加特
進封南陽郡王罷知政事則天崩遺制加實封滿七百戶後與敬暉等累遭貶

黜流于環州尋爲周利貞所逼飲野葛汁數升恕己常服黃金餌毒發憤悶以手掘地取土而食爪甲殆盡竟不死乃擊殺之建中初贈太子太傅曾孫德文舉進士開成三年授祕書省校書郎

史臣曰昔夫差入越勾踐保於會稽不聽子胥之言而有甬東之歎此五王除兇返正得計成功當是時彥範敬暉握兵全勢三思攸曁其黨半殲若從季昶之言寧有利貞之禍蓋以心懷不忍遽失後圖黜削流移理固然也且芟蔓而不能拔本建謀而尚欠防微死即無辜禍由自掇失斷召亂也不亦宜哉

贊曰嗟彼五王忠于有唐知火在木謂其無傷禍發旣兇勢摧靡當何事不敏周身之防

舊唐書卷九十一

舊唐書卷九十一考證

敬暉傳柬之歎曰主上疇昔爲英王時素稱勇烈吾留諸武冀自誅鋤云云○新書作桓彦範語

舊唐書卷九十一考證

後晉司空同中書門下平章事劉昫撰

列傳第九十二

魏元忠　韋安石子陟 斌 斌子況 從父兄子抗 從祖兄子巨源 趙彥昭附　蕭至忠　宗楚客紀處訥附

魏元忠宋州宋城人也本名真宰以避則天母號改焉初爲太學生志氣倜儻不以舉薦爲意累年不調時有左史盩厔人江融撰九州設險圖備載古今用兵成敗之事元忠就傳其術儀鳳中吐蕃頻犯塞元忠赴洛陽上封事言命將用兵之工拙曰臣聞理天下之柄二事焉文與武也然則文武之道雖有二門至於制勝御人其歸一揆方今王略遐宣皇威遠振建禮樂而陶士庶訓軍旅而懵生靈然論武者以弓馬爲先而不稽之以權略談文者以篇章爲首而不問之以經綸而奔競相因遂成浮俗臣嘗讀魏晉史每鄙何晏王衍終日談空近觀齊梁書才士亦復不少並何益於理亂哉從此而言則陸士衡著辯亡論而不救河橋之敗養由基射能穿札而不止鄢陵之奔斷可知矣昔趙岐撰禦

寇之論山濤陳用兵之本皆坐運帷幄暗合孫吳宣尼稱有德者必有言仁者必有勇則何平叔王夷甫豈得同日而言哉臣聞才生於代代實須才何代而不生才何才而不生代故物有不求未有無物之歲士有不用未有無士之時夫有志之士在富貴之與貧賤皆思立於功名冀傳芳於竹帛故班超投筆而歎祖逖擊楫而誓此皆有其才而申其用矣且知己難逢英哲罕遇士之懷瓌琰以就埃塵抱棟梁而困溝壑者則悠悠之流直覩此士之貧賤安知此士之方略哉故漢拜韓信舉軍驚笑蜀用魏延羣臣觖望嗟乎富貴者易爲善貧賤者難爲功至於此也亦有位處立功之際而不展其志略身爲時主所知竟不能盡其才用則貧賤之士焉足道哉漢文帝時魏尚李廣並身任邊將位爲郡守文帝不知魏尚之賢而因之不知李廣之才而不能用之常歎李廣恨生不逢時令當高祖日萬戶侯豈足道哉夫以李廣才氣天下無雙匈奴畏之號爲飛將爾時胡騎憑淩足伸其用文帝不能大任反歎其生不逢時近不知魏尚李廣之賢而乃遠想廉頗李牧故馮唐曰雖有頗牧而不能用近之矣從此言

之疎斥賈誼復何怪哉此則身爲時主所知竟不能盡其才用晉羊祜獻計平吳賈充荀勖沮其策祜歎曰天下不如意恆十居七八緣荀賈不同竟不大舉此則位處立功之際而不得展其志略而布衣韋帶之人懷一奇抱一策上書闕下朝進而望夕召何可得哉臣請歷訪內外文武職事五品已上得不有智計如羊祜武藝如李廣在用與不用之閒不得騁其才略伏願降寬大之詔使各言其志無令汲黯直氣臥死於淮陽仲舒大才位屈於諸侯相又曰臣聞帝王之道務崇經略經略之術必仗英奇自國家良將可得言矣李靖破突厥侯君集滅高昌蘇定方開西域李勣平遼東雖奉國威靈亦其才力所致古語有之人無常俗政有理亂兵無強弱將有能否由此觀之安邊境立功名在於良將也故趙充國征先零馮子明討南羌皆計不空施機不虛發則良將立功之驗也然兵革之用王者大事存亡所繫若任得其才則摧兇而扼暴苟非其任則敗國而殄人北齊段孝玄云持大兵者如擎盤水傾在俛仰閒一致蹉跌求止豈得哉從此而言周亞夫堅壁以挫吳楚司馬懿閉營而困葛亮俱爲上策

此皆不戰而却敵全軍以制勝是知大將臨戎以智爲本漢高之英雄大度尚曰吾寧鬬智魏武之機神冠絶猶依法孫吳假有項籍之氣袁紹之基而皆泯智任情終以破滅何況復出其下哉且上智下愚明暗異等多筭少謀衆寡殊科故魏用柏直以拒漢韓信輕爲竪子燕任慕容評以抗秦王猛謂之奴才卽柏直慕容評智勇俱亡者也夫中材之人素無智略一旦居元帥之任而意氣軒昂自謂當其鋒者無不摧碎豈知戎昭果毅敦詩說禮之事乎故李信求以二十萬衆獨舉鄢郢其後果辱秦軍樊噲願得十萬衆橫行匈奴登時見折季布皆其事也當今朝廷用人類取將門子弟亦有死事之家而蒙抽擢者此等本非幹略見知雖竭力盡誠亦不免於傾敗若之何使當閫外之任哉後漢馬賢討西羌皇甫規陳其必敗宋文帝使王玄謨收復河南沈慶之懸知不尅謝玄以書生之姿拒符堅天下之衆郗超明其必勝桓温提數萬之兵萬里而襲成都劉真長期於決取雖時有今古人事皆可推之取驗大體觀其銳志與識略耳明者隨分而察成敗之形昭然自露京房有言後之視今亦猶今之視古

則昔賢之與今哲意況何殊當事機之際也皆隨時而立功豈復取賢於往代待才於未來也即論知與不知用與不用夫建功者言其所濟不言所起言其所能不言所籍若陳湯呂蒙馬隆孟觀並出自貧賤勳濟甚高未聞其家代爲將帥董仲舒曰爲政之用譬之琴瑟不調甚者必解絃而更張之乃可鼓也故陰陽不和擢士爲相蠻夷不龔拔卒爲將即更張之義也以四海之廣億兆之衆其中豈無卓越奇絕之士臣恐未之思也夫何遠之有又曰臣聞賞者禮之基罰者刑之本故禮崇謀夫竭其能賞厚義士輕其死刑正君子勵其心罰重小人懲其過然則賞罰者軍國之綱紀政教之藥石綱紀舉而衆務自理藥石行而文武用命彼吐蕃蟻結蜂聚本非勍敵薛仁貴郭待封受閫外之寄奉命專征不能激勵熊羆乘機掃撲敗軍之後又不能轉禍爲福因事立功遂乃棄甲喪師脫身而走幸逢寬政罪止削除國家綱漏吞舟何以過此天皇遲念舊恩收其後效當今朝廷所少豈此一二人乎且賞不勸謂之止善罰不懲謂之縱惡仁貴自宣力海東功無尺寸坐玩金帛瀆貨無厭今又不誅縱惡更甚臣

以疎賤干非其事豈欲間天皇之君臣生厚薄於仁貴直以刑賞一虧百年不復區區所懷實在於此古人云國無賞罰雖堯舜不能爲化今罰不能行賞亦難信故人間議者皆言近日征行虛有賞格而無其事良由中才之人不識大體恐賞賜勳庸傾竭倉庫留意錐刀將此益國徇目前之近利忘經久之遠圖所謂錯之毫釐失之千里者也且黔首雖微不可欺以得志瞻望恩澤必因事而生心旣有所因須應之以實豈得懸不信之令設虛賞之科比者師出無功未必不由於此文子曰同言而信信在言前同令而行誠在令外故商君移木以表信曹公割髮以明法豈禮也哉有由然也自蘇定方定遼東李勣破平壤賞絕不行勳仍淹滯數年紛紜眞僞相雜縱加沙汰未至澄淸臣以吏不奉法慢自京師僞勳所由主司之過其則不遠近在尚書省中不聞斬一臺郎戮一令史使天下知聞天皇何能照遠而不照近哉神州化首萬國共尊文昌政本四方是則軌物宣風理亂攸在臣是以披露不已冒死盡言且明鏡所以照形往事所以知今臣識不稽古請以近事言之貞觀年中萬年縣尉司馬玄景舞

文飾智以邀乾沒太宗審其姦詐棄之都市及征高麗也總管張君乂擊賊不
進斬之旗下臣以僞勳之罪多於玄景仁貴等敗重於君乂向使早誅薛仁貴
郭待封則自餘諸將豈敢失利於後哉韓子云慈父多敗子嚴家無格虜此言
雖小可以喻大公孫弘有言人主病不廣大人臣病不節儉臣恐天皇病之於
不廣大過在於慈父斯亦日月之一蝕也又今之將吏率多貪暴所務唯狗馬
所求唯財物無趙奢吳起散金養士之風縱使行軍悉是此屬臣恐吐蕃之平
未可旦夕望也帝甚歎異之授祕書省正字令直中書省仗內供奉尋除監察
御史文明年遷殿中侍御史其年徐敬業據揚州作亂左玉鈐衞大將軍李孝
逸督軍討之則天詔元忠監其軍事孝逸至臨淮而偏將雷仁智爲敬業先鋒
所敗敬業又攻陷潤州迴兵以拒孝逸孝逸懼其鋒按甲不敢進元忠謂孝逸
曰朝廷以公王室懿親故委以閫外之事天下安危實資一決且海內承平日
久忽聞狂狡莫不注心傾耳以俟其誅今大軍留而不進則解遠近之望萬一
朝廷更命他將代公其將何辭以逃逗撓之罪幸速進兵以立大效不然則禍

難至矣孝逸然其言乃部勒士卒以圖進討時敬業屯於下阿谿敬業弟敬猷
率偏師以逼淮陰元忠請先擊敬猷諸將咸曰不如先攻敬業敬業敗則敬猷
不戰而擒矣若擊敬猷則敬業引兵救之是腹背受敵也元忠曰不然賊之勁
兵精卒盡在下阿蟻聚而來利在一決萬一失捷則大事去矣敬猷本出博徒
不習戰鬭其衆寡弱人情易搖大軍臨之其勢必尅既尅敬猷我軍乘勝而進
彼若引救淮陰計程則不及又恐我之進掩江都必邀我於中路彼則勞倦我
則以逸待之破之必矣譬之逐獸弱者先擒豈可捨必擒之弱獸趨難敵之強
兵恐未可也孝逸從之乃引兵擊敬猷一戰而破之敬猷脫身而遁孝逸乃進
軍與敬業隔溪相拒前軍總管蘇孝祥爲賊所破孝逸又懼欲引退初敬業至
下阿有流星墜其營及是有羣鳥飛噪於陣上元忠曰驗此卽賊敗之兆也風
順荻乾火攻之利固請決戰乃平敬業元忠以功擢司刑正稍遷洛陽令尋陷
周興獄詣市將刑則天以元忠有討平敬業功特免死配流貴州時承勑者將
至市先令傳呼監刑者遽釋元忠令起元忠曰未知勑虛實豈可造次徐待宣

勑然始起謝觀者感歎其臨刑而神色不撓聖曆元年召授侍御史擢拜御史中丞又爲來俊臣侯思止所陷再被流于嶺表復還授御史中丞元忠前後三被流於時人多稱其無罪則天嘗謂曰卿累負謗鑠何也對曰臣猶鹿也羅織之徒有如獵者苟須臣肉作羹耳此輩殺臣以求達臣復何辜聖曆二年擢拜鳳閣侍郎同鳳閣鸞臺平章事檢校幷州長史未幾加銀青光祿大夫遷左肅政臺御史大夫兼檢校洛州長史政號清嚴長安中相王爲幷州元帥元忠爲副時奉宸令張易之嘗縱其家奴淩暴百姓元忠笞殺之權豪莫不敬憚時突厥與吐蕃數犯塞元忠加爲大總管拒之元忠在軍唯持重自守竟無所剋獲然亦未嘗敗失中宗在春宮時元忠檢校太子左庶子時張易之昌宗權寵日盛傾朝附之元忠嘗奏則天曰臣承先帝顧眄受陛下厚恩不徇忠死節使小人得在君側臣之罪也則天不悅易之昌宗由是含怒因則天不豫乃譖元忠與司禮丞高戩潛謀曰主上老矣吾屬當挾太子而令天下則天惑其言乃下元忠詔獄召太子相王及諸宰相令昌宗與元忠等殿前參對反復不決昌宗

又引鳳閣舍人張說令執證元忠說初僞許之及則天召說驗問說確稱元忠實無此語則天乃悟元忠被誣然以昌宗之故特貶授端州高要尉中宗即位其日驛召元忠授衞尉卿同中書門下三品旬日又遷兵部尚書知政事如故尋進拜侍中兼檢校兵部尚書時則天崩中宗居諒闇多不視事軍國大政獨委元忠者數日未幾遷中書令加授光祿大夫累封齊國公監修國史神龍二年元忠與武三思祝欽明徐彥伯柳沖韋承慶崔融岑羲徐堅等撰則天皇后實錄二十卷編次文集一百二十卷奏之中宗稱善賜元忠物千段仍封其子衞王府諮議參軍昇爲任城縣男時元忠特承寵榮當朝用事初元忠作相於則天朝議者以爲公淸至是再居政事天下莫不延首傾屬冀有所弘益元忠乃親附權豪抑棄寒俊竟不能賞善罰惡勉修時政議者以此少之四年秋代唐璟爲尚書右僕射兼中書令仍知兵部尚書事監修國史未幾元忠請歸鄉拜掃特賜錦袍一領銀千兩并給千騎四人充其左右手勑曰衣錦晝遊在乎玆日散金敷惠諒屬斯辰元忠至鄉里竟自藏其銀無所賑施及還帝又幸白

馬寺以迎勞之其恩遇如此是時安樂公主嘗私請廢節愍太子立己爲皇太女中宗以問元忠元忠固稱不可乃止尋遷左僕射餘並如故元忠又嫉武三思專權用事心常憤歎思欲誅之三年秋節愍太子起兵誅三思元忠及左羽林大將軍李多祚等皆潛預其事太子既斬三思又率兵詣闕將請廢韋后爲庶人遇元忠子太僕少卿昇於永安門脅令從己太子兵至玄武樓下多祚等猶豫不戰元忠又持兩端由是不剋昇爲亂兵所殺中宗以元忠有平寇之功又素爲高宗天后所禮遇竟不以昇爲累委任如初是時三思之黨兵部尚書宗楚客與侍中紀處訥等又執證元忠及昇云素與節愍太子同謀構逆請夷其三族中宗不許元忠懼不自安上表固請致仕手制聽解左僕射以特進齊國公致仕于家仍朝朔望楚客等又引右衞郎將姚庭筠爲御史中丞令劾奏元忠由是貶渠州員外司馬侍中楊再思中書令李嶠皆依楚客之旨以致元忠之罪唯中書侍郎蕭至忠正議云當從寬宥楚客大怒又遣給事中冉祖雍與楊再思奏言元忠既緣犯逆不合更授內地官遂左遷思州務川尉頃之楚

客又令御史袁守一奏言則天昔在三陽宮不豫內史狄仁傑奏請陛下監國元忠密進狀云不可據此則知元忠懷逆日久伏請加以嚴誅中宗謂楊再思等曰以朕思之此是守一大錯人臣事主必在一心豈有主上少有不安即請太子知事乃是狄仁傑樹私惠未見元忠有失守一假借前事羅織元忠豈是道理楚客等遂止元忠行至涪陵而卒年七十餘景龍四年追贈尚書左僕射齊國公本州刺史仍令所司給靈輿送至鄉里睿宗即位制令陪葬定陵景雲三年又降制曰故左僕射齊國公魏元忠代協人望時稱國良歷事三朝俱展誠效晚年遷謫頗非其罪宜特還其子著作郎晃實封一百戶開元六年諡曰貞二子昇晃

韋安石京兆萬年人周大司空鄖國公孝寬曾孫也祖津大業末爲民部侍郎煬帝之幸江都勑津與段達元文都等於洛陽留守仍檢校民部尚書事李密逼東都津拒戰於上東門外兵敗爲密所囚及王世充殺文都等津獨免其難密敗歸東郡世充僭號深被委遇及洛陽平高祖與津有舊徵授諫議大夫檢

校黃門侍郎出爲陵州刺史卒父琬成州刺史叔琨戶部侍郎琨弟璲倉部員外安石應明經舉累授乾封尉蘇良嗣甚禮之永昌元年三遷雍州司兵良嗣時爲文昌左相謂安石曰大材須大用何爲徒勞於州縣也特薦於則天擢拜膳部員外郎永昌令并州司馬則天手制勞之曰聞卿在彼庶事存心善政表於能官仁明彰於鎭撫如此稱職深慰朕懷俄拜并州刺史又歷德鄭二州刺史安石性持重少言笑爲政清嚴所在人吏咸畏憚之久視年遷文昌右丞尋拜鸞臺侍郎同鳳閣鸞臺平章事兼太子左庶子長安三年爲神都留守兼判天官秋官二尚書事後與崔神慶等同爲侍讀尋知納言事是歲又加檢校中臺左丞兼太子左庶子鳳閣鸞臺三品如故時張易之兄弟及武三思皆恃寵用權安石數折辱之甚爲易之等所忌嘗於內殿賜宴易之引蜀商宋霸子等數人於前博戲安石疏奏曰蜀商等賤類不合預登此筵因顧左右令逐出之座者皆爲失色則天以安石辭直深慰勉之時鳳閣侍郎陸元方在座退而告人曰此真宰相非吾等所及也則天嘗幸興泰宮欲就捷路安石奏曰千金之

子且有垂堂之誡萬乘之尊不宜輕乘危險此路板築初成無自然之固鑾駕

經之臣等敢不請罪則天登時爲之迴輦安石俄又舉奏易之等罪狀初有勑

付安石及夏官尚書唐休璟推問未竟而事變四年出爲揚州大都督府長史

神龍初徵拜刑部尚書是歲又遷吏部尚書復知政事俄代張柬之爲中書令

封鄖國公以嘗爲宮寮賜實封三百戶又兼相王府長史俄轉戶部尚書復爲

侍中監修國史中宗與庶人嘗因正月十五日夜幸其第賜賚不可勝數又中

宗嘗幸安樂公主城西池館公主具舟楫請御樓船安石諫曰御輕舟乘不測

臣恐非帝王之事乃止睿宗踐祚拜太子少保改封郇國公俄又歷侍中中書

令景雲二年加開府儀同三司時太平公主與竇懷貞等潛有異圖將引安石

預其事公主屢使子壻唐晙邀安石至宅安石竟拒而不往睿宗嘗密召安石

謂曰聞朝廷傾心東宮卿何不察也安石對曰陛下何得亡國之言此必太平

之計太子有大功於社稷仁明孝友天下所稱願陛下無信讒言以致惑也睿

宗矍然曰朕知之矣卿勿言也太平於簾中竊聽之乃搆飛語欲令鞫之賴郭

元振保護獲免俄而遷尚書左僕射兼太子賓客依舊同中書門下三品雖假以崇寵實去其權其冬罷知政事拜特進充東都留守太常主簿李元澄卽安石之子壻其妻病死安石夫人薛氏疑元澄先所幸婢厭殺之其婢久已轉嫁薛氏使人捕而捶之致死由是爲御史中丞楊茂謙所劾出爲蒲州刺史無幾轉青州刺史安石初在蒲州時太常卿姜皎有所請託安石拒之皎大怒開元二年皎弟晦爲御史中丞以安石等作相時同受中宗遺制宗楚客韋溫削除相王輔政之辭安石不能正其事令侍御史洪子輿舉劾之子輿以事經赦令固稱不可監察御史郭震希皎等意越次奏之於是下詔曰青州刺史韋安石太子賓客韋嗣立刑部尚書趙彥昭等往在先朝曲蒙厚賞因緣幸會久在廟堂朋黨比周闇於行路景龍之末長蛇縱禍倉卒之間人神憤怨未聞捨生取義直道昌言遂削太上皇輔政之辭用韋氏臨朝之策比常隱忍復以崇班將期愧畏稍懲前惡而尚款回邪苟安榮寵宜從謫官之典以勵事君之節安石可沔州別駕嗣立可嶽州別駕彥昭可袁州別駕並員外置安石既至沔州晦

又奏云安石嘗檢校定陵造作隱官物入己勅符下州徵贓安石歎曰此秖應須我死耳憤激而卒年六十四開元十七年贈蒲州刺史天寶初以子貴追贈開府儀同三司尚書左僕射鄅國公謚曰文貞二子陟斌並早知名陟字殷卿代爲關中著姓人物衣冠弈世榮盛安石晚有子及爲幷州司馬始生陟及斌俱少聰敏頗異常童陟自幼風標整峻獨立不羣安石尤愛之神龍二年安石爲中書令陟始十歲拜温王府東閤祭酒加朝散大夫累遷祕書太常丞有文彩善隸書辭人秀士已遊其門矣開元初丁父憂居喪過禮自此杜門不出八年與弟斌相勸勵探討典墳不捨晝夜文華當代俱有盛名于時才名之士王維崔顥盧象等常與陟唱和遊處廣平宋公見陟歎曰盛德遺範盡在是矣歷洛陽令轉吏部郎中張九齡一代辭宗爲中書令引陟爲中書舍人與孫逖梁涉對掌文誥時人以爲美談後爲禮部侍郎陟好接後輩尤鑒于文雖辭人後生靡不諳練曩者主司取與皆以一場之善登其科目不盡其才陟先責舊仍令舉人自通所工詩筆先試一日知其所長然後依常式考覈片善無遺美聲

盈路後爲吏部侍郎常病選人冒名接脚闕員既少取士良難正調者被擠僞集者冒進陟剛腸嫉惡風彩嚴正選人疑其有瑕案聲盤詰無不首伏每歲皆贖得數百員闕以待淹滯常謂所親曰使陟知銓衡一二年則無人可選矣陟門地豪華早踐清列侍兒閹閽列侍左右者十數衣書藥食咸有典掌而輿馬僮奴勢侔於王家主第自以才地人物坐取三公頗以簡貴自處善誘納後進其同列朝要視之蔑如也如道義相知靡隔貴賤而布衣韋帶之士恆虛席倒屣以迎之時人以此稱重李林甫忌之出爲襄陽太守兼本道採訪使又改陳留採訪使復加銀青光祿大夫天寶中襲封郇國公以親累貶鍾離太守重貶義陽太守尋移河東太守充本道採訪使十二年入考在華清宮右相楊國忠惡其才望恐踐台衡乃引河東人吳豸之謂曰子能使人告陟乎吾以子爲御史豸之曰能乃告陟與御史中丞吉温結託欲謀陷朝廷又誘陟姪韋元志證之陟坐貶爲桂州桂嶺尉未之任再貶昭州平樂尉會祿山反陷洛陽陟愛弟斌爲賊所得國忠欲構陟與賊通應潛令吏卒伺其所居欲脅之令陟憂死其

土豪人勸陟曰昔張燕公竄逐藏於陳氏以免危亡詔命儻來誰敢申覆未若
輕舟千里且泛谿洞候事清徐出豈不美也陟慨然應之曰我積信於國朝非
一代也況素所秉心無負神理命之合爾其敢逃刑燕公之謀誠媿厚意不能
從也因謝遣之乃堅臥不動經歲餘潼關失守肅宗即位於靈武起爲吳郡太
守兼江南東道採訪使未到郡肅宗使中官賈遊巖手詔追之未至鳳翔會江
東永王擅起兵令陟招諭除御史大夫兼江東節度使陟以季廣琛從永王下
江非其本意懼罪出奔未有所適乃有表請拜廣琛爲丹陽太守兼御史中丞
緣江防禦使以安反側因與淮南節度使高適淮西節度使來瑱等同至安州
陟謂適瑱曰今中原未復江淮動搖人心安危實在茲日若不齊盟質信以示
四方令知三帥協心萬里同力則難以集事矣陟推瑱爲地主乃爲載書登壇
誓衆曰淮西節度使兼御史大夫瑱江東節度使御史大夫陟淮南節度使御
史大夫適等銜國威命各鎮方隅糾合三垂翦除兇慝好惡同之無有異志有
渝此盟墜命亡族皇天后土祖宗神明實鑒斯言陟等辭旨慷慨血淚俱下三

軍感激莫不隕泣其後江表樹碑以紀忠烈無何有詔令陟赴行在陟以廣琛
雖承恩命猶且遲迴恐後變生禍貽於陟欲往招慰然後赴徵乃發使上表懇
言其急陟馳至歷陽見廣琛且宣恩旨勞徠行賞陟自以私馬數匹賜之安其
疑懼卽日便赴行在謁見肅宗肅宗深器之拜御史大夫拾遺杜甫上表論房
琯有大臣度眞宰相器聖朝不容辭旨迂誕肅宗令崔光遠與陟及憲部尚書
顏眞卿同訊之陟因入奏曰杜甫所論房琯事雖被貶黜不失諫臣大體上由
此疎之時朝臣立班多不整肅至有班頭相弔哭者乃罷陟御史大夫顏眞卿
代授吏部尚書自後任事寵臣皆後來初用望風畏忌道竟不行因宗人伐墓
柏坐不能禁出爲絳州刺史乾元二年入爲太常卿呂諲再入相薦爲禮部尚
書東京留守判尚書省事兼東京畿觀察處置等使逆賊史思明寇逼河洛副
元帥李光弼議守河陽令陟率東京官屬入關迴避乃領兵守陝州有詔還吏
部尚書留守如故令止於永樂不許至京候光弼收復河洛令陟依前居守陟
早有台輔之望閒被李林甫楊國忠所擠及中原兵起天下事殷陟常自謂負

經緯之器遭後生騰謗明主見疑常鬱鬱不得志乃歎曰吾道窮於此乎有志不伸得非天命乎因遘疾上元元年八月卒於虢州時年六十五贈荆州大都督永泰元年詔曰竭忠之臣歿不廢命奉上之節行固無私言念飾終抑惟恆典故金紫光祿大夫吏部尙書兼御史大夫充東京留守兼判留司尙書省事東京畿觀察處置使上柱國郇國公韋陟敦敏直方端嚴峻整弘敷典禮表正人倫學冠通儒文合大雅頃者詢謨舊德保釐成周眷彼郊圻資其愼固而兇胡殘醜密邇河洛命居陝虢時俟翦除纔加喉舌之榮遽嬰霜露之疾方期克享眉壽冀其有瘳奄此殂歿良深震悼昇車而復以申三襚之恩在牖加紳宜崇八座之寵可贈尙書左僕射太常博士程皓議諡爲忠孝刑部尙書顏眞卿以爲忠則以身許國見危致命孝則晨昏色養取樂庭闈不合二行殊難以成忠孝主客員外郎歸崇敬又駮之紛議不已右僕射郭英乂不達其體請從太常之狀而奏陟子允斌景雲初安石爲宰輔時授太子通事舍人早修整尙文藝容止嚴厲有大臣體與兄陟齊名開元十七年司徒薛王業爲女平恩縣主

珍倣宋版印

求婚以斌才地奏配焉遷祕書丞天寶初轉國子司業徐安貞王維崔顥當代辭人特爲推挹天寶中拜中書舍人兼集賢院學士兄陟先爲中書舍人未幾遷禮部侍郎陟在南省斌又掌文誥改太常少卿天寶五載右相李林甫構陷刑部尚書韋堅斌以親累貶巴陵太守移臨安太守加銀青光祿大夫斌授五品時兄陟爲河東太守堂兄由爲右金吾將軍紹爲太子少師四人同時列戟衣冠之盛罕有其比十四載安祿山反陷洛陽斌爲賊所得僞授黃門侍郎憂憤而卒及剋復兩京肅宗乾元元年贈祕書監安石兄叔夏別有傳從父兄子

抗從祖兄子巨源抗弱冠舉明經累轉吏部郎中以清謹著稱景雲初爲永昌令不務威刑而政令肅一都輦繁劇前後爲政寬猛得中無如抗者無幾遷右臺御史中丞人吏詣闕請留不許因立碑於通衢紀其遺惠開元三年自左庶子出爲益州長史四年入爲黃門侍郎八年河曲叛胡康待賓擁徒作亂詔抗持節慰撫抗素無武略不爲寇所憚在路遲留不敢進因墜馬稱疾竟不至賊所而還俄以本官檢校鴻臚卿代王晙爲御史大夫兼按察京畿時抗弟拯爲

萬年令兄弟同領本部時人榮之尋以薦御史非其人出爲安州都督轉蒲州
刺史十一年入爲大理卿其年代陸象先爲刑部尙書尋又分掌吏部選事十
四年卒抗歷職以清儉自守不務産業及終喪事殆不能給玄宗聞其貧特令
給靈轝遞送還鄉贈太子少傅謚曰貞抗爲京畿按察使時舉奉天尉梁昇卿
新豐尉王倕金城尉王冰華原尉王燾爲判官及度支使其後昇卿等皆名位
通顯時人以抗有知人之鑒巨源周京兆尹總曾孫也祖匡伯襲祖爵鄖國公
入隋改封舒國公官至尙衣奉御巨源則天時累遷司賓少卿轉司府卿文昌
右丞同鳳閣鸞臺平章事三年轉夏官侍郎依前平章事有吏才勾覆省內文
案下符剝徵雖爲下所怨苦然亦頗收其利證聖初出爲麟州刺史尋拜地官
尙書神都留守長安二年詔入轉刑部尙書又加太子賓客再爲神都留守神
龍初入拜工部尙書封同安縣子又遷吏部尙書同中書門下三品進封鄖縣
伯時安石爲中書令以是巨源近屬罷知政事巨源尋遷侍中中書令進封舒
國公附入韋后三等親敘爲兄弟編在屬籍是歲巨源奉制與唐休璟李懷遠

祝欽明蘇瓌等定垂拱格及格後勅前後計二十卷頒下施行時武三思先有
實封數千戶在貝州時屬大水刺史宋璟議稱租庸及封丁並合捐免巨源以
爲穀稼雖被湮沉其蠶桑見在可勒輸庸調由是河朔戶口頗多流散景龍二
年順天翊聖皇后衣箱中裙上有五色雲起久而方歇巨源以爲非常佳瑞請
布告天下許之中宗又令畫工圖其狀以示百寮仍大赦天下內外五品已上
官母妻各加封邑時中宗既雅信符瑞巨源又贊成其妖妄是歲星墜如雷野
雉皆雊咎徵若此不聞巨源有言蓋與韋皇后繼敘源流佞媚官爵疑其開導
以踵則天時有驍衞將軍迦葉志忠太常少卿鄭愔兵部尙書宗楚客右補闕
趙延禧等或相諷諭或上表章謬說符祥朋黨取媚識者嗟憤景龍三年拜尙
書左僕射依舊知政事未幾又拜尙書令同中書門下三品仍舊監修國史時
國家將有事於南郊而巨源希韋后之旨協同祝欽明之議言皇后合助郊祀
竟以皇后爲亞獻巨源爲終獻又以大臣女爲齋娘及韋庶人之難家人令巨
源逃匿巨源曰吾國之大臣豈得聞難不赴乃出至都街爲亂兵所殺時年八

十睿宗卽位贈特進荊州大都督太常博士李處直議巨源謚曰昭戶部員外
郎李邕駮之曰三思引之爲相阿韋託之爲親無功而封無德而祿同族則醜
正安石他人則附邪楚客謚之曰昭良恐不當初巨源與安石迭爲宰相時人
以爲情不相協故邕以此稱之處直仍固請依前謚爲定邕又駮曰夫古之謚
在乎勸沮將杜小人之業奬長君子之風故爲善者雖存不貴仕而沒有餘名
此賢達所以砥節也爲惡者雖生有所幸死懷所懲此回邪所以易心也嗚呼
巨源嘗未斯察而乃聞義不從與惡相濟蓄罔上之志協羣兇之謀苟容聖朝
貪昧厚祿自以宰臣之貴不崇朝而買害者固鬼得而誅之也彼則匹夫之微
未受命而行刑者固人得而誅之也幽明之憤斷焉可知天地之心自此而見
矣頃者皇運中興功臣翼政時序未幾邪逆執權姦慝者拜爵於私門忠正者
降黜於藩郡巨源此際用事方殷且於阿韋何親而結爲昆季於國家何力而
累忝大官此則闇通中人附會武氏託城社之固亂皇家之基其罪一也又國
之大事在祀與戎酌於禮經陳於郊祭將以對越天地光揚祖宗既告成功以

觀海內惟昔亞獻不聞婦人阿韋奮無君之忱懷自達之意潛圖帝位議啄皇
孫昇壇擬儀拜賜明命將預家事無守國章巨源創跡於前悖逆演成於後時
有禮部侍郎徐堅太常博士唐紹蔣欽緒彭景直並言之莫從其罪二也又上
天不弔先帝遇毒悔禍無徵阿韋將簒晝計未果逆心尚搖周章夷猶倉卒迷
謬於是太平公主矯爲陳謨上官昭容紿草遺詔故得今上輔政阿韋參謀將
大業垂成而休命中輟者職由巨源躡韋温之足楚客附巨源之耳梟聲遽發
狼顧相驚以阿韋臨朝以韋温當國其罪三也又人爲邦本財實聚人奪其財
則人心自離無其人則國本何恃巨源屢踐台輔專行勾徵廢越條章崇尚侵
刻樹怨天下剝害生靈兆庶流離戶口減耗況以三思食邑往在貝州時屬久
陰災逢多雨租庸捐免申令昭明匪今獨然自古不易三思慮其封物巨源啓
此異端以爲稼穡湮沉雖無菽粟蠶桑織絍可輸庸調致使河朔黎人海隅士
女去其鄉井鬻其子孫饑寒切身朝夕奔命其罪四也但巨源長於華宗仕於
累代作萬國之相處具瞻之地蔽日月之層輝負丘山之重責今乃妄加褒述

安能分謗者哉當時雖不從邕議而論者是之巨源與安石及則天時文昌右相待價並是五服之親自餘近屬至大官者數十人

趙彥昭者甘州張掖人也父武孟初以馳騁佃獵爲事嘗獲肥鮮以遺母母泣曰汝不讀書而佃獵如是吾無望矣竟不食其膳武孟感激勤學遂博通經史舉進士官至右臺侍御史撰河西人物志十卷彥昭少以文辭知名中宗時累遷中書侍郎同中書門下三品兼修國史充修文館學士景龍四年金城公主出降吐蕃贊普中宗命彥昭爲使彥昭以既充外使恐失其寵殊不悅司農卿趙履溫私謂曰公國之宰輔而爲一介之使不亦鄙乎彥昭曰計將安出履溫因爲陰託安樂公主密奏留之中宗乃遣左驍衛大將軍楊矩代彥昭而往睿宗時出爲涼州都督爲政清嚴將士已下皆動足股慄又爲宋州刺史入爲吏部侍郎又爲刑部尚書關內道持節巡邊使檢校左御史臺大夫彥昭素與郭元振張說友善及蕭至忠等伏誅元振說等稱彥昭先嘗密圖其事乃以功遷刑部尚書封耿國公賜實封一百戶殿中侍御史郭震奏彥昭以女巫趙五娘

左道亂常託爲諸姑潛相影援既因提挈乃踐台階驪車造門著婦人之服攜妻就謁申猶子之情于時南憲直臣劾以霜憲暫加微貶旋登寵秩同惡相濟一至於此乾坤交泰宇宙再清不加貶削法將安措請付紫微黃門準法處分俄而姚崇入相甚惡彥昭之爲人由是累貶江州別駕卒

蕭至忠祕書少監德言曾孫也少仕爲畿尉以清謹稱嘗與友人期於路隅會風雪凍冽諸人皆奔避就宇下至忠曰寧有與人期而求安失信乎獨不去衆咸歎服神龍初武三思擅權至忠附之自吏部員外擢拜御史中丞遷吏部侍郎仍兼御史中丞恃武三思勢掌選無所忌憚請謁杜絕威風大行尋遷中書侍郎兼中書令節愍太子誅武三思後有三思黨與宗楚客紀處訥令侍御史冉祖雍奏言安國相王及鎮國太平公主亦與太子連謀舉兵請收付制獄中宗召至忠令按其事至忠泣而奏曰陛下富有四海貴爲天子豈不能保一弟一妹受人羅織宗社存亡實在於此臣雖愚昧竊爲陛下不取漢書云一尺布尚可縫一㪷粟尚可舂兄弟二人不相容願陛下詳察此言且往者則天皇后

欲令相王爲太子王累日不食請迎陛下固讓之誠天下傳說足明冉祖雍等所奏咸是構虛帝深納其言而止尋轉黃門侍郎同中書門下平章事至忠上疏陳時政曰臣聞王者列職分司爲人求理求理之道必在用賢得其人則公務克修非其才則厥官如曠官曠則事廢事廢則人殘漸至凌遲率由於此頃者選曹授職政事官人或異才昇多非德進皆因依貴要互爲粉飾苟得即是曾無遠圖上下相蒙誰肯言及臣聞官爵者公器也恩倖者私惠也秖可金帛富之粱肉食之以存私澤也若以公器爲私用則公議不行而勞人解體以小私而妨至公則私謁門開而正言路絕憸人遞進君子道消日削月朘卒見凋弊者爲官非其人也昔漢館陶公主爲子求郎明帝謂曰郎官上應列宿出宰百里苟非其人則人受其殃賜錢十萬而已此卽至公之道不虧恩私之情無替良史直筆將爲美談于今稱之不輟其口者也當今列位已廣冗員倍多祈求未厭日月增數陛下降不貲之澤近戚有無涯之請賣官利己鬻法徇私臺寺之內朱紫盈滿官秩益輕恩賞彌數憸利之輩冒進而莫識廉隅方雅之流

知難而斂分丘隴才者莫用用者不才二事相形十有其五故人不效力而官
匪其人欲求其理實亦難哉臣竊見宰相及近侍要官子弟多居美爵此並勢
要親戚罕有才藝遞相囑託虛踐官榮詩云東人之子職勞不賚西人之子粲
粲衣服私人之子百寮是試或以其酒不以其漿鞙鞙佩璲不以其長此言王
政不平衆官廢職私家之子列試於榮班非任之人徒長其飾佩臣愚伏願陛
下想居安思危之義行改絃易張之道愛惜爵賞審量材識官無虛授人必爲
官進大雅於樞近退小子於閑僻政令惟一威恩以信私不害公情不撓法則
天下幸甚臣伏見承徽故事宰相子弟多居外職者非直抑強宗分大族亦以
退不肖擇賢才伏願陛下遠稽舊典近遵先聖特降明勅令宰相已下及諸司
長官子弟並改授外官庶望分職四方共寧百姓表裏相統遐邇久安疏奏不
納明年代韋巨源爲侍中仍依舊修史尋遷中書令時宗楚客紀處訥潛懷姦
計自樹朋黨韋巨源楊再思李嶠皆唯諾自全無所匡正至忠處於其間頗存
正道時議翕然重之中宗亦曰諸宰相中至忠最憐我韋庶人又爲亡弟贈汝

南王洵與至忠亡女爲冥婚合葬及韋氏敗至忠發墓持其女柩歸人以此譏之至忠又以女適庶人舅崔從禮之子成禮日中宗爲蕭氏婚主韋庶人爲崔氏婚主時人謂之天子嫁女皇后娶婦睿宗卽位景雲初出爲晉州刺史甚有能名時太平公主用事至忠潛遣間使申意求入爲京職誅韋氏之際至忠一子任千牛爲亂兵所殺公主冀至忠以此怨望可與謀事卽納其請召拜刑部尙書右御史大夫再遷吏部尙書先天二年復爲中書令是歲至忠與竇懷貞魏知古崔湜陸象先柳沖徐堅劉子玄等撰成姓族系錄二百卷有制加爵賜物各有差未幾左僕射竇懷貞侍中岑羲及至忠幷戶部尙書李晉太子少保薛稷左散騎常侍賈膺福左羽林大將軍常元楷右羽林將軍李慈等與太平公主謀逆事洩至忠遽遁入山寺數日捕而伏誅籍沒其家至忠雖淸儉刻己然簡約自高未嘗接待賓客所得俸祿亦無所賑施及籍沒財帛甚豐由是頗絕聲望矣弟元嘉工部侍郎廣徵工部員外

宗楚客者蒲州河東人則天從父姊之子也兄秦客垂拱中潛勸則天革命稱

帝由是累遷內史後與楚客及弟晉卿並以姦贓事發配流嶺外秦客死楚客等尋復追還楚客累遷夏官侍郎同鳳閣鸞臺平章事神龍初爲太僕卿武三思用事引楚客爲兵部尚書同中書門下三品晉卿累遷將作大匠節愍太子旣殺武三思兵敗逃於鄠縣楚客遣使追斬之仍令以其首祭三思及崇訓喪柩韋庶人及安樂公主尤加親信未幾遷中書令楚客雖跡附韋氏而嘗別有異圖與侍中紀處訥共爲朋黨故時人呼爲宗紀景龍中西突厥娑葛與阿史那忠節不和屢相侵擾西陲不安安西都護郭元振奏請徙忠節於內地楚客與晉卿處訥等各納忠節重賂奏請發兵以討娑葛不納元振所奏娑葛知而大怒舉兵入寇甚爲邊患於是監察御史崔琬劾奏楚客等曰臣聞四牡項領良御不乘二心事君明罰無捨謹案宗楚客紀處訥等性惟險詖志越溪壑幸以遭逢聖主累忝殊榮承愷悌之恩居弼諧之地不能刻意砥操憂國如家微效涓塵以裨川嶽遂乃專作威福敢樹朋黨有無君之心闕大臣之節潛通獫狁納賄不貲公引頑兇受賂無限醜聞充斥穢行昭彰且境外之交情狀難測

今婆葛反叛邊鄙不寧由此賊臣取怨中國論之者懼禍以結舌語之者避罪以鉗口但晉卿昔居榮職素闕忠誠屢抵嚴刑皆由黷貨今又叨忝頻沐殊恩厚祿重權當朝莫比曾無悛改仍徇贓私此而可容孰不可恕臣謬參直指義在觸邪請除巨蠹用答天造楚客處訥晉卿等驕恣跋扈人神同疾不加天誅詎清王度並請收禁差三司推鞫舊制大臣有被御史對仗劾彈者即俯僂趨出立于朝堂待罪楚客更咤鰓作色而進自言以執性忠鯁被琬誣奏中宗竟不能窮覈其事遽令琬與楚客等結為義兄弟以和解之及韋氏敗楚客與晉卿等皆伏誅

紀處訥者秦州上邽人也娶武三思妻之姊由是累遷太府卿神龍中嘗因穀貴中宗召處訥親問其故武三思諷知太史事右驍衛將軍迦葉志忠太史令傅孝忠奏言其夜有攝提星入太微至帝座此則王者與大臣私相接大臣能納忠故有斯應帝以為然降勅褒述處訥賜衣一副綵六十段無幾進拜侍中與楚客等同時伏誅

史官曰大帝孝和之朝政不由己則天在位已絶綴旒韋氏司晨前蹤覆轍當是時姦邪有黨宰執求容順之則惡其名彰逆之則憂其禍及欲存身致理者非中智常才之所能也況元忠安石巨源至忠彥昭等行非純一識昧存亡徇利貪榮有始無卒不得其死宜哉楚客晉卿處訥等讒諂並進威虐貫盈不使逃刑可謂政正

贊曰爲唐重臣食唐重祿顛危不持富貴何足二宗一紀讒邪酷毒與前數公死不知辱

舊唐書卷九十二

舊唐書卷九十二考證

韋安石子陟傳太常博士程皓議謚爲忠孝刑部尚書顏眞卿以爲不合二行殊高以成忠孝○臣德潛按高字應離字之譌也已改正

宗楚客傳武三思用事引楚客爲兵部尚書同中書門下三品○沈炳震曰按新書楚客拜同中書門下三品在已誅三思後本紀亦同當從新書

舊唐書卷九十二考證

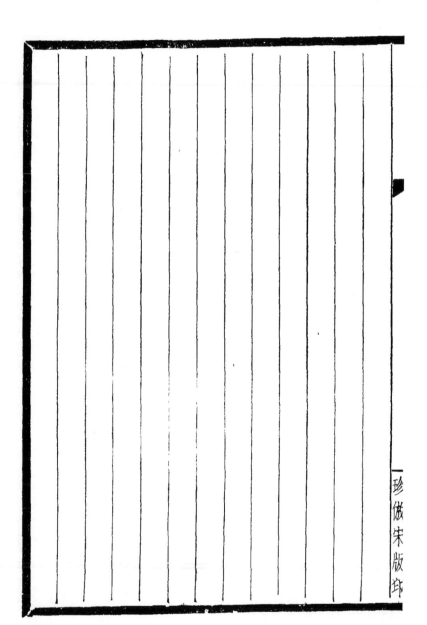

舊唐書卷九十三

後晉司空同中書門下平章事劉昫撰

列傳第四十三

婁師德　王孝傑　唐休璟　張仁愿　薛訥　王晙

婁師德鄭州原武人也弱冠進士擢第授江都尉揚州長史盧承業奇其才嘗謂之曰吾子台輔之器當以子孫相託豈可以官屬常禮待也上元初累補監察御史屬吐蕃犯塞募猛士以討之師德抗表請爲猛士高宗大悅特假朝散大夫從軍西討頻有戰功遷殿中侍御史兼河源軍司馬幷知營田事天授初累授左金吾將軍兼檢校豐州都督仍依舊知營田事則天降書勞曰卿素積忠勤兼懷武略朕所以寄之襟要授以甲兵自卿受委北陲總司軍任往還靈夏檢校屯田收率既多京坻遽積不煩和糴之費無復轉輸之艱兩軍及北鎮兵數年咸得支給勤勞之誠久而彌著覽以嘉尚欣悅良深長壽元年召拜夏官侍郎判尚書事明年同鳳閣鸞臺平章事則天謂師德曰王師外鎮必藉邊

境營田卿須不憚劬勞更充使檢校又以為河源積石懷遠等軍及河蘭鄯廓等州檢校營田大使稍遷秋官尚書萬歲登封元年轉左肅政御史大夫仍並依舊知政事證聖元年吐蕃寇洮州令師德與夏官尚書王孝傑討之與吐蕃大將論欽陵贊婆戰於素羅汗山官軍敗績師德貶授原州員外司馬萬歲通天二年入為鳳閣侍郎同鳳閣鸞臺平章事是歲兼檢校右肅政御史大夫仍知左肅政臺事又與王懿宗狄仁傑分道安撫河北諸州神功元年拜納言累封譙縣子尋詔師德充隴右諸軍大使仍校檢河西營田事聖曆二年突厥入寇復令檢校并州長史仍充天兵軍大總管是歲九月卒贈涼州都督諡曰貞

初狄仁傑未入相時師德嘗薦之及為宰相不知師德薦己數排師德令充外使則天嘗出師德舊表示之仁傑大慚謂人曰吾為婁公所含如此方知不逮婁公遠矣師德頗有學涉器量寬厚喜怒不形於色自專綜邊任前後三十餘年恭勤接下孜孜不怠雖參知政事深懷畏避竟能以功名始終甚為識者所重

王孝傑京兆新豐人也高宗末爲副總管從工部尚書劉審禮西討吐蕃戰於大非川爲賊所獲吐蕃贊普見孝傑垂泣曰貌類吾父厚加敬禮由是免死尋得歸則天時累遷右鷹揚衞將軍孝傑久在吐蕃中悉其虛實長壽元年爲武威軍總管與左武衞大將軍阿史那忠節率衆以討吐蕃乃克復龜茲于闐疏勒碎葉四鎮而還則天大悅謂侍臣曰昔貞觀中具綾得此蕃城其後西陲不守並陷吐蕃今既盡復於舊邊境自然無事孝傑建斯功效竭此款誠遂能裹足徒行身與士卒齊力如此忠懇深是可嘉乃拜孝傑爲左衞大將軍明年還夏官尚書同鳳閣鸞臺三品封清源男延載初入爲瀚海道行軍總管餘如故證聖初又爲朔方道總管尋坐與吐蕃戰敗免官萬歲通天年契丹李盡忠孫萬榮反叛復詔孝傑白衣起爲清邊道總管統兵十八萬以討之孝傑軍至東峽石谷遇賊道隘虜甚衆孝傑率精銳之士爲先鋒且戰且前及出谷布方陣以捍賊後軍總管蘇宏暉畏賊衆棄甲而遁孝傑既無後繼爲賊所乘營中潰亂孝傑墮谷而死兵士爲賊所殺及奔踐而死殆盡時張說爲節度管記馳奏

其事則天問孝傑敗亡之狀說曰孝傑忠勇敢死乃誠奉國深入寇境以少禦
衆但爲後援不至所以致敗於是追贈孝傑夏官尚書封耿國公拜其子無擇
爲朝散大夫遣使斬宏暉以徇使未至幽州而宏暉已立功贖罪竟免誅開元
中無擇官至左驍衛將軍以恩例贈孝傑特進
唐休璟京兆始平人也曾祖規周驃騎大將軍安邑縣公祖宗隋大業末爲朔
方郡丞時爲梁師都舉兵將據城宗抗節不從乃爲所害休璟少以明經擢第
永徽中解褐吳王府典籤無異材調授營州戶曹調露中單于突厥背叛誘扇
奚契丹侵掠州縣後奚羯胡又與桑乾突厥同反都督周道務遣休璟將兵擊
破之於獨護山斬獲甚衆超拜豐州司馬永淳中突厥圍豐州都督崔智辯戰
殁朝議欲罷豐州徙百姓于靈夏休璟以爲不可上書曰豐州控河遏賊實爲
襟帶自秦漢已來列爲郡縣田疇良美尤宜耕牧隋季喪亂不能堅守乃遷徙
百姓就寧慶二州致使戎羯交侵乃以靈夏爲邊界貞觀之末始募人以實之
西北一隅方得寧謐今若廢棄則河傍之地復爲賊有靈夏等州人不安業非

國家之利也朝廷從其言豐州復存垂拱中遷安西副都護會吐蕃攻破焉耆安息道大總管文昌右相韋待價及副使閻溫古失利休璟收其餘衆以安西土遷西州都督上表請復取四鎮則天遣王孝傑破吐蕃拔四鎮亦休璟之謀也聖曆中爲司衛卿兼涼州都督右肅政御史大夫持節隴右諸軍州大使久視元年秋吐蕃大將麴莽布支率騎數萬寇涼州入自洪源谷將圍昌松縣休璟以數千人往擊之臨陣登高望見賊衣甲鮮盛謂麾下曰自欽陵死贊婆降麴莽布支新知賊兵欲曜威武故其國中貴臣酋豪子弟皆從之人馬雖精不習軍事吾爲諸君取之乃被甲先登與賊六戰六剋大破之斬其副將二人獲首二千五百級築京觀而還是後休璟入朝吐蕃亦遣使來請和因宴屢覘休璟則天問其故對曰往歲洪源戰時此將軍雄猛無比殺臣將士甚衆故欲識之則天大加歎異擢拜右武威右金吾二衛大將軍休璟尤諳練邊事自碣石西踰四鎮緜亘萬里山川要害皆能記之長安中西突厥烏質勒與諸蕃不和舉兵相持安西道絶表奏相繼則天令休璟與宰相商度事勢俄頃間草奏便

遺施行後十餘日安西諸州表請兵馬應接程期一如休璟所畫則天謂休璟曰恨用卿晚因遷夏官尚書同鳳閣鸞臺三品又謂魏元忠及楊再思李嶠姚元崇李迥秀等曰休璟諳練邊事卿等十不當一也尋轉太子右庶子依舊知政事以契丹入寇復拜夏官尚書兼檢校幽營等州都督兼安東都護時中宗在春宮將行進啓於皇太子曰張易之兄弟幸蒙寵遇數侍宴禁中縱情失禮非人臣之道惟加防察中宗卽位召拜輔國大將軍同中書門下三品封酒泉郡公顧謂曰卿曩日直言朕今不忘初欲召卿討事但以退遠兼懷北狄之憂耳未幾加特進拜尚書右僕射是歲秋大水休璟兩上表自咎請免官甚切辭多不載中宗竟不允手制答曰陰陽乖爽事屬在予待罪私門難依來表尋還中書令充京師留守俄加檢校吏部尚書又以官寮之舊賜實封三百戶累封宋國公休璟在任無所弘益景龍二年致仕于家年力雖衰進取彌銳時尚宮賀婁氏頗關預國政憑附者皆得寵榮休璟乃爲其子娶賀婁氏養女爲妻因以自達由是起爲太子少師同中書門下三品監修國史仍封宋國公休璟年

踰八十而不知止足依託求進爲時所譏景雲元年又拜特進充朔方道行軍大總管以備突厥停其舊封別賜實封二百戶二年表請致仕許之祿及一品子課並令全給休璟初得封時以絹數千匹分散親族又以家財數十萬大開塋域備禮葬其五服之親時人稱之延和元年七月薨年八十六贈荊州大都督諡曰忠子先愼襲爵官至陳州刺史次子先擇開元中爲右金吾衞將軍

張仁愿華州下邽人也本名仁亶以音類睿宗諱改焉少有文武材幹累遷殿中侍御史時有御史郭霸上表稱則天是彌勒佛身鳳閣舍人張嘉福與洛州人王慶之等請立武承嗣爲皇太子皆請仁愿連名署表仁愿正色拒之甚爲有識所重尋而夏官尚書王孝傑爲吐剌軍總管統衆以禦吐蕃詔仁愿往監之仁愿與孝傑不協因入奏事稱孝傑軍敗誣罔之狀孝傑由是免爲庶人仁愿遽遷侍御史萬歲通天二年監察御史孫承景監淸邊軍戰還畫戰圖以奏每陣必畫承景躬當矢石先鋒禦賊之狀則天歎曰御史乃能盡誠如此擢拜右肅政臺中丞令仁愿敍錄承景下立功人仁愿未發都先問承景對陣勝負

之狀承景身實不行問之皆不能對又虛增功狀仁愿廷奏承景罔上之罪於是左遷崇仁令擢仁愿爲肅政臺中丞檢校幽州都督會突厥默啜入寇攻陷趙定擁衆迴至幽州仁愿勒兵出城邀擊之流矢中手賊亦引退則天遣使勞問賜以醫藥累遷并州大都督府長史神龍二年中宗還京以仁愿爲左屯衛大將軍兼檢校洛州長史時都城穀貴盜竊甚衆仁愿一切皆捕獲杖殺之積屍府門遠近震慴無敢犯者初高宗時賈敦頤爲洛州刺史亦有政績與仁愿皆爲一時之最故時人爲之語曰洛州有前賈後張可敵京兆三王其見稱如此三年突厥入寇朔方軍總管沙吒忠義爲賊所敗詔仁愿攝御史大夫代忠義統衆仁愿至軍而賊衆已退乃躡其後夜掩大破之先朔方軍北與突厥以河爲界河北岸有拂雲神祠突厥將入寇必先詣祠祭酹求福因牧馬料兵而後渡河時突厥默啜盡衆西擊突騎施娑葛仁愿請乘虛奪取漢南之地於河北築三受降城首尾相應以絕其南寇之路太子少師唐休璟以爲兩漢已來皆北守黃河今於寇境築城恐勞人費功終爲賊虜所有建議以爲不便仁愿

固請不已中宗竟從之仁愿表留年滿鎮兵以助其功時咸陽兵二百餘人逃歸仁愿盡擒之一時斬於城下軍中股慄役者盡力六旬而三城俱就以拂雲祠爲中城與東西兩城相去各四百餘里皆據津濟遙相應接北拓地三百餘里於牛頭朝那山北置烽候一千八百所自是突厥不得度山放牧朔方無復寇掠減鎮兵數萬人仁愿初建三城不置壅門及卻敵戰格之具或問曰此邊城禦賊之所不爲守備何也仁愿曰兵貴在攻取不宜退守寇若至此卽當併力出戰迴顧望城猶須斬之何用守備生其退恧之心也其後常元楷爲朔方軍總管始築壅門以備寇議者以此重仁愿而輕元楷焉仁愿在朔方奏用監察御史張敬忠何鸞長安尉寇泚鄠縣尉王易從始平主簿劉體微分判軍事太子文學柳彥昭爲管記義烏尉晁良貞爲隨機敬忠等皆以文吏著稱多至大官時稱仁愿有知人之鑒景龍二年拜左衞大將軍同中書門下三品累封韓國公春還朝秋復督軍備邊中宗賦詩祖餞賞賜不可勝紀尋加鎮軍大將軍睿宗卽位以老致仕特全給祿俸又拜兵部尚書加光祿大夫依舊致仕開

元二年卒贈太子少傅賜物二百段命五品官一人爲監護使子之輔開元初爲趙州刺史

薛訥絳州萬泉人也左武衞大將軍仁貴子也爲藍田令有富商倪氏於御史臺理其私債中丞來俊臣受其貨財斷出義倉米數千石以給之訥曰義倉本備水旱以爲儲蓄安敢絕衆人之命以資一家之產竟報上不與會俊臣得罪其事乃不行其後突厥入寇河北則天以訥將門使攝左武威衞將軍安東道經略臨行於同明殿召見與語訥因奏曰醜虜憑凌以廬陵爲辭今雖有制昇儲外議猶恐未定若此命不易則狂賊自然款伏則天深然其言尋拜幽州都督兼安東都護轉幷州大都督府長史兼檢校左衞大將軍久當邊鎮之任累有戰功玄宗卽位於新豐講武訥爲左軍節度時元帥與禮官得罪諸部頗亦失序唯訥及解琬之軍不動玄宗令輕騎召訥等至軍門皆不得入禮畢上甚加慰勞時契丹及奚與突厥連和屢爲邊患訥建議請出師討之開元二年夏詔與左監門將軍杜賓客定州刺史崔宣道等率衆二萬出檀州道以討契丹

等杜賓客以爲時屬炎暑將士負戈甲齎資糧深入寇境恐難爲制勝中書令
姚元崇亦以爲然訥獨曰夏月草茂羔犢生息之際不費糧儲亦可漸進一舉
振國威靈不可失也時議咸以爲不便玄宗方欲威服四夷特令訥同紫微黃
門三品總兵擊奚契丹議者乃息六月師至灤河遇賊時旣蒸暑諸將失計會
盡爲契丹等所覆訥脫身走免歸罪於崔宣道及蕃將李思敬等八人詔盡令
斬之特免杜賓客之罪下制曰并州大都督府長史兼檢校左衞大將軍和戎
大武等諸軍州節度大使同紫微黃門三品薛訥總戎禦邊建議爲首暗於料
敵輕於接戰張我王師蚵之虜境觀其曤昔頗常輸罄每欲資忠報主見義忘
身特緩嚴刑俾期來效宜赦其罪所有官爵等並從除削其年八月吐蕃大將
坌達延乞力徐等率衆十萬寇臨洮軍又進寇蘭州及渭州之渭源縣掠羣牧
而去詔納白衣攝左羽林將軍爲隴右防禦使與太僕少卿王晙等率兵邀擊
之十月訥領衆至渭源遇賊戰於武階驛與王晙掎角夾攻之大破賊衆追奔
至洮水又戰于長城堡豐安軍使王海賓先鋒力戰死之將士乘勢進擊又敗

之殺獲萬人擒其將六指鄉彌洪盡收其所掠羊馬并獲其器械不可勝數時有詔將以十二月親征吐蕃及聞訥等尅捷玄宗大悅乃停親征追贈王海賓左金吾衛大將軍賜物三百段粟三百石名其稚子爲忠嗣拜朝散大夫命紫微舍人倪若水往即便敘錄功狀拜訥爲左羽林軍大將軍復封平陽郡公仍拜子暢朝散大夫俄又充涼州鎮軍大總管尋以年老特聽致仕八年卒年七十餘贈太常卿諡曰昭定訥沉勇寡言臨大敵而益壯訥弟楚玉開元中爲幽州大都督府長史以不稱職見代而卒

王晙滄州景城人徙家于洛陽祖有方岷州刺史晙弱冠明經擢第歷遷殿中侍御史加朝散大夫時朔方軍元帥魏元忠討賊失利歸罪於副將韓思忠奏請誅之晙以思忠既是偏裨制不由己又有勇智可惜不可獨殺非辜乃廷議爭之思忠竟得釋而晙亦由是出爲渭南令景龍末累轉爲桂州都督桂州舊有屯兵常運衡永等州糧以饋之晙始改築羅郭奏罷屯兵及轉運又堰江水開屯田數千頃百姓賴之尋上疏請歸鄉拜墓州人詣闕請留晙乃下勅曰彼

州往緣寇盜戶口凋殘委任失材乃令至此卿處事強濟遠邇寧靜築城務農
利益已廣隱括綏緝復業者多宜須政成安此黎庶百姓又有表請不須來也
晙在州又一年州人立碑以頌其政再轉鴻臚大卿充朔方軍副大總管兼安
西大都護豐安定遠三城及側近軍並受晙節度後轉太僕少卿隴右羣牧使
開元二年吐蕃精甲十萬寇臨洮軍晙率所部二千人卷甲倍程與臨洮兩軍
合勢以拒之賊營於大來谷口吐蕃將坌達延又率兵繼至晙乃出奇兵七百
人衣之蕃服夜襲之相去五里置鼓角令前者至寇大呼後者擊鼓以應之賊
衆大懼疑有伏兵自相殺傷死者萬計俄而攝右羽林將軍薛訥率衆邀擊吐
蕃至武階谷去大來谷二十里爲賊所隔晙率兵迎訥之軍賊置兵於兩軍之
間連亘數十里晙夜出壯士銜枚擊之賊又大潰乃與訥合軍掩其餘衆追奔
至洮水殺獲不可勝數盡收所掠牧馬而還以功加銀青光祿大夫封清源縣
男兼原州都督仍拜其子班爲朝散大夫尋除并州大都督府長史明年突厥
默啜爲九姓所殺其下酋長多款塞投降置之河曲之內俄而小殺繼立降者

漸叛晙上疏曰突厥時屬亂離所以款塞降附其與部落非有讎嫌情異北風理固明矣養成其釁雖悔何追今者河曲之中安置降虜此輩生梗實難處置日月漸久姦詐逾深窺邊間隙必爲患難今有降者部落不受軍州進止輒動兵馬屢有傷殺詢問勝州左側被損五百餘人私置烽鋪潛爲抗拒公私行李頗實危懼北虜如或南牧降戶必與連衡臣問没蕃歸人云却逃者甚衆南北信使委曲通傳此輩降人翻成細作儻收合餘燼來逼軍州虜騎憑凌胡兵應接表裏有敵進退無援雖復韓彭之勇孫吳之策令其制勝其可必乎望至秋冬之際令朔方軍盛陳兵馬告其禍福啗以繒帛之利示以麋鹿之饒說其魚米之鄉陳其畜牧之地並分配淮南河南寬鄉安置仍給程糧送至配所雖復一時勞弊必得久長安穩二十年外漸染淳風將以充兵皆爲勁卒若以北狄降者不可南中安置則高麗俘虜置之沙漠之曲西域編甿散在青徐之右唯利是視務安疆埸何獨降胡不可移徙近者在邊將士爰及安蕃使人多作謏辭不爲實對或言北虜破滅或言降戶安靜志欲自言功効非有以徇邦家伏

願察斯利口行茲遠慮邊荒淸晏黎元幸甚臣料留住之議謀者云遵故事必
言降戶之輩舊置河曲之中昔年既得康寧今日還應穩便但同時異事先典
攸傳往者頡利破亡邊境寧謐降戶之輩無復他心所以多歷歲年此類皆無
動靜今虜見未破滅降戶私使往來或畏北虜之威或懷北虜之惠又是北虜
戚屬夫豈不識親疎將比昔年安可同日臣料其中頗有三策若盛陳兵馬散
令分配內獲精兵之實外祛黠虜之謀蹔勞永安此上策也若多屯士卒廣爲
備擬亭障之地蕃漢相參費甚人勞此下策也若置之朔塞任之來往通傳信
息結成禍胎此無策也伏願察斯三者詳其善惡利害之狀長短可尋縱因遷
移或致逃叛但有移得之者卽是今日良圖留待河冰恐卽有變臣蒙天澤叨
居重鎭逆耳利行敢不盡言疏奏未報降虜果叛勅晙帥幷州兵西濟河以討
之晙乃間行倍道以夜繼晝卷甲捨幕而趨之夜於山中忽遇風雪甚盛晙恐
失期仰天誓曰晙若事君不忠不討有罪明靈所殛固自當之而士衆何辜令
其勞苦若誠心忠烈天監孔明當止雪迴風以濟戎事言訖風迴而雪止時叛

者分爲兩道其在東者晙追及之殺一千五百餘人生獲一千四百餘人駞馬
牛羊甚衆晙以功還左散騎常侍持節朔方道行軍大總管尋遷御史大夫時
突厥跌跌部落及僕固都督勺磨等散在受降城左右居止且謀引突厥共爲
表裏陷軍城而叛晙因入奏密請誅之八年秋晙誘跌跌等黨與八百餘人於
中受降城由是乃授晙兵部尚書復充朔方軍大總管九年蘭池州胡苦於賦
役誘降虜餘燼攻夏州反叛詔隴右節度使羽林將軍郭知運與晙相知討之
晙奏朔方軍兵自有餘力其郭知運請還本軍未報而知運兵至與晙頗不相
協晙所招撫降者知運縱兵擊之賊以爲晙所賣皆相率叛走晙進封清源縣
公仍兼御史大夫俄而賊衆復相結聚晙坐左遷梓州刺史十年拜太子詹事
累封中山郡公屬車駕北巡以晙爲吏部尚書兼太原尹十一年夏代張說爲
兵部尚書同中書門下三品追錄破胡之功加金紫光祿大夫仍充朔方軍節
度大使其年冬上親郊祀追晙赴京以會大禮晙以時屬冰壯恐虜騎乘隙入
寇表辭不赴手勑慰勉仍賜衣一副會許州刺史王喬家奴告喬與晙潛謀構

逆勅侍中源乾曜中書令張說鞫其狀晙既無反狀乃以違詔追不到左遷蘄州刺史十四年累遷戶部尚書復爲朔方軍節度使二十年卒年七十餘贈尚書左丞相諡曰忠烈往歲魏元忠爲張易之昌宗所構左授高要尉晙密狀申明之宋璟時爲鳳閣舍人謂晙曰魏公且全矣子須威嚴而坐理恐子之狼狽也晙曰魏公忠而獲罪晙爲義所激顛沛無恨璟歎曰璟不能申魏公之枉深負朝廷矣晙氣貌雄壯時人謂之有熊虎之狀然慕義激勵有古人之風御下整肅人吏畏而愛之晙卒後信安王禕於幽州討奚告捷奏稱軍士咸見晙與蕃將高昭領兵馬先軍討賊上聞而嗟異久之戶部郎中揚伯誠上疏請晙等墳特乞增修封域量加表異降使饗祭優其子孫玄宗乃遣使就其家廟祭仍加其子官秩

史臣曰婁師德應召而慷慨男也薦仁傑而入用忠也不使仁傑知之公也營田贍軍智也恭勤接下和也參知政事功名有卒是人之難也又何愧於將相乎王孝傑唐休璟張仁愿薛訥王晙等皆韜武幹亟立邊功然孝傑失於再擒

休璟虧於餘行先敗後勝薛訥何懟止雪迴風王晙難掩仁愿操履中否相兼

贊曰拯物之心不形於色將相之材人何以測臣有始終功無爽忒多忌梁公

自招懟德唐張訥晙善陣能師共服戎虜不憂邊陲

舊唐書卷九十三

舊唐書卷九十三考證

婁師德傳萬歲登封元年轉左肅政御史大夫○沈炳震曰按萬歲登封即萬歲通天也在證聖後下文云證聖元年吐蕃寇洮州明倒置矣新書官御史大夫無萬歲登封元年句應是衍文

證聖元年與吐蕃大將論欽陵贊婆戰于素羅汗山官軍敗績○臣德潛按通鑑綱目素羅汗山之敗在萬歲通天元年三月非證聖也新書本紀亦然而新書本傳亦作證聖蓋承舊書之譌

舊唐書卷九十三考證

舊唐書卷九十四

後晉司空同中書門下平章事劉昫撰

列傳第四十四

蘇味道 李嶠 崔融 盧藏用 徐彥伯

蘇味道趙州欒城人也少與鄉人李嶠俱以文辭知名時人謂之蘇李弱冠本州舉進士累轉咸陽尉吏部侍郎裴行儉先知其貴甚加禮遇及征突厥阿史那都之引爲管記孝敬皇帝妃父裴居道再登左金吾將軍訪當時才子爲謝表託於味道援筆而成辭理精密盛傳於代延載初歷遷鳳閣舍人檢校鳳閣侍郎同鳳閣鸞臺平章事尋加正授證聖元年坐事出爲集州刺史俄召拜天官侍郎聖曆初遷鳳閣侍郎同鳳閣鸞臺三品味道善敷奏多識臺閣故事然而前後居相位數載竟不能有所發明但脂韋其間苟度取容而已嘗謂人曰處事不欲決斷明白若有錯誤必貽咎譴但摸稜以持兩端可矣時人由是號爲蘇摸稜長安中請還鄉改葬其父優制令州縣供其葬事味道因此侵毀鄉

人墓田役使過度爲憲司所劾左授坊州刺史未幾除益州大都督府長史神龍初以親附張易之昌宗貶授鄜州刺史俄而復爲益州大都督府長史未行而卒年五十八贈冀州刺史味道與其弟太子洗馬味玄甚相友愛味玄若請託不諧輒面加淩折味道對之怡然不以爲忤論者稱焉有文集行於代

李嶠趙州贊皇人隋內史侍郎元操從曾孫也代爲著姓父鎮惡襄城令嶠早孤事母以孝聞爲兒童時夢有神人遺之雙筆自是漸有學業弱冠舉進士累轉監察御史時嶺南邕巖二州首領反叛發兵討擊高宗令嶠往監軍事嶠乃宣朝旨特赦其罪親入獠洞以招諭之叛者盡降因罷兵而還高宗甚嘉之累遷給事中時酷吏來俊臣構陷狄仁傑李嗣真裴宣禮等三家奏請誅之則天使嶠與大理少卿張德裕侍御史劉憲覆其獄德裕等雖知其枉懼罪並從俊臣所奏嶠曰豈有知其枉濫而不爲申明哉孔子曰見義不爲無勇也乃與德裕等列其枉狀由是忤旨出爲潤州司馬詔入轉鳳閣舍人則天深加接待朝廷每有大手筆皆特令嶠爲之時初置右御史臺巡按天下嶠上疏陳其得失

曰陛下創置右臺分巡天下察吏人善惡觀風俗得失斯政途之綱紀禮法之準繩無以加也然猶有未折衷者臣請試論之夫禁網尚疎法令宜簡簡則法易行而不煩雜疎則所羅廣而無苛碎竊見垂拱二年諸道巡察使所奏科目凡有四十四件至於別準格勑令察訪者又有三十餘條而巡察使率是三月已後出都十一月終奏事時限迫促簿書填委晝夜奔逐以赴限期而每道所察文武官多至二千餘人少者一千已下皆須品量才行褒貶得失欲令曲盡行能則皆不暇此非敢墮於職而慢於官也實才有限而力不及耳臣望量其功程與其節制使器周於用力濟於時然後進退可以責成得失可以精覈矣又曰今之所察但準漢之六條推而廣之則無不包矣無爲多張科目空費簿書且朝廷萬機非無事也機事之動恆在四方是故冠蓋相望郵驛繼踵今巡使既出其他外州之事悉當委之則傳驛大減矣然則御史之職故不可得閑自非分州統理無由濟其繁務請大小相兼率十州置御史一人以周年爲限使其親至屬縣或入閭里督察姦訛觀採風俗然後可以求其實効課其成功

若此法果行必大裨政化且御史出持霜簡入奏天闕其於勵己自修奉職存
憲比於他吏可相百也若其按劾姦邪糺擿欺隱比於他吏可相十也陛下試
用臣言妙擇賢能委之心膂假温言以制之陳賞罰以勸之則莫不盡力而効
死矣何政事之不理何禁令之不行何妖孽之敢興則天善之乃下制分天下
爲二十道簡擇堪爲使者會有沮議者竟不行尋知天官侍郎事遷麟臺少監
聖曆初與姚崇偕遷同鳳閣鸞臺平章事俄轉鸞臺侍郎依舊平章事兼修國
史久視元年嶠舅天官侍郎張錫入知政事嶠轉成均祭酒罷知政事及修史
舅甥相繼在相位時人榮之嶠尋檢校文昌左丞東都留守長安三年嶠復以
本官平章事尋知納言事明年遷內史嶠後固辭煩劇復拜成均祭酒平章事
如故長安末則天將建大像於白司馬坂嶠上疏諫之其略曰臣以法王慈敏
菩薩護持唯擬饒益衆生非要營修土木伏聞造像稅非戶口錢出僧尼不得
州縣祇承必是不能濟辦終須科率豈免勞擾天下編戶貧弱者衆亦有傭力
客作以濟糇糧亦有賣舍貼田以供王役造像錢見有一十七萬餘貫若將散

施廣濟貧窮人與一千濟得一十七萬餘戶拯饑寒之弊省勞役之勤順諸佛慈悲之心霑聖君亭育之意人神胥悅功德無窮疏奏不納中宗即位嶠以附會張易之兄弟出爲豫州刺史未行又貶爲通州刺史數月徵拜吏部侍郎封贊皇縣男無幾遷吏部尚書進封縣公神龍二年代韋安石爲中書令初嶠在吏部時志欲曲行私惠冀得復居相位奏置員外官數千人至是官僚倍多府庫減耗乃抗表引咎辭職幷陳利害十餘事中宗以嶠昌言時政之失輒請罷免手制慰諭而不允尋令復居舊職三年又加修文館大學士監修國史封趙國公景龍三年罷中書令以特進守兵部尚書同中書門下三品睿宗即位出爲懷州刺史尋以年老致仕初中宗崩嶠密表請處置相王諸子勿令在京及玄宗踐祚宮內獲其表以示侍臣或請誅之中書令張說曰嶠雖不辯逆順然亦爲當時之謀吠非其主不可追討其罪上從其言乃下制曰事君之節危而不變爲臣則忠貳乃無赦特進趙國公李嶠往緣宗韋弑逆朕恭行戡定揖讓之際天命有歸嶠有窺覦不知逆順狀陳詭計朕親覽焉以其早負辭學累居

台輔忍而莫言特掩其惡今忠邪既辨具物惟新賞罰儻乖下人安勸雖經赦令猶宜放斥矜其老疾俾遂餘生宜聽隨子虔州刺史暢赴任尋起爲廬州別駕而卒有文集五十卷

崔融齊州全節人初應八科舉擢第累補宮門丞兼直崇文館學士中宗在春宮制融爲侍讀兼侍屬文東朝表疏多成其手聖曆中則天幸嵩嶽見融所撰啓母廟碑深加歎美及封禪畢乃命融撰朝覲碑文自魏州司功參軍擢授著作佐郎尋轉右史聖曆二年除著作郎仍兼右史內供奉四年遷鳳閣舍人久視元年坐忤張昌宗意左授婺州長史頃之昌宗怒解又請召爲春官郎中知制誥事長安二年再遷鳳閣舍人三年兼修國史時有司表稅關市融深以爲不可上疏諫曰伏見有司稅關市事條不限工商但是行人盡稅者臣謹按周禮九賦其七曰關市之賦竊惟市縱繁巧關通末遊欲令此徒止抑所以咸增賦稅臣謹商度今古料量家國竊將爲不可稅謹件事跡如左伏惟聖旨擇焉往古之時淳樸未散公田籍而不稅關防譏而不征中代已來澆風驟進桑麻

疲弊稼穡辛勤於是各徇通財爭趨作巧求徑捷之欲速忘歲計之無餘遂使田萊日荒倉廩不積蠶織休廢弊緼闕如饑寒猥臻亂離斯起先王懲其若此所以變古隨時依本者恆科占末者增稅夫關市之稅者謂市及國門關門者也唯斂出入之商賈不稅來往之行人今若不論商人通取諸色事不師古法乃任情悠悠末代於何瞻仰濟濟盛朝自取嗤笑雖欲憲章姬典乃是違背周官臣知其不可者一也臣謹案易繫辭稱庖羲氏沒神農氏作日中爲市致天下之人聚天下之貨交易而退各得其所班志亦云財者帝王聚人守位養成羣生奉順天德理國安人之本也仕農工商四人有業學以居位曰仕闢土殖穀曰農作巧成器曰工通財鬻貨曰商聖王量能授事四人陳力受職然則四人各業久矣今復安得動而搖之蕭何云人情一定不可復動班固又云曹參相齊齊國安集大稱賢相參去屬其後相曰以齊獄市爲寄慎勿擾也後相曰理無大於此者乎參曰不然夫獄市者所以幷容也今若擾之姦人安所容乎吾是以先之夫獄市兼受善惡若窮極姦人無所容竄姦人無所容竄久且爲

亂秦人極刑而天下叛孝武峻法而刑獄繁此其効也老子曰我無爲而人自化我好靜而人自正參欲以道化其本不欲擾其末臣知其不可者二也四海之廣九州之雜關必據險路市必憑要津若乃富商大賈豪宗惡少輕死重義結黨連羣喑嗚則彎弓睚眦則挺劍小有失意且猶如此一旦變法定是相驚乘茲困窮或致騷動便恐南走越北走胡非唯流逆齊人亦自攪亂殊俗又如邊徼之地寇賊爲隣興胡之旅歲月相繼儻同科賦致有猜疑一從散亡何以制禁求利雖切爲害方深而有司上言不識大體徒欲益帑藏助軍國殊不知軍國益擾帑藏逾空臣知其不可者三也孟軻又云古之爲關也將以禦暴今之爲關也將以爲暴今行者皆稅本末同流且如天下諸津舟航所聚旁通巴漢前指閩越七澤十藪三江五湖控引河洛兼包淮海弘舸巨艦千軸萬艘交貿往還昧旦永日今若江津河口置鋪納稅納稅則檢覆檢覆則遲留此津纔過彼鋪復止非唯國家稅錢更遭主司僦賂船有大小載有少多量物而稅觸途淹久統論一日之中未過十分之一因此壅滯必致吁嗟一朝失利則萬商

廢業萬商廢業則人不聊生其間或有輕訬任俠之徒斬龍刺蛟之黨鄱陽暴虐之客富平悍壯之夫居則藏鏹出便竦劍加之以重稅因之以威脅一旦獸窮則搏鳥窮則攫執事者復何以安之哉臣知其不可者四也五帝之初不可詳已三王之後厥有著云秦漢相承典章大備至如關市之稅史籍有文秦政以雄圖武力捨之而不用也漢武以霸略英才去之而勿取也何則關為禦暴之所市為聚人之地稅市則人散稅關則暴興暴興則起異圖人散則懷不軌夫人心莫不背善而樂禍易動而難安一市不安則天下之市心搖矣一關不安則天下之關心動矣況澆風久扇變法為難徒欲禁末流規小利豈知失玄默亂大倫魏晉眇小齊隋齷齪亦所不行斯道者也臣知其不可者五也今之所以稅關市者何也豈不以國用不足邊寇為虞一行斯術冀有殷贍然也微臣敢借前箸以籌之伏惟陛下當聖期御玄籙沉璧于洛刻石于嵩鑄寶鼎以窮姦坐明堂而布政神化廣洽至德潛通東夷蹔驚應時平殄南蠻纔動計日歸降西域五十餘國廣輪一萬餘里城堡清夷亭堠靜謐比為患者唯苦二蕃

今吐蕃請命邊事不起即目雖尙屯兵久後終成弛柝獨有默啜假息孤恩惡貫禍盈覆亡不暇征役日已省矣繁費日已稀矣然猶下明制遵太樸愛人力惜人財王侯舊封妃主新禮所有支料咸令減削此陛下以躬率先堯舜之用心也且關中河北水旱數年諸處逃亡今始安輯儻加重稅或慮相驚況承平歲積薄賦日久俗荷深恩人知自樂卒有變法必多生怨生怨則驚擾驚擾則不安中既不安外何能禦文王曰帝王富其人霸王富其地理國若不足亂國若有餘古人有言帝王藏於天下諸侯藏於百姓農夫藏於庾商賈藏於篋惟陛下詳之必若師興有費國儲多窘即請倍算商客加斂平人如此則國保富強人免憂懼天下幸甚臣知其不可者六也陛下留神繫表屬想政源冒茲炎熾早朝晏坐一日二日機務不遺先天後天虛心密應時政得失小子何知率陳瞽辭伏紙惶懼疏奏則天納之乃寢其事四年除司禮少卿仍知制誥時張易之兄弟頗招集文學之士融與納言李嶠鳳閣侍郎蘇味道麟臺少監王紹宗等俱以文才降節事之及易之伏誅融左授袁州刺史尋召拜國子司業兼

修國史神龍二年以預修則天實錄成封清河縣子賜物五百段璽書褒美融
爲文典麗當時罕有其比朝廷所須洛出寶圖頌則天哀冊文及諸大手筆並
手敕付融撰哀冊文用思精苦遂發病卒時年五十四以侍讀之恩追贈衞州
刺史謚曰文有集六十卷二子禹錫翹開元中相次爲中書舍人
盧藏用字子潛度支尚書承慶之姪孫也父璥有名於時官至魏州司馬藏用
少以辭學著稱初舉進士選不調乃著芳草賦以見意尋隱居終南山學辟穀
練氣之術長安中徵拜左拾遺時則天將營興泰宮於萬安山藏用上疏諫曰
臣愚雖不達時變竊嘗讀書見自古帝王之迹衆矣臣聞土階三尺茅茨不翦
采椽不斵者唐堯之德也卑宮室菲飲食盡力於溝洫者大禹之行也惜中人
十家之產而罷露臺之制者漢文之明也並能垂名無窮爲帝皇之烈豈不以
克念徇物博施濟衆以臻於仁恕哉今陛下崇臺邃宇離宮別館亦已多矣更
窮人之力以事土木臣恐議者以陛下爲不憂人務奉己也且頃歲已來雖年
穀頗登而百姓未有儲蓄陛下西幸東巡人未休息土木之役歲月不空陛下

不因此時施德布化復廣造宮苑臣恐人未易堪今左右近臣多以順意爲忠朝廷具僚皆以犯忤爲患至今陛下不知百姓失業百姓亦不知左右傷陛下之仁也臣聞忠臣不避死亡之患以納君於仁明主不惡切直之言以垂名千載陛下誠能發明恕之制以勞人爲辭則天下必以陛下爲惜人力而苦己也小臣固陋不識忌諱敢冒死上聞乞下臣此章與執事者議其可否則天下幸甚神龍中累轉起居舍人兼知制誥俄遷中書舍人藏用常以俗多拘忌有乖至理乃著析滯論以暢其事辭曰客曰天道玄微神理幽化聖人所以法象衆庶由其運行故大撓造甲子容成著律曆黃公裁變玄女啓謨八門御時六神直事從之者則兵強國富違之者則將弱朝危有同影響若合符契先生亦嘗聞之乎主人曰何爲其然也子所謂曲學所習矇昧所守徒識偏方之詭說未究亨衢之通論蓋易曰先天不違傳稱人神之主範圍不過三才所以虛中進退非邪百王所以無外故曰國之將興聽於人將亡聽於神又曰禍福無門唯人所召人無釁焉妖不自作由是言之得喪與亡並關人事吉凶悔悋無涉天

時且皇天無親唯德是輔爲不善者天降之殃高宗修德桑穀以變宋君引過
法星退舍此天道所以從人者也古之爲政者刑獄不濫則人壽賦斂省則
人富法令有常則國靜賞罰得中則兵強所以禮者士之所歸賞者士之所死
禮賞不倦則士爭先苟違此途雖卜時行刑擇日出令必無成功矣自叔世還
訛俗多徼倖競稱怪力爭誦詭言屈政教而就孤虛棄信賞而從推步附會前
史變易舊經依託空文以爲徵據覆軍敗將者則隱秘無聞偶同幸中者則共
相文飾豈唯德之增惑亦乃學人自是嗚呼習俗訛謬一至此焉昔者甲子興
師非成功之日往亡用事異制勝之辰人事苟脩何往不濟至若環城自守接
陣重圍無闕地形不乖天道若兵強將智粟積城堅雖復屢轉魁剛頻移太歲
坐推白虎行計貪狼自符雞鬬之祥多貽蟻附之困故曰任賢使能則不時日
而事利明法審令則不卜筮而事吉養勞賞功則不禱祠而得福此所謂天時
不如地利地利不如人和太公犯兩逆天時也韓信背水乖地利也並存人事
俱成大業削樹而斬龐涓舉火而屠張郃未必暗同歲德冥會日遊俱運三門

並占四殺杜郵齒劍抑唯計沮垓下悲歌實階刓印若以並資厭勝不事㫒圖
則長平盡坑固須恆濟襄城無噍亦可常保是知拘而多忌終喪大功百姓與
能必遺小數金雞玉鶴方爲楚國之殃萬畢枕中適構淮南之禍刻符指盜反
更亡身被髮邀神翻招夷族嗟乎威斗赭鞭不禳赤伏之運築城斷岡何救素
靈之哭火災不驗裨竈無力以窺天超乘階凶王孫取監於觀德九徵九變是
曰長途人謀鬼謀㫒歸有道此並經史陳迹賢聖通規仁遠乎哉詎宜滯執客
乃蹙然避席曰鄙人困蒙不階至道請事斯語歸于正途而今而後焚蓍龜毀
律曆廢六合斥五行浩然清慮則將奚若答曰此所謂過猶不及也夫甲子所
以配日月律曆所以通歲時金木所以備法象蓍龜所以筮吉凶聖人以此神
明德行輔助謀猷存之則協贊成功執之則凝滯於物消息之義其在茲乎客
於是循牆匍匐帖然無氣口㰦心醉不知所以答矣景龍中爲吏部侍郎藏用
性無挺特多爲權要所逼頗隳公道又遷黃門侍郎兼昭文館學士轉工部侍
郎尚書右丞先天中坐託附太平公主配流嶺表開元初起爲黔州都督府長

史兼判都督事未行而卒年五十餘有集二十卷藏用工篆隸好琴碁當時稱爲多能之士少與陳子昂趙貞固友善二人並早卒藏用厚撫其子爲時所稱然初隱居之時有貞儉之操往來于少室終南二山時人稱爲隨駕隱士及登朝趑趄詭佞專事權貴奢靡淫縱以此獲譏于世

徐彥伯兗州瑕丘人也少以文章擅名河北道安撫大使薛元超表薦之對策擢第累轉蒲州司兵參軍時司戶韋暠善判事司士李亘工於翰札而彥伯以文辭雅美時人謂之河中三絕彥伯聖曆中累除給事中時王公卿士多以言語不慎密爲酷吏周興來俊臣等所陷彥伯乃著樞機論以誡于代其辭曰書曰惟口起羞惟甲胄起戎又云齊乃位度乃口易曰愼言語節飲食又云出其言善千里應之出其言不善千里違之禮亦云可言也不可行也君子不言也可行也不可言也君子不行也嗚呼先聖知言之爲大也知言之爲急也精微以勸之典謨以告之禮經以防之守名教者何可不脩其詁訓而服其糟粕乎故曰言語者君子之樞機動則物應物應則得失之見也得之者江海比隣失

之者肝膽楚越然後知否泰榮辱繫於言乎夫言者德之柄也行之主也志之端也身之文也既可以濟身亦可以覆身故中庸鏤其心左階銘其背南容復於白圭箕子疇於洪範良有以也是以掎摭瑕玷參詳躁競審無常以階亂將不密以致危利生於口森然覆邦之說道不由衷變彼如簧之刺可不懼之哉其有識暗邪正慮微形朕破金湯之籥封禍亂之根用詁譎爲全計以號謚爲令德至若梧宮問荅荊齊所以奔命韓魏加肘智伯所以危殘蔡侯繩息嬀也亟招甲兵之罰鄭曼圖宗卿也而受鼎鑊之誅史遷輕議終下蠶室張紘詭說更齒龍淵凡此過言其流匪一或穢猶糞土或動成刀劍或苟且其心或脂膏其吻挾邪作蠱守之而不懈往輒破的去之而彌遠亦何異韓盧聚音尨也羣吠得死爲幸何循名之立乎雖復伯玉沮顏追謝於元凱蔣濟貽恨失譽於王陵犀首沒齒於季章曹瞞齚舌於劉主當何及哉孔子曰予欲無言又云終身爲善一言敗之惜也老子亦云多言數窮又云聰明深察而近於死者議人者也何聖人之深思偉慮杜漸防萌之至乎夫不可言而言者曰狂可言而不言

者曰隱鉗舌拱默曷通彼此之懷括囊而處孰啓謨明之訓則上言者下聽也下言者上用也睿喆之言猶天地也人覆燾而生焉大雅之言猶鐘鼓也人考擊而樂焉作以龜鏡姬公之言也出爲金石曾子之言也存其家邦國僑之言也立而不朽臧孫之言也是謂德音詰我宗極滿于天下貽厥後昆殷宗甘之於酒醴孫卿諭之以琴瑟闕里重於四時郢都輕其千乘豈不韙哉豈不休哉但楙探世猷克念丕訓審思而應精慮而動謀其心以後發擇其交以後談不蹙趨於非黨不屏營於詭遇非先王之至德不敢行非先王之法言不敢道翦其諜諜之緒撲其炎炎之勢自然介爾景福錫茲純嘏則悔吝何由而生怨惡何由而至哉孔子曰終日行不遺己患終日言不遺己憂如此迺可以言也戒之哉戒之哉神龍元年遷太常少卿兼修國史以預修則天實錄成封高平縣子賜物五百段未幾出爲衞州刺史以善政聞璽書勞勉俄轉蒲州刺史入爲工部侍郎尋除衞尉卿兼昭文館學士景龍三年中宗親拜南郊彥伯作南郊賦以獻辭甚典美景雲初加銀青光祿大夫遷右散騎常侍太子賓客仍兼昭

文館學士先天元年以疾乞骸骨許之開元二年卒彥伯事寡嫂甚謹撫諸姪同於己子自晚年屬文好爲強澀之體頗爲後進所效焉有文集二十卷行於時

史臣曰才出於智行出於性故文章巧拙由智之深淺也行義詭實由性之善惡也然則智性稟之於氣不可使之彊也蘇味道李嶠等俱爲輔相各處穹崇觀其章疏之能非無奧贍驗以弼諧之道罔有貞純故狄仁傑有言曰蘇李足爲文吏矣得非齷齪者乎摸稜之病尤足可譏崔融盧藏用徐彥伯等文學之功不讓蘇李知有守常之道而無應變之機規諫之深崔比盧徐稍爲優矣

贊曰房杜姚宋俱立大功咸以二族譚爲美風蘇李文學一代之雄有慚輔弼稱之豈同凡人有言未必有德崔與盧徐皆攻翰墨文雖堪尚義無可則備位守常斯言罔忒

舊唐書卷九十四

舊唐書卷九十五

後晉司空同中書門下平章事劉昫撰

列傳第四十五

睿宗諸子

讓皇帝憲　惠莊太子撝　惠文太子範　惠宣太子業　隋王隆悌

睿宗六子昭成順聖皇后竇氏生玄宗肅明順聖皇后劉氏生讓皇帝宮人柳氏生惠莊太子崔孺人生惠文太子王德妃生惠宣太子後宮生隋王隆悌

讓皇帝憲本名成器睿宗長子也初封永平郡王文明元年立爲皇太子時年六歲及睿宗降爲皇嗣則天冊授成器爲皇孫與諸弟同日出閤開府置官屬長壽二年改封壽春郡王仍却入閤長安中累轉左贊善大夫加銀青光祿大夫中宗即位改封蔡王還宗正員外卿加賜實封四百戶通舊爲七百戶成器固辭不敢當大國依舊爲壽春郡王唐隆元年進封宋王其月睿宗踐祚拜左衛大將軍時將建儲貳以成器嫡長而玄宗有討平韋氏之功意久不定成器

辭曰儲副者天下之公器時平則先嫡長國難則歸有功若失其宜海內失望非社稷之福臣今敢以死請累日涕泣固讓言甚切至時諸王公卿亦言楚王有社稷大功合居儲位睿宗嘉成器之意乃許之玄宗又以成器嫡長再抗表固讓睿宗不許乃下制曰左衞大將軍宋王成器朕之元子當踐副君以隆基有社稷大功人神僉屬由是朕前懇讓言在必行天下至公誠不可奪爰符立季之典庶協從人之願成器可雍州牧揚州大都督太子太師別加實封二千戶賜物五千段細馬二十匹奴婢十房甲第一區良田三十頃其年十一月拜尚書左僕射尋遷司徒其太師都督並如故明年表讓司徒拜太子賓客兼揚州大都督如故時太平公主陰有異圖姚元之宋璟等請出成器及申王成義爲刺史以絶謀者之心由是成器以司徒兼蒲州刺史玄宗嘗製一大被長枕將與成器等共申友悌之好睿宗知而大悅累加賞歎先天元年八月進封司空及玄宗討平蕭至忠岑羲等成器又進位太尉依舊兼揚州大都督加實封一千戶月餘加授開府儀同三司其太尉揚州大都督並停開元初歷岐州刺

史開府如故四年避昭成皇后尊號改名憲封爲寧王實封累至五千五百戶
又歷澤涇等州刺史初玄宗兄弟聖曆初出閤列第於東都積善坊五人分院
同居號五王宅大足元年從幸西京賜宅於興慶坊亦號五王宅及先天之後
興慶是龍潛舊邸因以爲宮憲於勝業東南角賜宅申王撝岐王範於安興坊
東南賜宅薛王業於勝業西北角賜宅邸第相望環於宮側玄宗於興慶宮西
南置樓西面題曰花蕚相輝之樓南面題曰勤政務本之樓玄宗時登樓聞諸
王音樂之聲咸召登樓同榻宴謔或便幸其第賜金分帛厚其歡賞諸王每日
於側門朝見歸宅之後卽奏樂縱飲擊毬鬭雞或近郊從禽或別墅追賞不絕
於歲月矣遊踐之所中使相望以爲天子友悌近古無比故人無閒然玄宗旣
篤於昆季雖有讒言交搆其閒而友愛如初憲尤恭謹畏愼未曾干議時政及
與人交結玄宗尤加信重之嘗與憲及岐王範等書曰昔魏文帝詩云西山一
何高高處殊無極上有兩仙童不飮亦不食賜我一丸藥光耀有五色服藥四
五日身輕生羽翼朕每思服藥而求羽翼何如骨肉兄弟天生之羽翼乎陳思

有超代之才堪佐經綸之務絕其朝謁卒令憂死魏祚未終遭司馬宣王之奪豈神丸之効也虞舜至聖捨象傲之愆以親九族九族既睦平章百姓此爲帝王之軌則于今數千歲天下歸善焉朕未嘗不廢寢忘食欽歎者也頃因餘暇妙選仙經得此神方古老云服之必驗今分此藥願與兄弟等同保長齡永無限極憲開元九年兼太常卿十四年停太常卿依舊爲開府儀同三司二十一年復拜太尉二十八年冬憲寢疾上令中使送醫藥及珍膳相望於路僧崇一療憲稍瘳上大悅特賜緋袍魚袋以賞異崇一時申王等皆先薨唯憲獨在上尤加恩貸每年至憲生日必幸其宅移時宴樂居常無日不賜酒酪及異饌等尚食摠監及四方有所進獻食之稍甘卽皆分以賜之憲嘗奏請年終錄付史館每年至數百紙二十九年冬京城寒甚凝霜封樹時學者以爲春秋雨木冰卽此是亦名樹介言其象介冑也憲見而歎曰此俗謂樹稼者也諺曰樹稼達官怕必有大臣當之吾其死矣十一月薨時年六十三上聞之號叫失聲左右皆掩涕翌日下制曰能以位讓爲吳太伯存則用成其節歿則當表其賢非常

之稱旌德斯在故太尉寧王憲誕含粹靈允膺大雅孝悌之至本乎中誠仁和之深非因外奬率由禮度雅尚文儒謙以自牧樂以爲善比兩獻而有光與二南而合德自出臨方鎮入配台階逾勵忠勤益聞周慎實謂永爲藩屏以輔邦家曾不慭遺奄焉殂沒友于之痛震慟良深惟王朕之元昆合昇王嗣以朕奉先朝之睿略定宗社之阽危推而不居請予主鬯又承慈旨焉敢固違不然者則宸極之尊豈歸於薄德茂行若此易名是憑自非大號孰副休烈按謚法推功尚善曰讓德性寬柔曰讓敬追謚曰讓皇帝宜令所司擇日備禮冊命憲長子汝陽郡王璡又上表懇辭盛陳先意謙退不敢當帝號手制不許及冊斂之日內出御衣一副仍令右監門大將軍高力士齎手書寘于靈座之前其書曰隆基白一代兄弟一朝存歿家人之禮是用申情與言感思悲淚交集大哥孝友近古莫儔嘗號五王同開邸第遠自童幼洎乎長成出則同遊學則同業事均形影無不相隨頃以國步艱危義資克定先帝御極日月照臨大哥嫡長合當儲貳以功見讓爰在薄躬既嗣守紫宸萬機事總聽朝之暇得展于懷十數

年間棣華凋落謂之手足唯有大哥今復淪亡眇然無對以茲感慕何恨如之然以厥初生人孰不殂謝所貴光昭德行以示崇高立德立名斯爲不朽大哥事跡身歿讓存故冊曰讓皇帝神之昭格當茲寵榮況庭訓傳家璡等申讓善述先志實有遺風成其美也恭惟緒言怳焉如在寄之翰墨悲不自勝又制追贈憲妃元氏爲恭皇后祔葬于橋陵之側及將葬上遣中使勑璡等務令儉約送終之物皆令衆見所司請依諸陵舊例壙內置千味食監護使左僕射裴耀卿奏曰尙食所料水陸等味一千餘種每色瓶盛安於藏內皆是非時瓜菓及馬牛驢犢麞鹿等肉並諸藥酒三十餘色儀注禮料皆無所憑臣據禮司所料奠祭相次事無不備典制分明天恩每申讓帝之志務令儉約禮外加數竊恐不安又非時之物馬犢驢等並野味魚鴈鵝鴨之屬所用銖兩動皆宰殺盛夏胎養聖情所禁又須造作什物動逾千計求徵市井實謂煩勞千味不供禮無所闕伏望依禮減省以取折衷制從之及發引時屬大雨上令慶王潭已下泥中步送十數里制號其墓爲惠陵憲凡十子璡嗣莊琳璹珣瑀玢琁琯瓘等十

人歷官封襲璡封汝陽郡王歷太僕卿與賀知章褚庭誨爲詩酒之交天寶初終父喪加特進九載卒贈太子太師莊嗣封濟陰郡王早卒琳封嗣寧王歷祕書員外監從玄宗幸蜀郡至德二載卒璹封嗣申王珣封同安郡王珣脩身淳謹不自矜貴閨門之內常默如也開元二十五年薨玄宗甚悼之輟朝三日制曰猶子之恩特深於情禮睦親之義必備於哀榮同安郡王珣稟氣淳和執心忠順邦國垣翰宗枝羽儀磐石疏封將期永固逝川不捨俄歎促齡悼往之懷因心所切宜增寵命用飾幽泉可贈太子少保葬事官給陪葬橋陵瑀封漢中王歷都水使者恒王府司馬衞尉員外卿瑀早有才望偉儀表初爲隴西郡公天寶十五載從玄宗幸蜀至漢中因封漢中王仍加銀青光祿大夫漢中郡太守乾元二年以特進試太常卿送寧國公主至迴紇充冊立使玢蒼梧郡開國公歷銀青光祿大夫祕書監員外置同正員卒贈江陵大都督珽封晉昌郡開國公琯魏郡開國公璀文安郡開國公天寶十一載珽琯璀並食邑三千戶

惠莊太子撝睿宗第二子也本名成義母柳氏掖庭宮人撝之初生則天嘗以

示僧萬迴萬迴曰此兒是西域大樹之精養之宜兄弟則天甚悅始令列於兄
弟之次垂拱三年封恆王尋却入閤改封衡陽郡王累授尚衣奉御神龍元年
加賜實封二百戶通前五百戶遷司農少卿加銀青光祿大夫睿宗踐祚進封
申王遷右衛大將軍景雲元年七月遷殿中監兼檢校右衛大將軍二年轉光
祿卿右金吾衛大將軍先天元年七月加實封一千戶八月行司徒兼益州大
都督開元二年帶司徒兼幽州刺史俄避昭成太后之稱改名撝歷鄧虢絳三
州刺史八年因入朝停刺史依舊爲司徒性弘裕儀形瓌偉善於飲啖十二年
病薨冊贈惠莊太子陪葬橋陵無子初養讓帝子瑀封同安郡王先卒天寶三
載又以讓帝子璹爲嗣申王授鴻臚員外卿
惠文太子範睿宗第四子也本名隆範後避玄宗連名改單稱範初封鄭王尋
改封衞王長壽二年隨例却入閤徙封巴陵郡王累授尚食奉御神龍元年遷
太府員外少卿加賜實封二百戶通前五百戶景龍年兼隴州別駕加銀青光
祿大夫睿宗踐祚進封岐王又加實封五百戶拜太常卿兼左羽林大將軍先

天二年從上討竇懷貞蕭至忠等以功加賜實封滿五千戶下制褒美開元初
拜太子少師帶本官歷絳鄭岐三州刺史八年遷太子太傅範好學工書雅愛
文章之士士無貴賤皆盡禮接待與閻朝隱劉庭琦張諤鄭繇篇題唱和又多
聚書畫古跡爲時所稱時上禁約王公不令與外人交結駙馬都尉裴虛己坐
與範遊讌兼私挾讖緯之書配徙嶺外萬年尉劉庭琦太祝張諤皆坐與範飲
酒賦詩黜庭琦爲雅州司戶諤爲山茌丞然上未嘗間範恩情如初謂左右曰
我兄弟友愛天至必無異意秖是趨競之輩強相託附耳我終不以纖芥之故
責及兄弟也時王毛仲等本起微賤皆崇貴傾於朝廷諸王每相見假立引待
獨範見之色莊十四年病薨上哭之甚慟輟朝三日爲之追福手寫老子經徹
膳累旬百寮上表勸喻然後復常開元十四年命工部尚書攝太尉盧從愿冊
贈王爲惠文太子陪葬橋陵一子瑾封河東郡王官至太僕卿冒于酒色竟暴
卒贈太子少師天寶三載又以惠宣太子男略陽公珍爲嗣岐王銀青光祿大
夫宗正員外卿上元二年珍與朱融䜩珍儀表偉如頗類玄宗融乃誘崔昌趙

非熊等幷中官六軍人同謀逆融謂金吾將軍邢濟曰今城中草草關外近寇
憑淩若何濟曰我金吾天子押衙死生隨之安能自脫融曰有一人足下見之
自當知縱不出城亦無慮乃引以見珍濟奏之乃令御史中丞敬羽訊之珍賜
死其同謀右武衛將軍竇如玢試都水使者崔昌右羽林軍大將軍劉從諫蔚
州長鎮將朱融右衛將軍胡洌直司天臺通玄院高抱素右司禦率府率魏兆
內侍省內謁者監王道成等九人特宜斬決試太子洗馬兼知司天臺冬官正
事趙非熊陳王府長史陳閎楚州司馬張昂右武衛兵曹焦自榮前鳳翔府郿
縣主簿李岊國子監廣文進士張奐等六人特宜決殺駙馬都尉薛履謙預逆
謀宜賜自盡乃以濟兼桂州都督侍御史充桂管防禦都使左散騎常侍張鎬
坐與交通貶辰州司戶鄭繇者鄭州滎陽人北齊吏部尚書述五代孫也工五
言詩開元初範爲岐州刺史繇爲長史範失白鷹繇爲失白鷹詩當時以爲絶
唱後爲湖州刺史子審亦善詩詠乾元中任袁州刺史
惠宣太子業睿宗第五子也本名隆業後單名業垂拱三年封趙王開府置官

屬長壽二年隨例却入閤改封中山郡王累授都水使者尋又改封彭城郡王神龍元年加賜實封二百戶通前五百戶景龍二年兼陳州別駕銀青光祿大夫太僕少卿別駕如故睿宗即位進封薛王加封滿一千戶拜祕書監兼右羽林大將軍俄轉宗正卿睿宗以業好學而授祕書監及玄宗誅蕭至忠岑羲等業以翊從之功加實封通舊爲五千戶開元初歷太子少保同涇豳衞虢等州刺史八年遷太子太保初業母早終從母賢妃親鞠養之至是迎賢妃出就外宅事之甚謹業同母妹淮陽涼國二公主亦早卒業撫愛其子逾於己子上以業孝友特加親愛業嘗疾病上親爲祈禱及愈車駕幸其第置酒讌樂更爲初生之歡玄宗賦詩曰昔見漳濱臥言將人事違今逢誕慶日猶謂學仙歸棠棣花重滿鴒原鳥再飛其恩意如此十三年上嘗不豫業妃弟內直郎韋賓與殿中監皇甫恂私議休咎事發玄宗令杖殺韋賓左遷皇甫恂爲錦州刺史妃惶懼降服待罪業亦不敢入謁上遽令召之業至階下逡巡請罪上降階就執其手曰吾若有心猜阻兄弟者天地神明所共咎罪乃歡讌久之仍慰諭妃令復

其位二十一年業進拜司徒二十年正月薨冊贈惠宣太子陪葬橋陵有子十
一人瑗欒安郡王瑒宗正卿滎陽郡王琄封嗣薛王珍嗣岐王琄爲金紫光祿
大夫鴻臚卿同正員天寶五載坐舅刑部尚書韋堅爲右相李林甫所構貶夷
陵郡別駕長任母隨琄竟以憂死七載琄於夜郎安置後移南浦郡十四載安
祿山反赴于西京
隋王隆悌睿宗第六子也初封汝南郡王長安初拜尚乘直長早薨睿宗踐極
追封隋王贈荆州大都督無子
史臣曰夫得天下而治者其道舒而有變讓天下而退者其道卷而常存何者
飛龍在天舒也亢龍有悔變也讓皇帝守無咎於或躍利終吉於勞謙其用有
光其聞莫朽惠莊惠文惠宣隋王等或守常而獲免終保皇枝或過望而包羞
竟塵青史略陽公信魁偉之狀起圖謀之心福善禍淫宜哉不令
贊曰謙而受益讓以成賢唐屬之美憲得其先長不居震剛不乘乾讓之大者
胡可比焉撝範已降同氣連枝性習何遠非革卽暌有善有惡禍福不欺

舊唐書卷九十五

舊唐書卷九十六

後晉司空同中書門下平章事劉昫撰

列傳第四十六

姚崇 宋璟

姚崇本名元崇陝州硤石人也父善懿貞觀中任巂州都督元崇爲孝敬挽郎應下筆成章舉授濮州司倉五遷夏官郎中時契丹寇陷河北數州兵機填委元崇剖析若流皆有條貫則天甚奇之超遷夏官侍郎又尋同鳳閣鸞臺平章事聖曆初則天謂侍臣曰往者周興來俊臣等推勘詔獄朝臣遞相牽引咸承反逆國家有法朕豈能違中間疑有枉濫更使近臣就獄親問皆得手狀承引不虛朕不以爲疑卽可其奏近日周興來俊臣死後更無聞有反逆者然則以前就戮者不有寃濫耶元崇對曰自垂拱已後被告身死破家者皆是枉酷自誣而死告者特以爲功天下號爲羅織甚於漢之黨錮陛下令近臣就獄問者近臣亦不自保何敢輒有動搖被問者若翻又懼遭其毒手將軍張虔勗李安

靜等皆是也賴上天降靈聖情發寤誅鋤兇豎朝廷乂安今日已後臣以微軀及一門百口保見在內外官更無反逆者乞陛下得告狀但收掌不須推問若後有徵驗反逆有實臣請受知而不告之罪則天大悅曰以前宰相皆順成其事陷朕爲淫刑之主聞卿所說甚合朕心其日遣中使送銀千兩以賜元崇時突厥叱利元崇構逆則天不欲元崇與之同名乃改爲元之俄遷鳳閣侍郎依舊知政事長安四年元之以母老表請解職侍養言甚哀切則天難違其意拜相王府長史罷知政事俾獲其養其月又令元之兼知夏官尚書事同鳳閣鸞臺三品元之上言臣事相王知兵馬不便臣非惜死恐不益相王則天深然其言改爲春官尚書是時張易之請移京城大德僧十人配定州私置寺僧等苦訴元之斷停易之屢以爲言元之終不納由是爲易之所譖改爲司僕卿知政事如故使充靈武道大總管神龍元年張柬之桓彥範等謀誅易之兄弟適會元之自軍還都遂預謀以功封梁縣侯賜實封二百戸則天移居上陽宮中宗率百官就閤起居王公已下皆欣躍稱慶元之獨嗚咽流涕彥範柬之謂元之

曰今日豈是啼泣時恐公禍從此始元之曰事則天歲久乍此辭違情發於衷非忍所得昨預公誅兇逆者是臣子之常道豈敢言功今辭違舊主悲泣者亦臣子之終節緣此獲罪實所甘心無幾出爲亳州刺史轉常州刺史睿宗即位召拜兵部尚書同中書門下三品尋遷中書令時玄宗在東宮太平公主干預朝政宋王成器爲閑廐使岐王範薛王業皆掌禁兵外議以爲不便元之同侍中宋璟密奏請令公主往就東都出成器等諸王爲刺史以息人心睿宗以告公主公主大怒玄宗乃上疏以元之璟等離閒兄弟請加罪乃貶元之爲申州刺史再轉揚州長史淮南按察使爲政簡肅人吏立碑紀德俄除同州刺史先天二年玄宗講武在新豐驛召元之代郭元振爲兵部尚書同中書門下三品復遷紫微令避開元尊號又改名崇進封梁國公固辭實封乃停其舊封特賜新封一百戶先是中宗時公主外戚皆奏請度人爲僧尼亦有出私財造寺者富戶強丁皆經營避役遠近充滿至是崇奏曰佛不在外求之於心佛圖澄最賢無益於全趙羅什多藝不救於亡秦何充符融皆遭敗滅齊襄梁武未免災

殃但發心慈悲行事利益使蒼生安樂卽是佛身何用妄度姦人令壞正法上納其言令有司隱括僧徒以僞濫還俗者萬二千餘人開元四年山東蝗蟲大起崇奏曰毛詩云秉彼蟊賊以付炎火又漢光武詔曰勉順時政勸督農桑去彼蝗蜮以及蟊賊此並除蝗之義也蟲既解畏人易爲驅逐又苗稼皆有地主救護必不辭勞蝗既解飛夜必赴火夜中設火火邊掘坑且焚且瘞除之可盡時山東百姓皆燒香禮拜設祭祈恩眼看食苗手不敢近自古有討除不得者秖是人不用命但使齊心戮力必是可除乃遣御史分道殺蝗汴州刺史倪若水執奏曰蝗是天災自宜修德劉聰時除既不得爲害更深仍拒御史不肯應命崇大怒牒報若水曰劉聰僞主德不勝妖今日聖朝妖不勝德古之良守蝗蟲避境若其修德可免彼豈無德致然今坐看食苗何忍不救因以飢饉將何自安幸勿遲迴自招悔悋若水乃行焚瘞之法獲蝗一十四萬石投汴渠流下者不可勝紀時朝廷喧議皆以驅蝗爲不便上聞之復以問崇崇曰庸儒執文不識通變凡事有違經而合道者亦有反道而適權者昔魏時山東有蝗傷稼

緣小忍不除致使苗稼總盡人至相食後秦時有蝗禾稼及草木俱盡牛馬至相噉毛今山東蝗蟲所在流滿仍極繁息實所稀聞河北河南無多貯積儻不收穫豈免流離事繫安危不可膠柱縱使除之不盡猶勝養以成災陛下好生惡殺此事請不煩出勅乞容臣出牒處分若除不得臣在身官爵並請削除上許之黄門監盧懷慎謂崇曰蝗是天災豈可制以人事外議咸以爲非又殺蟲太多有傷和氣今猶可復請公思之崇曰楚王吞蛭厥疾用瘳叔敖殺蛇其福乃降趙宣至賢也恨用其犬孔丘將聖也不愛其羊皆志在安人思不失禮今蝗蟲極盛驅除可得若其縱食所在皆空山東百姓豈宜餓殺此事崇已面經奏定訖請公勿復爲言若救人殺蟲因緣致禍崇請獨受義不仰關懷慎既庶事曲從竟亦不敢逆崇之意蝗因此亦漸止息是時上初即位務修德政軍國庶務多訪於崇同時宰相盧懷慎源乾曜等但唯諾而已崇獨當重任明於吏道斷割不滯然縱其子光祿少卿彝宗正少卿异廣引賓客受納饋遺由是爲時所譏時有中書主書趙誨爲崇所親信受蕃人珍遺事發上親加鞫問下獄

處死崇結奏其罪復營救之上由是不悅其冬曲赦京城勅文時標誨名令決杖一百配流嶺南崇自是憂懼頻面陳避相位薦宋璟自代俄授開府儀同三司罷知政事居月餘玄宗將幸東都而太廟屋壞上召宋璟蘇頲問其故璟等奏言陛下三年之制未畢誠不可行幸凡災變之發皆所以明教誡陛下宜增崇大道以答天意且停幸東都上又召崇問曰朕臨發京邑太廟無故崩壞恐神靈誡以東行不便耶崇對曰太廟殿本是符堅時所造隋文帝創立新都移宇文朝故殿造此廟國家又因隋氏舊制歲月滋深朽蠹而毀山有朽壤尚不免崩既久來枯木合將摧折偶與行期相會不是緣行乃崩且四海爲家兩京相接陛下以關中不甚豐熟轉運又有勞費所以爲人行幸豈是無事煩勞東都百司已作供擬不可失信於天下以臣愚見舊廟既朽爛不堪修理望移神主於太極殿安置更改造新廟以申誠敬車駕依前逕發上曰卿言正合朕意賜絹二百匹令所司奉七廟神主於太極殿改新廟車駕乃幸東都因令崇五日一參仍入閤供奉甚承恩遇後又除太子少保以疾不拜九年薨年七十二

贈揚州大都督謚曰文獻崇先分其田園令諸子姪各守其分仍爲遺令以誡子孫其略曰古人云富貴者人之怨也貴則神忌其滿人惡其上富則鬼瞰其室虜利其財自開闢已來書籍所載德薄任重而能壽考無咎者未之有也故范蠡疏廣之輩知止足之分前史多之況吾才不逮古人而久竊榮寵位逾高而益懼恩彌厚而增憂往在中書遘疾虛憊雖終匪懈而諸書多闕薦賢自代屢有誠祈人欲天從竟蒙哀允優游園沼放浪形骸人生一代斯亦足矣田巴云百年之期未有能至王逸少云俛仰之間已爲陳迹誠哉此言比見諸達官身亡以後子孫既失覆蔭多至貧寒斗尺之間參商是競豈唯自玷乃更辱先無論曲直俱受嗤毀莊田水碾既衆有之遞相推倚或致荒廢陸賈石苞皆古之賢達也所以預爲定分將以絕其後爭吾靜思之深所歎服昔孔子亞聖母墓毀而不修梁鴻至賢父亡席卷而葬昔楊震趙咨盧植張奐皆當代英達通識今古咸有遺言屬以薄葬或濯衣時服或單帛幅巾知眞魂去身貴於速朽子孫皆遵成命迄今以爲美談凡厚葬之家例非明哲或溺於流俗不察幽明

咸以奢厚爲忠孝以儉薄爲慳惜至令亡者致戮尸暴骸之酷存者陷不忠不
孝之誚可爲痛哉可爲痛哉死者無知自同糞土何煩厚葬使傷素業若也有
知神不在柩復何用違君父之令破衣食之資吾身亡後可殮以常服四時之
衣各一副而已吾性甚不愛冠衣必不得將入棺墓紫衣玉帶足便於身念爾
等勿復違之且神道惡奢冥塗尙質若違吾處分使吾受戮於地下於汝心安
乎念而思之今之佛經羅什所譯姚興執本與什對翻姚興造浮屠於永貴里
傾竭府庫廣事莊嚴而興命不得延國亦隨滅又齊跨山東周據關右周則多
除佛法而修繕兵威齊則廣置僧徒而依憑佛力及至交戰齊氏滅亡國旣不
存寺復何有修福之報何其蔑如梁武帝以萬乘爲奴胡太后以六宮入道豈
特身戮名辱皆以亡國破家近日孝和皇帝發使贖生傾國造寺太平公主武
三思悖逆庶人張夫人等皆度人造寺竟術彌街咸不免受戮破家爲天下所
笑經云求長命得長命求富貴得富貴刀尋段段壞火坑變成池比求緣精進
得富貴長命者爲誰生前易知尙覺無應身後難究誰見有徵且五帝之時父

不葬子兄不哭弟言其致仁壽無天橫也三王之代國祚延長人用休息其人
臣則彭祖老聃之類皆享遐齡當此之時未有佛教豈抄經鑄像之力設齋施
佛之功耶宋書西域傳有名僧爲白黑論理證明白足解沉疑宜觀而行之且
佛者覺也在乎方寸假有萬像之廣不出五蘊之中但平等慈悲行善不行惡
則佛道備矣何必溺於小說惑於凡僧仍將喻品用爲實錄抄經寫像破業傾
家乃至施身亦無所愜可謂大惑也亦有緣亡人造像名爲追福方便之教雖
則多端功德須自發心旁助寧應獲報遞相欺誑浸成風俗損耗生人無益亡
者假有通才達識亦爲時俗所拘如來普慈意存利物損衆生之不足厚豪僧
之有餘必不然矣且死者是常古來不免所造經像何所施爲夫釋迦之本法
爲蒼生之大弊汝等各宜警策正法在心勿效兒女子曹終身不悟也吾亡後
必不得爲此弊法若未能全依正道須順俗情從初七至終七任設七僧齋若
隨齋須布施宜以吾緣身衣物充不得輒用餘財爲無益之枉事亦不得妄出
私物徇追福之虛談道士者本以玄牝爲宗初無趨競之教而無識者慕僧家

之有利約佛教而爲業敬尋老君之說亦無過齋之文抑同僧例失之彌遠汝等勿拘鄙俗輒屈於家汝等身沒之後亦教子孫依吾此法云十七年重贈崇太子太保崇長子彝開元初光祿少卿次子异坊州刺史少子弈少而修謹開元末爲禮部侍郎尚書右丞天寶元年右相牛仙客薨彝男閎爲侍御史仙客判官見仙客疾亟逼爲仙客表請以弈及兵部侍郎盧奐爲宰相代己其妻因中使奏之玄宗聞而怒之閎決死弈出爲永陽太守奐爲臨淄太守玄孫合登進士第授武功尉遷監察御史位終給事中

宋璟邢州南和人其先自廣平徙焉後魏吏部尚書弁七代孫也父玄撫以璟貴贈邢州刺史璟少耿介有大節博學工於文翰弱冠舉進士累轉鳳閣舍人當官正色則天甚重之長安中倖臣張易之誣構御史大夫魏元忠有不順之言引鳳閣舍人張說令證之說將入於御前對覆惶惑迫懼璟謂曰名義至重神道難欺必不可黨邪陷正以求苟免若緣犯顏流貶芬芳多矣或至不測吾必叩閤救子將與子同死努力萬代瞻仰在此舉也說感其言及入乃保明元

忠竟得免死璟尋遷左御史臺中丞張易之與弟昌宗縱姿益横傾朝附之昌宗私引相工李弘泰觀占吉凶言涉不順爲飛書所告璟廷奏請窮究其狀則天曰易之等已自奏聞不可加罪璟曰易之等事露自陳情在難恕且謀反大逆無容首免請勒就御史臺勘當以明國法易之等久蒙驅使分外承恩臣必知言出禍從然義激於心雖死不恨則天不悅内史楊再思恐忤旨遽宣勅令璟出璟曰天顏咫尺親奉德音不煩宰臣擅宣王命則天意稍解乃收易之等就臺將加鞫問俄有特勅原之仍令易之等詣璟辭謝璟拒而不見曰公事當公言之若私見則法無私也璟嘗侍宴朝堂時易之兄弟皆爲列卿位三品璟本階六品在下座易之素畏璟妄悅其意虚位揖璟曰公第一人何乃下座璟曰才劣品卑張卿以爲第一人何也當時朝列皆以二張内寵不名官呼易之爲五郎昌宗爲六郎天官侍郎鄭善果謂璟曰中丞奈何呼五郎爲卿璟曰以官言之正當爲卿若以親故當爲張五足下非易之家奴何郎之有鄭善果一何懦哉其剛正皆此類也自是易之等常欲因事傷之則天察其情竟以獲免

神龍元年遷吏部侍郎中宗嘉璟正直仍令兼諫議大夫內供奉仗下後言朝廷得失尋拜黃門侍郎時武三思特寵執權嘗請託於璟璟正色謂之曰當今復子明辟王宜以侯就第何得尚干朝政王獨不見產祿之事乎俄有京兆人韋月將上書訟三思潛通宮掖將爲禍患之漸三思諷有司奏月將大逆不道中宗特令誅之璟執奏請按除罪狀然後申明典憲月將竟免極刑配流嶺南而死中宗幸西京令璟權檢校幷州長史未行又帶本官檢校貝州刺史時河北頻遭水潦百姓飢餒三思封邑在貝州專使徵其租賦璟又拒而不與由是爲三思所擠又歷杭相二州刺史在官清嚴人吏莫有犯者中宗晏駕拜洛州長史睿宗踐祚遷吏部尚書同中書門下三品玄宗在春宮又兼右庶子加銀青光祿大夫先是外戚及諸公主干預朝政請託滋甚崔湜鄭愔相次典選爲權門所制九流失敍預用兩年員闕注擬不足更置比冬選人大爲士庶所歎至是璟與侍郎李乂盧從愿等大革前弊取捨平允銓綜有敘時太平公主謀不利於玄宗嘗於光範門內乘輦伺執政以諷之衆皆失色璟昌言曰東宮有

大功於天下真宗廟社稷之主安得有異議乃與姚崇同奏請令公主就東都
玄宗懼抗表請加罪於璟等乃貶璟爲楚州刺史無幾歷魏兗冀三州刺史河
北按察使遷幽州都督兼御史大夫尋拜國子祭酒兼東都留守歲餘轉京兆
尹復拜御史大夫坐事出爲睦州刺史轉廣州都督仍爲五府經略使廣州舊
族皆以竹茅爲屋屢有火災璟教人燒瓦改造店肆自是無復延燒之患人皆
懷惠立頌以紀其政開元初徵拜刑部尚書四年遷吏部尚書兼黃門監明年
官名改易爲侍中累封廣平郡公其秋駕幸東都次永寧之崤谷馳道隘狹車
騎停擁河南尹李朝隱知頓使王怡並失於部伍上令黜其官爵璟入奏曰陛
下富有春秋方事巡狩一以壑隘致罪二臣竊恐將來人受艱弊於是遽令捨
之璟曰陛下責之以臣言免之是過歸於上而恩由於下請且使待罪於朝然
後詔復其職則進退得其度矣上深善之俄又令璟與中書侍郎蘇頲爲皇子
制名及封邑并公主等邑號璟等奏曰王子將封三十餘國周之麟趾漢之犬
牙彼何足云於斯爲盛竊以郯郟王等傍有古邑字臣等以類推擇謹件三十

國名又王子先有名者皆上有嗣字又公主邑號亦選擇三十美名皆文不害
意言足定體又令臣等別撰一佳名及一美邑號者七子均養百王至仁今若
同等別封或緣母寵子愛骨肉之際人所難言天地之中典有常度昔袁盎降
愼夫人之席文帝竟納之愼夫人亦不以爲嫌美其得久長之計臣等故同進
更不別封上彰覆載無偏之德上稱歎之七年開府儀同三司王皎卒及將築
墳皎子駙馬都尉守一請同昭成皇后父竇孝諶故事其墳高五丈一尺璟及
蘇頲請一依禮式上初從之翼日又令準孝諶舊例璟等上言曰夫儉德之恭
侈惡之大高墳乃昔賢所誡厚葬實君子所非古者墓而不墳蓋此道也凡人
子於哀送之際則不以禮制爲思故周孔設齊斬緦免之差衣衾棺槨之度賢
者俯就私懷不果且蒼梧之野驪山之徒善惡分區圖史所載衆人皆務奢靡
而獨能革之斯所謂至孝要道也中宮若以爲言則此理固可敦諭在外或云
竇太尉墳甚高取則不遠者縱令往日無極言其事偶行令出一時故非常式
又貞觀中文德皇后嫁所生女長樂公主奏請儀注加於長公主魏徵諫云皇

帝之姑姊爲長公主皇帝之女爲公主既有長字合高於公主若加於長公主
事甚不可引漢明故事云羣臣欲封皇子爲王帝曰朕子豈敢與先帝子等時
太宗嘉納之文德皇后奏降中使致謝於徵此則乾坤輔佐之間綽有餘裕豈
若韋庶人父追加王位擅作酆陵禍不旋踵爲天下笑則犯顏逆耳阿意順旨
不可同日而言也況令之所載預作紀綱情既無窮故爲之制度不因人以搖
動不變法以愛憎頃謂金科玉條蓋以此也比來蕃夷等輩及城市閭人遞以
奢靡相高不將禮儀爲意今以后父之寵開府之榮金穴玉衣之資不憂少物
高墳大寢之役不畏無人百事皆出於官一朝亦可以就而臣等區區不已以
聞諒欲成朝廷之政崇國母之德化浹寰區聲光竹素儻中宮情不可奪陛下
不能苦違即準一品合陪陵葬者墳高三丈已上四丈已下降勅將同陪陵之
例即極是高下得宜上謂璟等曰朕每事常欲正身以成綱紀至於妻子情豈
有私然人所難言亦在於此卿等乃能再三堅執成朕美事足使萬代之後光
揚我史策乃遣使賫綵絹四百匹分賜之先是朝集使每至春將還多有改轉

率以爲常璟奏請一切勒還絶其僥求之路又禁斷惡錢發使分道檢括銷毁

之頗招士庶所怨俄授璟開府儀同三司罷知政事明年京兆人權梁山搆逆

伏誅制河南尹王怡馳傳往長安窮其枝黨怡禁繫極衆久之未能決斷乃詔

璟兼京兆留守幷按覆其獄璟至惟罪元謀數人其餘緣梁山詐稱婚禮因假

借得罪及脅從者盡奏原之十二年駕又東巡璟復爲留守上臨發謂璟曰卿

國之元老爲朕股肱耳目今將巡洛邑爲别歷時所有嘉謀嘉猷宜相告也璟

因極言得失特賜綵絹等仍手制曰所進之言書之座右出入觀省以誡終身

其見重如此俄又兼吏部尚書十七年遷尚書右丞相與張說源乾曜同日拜

官勅太官設饌太常奏樂於尚書都省大會百寮玄宗賦詩褒述自寫與之二

十年以年老上表曰臣聞力不足者老則更衰心無主者疾而尤廢臣昔聞其

語今驗諸身況且兼之何能爲也臣自拔跡幽介欽屬盛明才不逮人藝非經

國復以久承驅策歷忝試用命偶時來榮因歲積遂使再升台座三入冢司進

階開府增封本郡所更中外已忝彝章遽居端揆左叨名職何者丞相官師之

長任重昔時愚臣衰朽之餘用慚他日位則逾感人則浸微盡知其然何居而
可頃僶俛從政耆黄不言實懷覆載之德冀竭涓塵之效今積羸成憊沉錮莫
瘳耳目更昏手足多廢顧惟殞越寧遂宿心安可以苟徇大名仍尸重祿且留
章綬不上闕庭儀刑此乖禮法何設伏惟陛下審能以授爲官而擇察臣之懇
詞矜臣之不逮使罷歸私第養疾衡門上弭官謗下知死所則歸全之望獲在
愚臣養老之恩成於聖代日暮途遠天高聽卑瞻望軒墀伏深感戀謹奉表陳
乞以聞手勅許之仍令全給祿俸璟乃退歸東都私第屏絶人事以就醫藥二
十二年駕幸東都璟於路左迎謁上遣榮王親勞問之自是頻遣使送藥餌二
十五年薨年七十五贈太尉謚曰文貞子昇天寶初太僕少卿次尚漢東太守
次渾與右相李林甫善引爲諫議大夫平原太守御史中丞東京採訪使次恕
都官郎中劍南採訪判官依倚權勢頗爲貪暴渾在平原重徵一年庸調作東
畿採訪使又使河南尉楊朝宗影娶妻鄭氏鄭氏即薛稷外孫姊爲宗婦孀居
有色渾有妻使朝宗聘而渾納之奏朝宗爲赤尉恕在劍南有雒縣令崔珪恕

之表兄妻美恕誘而私之而貶珪官又養刺客李晏至九載並爲人所發贓私各數萬貫林甫奏稱璟子渾就東京臺推恕就本使劍南推皆有實狀渾流嶺南高要郡恕流海康郡尚其載又爲人訟其贓貶臨海長史其子華衡居官皆坐贓相次流貶其後渾會赦量移至東陽郡下請託過求及役使人吏求其資課人不堪其弊訟之配流潯江郡然兄弟盡善飲謔俳優雜戲衡最麤險廣平之風教無復存矣廣德後渾除太子諭德爲物議薄之乃留寓於江嶺卒

史臣曰履艱危則易見良臣處平定則難彰賢相故房杜預創業之功不可儔匹而姚宋經武韋二后政亂刑淫頗涉履於中克全聲跡抑無愧焉

贊曰姚宋入用刑政多端爲政匪易防刑益難諫諍以猛施張用寬不有其道將何以安

舊唐書卷九十六考證

姚崇傳○臣德潛按崇上陳十事使玄宗力行此生平大節而傳中不及新書詳之此足補舊書之闕

宋璟傳內史楊再思恐忤旨遽宣勑令璟出○新書作姚璹通鑑綱目俱再思

舊唐書卷九十六考證

舊唐書卷九十七

後晉司空同中書門下平章事劉昫撰

列傳第四十七

劉幽求　鍾紹京　郭元振　張說子均垍　陳希烈附

劉幽求冀州武強人也聖曆年應制舉拜閬中尉刺史不禮焉乃弃官而歸久之授朝邑尉初桓彥範敬暉等雖誅張易之兄弟竟不殺武三思幽求謂桓敬曰三思尚存公輩終無葬地若不早圖恐噬臍無及桓敬等不從其言後果爲三思誣構死於嶺外及韋庶人將行篡逆幽求與玄宗潛謀誅之乃與苑總監鍾紹京長上果毅麻嗣宗及太平公主之子薛崇暕等夜從入禁中討平之是夜所下制勅百餘道皆出於幽求以功擢拜中書舍人令參知機務賜爵中山縣男食實封二百戶翼日又授其二子五品官祖父俱追贈刺史睿宗卽位加銀青光祿大夫行尚書右丞仍舊知政事進封徐國公加實封通前五百戶賜物千段奴婢二十人宅一區地十頃馬四匹加以金銀雜器景雲二年遷戶部

尙書罷知政事月餘轉吏部尙書擢拜侍中降璽書曰頃者王室不造中宗厭代外戚專政姦臣擅國將傾社稷幾遷龜鼎朕躬與王公皆將及於禍難卿見危思奮在變能通翊贊儲君協和義士殄殲元惡放殛凶徒我國家之復存緊茲是賴厥庸甚茂朕用嘉焉故委卿以衡軸胙卿以茅土然征賦未廣寵錫猶輕昔西漢行封更擇多戶東京定賞復增大邑故加賜卿實封二百戶兼舊七百戶使夫高岸爲谷長河如帶子子孫孫傳國無絕又以卿忘軀徇難宜有恩榮故特免卿十死罪並書諸金鐵俾傳于後卿其保茲功業永作國禎可不美歟先天元年拜尙書右僕射同中書門下三品監修國史幽求初自謂功在朝臣之右而志求左僕射兼領中書令俄而竇懷貞爲左僕射崔湜爲中書令幽求心甚不平形於言色湜又託附太平公主將謀逆亂幽求乃與右羽林將軍張暐請以羽林兵誅之乃令暐密奏玄宗曰宰相中有崔湜崔義俱是太平公主進用見作方計其事不輕殿下若不早謀必成大患一朝事出意外太上皇何以得安古人云當斷不斷反受其亂唯請急殺此賊劉幽求已共臣作定謀

計訖願以身正此事赴死如歸臣既職典禁兵若奉殿下命當即除翦上深以爲然暐又洩其謀於侍御史鄧光賓玄宗大懼遽列上其狀睿宗下幽求等詔獄令法官推鞫之法官奏幽求等以疎閒親罪當死玄宗屢救獲免乃流幽求于封州暐于峯州歲餘太平公主等伏誅其日下詔曰劉幽求風雲玄感川嶽粹靈學綜九流文窮三變義以臨事精能貫日忠以成謀用若投水茂勳立艱難之際嘉話盈啓沃之初存讜直以不顧爲姦邪之所忌豈萌頗露譖端潛發元宰見逐讒人孔多既殄羣兇方宣大化期問政於經始載登賢於夢卜可依舊金紫光祿大夫守尚書左僕射知軍國事監修國史上柱國徐國公仍依舊還封七百戶并賜錦衣一襲開元初改尚書左右僕射爲左右丞相乃授幽求尚書左丞相兼黃門監未幾除太子少保罷知政事姚崇素嫉忌之乃奏言幽求鬱快於散職兼有怨言貶授睦州刺史削其實封六百戶歲餘稍遷杭州刺史三年轉桂陽郡刺史在道憤恚而卒年六十一贈禮部尚書諡曰文獻配享睿宗廟庭建中三年重贈司徒

鍾紹京虔州贛人也初爲司農錄事以工書直鳳閣則天時明堂門額九鼎之銘及諸宮殿門牓皆紹京所題景龍中爲苑總監玄宗之誅韋氏紹京夜中帥戶奴及丁夫以從及事成其夜拜紹京銀青光祿大夫中書侍郎參知機務翼日進拜中書令加光祿大夫封越國公賜實封五百戶賜物二千段馬十匹紹京既當朝用事恣情賞罰甚爲時人所惡俄又抗疏讓官睿宗納薛稷之言乃轉爲戶部尚書出爲蜀州刺史玄宗卽位復召拜戶部尚書遷太子詹事時姚崇素惡紹京之爲人因奏紹京發言怨望左遷綿州刺史及坐事累貶琰川尉盡削其階爵及實封俄又歷遷温州別駕開元十五年入朝因垂泣奏曰陛下豈不記疇昔之事耶何忍弃臣荒外永不見闕庭且當時立功之人今並亡歿唯臣衰老獨在陛下豈不垂愍耶玄宗爲之憫然卽日拜銀青光祿大夫右諭德久之轉少詹事年八十餘卒紹京雅好書畫古跡聚二王及褚遂良書至數十百卷建中元年重贈太子太傅

郭元振魏州貴鄉人舉進士授通泉尉任俠使氣不以細務介意前後掠賣所

部千餘人以遺賓客百姓苦之則天聞其名召見與語甚奇之時吐蕃請和乃授元振右武衞鎧曹充使聘於吐蕃吐蕃大將論欽陵請去四鎮兵分十姓之地朝廷使元振因察其事宜元振還上疏曰臣聞利或生害害亦生利國家難消息者唯吐蕃與默啜耳今吐蕃請和默啜受命是將大利於中國也若圖之不審則害必隨之今欽陵欲分裂十姓去四鎮兵此誠動靜之機不可輕舉措也今若直塞其善意恐邊患之起必甚於前若以鎮不可拔兵不可抽則宜爲計以緩之藉事以誘之使彼和望未絕則其惡意亦不得頓生且四鎮之患遠甘涼之患近取捨之計實宜深圖今國之外患者十姓四鎮是也內患者甘涼瓜肅是也關隴之人久事屯戍向三十年力用竭矣脫甘涼有不虞豈堪廣調發耶夫善爲國者當先料內以敵外不貪外以害內然後夷夏晏安昇平可保如欽陵云四鎮諸部接界懼漢侵竊故有是請此則吐蕃所要者然青海吐渾密邇蘭鄯比爲漢患實在茲輩斯亦國家之要者今宜報欽陵云國家非恡四鎮本置此以扼蕃國之要分蕃國之力使不得併兵東侵今委之於蕃力強易

爲東擾必實無東侵意則還漢吐渾諸部及青海故地卽俟斤部落亦還吐蕃如此則足塞欽陵之口而事未全絕也如欽陵小有乖則曲在彼矣又西邊諸國款附歲久論其情義豈可與吐蕃同日而言今未知其利害未審其情實遙有分裂亦恐傷彼諸國之意非制馭之長算也則天從之又上言曰臣揣吐蕃百姓倦傜戍久矣咸願早和其大將論欽陵欲分四鎮境統兵專制故不欲歸款若國家每歲發和親使而欽陵常不從命則彼蕃之人怨欽陵日深望國恩日甚設欲廣舉醜徒固亦難矣斯亦離間之漸必可使其上下俱懷猜阻則天甚然之自是數年間吐蕃君臣果相猜貳因誅大將論欽陵其弟贊婆及兄子莽布支並來降則天仍令元振與河源軍大使夫蒙令卿率騎以接之後吐蕃將麴莽布支率兵入寇涼州都督唐休璟勒兵破之元振參預其謀以功拜主客郎中大足元年遷涼州都督隴右諸軍州大使先是涼州封界南北不過四百餘里既逼突厥吐蕃二寇頻歲奄至城下百姓苦之元振始於南境硤口置和戎城北界磧中置白亭軍控其要路乃拓州境一千五百自是寇虜不復更

至城下元振又令甘州刺史李漢通開置屯田盡其水陸之利舊涼州粟斛售
至數千及漢通收率之後數年豐稔乃至一匹絹糴數十斛積軍糧支數十年
元振風神偉壯而善於撫御在涼州五年夷夏畏慕令行禁止牛羊被野路不
拾遺神龍中遷左驍衛將軍兼檢校安西大都護時西突厥首領烏質勒部落
強盛款塞通和元振就其牙帳計會軍事時天大雪元振立於帳前與烏質勒
言議須臾雪深風凍元振未嘗移足烏質勒年老不勝寒苦會罷而死其子娑
葛以元振故殺其父謀勒兵攻之副使御史中丞解琬知其謀勸元振夜遁元
振曰吾以誠信待人何所疑懼且深在寇庭遁將安適乃安臥帳中明日親入
虜帳哭之甚哀行弔贈之禮娑葛乃感其義復與元振通好因遣使進馬五十
匹及方物制以元振爲金山道行軍大總管先是娑葛與阿史那闕啜忠節不
和屢相侵掠闕啜兵衆寡弱漸不能支元振奏請追闕啜入朝宿衛移其部落
入於瓜沙等州安置制從之闕啜行至播仙城與經略使右威衛將軍周以悌
相遇以悌謂之曰國家以高班厚秩待君者以君統攝部落下有兵衆故也今

輕身入朝是一老胡耳在朝之人誰復喜見非唯官資難得亦恐性命在人今宰相有宗楚客紀處訥並專權用事何不厚賂二公請留不行仍發安西兵幷引吐蕃以擊娑葛求阿史那獻爲可汗以招十姓使郭虔瓘往拔汗那徵甲馬以助軍用既得報讎又得存其部落如此與入朝受制於人豈復同也闕啜然其言便勒兵攻陷于闐坎城獲金寶及生口遣人間道納賂於宗紀元振聞其謀遽上疏曰往者吐蕃所爭唯論十姓四鎭國家不能捨與所以不得通和今吐蕃不相侵擾者不是顧國家和信不來直是其國中諸豪及泥婆羅門等屬國自有攜貳故贊普躬往南征身殞寇庭國中大亂嫡庶競立將相爭權自相屠滅兼以人畜疲癘財力困窮人事天時俱未稱愜所以屈志且共漢和非是本心能忘情於十姓四鎭也如國力殷足之後則必爭小事方便絕和縱其醜徒來相吞擾此必然之計也今忠節乃不論國家大計直欲爲吐蕃作鄉導主人四鎭危機恐從此啓頃緣默啜憑陵所應處兼四鎭兵士歲久貧羸其勢未能得爲忠節經略非是憐突騎施也忠節不體國家中外之意而別求吐蕃吐

蕃得志忠節則在其掌握若爲復得事漢往年吐蕃於國非有恩有力猶欲爭
十姓四鎮今若効力樹恩之後或請分于闐踈勒不知欲以何理抑之又其國
中諸蠻及婆羅門等國見今攜背忽請漢兵助其除討亦不知欲以何詞拒之
是以古之賢人皆不願夷狄妄惠非是不欲其力懼後求請無厭益生中國之
事故臣愚以爲用吐蕃之力實爲非便又請阿史那獻者豈不以獻等並可汗
子孫來卽可以招脅十姓但獻父元慶叔僕羅兄俀子幷斛瑟羅及懷道豈不
俱是可汗子孫往四鎮以他匐十姓不安請册元慶爲可汗竟不能招脅得十
姓卻令元慶沒賊四鎮盡淪頃年忠節請斛瑟羅及懷道俱爲可汗亦不能招
脅得十姓卻遣碎葉數年被圍兵士飢餒又吐蕃頃年亦册俀子及僕羅幷拔
布相次爲可汗亦不能招得十姓皆自磨滅何則此等子孫非有惠下之才恩
義素絕故人心不歸來者旣不能招攜唯與四鎮卻生瘡痏則知册可汗子孫
亦未獲招脅十姓之算也今料獻之恩義又隔遠於其父兄向來旣未樹立威
恩亦何由卽遣人心懸附若自舉兵力勢能取則可招脅十姓不必要須得可

汗子孫也又欲令郭虔瓘入拔汗那稅甲稅馬以充軍用者但往年虔瓘已曾
與忠節擅入拔汗那稅甲稅馬臣在疏勒其訪不聞得一甲入軍拔汗那胡不
勝侵擾南勾吐蕃卽將俀子重擾四鎭又虔瓘往入之際拔汗那四面無賊可
勾恣意侵呑如獨行無人之境猶引俀子爲蔽今此有娑葛强寇知虔瓘等西
行必請相救胡人則內堅城壘突厥則外伺邀遮必知虔瓘等不能更如往年
得恣其呑噬內外受敵自陷危道徒與賊結隙令四鎭不安臣愚揣之亦爲非
計疏奏不省楚客等旣受闕啜之賂乃建議遣攝御史中丞馮嘉賓持節安撫
闕啜御史呂守素處置四鎭持璽書便報元振除牛師奬爲安西副都護便領
甘涼已西兵募兼徵吐蕃以討娑葛娑葛進馬使娑臘知楚客計馳還報娑葛
娑葛是日發兵五千騎出安西五千騎出撥換五千騎出焉耆五千騎出疎勒
時元振在疎勒於河口柵不敢動闕啜在計舒河口候見嘉賓娑葛兵掩至生
擒闕啜殺嘉賓等呂守素至僻城亦見害又殺牛師奬於火燒城乃陷安西四
鎭路絶楚客又奏請周以悌代元振統衆徵元振將陷之使阿史那獻爲十姓

可汗置軍焉耆以取娑葛娑葛遺元振書曰與漢本來無惡只讎於闕啜而宗
尚書取闕啜金枉擬破奴部落馮中丞牛都護相次而來奴等豈坐受死又聞
史獻欲來徒擾亂軍州恐未有寧日乞大使商量處置元振奏娑葛狀楚客怒
奏言元振有異圖元振使其子鴻間道奏其狀以悌竟得罪流于白州復以元
振代以悌赦娑葛罪冊爲十四姓可汗元振奏稱西土未寧事資安撫逗遛不
敢歸京師會楚客等被誅睿宗即位徵拜太僕卿加銀青光祿大夫景雲二年
同中書門下三品代宋璟爲吏部尚書無幾轉兵部尚書封館陶縣男時元振
父愛年老在鄉就拜濟州刺史仍聽致仕其冬與韋安石張說等俱罷知政事
先天元年爲朔方軍大總管始築定遠城以爲行軍計集之所至今賴之明年
復同中書門下三品及蕭至忠竇懷貞等附太平公主潛謀不順玄宗發羽林
兵誅之睿宗登承天門元振躬率兵侍衛之事定論功進封代國公食實封四
百戶賜物一千段又令兼御史大夫持節爲朔方道大總管以備突厥未行玄
宗於驪山講武坐軍容不整坐于纛下將斬以徇劉幽求張說於馬前諫曰元

振宥翊贊大功雖有罪當從原宥乃赦之流於新州尋又思其舊功起爲饒州司馬元振自恃功勳怏怏不得志道病卒開元十年追贈太子少保有文集二十卷

張說字道濟其先范陽人代居河東近又徙家河南之洛陽弱冠應詔舉對策乙第授太子校書累轉右補闕預修三教珠英久視年則天幸三陽宮自夏涉秋不時還都說上疏諫曰陛下屯萬乘幸離宮暑退涼歸未降還旨愚臣固陋恐非良策請爲陛下陳其不可三陽宮去洛城一百六十里有伊水之隔崿坂之峻過夏涉秋水潦方積道壞山險不通轉運河廣無梁咫尺千里扈從兵馬日費資給連雨彌旬即難周濟陛下太倉武庫並在都邑紅粟利器蘊若山丘奈何去宗廟之上都安山谷之僻處是猶倒持劍戟示人鐏柄臣竊爲陛下不取夫禍變之生在人所忽故曰安樂必誠無行所悔此不可止之理一也宮城褊小萬方輻湊填城溢郭併鋪無所排斥居人蓬宿草次風雨暴至不知庇託孤惸老病流轉衢巷陛下作人父母將若之何此不可止之理二也池亭奇巧

誘掖上心削巒起觀竭流漲海俯貫地脉仰出雲路易山川之氣奪農桑之土延木石運斧斤山谷連聲春夏不輟勸陛下作此者豈正人耶詩云人亦勞止汔可小康此不可止之理三也御苑東西二十里所出入來往雜人甚多外無牆垣局禁內有榛蘩谿谷猛獸所伏暴慝是憑陛下往往輕行警蹕不肅歷蒙密乘嶮巇卒然有逸獸狂夫驚犯左右豈不殆哉雖萬全無疑然人主之動不宜易也易曰思患預防願陛下爲萬姓持重此不可止之理四也今國家北有胡寇覷邊南有夷獠騷徼關西小旱耕稼是憂安東近平輸漕方始臣願陛下及時旋軫深居上京息人以展農修德以來遠罷不急之役省無用之費澄心澹懷惟億萬年蒼蒼羣生莫不幸甚臣自度芻議十不一從何者沮盤遊之娛間林沚之玩規遠圖而替近適要後利而弃前歡未沃明主之心已戾貴臣之意然臣血誠密奏而不愛死者不願負陛下言責之職耳輕觸天威伏地待罪疏奏不省長安初修三教珠英畢遷右史內供奉兼知考功貢舉事擢拜鳳閣舍人時臨臺監張易之與其弟昌宗構陷御史大夫魏元忠稱其謀反引說令

證其事說至御前揚言元忠實不反此是易之誣構耳元忠由是免誅說坐忤
旨配流欽州在嶺外歲餘中宗卽位召拜兵部員外郎累轉工部侍郎景龍中
丁母憂去職起復授黃門侍郎累表固辭言甚切至優詔方許之是時風教類
紊多以起復爲榮而說固節懇辭竟終其喪制大爲識者所稱服終復爲工部
侍郎俄拜兵部侍郎加弘文館學士睿宗卽位遷中書侍郎兼雍州長史景雲
元年秋譙王重福於東都構逆而死留守捕繫枝黨數百人考訊結構之狀經
時不決睿宗令說往按其獄一宿捕獲重福謀主張靈均鄭愔等盡得其情狀
自餘枉被繫禁者一切釋放睿宗勞之曰知卿按此獄不枉良善又不漏罪人
非卿忠正豈能如此玄宗在東宮說與國子司業褚无量俱爲侍讀深見親敬
明年同中書門下平章事監修國史是歲二月睿宗謂侍臣曰有術者上言五
日內有急兵入宮卿等爲朕備之左右相顧莫能對說進曰此是讒人設計擬
搖動東宮耳陛下若使太子監國則君臣分定自然窺覦路絕災難不生睿宗
大悅卽日下制皇太子監國明年又制皇太子卽帝位俄而太平公主引蕭至

忠崔湜等爲宰相以說爲不附己轉爲尚書左丞罷知政事仍令往東都留司說既知太平等陰懷異計乃因使獻佩刀於玄宗請先事討之玄宗深嘉納焉及至忠等伏誅徵拜中書令封燕國公賜實封二百戶其冬改易官名拜紫微令自則天末年季冬爲潑寒胡戲中宗嘗御樓以觀之至是因蕃夷入朝又作此戲說上疏諫曰臣聞韓宣適魯見周禮而歎孔子會齊數倡優之罪列國如此況天朝乎今外蕃請和選使朝謁所望接以禮樂示以兵威雖曰戎夷不可輕易焉知無駒支之辯由余之賢哉且潑寒胡未聞典故裸體跳足盛德何觀揮水投泥失容斯甚法殊魯禮褻比齊優恐非干羽柔遠之義樽俎折衝之禮自是此戲乃絕俄而爲姚崇所構出爲相州刺史仍充河北道按察使俄又坐事左轉岳州刺史仍停所食實封三百戶還右羽林將軍兼檢校幽州都督開元七年檢校并州大都督府長史兼天兵軍大使攝御史大夫兼修國史仍齎史本隨軍修撰八年秋朔方大使王晙誅河曲降虜阿布思等千餘人時并州大同橫野等軍有九姓同羅拔曳固等部落皆懷震懼說率輕騎二十人持旌

節直詣其部落宿于帳下召酋帥以慰撫之副使李憲以爲夷虜難信不宜輕涉不測馳狀以諫說報書曰吾肉非黃羊必不畏喫血非野馬必不畏刺士見危致命是吾効死之秋也於是九姓感義其心乃安九年四月胡賊康待賓率衆反據長泉縣自稱葉護攻陷蘭池等六州詔王晙率兵討之仍令說相知經略時叛胡與党項連結攻銀城連谷以據倉糧說統馬步萬人出合河關掩擊大破之追至駱駝堰胡及党項自相殺阻夜胡乃西遁入鐵建山餘黨潰散說招集党項復其居業副使史獻請因此誅党項絕其翻動之計說曰先王之道推亡固存如盡誅之是逆天道也因奏置麟州以安置党項餘燼其年拜兵部尚書同中書門下三品仍依舊修國史明年又勑說爲朔方軍節度大使往巡五城處置兵馬時有康待賓餘黨慶州方渠降胡康願子自立爲可汗舉兵反謀掠監牧馬西涉河出塞說進兵討擒之幷獲其家屬於木盤山送都斬之其黨悉平獲男女三千餘人於是移河曲六州殘胡五萬餘口配許汝唐鄧仙豫等州始空河南朔方千里之地說以討賊功復賜實封二百戶先是緣邊鎮兵

常六十餘萬說以時無強寇不假師衆奏罷二十餘萬勒還營農玄宗頗以爲疑說奏曰臣久在疆埸具悉邊事軍將但欲自衛及雜使營私若禦敵制勝不在多擁閑冗以妨農務陛下若以爲疑臣請以闔門百口爲保以陛下之明四夷畏伏必不慮減兵而招寇也上乃從之時當番衞士浸以貧弱逃亡略盡說又建策請一切召募強壯令其宿衞不簡色役優爲條例逋逃者必爭來應募上從之旬日得精兵一十三萬人分繫諸衞更番上下以實京師其後彍騎是也是歲玄宗將還京而便幸幷州說進言曰太原是國家王業所起陛下行幸振威耀武幷建碑紀德以申永思之意若便入京路由河東有漢武脽上后土之祀此禮久闕歷代莫能行之願陛下紹斯墜典以爲三農祈穀此誠萬姓之福也上從其言及祀后土禮畢說代張嘉貞爲中書令夏四月玄宗親爲詔曰動惟直道累聞獻替之誠言則不諛自得謀猷之體政令必俟其增損圖書又籍其刊削才望兼著理合褒升考中上說又首建封禪之議十三年受詔與右散騎常侍徐堅太常少卿韋縚等撰東封儀注舊儀不便者說多所裁正語在

禮志玄宗尋召說及禮官學士等賜宴於集仙殿謂說曰今與卿等賢才同宴
於此宜改名爲集賢殿因下制改麗正書院爲集賢殿書院授說集賢院學士
知院事及將東封授說爲右丞相兼中書令源乾曜爲左丞相兼侍中蕭嵩勸成
岱宗以明宰相佐成王化也說又撰封禪壇頌以紀聖德初源乾曜本意不欲
封禪而說因贊其事由是頗不相平及登山說引所親攝供奉官及主事等從
升加階超入五品其餘官多不得上又行從兵士惟加勳不得賜物由是頗爲
內外所怨先是御史中丞宇文融獻策請括天下逃戸及籍外剩田置十道勸
農使分往檢察說嫌其擾人不使數建議違之及東封還融又密奏分吏部置
十銓融與禮部尙書蘇頲等分掌選事融等每有奏請皆爲說所抑由是銓綜
失敘融乃與御史大夫崔隱甫中丞李林甫奏彈說引術士夜解及受贓等狀
勑宰臣源乾曜刑部尙書韋抗大理少卿胡珪御史大夫崔隱甫就尙書省鞫
問說兄左庶子光詣朝堂割耳稱寃時中書主事張觀左衞長史范堯臣並依
倚說勢詐假納賂又私度僧王慶則往來與說占卜吉凶爲隱甫等所鞫伏罪

說經兩宿玄宗使中官高力士視之迴奏說坐於草上於瓦器中食蓬首垢面自罰憂懼之甚玄宗憫之力士奏曰說曾爲侍讀又於國有功玄宗然其奏由是停兼中書令觀及慶則決杖而死連坐遷貶者十餘人隱甫及融等恐說復用爲己患又密奏毀之明年詔說致仕仍令在家修史初說爲相時玄宗意欲討吐蕃說密奏許其通和以息邊境玄宗不從及瓜州失守王君㚟死說因獲巂州鬬羊上表獻之以申諷諭其表曰臣聞勇士冠雞武夫戴鶡推情舉類獲此鬬羊遠生越巂蓄性剛決敵不避強戰不顧死雖爲微物志不可挫伏惟陛下選良家於六郡求猛士於四方鳥不遁才獸不藏伎如蒙効奇靈囿角力天場却鼓怒以作氣前躑躅以奮擊䟽若奔雲之交觸碎如轉石之相叩裂骨賭勝濺血爭雄敢毅見而衝冠鷙狠聞而擊節冀將少助明主市駿骨揖怒蛙之意也若使羊能言必將曰若鬬不解立有死者所賴至仁無殘量力取勸焉臣緣損足未堪履地謹遣男詰金明門奉進玄宗深悟其意賜絹及雜綵一千匹十七年復拜尚書左丞相集賢院學士尋代源乾曜爲尚書左丞相視事之日上

勑所司供帳設音樂內出酒食御製詩一篇以敘其事尋以修謁陵儀注功加開府儀同三司時長子均爲中書舍人次子垍尚寧親公主拜駙馬都尉又特授說兄慶王傅光爲銀青光祿大夫當時榮寵莫與爲比十八年遇疾玄宗每日令中使問疾幷手寫藥方賜之十二月薨時年六十四上憯惻久之遽於光順門舉哀因罷十九年元正朝會詔曰弘濟艱難參其功者時傑經緯禮樂贊其道者人師式瞻而百度允釐既往而千載貽範台衡軒鼎垂黼藻於當今徽策寵章播芳蕤於後葉故開府儀同三司尚書左丞相集賢院學士知院事上柱國燕國公張說辰象降靈雲龍合契元和體其沖粹妙有釋其至賾挹而莫測仰之彌高精義探繫表之微英辭鼓天下之動昔侍春誦綢繆歲華含春容之聲叩而盡應蘊泉源之智啓而斯沃授命與國則天衢以通濟用和民則朝政惟允司鈞總六官之紀端揆爲萬方之式方弘風緯俗返本於上古之初而邁德振仁不臻於中壽之福於嗟不憖既喪斯文宣室餘談泠然在耳玉殿遺草宛留其蹟言念忠賢良深震悼是使當宁撫几臨樂徹懸罷稱觴之儀遵往

謚之禮可贈太師賜物五百段始玄宗在東宮說已蒙禮遇及太平用事儲位頗危說獨排其黨請太子監國深謀密畫竟清內難遂爲開元宗臣前後三秉大政掌文學之任凡三十年爲文俊麗用思精密朝廷大手筆皆特承中旨撰述天下詞人咸諷誦之尤長於碑文墓誌當代無能及者喜延納後進善用己長引文儒之士佐佑王化當承平歲久志在粉飾盛時其封泰山祠脽上謁五陵開集賢修太宗之政皆說爲倡首而又敦氣義重然諾於君臣朋友之際大義甚篤時中書舍人徐堅自負文學常以集賢院學士多非其人所司供膳太厚嘗謂朝列曰此輩於國家何益如此虛費將建議罷之說曰自古帝王功成則有奢縱之失或興池臺或玩聲色今聖上崇儒重道親自講論刊正圖書詳延學者今麗正書院天子禮樂之司永代規模不易之道也所費者細所益者大徐子之言何其隘哉玄宗知之由是薄堅說既遭訕鑠罷知政事專集賢文史之任每軍國大事帝遣中使先訪其可否說嘗自製其父贈丹州刺史隲碑文玄宗聞之而御書其碑額賜之曰嗚呼積善之墓有文集三十卷太常謚議

曰文貞左司郎中陽伯誠駮議以爲不稱工部侍郎張九齡立議請依太常爲
定紛紜未決玄宗爲說自製神道碑文御筆賜諡曰文貞繇是方定均垍皆能
文說在中書兄弟已掌綸翰之任居父憂服闋均除戶部侍郎轉兵部二十六
年坐累貶饒州刺史以太子左庶子徵復爲戶部侍郎九載遷刑部尚書自以
才名當爲宰輔常爲李林甫所抑及林甫卒依附權臣陳希烈期於必取既而
楊國忠用事心頗惡之罷希烈知政事引文部侍郎韋見素代之仍以均爲大
理卿均大失望意常鬱鬱祿山之亂受僞命爲中書令掌賊樞衡李峴呂諲條
疏陷賊官均當大辟肅宗於說有舊恩特免死長流合浦郡垍以主壻玄宗特
深恩寵許於禁中置內宅侍爲文章嘗賜珍玩不可勝數時兄均亦供奉翰林
院常以所賜示均均戲謂垍曰此婦翁與女壻非天子賜學士也天寶中玄宗
嘗幸垍內宅謂垍曰希烈累辭機務朕擇其代者孰可垍錯愕未對帝卽曰無
踰吾愛壻矣垍降階陳謝楊國忠聞而惡之及希烈罷相舉韋見素代相垍深
觖望天寶十三年正月范陽節度使安祿山入朝時祿山立破奚契丹功尤加

寵異祿山求帶平章事下中書擬議國忠進言曰祿山誠立軍功然眼不識字制命若行臣恐四夷輕國玄宗乃止加左僕射而已及祿山還鎭命中官高力士餞於滻坡既還帝曰祿山慰意否力士曰觀其深心鬱鬱必伺知宰相之命不行故也帝告國忠國忠曰此議他人不知必張垍所告帝怒盡逐張垍兄弟出均爲建安太守垍爲盧溪郡司馬埱爲宜春郡司馬歲中召還再遷爲太常卿祿山之亂玄宗幸蜀宰相韋見素楊國忠御史大夫魏方進等從朝臣多不至次咸陽帝謂高力士曰昨日蒼黃離京朝官不知所詣今日誰當至者力士曰張垍兄弟世受國恩又連戚屬必當先至房琯素有宰相望深爲祿山所器必不此來帝曰事未可料是日琯至帝大悅因問均垍琯曰臣離京時亦過其舍比約同行均報云已於城南取馬觀其趣向來意不切既而均弟兄果受祿山僞命垍與陳希烈爲賊宰相垍死於賊中

陳希烈者宋州人也精玄學書無不覽開元中玄宗留意經義自褚无量元行沖卒後得希烈與鳳翔人馮朝隱常於禁中講老易累遷至祕書少監代張九

齡專判集賢院事玄宗凡有撰述必經希烈之手李林甫知上睠待深異又以和裕易制乃引爲宰相同知政事相得甚歡而林甫居位日久雖陰謀姦畫足以自固亦希烈佐佑唱和之力也累遷兼兵部尚書左相封潁川郡開國公寵遇侔於林甫及林甫死楊國忠用事素忌嫉之乃引韋見素同列罷希烈知政事守太子太師希烈失恩心頗怏怏祿山之亂與張垍達奚珣同掌賊之機衡六等定罪希烈當斬肅宗以上皇素遇賜死于家

史臣曰劉徐公負不羈之材逢抵巇之運遂能奮命決策扶力中興朝爲徒步之人夕據公侯之位茍非輕死重利不恥不義之富安及此哉郭代公張燕公解逢掖而登將壇驅貔虎之師斷獯戎之臂暨居衡軸克致隆平可謂武緯文經惟申與甫而已惜乎均垍務速失節賊庭自武德已來稱賢相者房杜姚宋四公皆遺無賴子弟汙圮先業非獨燕國之不幸也希烈柔而多智長於名理竟死於名所謂離婁不見其眉睫與夫平叔太初同膏肓耳

贊曰箕微去紂閎散扶昌謀不近義旋踵而亡幽求不令道濟允臧偉哉郭侯

勳德煌煌

舊唐書卷九十七

舊唐書卷九十七考證

張說子均傳及希烈罷相舉韋見素代相均深觖望○沈炳震曰按天寶十三載三月均貶盧溪郡司馬八月韋見素入相則見素入相時均已就貶非因此而觖望也

舊唐書卷九十七考證

舊唐書卷九十八

後晉司空同中書門下平章事劉昫撰

列傳第四十八

魏知古 盧懷慎子奐 源乾曜從孫光裕 光裕子洧 李元紘
杜暹 韓休 裴耀卿孫佶

魏知古深州陸澤人也性方直早有才名弱冠舉進士累授著作郎兼修國史長安中歷遷鳳閣舍人衛尉少卿時睿宗居藩兼檢校相王府司馬神龍初擢拜吏部侍郎仍並依舊兼修國史尋進位銀青光祿大夫明年丁母憂去職服闋授晉州刺史睿宗即位以故吏召拜黃門侍郎兼修國史景雲二年遷右散騎常侍睿宗女金仙玉真二公主入道有制各造一觀雖屬季夏盛暑尚營作不止知古上疏諫曰臣聞穀梁傳曰古之君人者必時視人之所勤人勤於力則功築罕人勤於財則貢賦少人勤於食則百事廢書曰不作無益害有益又曰罔咈百姓以從己之欲禮曰季夏之月樹木方盛無有斬伐不可興土功以

妨農又曰季夏行冬令則風寒不時語曰修己以安百姓此皆興化立理之教爲政養人之本今陛下爲公主造觀將樹功德以祈福祐但兩觀之地皆百姓之宅卒然迫逼令其轉移扶老攜幼投竄無所發剔椽瓦呼嗟道路乖人事違天時起無用之作崇不急之務羣心搖搖衆口籍籍陛下爲人父母欲何以安之且國有簡冊君舉必記動則左史書之言則右史書之是以非禮勿言非禮勿動夫如是則君之所舉可不慎歟微臣備位諫諍兼秉史筆書而不法後嗣何觀臣愚必以爲不可伏願俯順人欲仰稽天意降德音下明策速罷功役收之桑榆疏奏不納頃之又進諫曰臣聞人以君爲天君以人爲本人安則政理本固則邦寧自陛下龔除兇逆君臨寶位蒼生顒顒以爲朝有新政今風教頹替日甚一日府庫空虛人力周弊造作不息官員日增今諸司試及員外檢校等官僅至二千餘人大府之布帛以殫太倉之米粟難給又金仙玉真等觀造作咸非急務臣先奏請停竟仍未止今歲前水後旱五穀不熟若至來春必甚饑饉陛下爲人父母欲何方以賑恤療饑拯溺須及其時又突厥爲患其來自

久本無禮儀焉有誠信今雖遣使來請結婚豺狼之心首鼠何定弱則卑順強則驕逆屬草衰月滿弓勁馬肥乘中國飢虛在和親際會儻或窺犯亭鄣國家何以防之臣所論者事甚急切伏願特垂詳察睿宗嘉其切直尋令同中書門下平章事玄宗在春宮又令兼左庶子未幾遷戶部尚書餘如故明年擢拜侍中先天元年冬從上畋獵于渭川因獻詩諷曰嘗聞夏太康五弟訓禽荒我后來冬狩三驅盛禮張順時鷹隼擊講事武功揚奔走未及去翾飛豈暇翔非熊從渭水瑞雀想陳倉此欲誠難縱茲遊不可常子雲陳羽獵僖伯諫漁棠得失鑒齊楚仁恩念禹湯邕熙諒在宥亭毒匪多傷辛甲今爲史虞箴遂孔彰手制褒之曰夫詩者志之所以寫其心懷實可諷諭君主是故揚雄陳羽獵馬卿賦上林爰自風雅率由茲道予頃向温泉觀省風俗時因暇景掩渭而畋方開一面之羅式展三驅之禮躬親校獵聊以從禽豈意卿有箴規輔予不逮自非款誠夙著其孰能繼於此耶今賜卿物五十段用申勸獎二年累封梁國公竇懷貞等將謀逆也知古獨密奏其事及懷貞誅賜實封二百戶物五百段仍以前

賞猶薄又手勅曰魏知古去年十月已前屢申啓沃每竭忠誠姦臣有謀預奏
其兆事君之節良有可嘉可更賜實封一百戸其年冬令往東都知吏部尚書
事深以爲稱職手制曰卿以宰臣往知大選官人之委情寄尤切遂能端本革
弊忘私徇公正色而行厝心不撓鏡已澈則姸媸必鑒衡已舉則輕重罔違朕
遠聞之益用嘉歎今賜卿衣裳一副以示所懷開元元年官名改易改爲黃門
監二年還京上屢有顧問恩意甚厚尋改紫微令姚崇深忌憚之陰加讒毀乃
除工部尚書罷知政事三年卒時年六十九御史大夫宋璟聞而歎曰叔向古
之遺直子產古之遺愛能兼之者其在魏公贈幽州都督諡曰忠知古初爲黃
門侍郎表薦洹水令呂太一蒲州司功參軍齊澣前右內率府騎曹參軍柳澤
及知吏部尚書事又擢用密縣尉宋遙左補闕袁暉右補闕封希顏伊闕尉陳
希烈後咸累居清要時論以爲有知人之鑒文集七卷
盧懷慎滑州靈昌人其先家于范陽爲山東著姓祖悊爲靈昌令因徙焉懷慎
少清謹舉進士歷監察御史吏部員外郎景龍中遷右御史臺中丞上疏以陳

時政得失今略載其三篇其一曰臣聞孔子曰爲邦百年可以勝殘去殺又曰苟有用我者期月而已三年有成故書云三載考績校其功也昔子產相鄭更法令布刑書一年而人歌之曰取我田疇而伍之取我衣冠而褚之孰殺子產吾其與之二年而人又歌之曰我有子弟子產教之我有田疇子產殖之子產而死誰其嗣之終有遺愛流芳史策子產賢者也其爲政尙累年而化成況其常材乎臣竊見比來州牧上佐及兩畿縣令下車布政罕終四考在任多者一二年少者三五月遽卽遷除不論課最或有歷時未改便傾耳而聽企踵而望爭求冒進不顧廉恥亦何暇爲陛下宣風布化求瘼恤人哉禮義未能興行風俗未能齊一戶口所以流散倉庫所以空虛百姓凋弊日更滋甚職爲此也何則人知吏之不久則不從其教吏知還之不遙又不盡其力偷安爵祿但養資望陛下雖勤勞之懷宵衣旰食然僥倖路啓上下相蒙共爲苟且而已寧盡至公乎此國之病也昔賈誼所謂蹠盭之病乃小小者耳此弊久而不革臣恐爲膏肓雖和緩不能療豈蹠盭而已哉漢宣帝綜覈名實與理致化黃霸良二千

石也就增秩賜金以旌其能而不還於潁川前代之美政也又古之爲吏者長
子孫倉氏庾氏卽其後也書云事不師古以克永代匪說攸聞臣望請諸州都
督刺史上佐及兩畿縣令等在任未經四考已上不許遷除察其課効尤異者
或錫以車裘或就加祿秩或降使臨問弃璽書慰勉若公卿有闕則擢以勸能
其政績無聞及犯貪暴者免歸田里以明聖朝賞罰之信則萬方之人一變于
道矣致此之美革彼之弊易於反掌陛下何惜而不行哉其二曰臣聞尙書云
唐虞稽古建官惟百夏商官倍亦克用乂此省官之義也又云官不必備惟其
才又云無曠庶官天工人其代之此爲官擇人之義也臣竊見京諸司員外官
所在委積多者數餘十倍近古以來未之有也官不必備此則有餘人代天工
多不釐務廣有除拜無所禆益俸祿之費歲巨億萬空竭府藏而已豈致理之
基哉方今倉庫空虛百姓凋弊河渭漕輓西給京師公私損耗不可勝紀況邊
隅未靜兵革尤興節用愛人正在今日增官廣費豈曰其時儻水旱成災租稅
減入水衡無貫朽之蓄京庾闕流衍之儲或疆埸外守兵車遠出或收藏無歲

賑救在辰此軍國之急務也陛下將何以濟之乎書云無輕人事惟艱無安厥位惟危又云不見是圖此皆慎微之深旨也臣竊見員外官中或簪裾雅望或臺閣舊人或明習憲章或諳閑政要皆一時之良幹也多不司案牘空尸祿俸滯其才而不申其用尊其位而不盡其力周稱多士漢曰得人豈其然歟必有異於此矣臣望請諸司員外官有才能器識衆共聞知堪爲州牧縣宰及上佐者並請還擢使宣力四方申其智効有老病及不堪理務者咸從廢省使賢不肖較然殊貫此濟時之切務也安可謂行之艱哉其三曰臣聞天吏逸德烈於猛火貪人敗類取與大風則知冒于寵賂侮於鰥寡爲政之蠹莫先于茲臣竊見內外官人有不率憲章公犯贓污侵牟萬姓剝割蒸人鞫按非虛刑憲已及者或俄復舊資雖負殘削之名還膺牧宰之任或江淮嶺磧微示懲貶而徇財黷貨罕能悛革委以共理俟河之清臣聞明主之於萬姓也必暢以平分而無偏施若犯罪之吏作牧遐方便是屈法惠姦恤近遺遠矣凡左降之人鮮能省過必懷自弃長惡滋深則小州遠郡蠻陬夷落何負於聖化獨受其弊政乎昔

孟嘗廉明方臨合浦隱之清絜乃莅番禺郅都之鎮靜朔方耿恭之輯寧疏勒地則遐僻必擇賢良務以寧濟爲懷豈以遐荒見隔況邊徼之地夷夏雜處負險恃遠易擾難安彌藉循良以寄綏撫若委失其任官非其才凌虐黎庶侵剝蕃部小則坐致流亡大則起爲盜賊由此言之不可用凡材而況於滑吏乎其內外官人有犯贓賄推勘得實者臣望請削迹簪裾十數年間不許齒錄書云旌別淑慝黜陟幽明即其義也若不循此道去邪有疑善政能官甄擬或未之徧擔贓負賄僥倖或即蒙升則賞罰無章沮勸安寄浮競之風轉扇廉恥之行漸隤其源不塞爲蠹斯甚疏奏不納累遷黃門侍郎賜爵漁陽伯先天二年與侍中魏知古於東都分掌選事尋徵還同中書門下三品開元三年遷黃門監懷慎與紫微令姚崇對掌樞密懷慎自以爲吏道不及崇每事皆推讓之時人謂之伴食宰相四年兼吏部尚書其秋以疾篤累表乞骸骨許之旬日而卒贈荆州大都督謚曰文成懷慎臨終遺表曰臣素無才識叨沐恩榮待罪樞密頻積年序報國之心空知自竭推賢之志終未克申孤負明恩夙夜惶懼臣染疾

已久形神欲離鳧鴈之飛未爲之少而犬馬之志終祈上聞其鳴也哀乞求聖
察宋璟立性公直執心貞固文學足以經務識略期於佐時動惟直道行不苟
合聞諸朝野之說實爲社稷之臣李傑勤苦絕倫貞介獨立公家之事知無不
爲幹時之材衆議推許李朝隱操履堅貞才識通贍守文奉法頗懷鐵石之心
事上竭誠實盡人臣之節盧從愿清貞謹慎理識周密始終若一朝野共知簡
要之才不可多得並明時重器聖代良臣比經任使徵有愆失所坐者小所弃
者大所累者輕所貶者遠日月雖近譴責傷深望垂矜錄漸加進用臣竊聞黃
帝所以垂衣裳而天下理者任風力也帝堯所以光宅天下者任稷卨也且朝
廷者天下之本賢良者風化之源得人則庶績其凝失士則彝倫攸斁臣每見
陛下憂勞庶政勤求理道慎擧羣司必期稱職使鵷鷺成列草澤無遺故得歲
稔時和政平訟理此陛下用賢之明効也臣非木石早識天心瞑目不遙厚恩
未報黜殯之義敢不庶幾城郢之言思布愚懇上深嘉納之懷慎清儉不營產
業器用服飾無金玉綺文之麗所得祿俸皆隨時分散而家無餘蓄妻子匱乏

及車駕將幸東都四門博士張星上言懷慎忠清直道終始不虧不加寵贈無以勸善乃下制賜其家物壹伯段米粟貳伯石明年上還京師因校獵於城南經懷慎別業見家人方設祥齋憫其貧匱賜絹百匹仍遣中書侍郎蘇頲爲製碑文上自書焉子奐早修整歷任皆以清白聞開元中爲中書舍人御史中丞陝州刺史二十四年玄宗幸京師次陝城頓審其能政於廳事題贊而去曰專城之重分陝之雄人多惠愛性實謙沖亦既利物在乎匪躬斯爲國寶不墜家風尋除兵部侍郎天寶初爲晉陵太守時南海郡利兼水陸瓌寶山積劉巨鱗彭杲相替爲太守五府節度皆坐贓鉅萬而死乃特授奐爲南海太守遐方之地貪吏斂迹人用安之以爲自開元已來四十年廣府節度清白者有四謂宋璟裴伷先李朝隱及奐中使市舶亦不干法加銀青光祿大夫經三年入爲尚書右丞卒弟奕亦傳清白歷御史中丞而死王事見忠義傳奕子杞德宗朝位至宰輔別有傳

源乾曜相州臨漳人隋比部侍郎師之孫也父直心高宗時爲司刑太常伯坐

事配流嶺南而卒乾曜舉進士景雲中累遷諫議大夫時久廢公卿百官三九射禮乾曜上疏曰夫聖王之教天下也必制禮以正人情人情正則孝於家忠於國此道不替所以理也所以君子三年不爲禮禮必壞三年不爲樂樂必崩竊以古之擇士先觀射禮以明和容之義非取一時之樂夫射者別正邪觀德行中祭祀辟寇戎古先哲王莫不遞襲臣竊見數年已來射禮便廢或緣所司惜費遂令大射有虧臣愚以爲所費者財所全者禮故孔子云爾愛其羊我愛其禮今乾坤再闢日月貞明臣望大射之儀春秋不廢聖人之教今古常行則天下幸甚乾曜尋出爲梁州都督開元初邠王府寮吏有犯法者上令左右求堪爲王府長史者太常卿姜皎薦乾曜公清有吏幹因召見與語乾曜神氣清爽對答皆有倫序上甚悅之乃拜少府少監兼邠王府長史尋遷戶部侍郎兼御史中丞無幾轉尚書左丞四年冬擢拜黃門侍郎同紫微黃門平章事旬日與姚元之俱罷知政事時行幸東都以乾曜爲京兆尹仍京師留守乾曜政存寬簡不嚴而理嘗有仗內白鷹因縱遂失所在上令京兆切捕之俄於野外獲

之其鷹掛於叢棘而死官吏懼得罪相顧失色乾曜徐曰事有邂逅死亦常理
主上仁明當不以此實罪必其獲戾吾自當之不須懼也遂入自請失旨之罪
上一切不問之衆咸伏乾曜臨事不懾而能引過在己也在京兆三年政令如
一八年春復爲黃門侍郎同中書門下三品尋加銀青光祿大夫還侍中久之
上疏曰臣竊見形要之家併求京職俊乂之士多任外官王道平分不合如此
臣三男但是京任望出二人與外官以叶均平之道上從之於是改其子河南
府參軍弼爲絳州司功太祝絜爲鄭尉因下制曰源弼等父在樞近深惟謙挹
恐代官之咸列慮時才之未序率先庶寮崇是讓德既請外其職復降資以授
傳不云乎晉范宣子讓其下皆讓晉國之人於是大和道之或行仁豈云遠因
令文武百寮父子兄弟三人併任京司者任自通容依資次處分由是公卿子
弟京官出外者百餘人俄又有上書者以爲國之執政同其休戚若不稍加崇
寵何以責其盡心十年十一月勅中書門下共食實封三百戶自乾曜及張嘉
貞始也乾曜後扈從東封拜尚書左丞相仍兼侍中乾曜在政事十年時張嘉

貞張說相次爲中書令乾曜不敢與之爭權每事皆推讓之及李元紘杜暹知政事乾曜遂無所參議但唯諾署名而已初乾曜因姜皎所薦遂擢用及皎得罪爲張嘉貞所擠乾曜竟不救之議者以此譏焉十七年夏停兼侍中事其秋遷太子少師以祖名師固辭乃拜太子少傅封安陽郡公十九年駕幸東都乾曜以年老辭疾不堪扈從因留京養疾是年冬卒詔贈幽州大都督上於洛城南門舉哀輟朝二日乾曜從孫光裕亦有令譽歷職清謹撫諸弟以友義聞初爲中書舍人與楊滔劉令植等同刪定開元新格歷刑部戶部二侍郎尚書左丞累遷鄭州刺史稱爲良吏尋卒光裕子淯亦早有美稱閨門雍睦士友推之歷踐清要天寶中爲給事中鄭州刺史襄州刺史本道採訪使及安祿山反既犯東京乃以淯爲江陵郡大都督府長史本道採訪防禦使攝御史中丞以兵部郎中徐浩爲襄州刺史本州防禦守捉使以禦之淯至鎮卒

李元紘其先滑州人世居京兆之萬年本姓丙氏曾祖粲隋大業中屯衞大將軍屬關中賊起煬帝令粲往京城以西二十四郡逐捕盜賊粲撫循士衆甚得

其心及義旗入關粲率其衆歸附拜宗正卿封應國公賜姓李氏高祖與之有舊特蒙恩禮遷爲左監門大將軍以年老特令乘馬於宮中檢校年八十餘卒謚曰明祖寬高宗時爲太常卿別封隴西郡公父道廣則天時爲汴州刺史時屬突厥及契丹寇陷河北兼發河南諸州兵募百姓騷擾道廣寬猛折衷稱爲善政存心慰撫汴州獨不逃散尋入爲殿中監同鳳閣鸞臺平章事累封金城縣侯卒贈秦州都督謚曰成元紘少謹厚初爲涇州司兵累遷雍州司戸時太平公主與僧寺爭碾磑公主方承恩用事百司皆希其旨意元紘遂斷還僧寺竇懷貞爲雍州長史大懼太平勢促令元紘改斷元紘大署判後曰南山或可改移此判終無搖動竟執正不撓懷貞不能奪之俄轉好時令遷潤州司馬所歷咸有聲績開元初三遷萬年縣令賦役平允不嚴而理俄擢爲京兆尹尋有詔令元紘疏決三輔諸王公權要之家皆緣渠立磑以害水田元紘令吏人一切毀之百姓大獲其利又歷工部兵部吏部三侍郎十三年戸部侍郎楊瑒白知愼坐支度失所皆出爲刺史上令宰臣及公卿已下精擇堪爲戸部者多有

薦元紘者將授以戶部尚書時執政以其資淺未宜超授加中大夫拜戶部侍
郎元紘因條奏人間利害及時政得失以奏之上大悅因賜衣一副絹二百匹
明年擢拜中書侍郎同中書門下平章事頃之加銀青光祿大夫賜爵清水男
元紘性清儉既知政事稍抑奔競之路務進者頗憚之時初廢京司職田議者
請於關輔置屯以實倉廩元紘建議曰軍國不同中外異制若人閑無役地棄
不墾發閑人以耕棄地省餽運以實軍糧於是乎有屯田其爲益多矣今百官
所退職田散在諸縣不可聚也百姓所有私田皆力自耕墾不可取也若置屯
田卽須公私相換徵發丁夫徵役則業廢於家免庸則賦闕於國內地置屯古
所未有得不補失或恐未可其議遂止先是左庶子吳兢舊任史官撰唐書一
百卷唐春秋三十卷其書未成以丁憂罷職至是上疏請終其功有詔特令就
集賢院修成其書及張說致仕又令在家修史元紘奏曰國史者記人君善惡
國政損益一字褒貶千載稱之前賢所難事匪容易今張說在家修史吳兢又
在集賢撰錄遂令國之大典散在數處且太宗別置史館在於禁中所以重其

職而祕其事也望勒說等就史館參詳撰錄則典冊有憑舊章不墜矣從之乃詔說及吳兢並就史館修撰元紘在政事累年不改第宅僕馬弊劣未曾改飾所得封物皆散之親族右丞相宋璟嘗嘉歎之每謂人曰李侍郎引宋遙之美才黜劉晃之貪冒貴爲國相家無儲積雖季文子之德何以加也後與杜暹多所異同情遂不叶至有相執奏者上不悅由是罷知政事出爲曹州刺史以疾去官久之拜戶部尚書仍聽致仕二十一年疾瘳起爲太子詹事旬日而卒贈太子少傅諡曰文忠

杜暹濮州濮陽人也父承志則天初爲監察御史時懷州刺史李文暕以皇枝近屬爲讎人所告承志推出之俄而文暕得罪承志坐貶授方義令累轉天官員外郎既羅織事起承志恐懼遂稱疾去官而歸卒于家自暹高祖至暹五代同居暹尤恭謹事繼母以孝聞初舉明經補婺州參軍秩滿將歸州吏以紙萬餘張以贈之暹惟受一百餘悉還之時州寮別者見而歎曰昔清吏受一大錢復何異也俄授鄭尉復以清節見知華州司馬楊孚公直士也深賞重之尋而

孚還大理正暹坐公事下法司結罪孚謂人曰若此尉得罪則公清之士何以勸矣特薦之於執政由是擢拜大理評事開元四年遷監察御史仍往磧西覆屯會安西副都護郭虔瓘與西突厥可汗史獻鎮守使劉遐慶等不叶更相執奏詔暹按其事實時暹已迴至涼州承詔復往磧西因入突厥騎施以究虔瓘等犯狀蕃人賫金以遺暹固辭不受左右曰公遠使絕域不可失蕃人情暹不得已受之埋幕下既去出境乃移牒令收取之蕃人大驚度磧追之不及而止暹累遷給事中丁繼母憂去職十二年安西都護張孝嵩遷爲太原尹或薦暹往使安西蕃人伏其清慎深思慕之乃奪情擢拜黃門侍郎兼安西副大都護暹單騎赴職明年于闐王尉遲眺陰結突厥及諸蕃國圖爲叛亂暹密知其謀發兵捕而斬之并誅其黨與五十餘人更立君長于闐遂安暹以功特加光祿大夫暹在安西四年綏撫將士不憚勤苦甚得夷夏之心十四年詔暹同中書門下平章事仍遣中使往迎之及謁見又賜絹二百匹馬一匹宅一區後與李元紘不叶罷知政事出爲荊州大都督府長史又歷魏州刺史太原尹二十年

上幸北都拜暹爲戸部尚書便令扈從入京行幸東都詔暹爲京留守暹因抽
當番衛士繕修三宫增峻城隍躬自巡檢未嘗休懈上聞而嘉之賜勅書曰卿
素以清直兼之勤幹自委居守每事多能政肅官寮惠及黎庶城隍宫室隨事
修營且有成功不疲人力甚善甚善慰朕懷也俄代李林甫爲禮部尚書累封
魏縣侯二十八年病卒年六十餘詔贈尚書右丞相暹在家孝友愛撫異母弟
昱甚厚然素無學術每當朝談議涉於淺近常以公清勤儉爲己任時亦矯情
爲之弱冠便自誓不受親友贈遺以終其身及卒上甚悼惜之遣中使就家視
其喪事内出絹三百匹以賜之尚書省及故吏賻贈者其子孝友遵其素約皆
拒而不受太常謚曰貞肅右司員外郎劉同升都官員外郎韋廉以暹有忠孝
之美所謚不盡其行建議駁之太常博士裴總執曰杜尚書往以墨縗受職事
雖云奉國不得爲孝請依舊爲定孝友又詣闕陳訴上聞而更令所司詳定竟
謚曰貞孝

韓休京兆長安人伯父大敏則天初爲鳳閣舍人時梁州都督李行褒爲部人

誣告云有逆謀則天令大敏就州推究或謂大敏曰行褒諸李近屬太后意欲
除之忽若失旨禍將不細不可不爲身謀也大敏曰豈有求身之安而陷人非
罪竟奏雪之則天俄又命御史重覆遂構成其罪大敏坐推反失情與知反不
告同罪賜死于家父大智官至洛州司功休早有詞學初應制舉累授桃林丞
又舉賢良玄宗時在春宮親問國政休對策與校書郎趙冬曦並爲乙第擢授
左補闕尋判主爵員外郎歷遷中書舍人禮部侍郎兼知制誥出爲虢州刺史
時虢州以地在兩京之間駕在京及東都並爲近州常被支稅草以納閑廐休
奏請均配餘州中書令張說駁之曰若獨免虢州卽當移向他郡牧守欲爲私
惠國體固不可依又下符不許之休復將執奏寮吏曰更奏必忤執政之意休
曰爲刺史不能救百姓之弊何以爲政必以忤上得罪所甘心也竟執奏獲免
歲餘以母艱去職固陳誠乞終禮制許之服闋除工部侍郎仍知制誥遷尚書
右丞開元二十一年侍中裴光庭卒上令蕭嵩擧朝賢以代光庭者嵩盛稱休
志行遂拜黄門侍郎同中書門下平章事休性方直不務進趨及拜甚允當時

之望俄有萬年尉李美玉得罪上特令流之嶺外休進曰美玉卑位所犯又非巨害今朝廷有大姦尚不能去豈得捨大而取小也臣竊見金吾大將軍程伯獻依恃恩寵所在貪冒第宅輿馬僭擬過縱臣請先出伯獻而後罪美玉上初不許之休固爭曰美玉微細猶不容伯獻巨猾豈得不問陛下若不出伯獻臣卽不敢奉詔流美玉上以其切直從之初蕭嵩以休柔和易制故薦引之休既知政事多折正嵩遂與休不叶宋璟聞之曰不謂韓休乃能如是仁者之勇也其年夏加銀青光祿大夫十二月轉工部尚書罷知政事二十四年遷太子少師封宜陽子二十七年病卒年六十八贈揚州大都督諡曰文忠寶應元年重贈太子太師子洽洪汯滉皆有學尚風韻高雅洽天寶初爲殿中侍御史卒洪爲司庫員外郎洽弟渾除大理司直御史大夫王鉷犯法籍沒其家洽兄浩爲萬年主簿捕其資財有所容隱爲京兆尹鮮于仲通所發配流循州洪汯並坐貶職後遇赦量移洪爲華州長史屬安祿山反西京失守洪陷於賊賊授官將見委任洪與浩及汯滉渾同奔山谷以投行在至谷口洪浩渾及洪子四人並

爲賊所擒併命於通衢洪重交友籍甚於時見者掩涕肅宗聞其重臣子能以忠而死贈太常卿浩贈吏部郎中渾贈太常少卿汯上元中爲諫議大夫浞泂別有傳

裴耀卿贈戶部尚書守眞子也少聰敏數歲解屬文童子舉弱冠拜祕書正字俄補相王府典籤時睿宗在藩甚重之令與掾丘悅文學韋利器更直府中以備顧問府中稱爲學直及睿宗升極拜國子主簿開元初累遷長安令長安舊有配戶和市之法百姓苦之耀卿到官一切令出儲蓄之家預給其直遂無姦僦之弊公私甚以爲便在職二年寬猛得中及去官縣人甚思詠之十三年爲濟州刺史其年車駕東巡州當大路道里綿長而戶口寡弱耀卿躬自條理科配得所時大駕所歷凡十餘州耀卿稱爲知頓之最又歷宣冀二州刺史皆有善政入爲戶部侍郎二十年禮部尚書信安王禕受詔討契丹詔以耀卿爲副俄又令耀卿齎絹二十萬匹分賜立功奚官就部落以給之耀卿謂人曰夷虜貪殘見利忘義今齎持財帛深入寇境不可不爲備也乃令先期而往分道互

進一朝而給付並畢時突厥及室韋果勒兵邀險謀刧襲之比至而耀卿已還其冬還京兆尹明年秋霖雨害稼京城穀貴上將幸東都獨召耀卿問救人之術耀卿對曰臣聞前代聖王亦時有憂害更施惠澤活國濟人由是蒼生仰德史冊書美伏以陛下仁聖至深憂勤庶政小有飢乏降情哀矜躬親支計救其危急上玄降鑒當更延福祚是因有小災而增輝聖德也今旣大駕東巡百司扈從太倉及三輔先所積貯且隨見在發重臣分道賑給計可支一二年從東都更廣漕運以實關輔待稍充實車駕西還卽事無不濟臣以國家帝業本在京師萬國朝宗百代不易之所但爲秦中地狹收粟不多儻遇水旱便卽匱乏往者貞觀永徽之際祿廩數少每年轉運不過一二十萬石所用便足以此車駕久得安居今國用漸廣漕運數倍於前支猶不給陛下數幸東都以就貯積爲國大計不憚劬勞祇爲憂人而行豈是故欲不往若能更廣陝運支粟入京倉廩常有三二年糧卽無憂水旱今天下輸丁約有四百萬人每丁支出錢百文五十文充營窖等用貯納司農及河南府陝州以充其費租米則各隨遠近

任自出脚送納東都從都至陝河路艱險既用陸脚無由廣致若能開通河漕變陸爲水則所支有餘動盈萬計且河南租船候水始進吳人不便河漕由是所在停留日月既淹遂生隱盜臣望沿流相次置倉上深然其言尋拜黃門侍郎同中書門下平章事充轉運使語在食貨志凡三年運七百萬石省脚錢三十萬貫或說耀卿請進所省脚錢以明功利耀卿曰此蓋公卿盈縮之利耳不可以之求寵也乃奏充所司和市和糴等錢明年遷侍中二十四年拜尙書左丞相罷知政事累封趙城侯時夷州刺史楊濬犯贓處死詔令杖六十配流古州耀卿上疏諫曰伏以聖恩天覆仁育庶類凡死罪之屬不欲尸諸市朝全其性命流竄而已所以政致刑措獄無冤人曠古以來未有斯美臣愚以爲全生免死誠爲至化有恥且格爲訓將來茍有未安不敢緘默臣以爲刺史縣令與諸吏稍別人之父母風化所瞻一爲本部長官卽合終身致敬決杖者五刑之末只施於扶扑徒隸之間官蔭稍高卽免鞭撻令決杖贖死誠則已優解體受笞事頗爲辱法至於死天下共之刑至於辱或有所恥況本州刺史百姓所崇

一朝對其人吏背脊加杖屈挫拘執人或哀憐忘其免死之恩且有傷心之痛
恐非敬官長勸風俗之意又雜犯死罪無杖刑奏報三覆然後行決今非時不
覆決杖便發儻獄或未盡又暑熱不耐因杖或死即是促期處分不得順時將
欲生之却夭其命又恐非聖明寬宥之意前後頻在州縣或緣犯決人每大暑
盛夏之時決杖多死秋冬已後至有全者伏望凡刺史縣令於本部決杖及夏
暑生長之時所定杖刑並乞停減即副陛下好生之德於死者皆有再生之恩
俄而特進蓋嘉運破突騎施立功還詔加河西隴右兩節度使仍令經略吐蕃
嘉運既承恩寵日夕酣宴不時赴軍耀卿密上疏曰伏見蓋嘉運立功破賊更
委兩軍以勇果之才承戰勝之勢吐蕃小醜不足殲夷然臣近日與其同班觀
其舉措精勁勇烈誠則有餘言氣矜誇恐難成事莫敖敗於蒲騷之役舉趾稍
高春秋書之爲懲誡恐其有驕敵之色臣竊憂之入秋防邊日月稍逼接對人
吏須識其宜今將撫邊軍未言發日若臨事始去人吏未識雖決在一時恐將
非制勝萬全之道況兵未訓練不知禮法人未懷惠士未同心求其忘性命於

一時憚嚴刑於少頃縱威逼而進因而立功恐非師中以律久長之義又萬人性命決在將軍不得已而行之鑿凶門而即路今酣宴朝夕優渥有餘亦恐非愛人憂國之意不可不察若不可迴換即望送遺進途仍乞聖恩勗以嚴命疏奏上乃促嘉運赴軍竟以無功而還天寶元年改爲尚書右僕射尋轉左僕射一歲薨年六十三贈太子太傅謚曰文獻子綜吏部郎中綜子佶佶字弘正幼能屬文弱冠舉進士補校書郎判入高等授藍田尉時有詔命畿內諸縣城奉天時嚴郢爲京兆政尚峻暴加以朝旨甚迫尹正之命急如風霆本曹尉韋重規其室方娠而疾畏郢之暴不敢以事故免佶因請代役無愆程當時義之德宗南狩佶詣行在拜拾遺轉補闕李懷光以河中叛朝廷欲以含垢爲意佶抗議請討上深器之前席慰免三遷吏部員外歷駕部兵部郎中遷諫議大夫會黔中觀察使韋士文慘酷馭下爲夷獠所逐俾佶代之酋渠自化其後爲瘴毒所侵堅請入覲拜同州刺史徵入爲中書舍人遷尚書右丞時兵部尚書李巽兼鹽鐵使將以使局置於本行經構已半會佶拜命堅執以爲不可遂令徹之

異特恩而強時重佶之有守就拜吏部侍郎以疾除國子祭酒尋遷工部尚書致仕元和八年卒年六十二贈吏部尚書佶清勁温敏凡所定交時稱爲第一流與鄭餘慶特相友善佶歿後餘慶行朋友之服搢紳美之

史臣曰魏知古盧懷愼源乾曜李元紘杜暹韓休裴耀卿悉藴器能咸居宰輔或心存啓沃或志在薦賢或出愛子爲外官或止屯田於關輔或不受蕃人之賂或堅劾伯獻之姦或廣漕渠以充國用此皆立事立功有足嘉尚者也盧李杜三君子又以淸白垂美觔書公孫弘之流也乾曜職當機密無所是非持祿保身焉用彼相

贊曰盧魏乾曜弼違進賢裴韓李杜遠財劾姦汗觔書事淸風肅然萬歲之後其名不刊

舊唐書卷九十八

舊唐書卷九十八考證

魏知古傳睿宗嘉其切直尋令同中書門下平章事○本紀同三品

尋改紫微令姚崇深忌憚之陰加讒毀乃除工部尙書○本紀及表俱無改紫

微事

舊唐書卷九十八考證

舊唐書卷九十九

後晉司空同中書門下平章事劉昫撰

列傳第四十九

崔日用從兄日知　張嘉貞弟嘉祐　蕭嵩子華　張九齡仲方

李適之子季卿　嚴挺之

崔日用滑州靈昌人其先自博陵徙家焉進士舉初爲芮城尉大足元年則天幸長安路次陝州宗楚客時爲刺史日用支供頓事廣求珍味稱楚客之命徧饋從官楚客知而大加賞歎盛稱薦之由是擢爲新豐尉無幾拜監察御史神龍中祕書監鄭普思納女後宮潛謀左道日用遽奏劾之普思方承恩中宗不之省日用廷爭懇至詞甚抗直普思竟伏其罪時宗楚客武三思武延秀等遞爲朋黨日用潛皆附之驟遷兵部侍郎兼修文館學士中宗暴崩韋庶人稱制日用恐禍及己知玄宗將圖義舉乃因沙門普潤道士王曄密詣藩邸深自結納潛謀翼戴玄宗嘗謂曰今謀此舉直爲親不爲身日用曰此乃孝感動天事

必尅捷望速發出其不意若少遲延或恐生變及討平韋氏其夜令權知雍州長史事以功授銀青光祿大夫黃門侍郎參知機務封齊國公食實封二百戶爲相月餘與中書侍郎薛稷不協於中書忿競由是轉雍州長史停知政事尋出爲楊州長史歷婺汴二州刺史兗州都督荆州長史因入奏事言太平公主謀逆有期陛下往在宮府欲有討捕猶是子道臣道須用謀用力今既光臨大寶但須下一制誰敢不從忽姦宄得志則禍亂不小上曰誠如此直恐驚動太上皇卿宜更思之日用曰臣聞天子孝與庶人孝全別庶人孝謹身節用承順顏色天子孝安國家定社稷今若逆黨竊發卽大業都弃豈得成天子之孝乎伏請先定北軍次收逆黨卽不驚動太上皇玄宗從其議及討蕭至忠竇懷貞之際又令權檢校雍州長史加實封通前滿四百戶尋拜吏部尚書日用嘗採毛詩大雅小雅二十篇及司馬相如封禪書因上生日表上之以申規諷幷述告成之事手詔答曰夫詩者動天地感鬼神厚於人美於教矣朕志之所尚思與之齊庶乎採詩之官補朕之闕且古者封禪升中告成朕以菲德未明於至

道竦然以聽頗壯相如之詞惕然載懷復慚夷吾之語卿洽聞殫見温故知新逮此發揮益彰忠懇豈非討蓬山之籍心不忘於起予因蘭殿之祥言固深於啓沃朕循環覽諷用慰于懷今賜卿衣裳一副物五十段以示無言不酬之信也尋出爲常州刺史削實封三百戶轉汝州刺史開元七年差降口賦特下勅曰唐元之際逆黨搆兇崔日用當時潛論其事及于戡翦實預元謀而所食之封後以例減功既居多特宜準初食之封與二百戶十年轉幷州大都督長史尋卒時年五十贈吏部尚書諡曰昭後又贈荊州大都督子宗之襲日用才辯過人見事敏速每朝廷有事轉禍爲福以取富貴及先天已後復求入相竟亦不遂常謂人曰吾一生行事皆臨時制變不必重專守始謀每一念之不覺芒刺在於背也日用從父兄日知亦有吏幹景雲中爲洛州司馬會譙王重福入東都作亂羣臣皆避難逃匿日知獨督率人吏赴留守與屯營合勢討賊重福既死以功加銀青光祿大夫累遷京兆尹坐贓爲御史李如璧所劾左遷歙縣丞俄又歷遷殿中監日知素與張說友善說薦之奏請授御史大夫上不許遂

以爲左羽林衛大將軍而以河南尹崔隱甫爲御史大夫隱甫由是與說不叶日知俄遷太常卿自以歷任年久每朝士參集常與尚書同列時人號爲尚書裏行遂爲口實開元十六年出爲潞州大都督府長史尋以年老致仕卒謚曰襄

張嘉貞蒲州猗氏人也弱冠應五經舉拜平鄉尉坐事免歸鄉里長安中侍御史張循憲爲河東採訪使薦嘉貞材堪憲官請以己之官秩授之則天召見垂簾與之言嘉貞奏曰以臣草萊而得入謁九重是千載一遇也咫尺之間如隔雲霧竟不覩日月恐君臣之道有所未盡則天遽令卷簾與語大悅擢拜監察御史累遷中書舍人歷秦州都督幷州長史爲政嚴肅甚爲人吏所畏開元初因奏事至京師上聞其善政數加賞慰嘉貞因奏曰臣少孤兄弟相依以至今臣弟嘉祐今授鄯州別駕與臣各在一方同心離居魂絕萬里乞移就臣側近臣兄弟盡力報國死無所恨上嘉其友愛特改嘉祐爲忻州刺史時突厥九姓新來內附散居太原以北嘉貞奏請置軍以鎮之於是始於幷州置天兵軍以

嘉貞爲使六年春嘉貞又入朝俄有告其在軍奢僭及贓賄者御史大夫王晙因而劾奏之按驗無狀上將加告者反坐之罪嘉貞奏曰昔者天子聽政於上瞍賦矇誦百工諫庶人謗而後天子斟酌焉今反坐此輩是塞言者之路則天下之事無由上達特望免此罪以廣謗誦之道從之遂令減死自是帝以嘉貞爲忠嘉貞又嘗奏曰今志力方壯是効命之秋更三數年卽衰老無能爲也惟陛下早垂任使死且不憚上以其明辯尤重之八年春宋璟蘇頲罷知政事擢嘉貞爲中書侍郎同中書門下平章事數月加銀青光祿大夫遷中書令嘉貞斷決敏速善於敷奏然性強躁自用頗爲時論所譏時中書舍人苗延嗣呂太一考功員外郎員嘉靜殿中侍御史崔訓皆嘉貞所引位列清要常在嘉貞門下共議朝政時人爲之語曰令公四俊苗呂員訓開元十年車駕幸東都有洛陽主簿王鈞爲嘉貞修宅將以求御史因受贓事發上特令朝堂集衆決殺之嘉貞促所由速其刑以滅口乃歸罪於御史大夫韋抗中丞韋虛心皆貶黜之其冬祕書監姜皎犯罪嘉貞又附會王守一奏請杖之皎遂死于路俄而廣州

都督裴伷先下獄上召侍臣問當何罪嘉貞又請杖之兵部尚書張說進曰臣
聞刑不上大夫以其近於君也故曰士可殺不可辱臣今秋受詔巡邊中途聞
姜皎以罪於朝堂決杖配流而死皎官是三品亦有微功若其有犯應死卽殺
應流卽流不宜決杖廷辱以卒伍待之且律有八議勳貴在焉皎事以往不可
追悔伷先祇宜據狀流貶不可輕又決罰上然其言嘉貞不悅退謂說曰何言
事之深也說曰宰相者時來卽爲豈能長據若貴臣盡當可杖但恐吾等行當
及之此言非爲伷先乃爲天下士君子也初嘉貞爲兵部員外郎時張說爲侍
郎及是說位在嘉貞下既無所推讓說頗不平因以此言激怒嘉貞由是與說
不叶上又以嘉貞弟嘉祐爲金吾將軍兄弟並居將相之位甚爲時人之所畏
憚十一年上幸太原行在所嘉祐贓汙事發張說勸嘉貞素服待罪不得入謁
因出爲幽州刺史說遂代爲中書令嘉貞惋恨謂人曰中書令幸有二員何相
迫之甚也明年復拜戶部尚書兼益州長史判都督事勅嘉貞就中書省與宰
相會宴嘉貞既恨張說擠己因攘袂勃罵源乾曜王晙共和解之明年坐與王

守一交往左轉台州刺史復代盧從愿爲工部尚書定州刺史知北平軍事累封河東侯將行上自賦詩詔百寮於上東門外餞之至州於恆嶽廟中立頌嘉貞自爲其文乃書於石其碑用白石爲之素質黑文甚爲奇麗先是嶽祠爲遠近祈賽有錢數百萬嘉貞自以爲頌文之功納其數萬十七年嘉貞以疾請就醫東都制從之至都目瞑無所見上令醫人內直郎田休裕郎將呂弘泰馳傳往省療之其秋卒年六十四贈益州大都督謚曰恭肅嘉貞雖久歷清要然不立田園及在定州所親有勸植田業者嘉貞曰吾忝歷官榮曾任國相未死之際豈憂飢餒若負譴責雖富田莊亦無用也比見朝士廣占良田及身沒後皆爲無賴子弟作酒色之資甚無謂也聞者皆歎伏初嘉貞作相薦萬年縣主簿韓朝宗擢爲監察御史及嘉貞卒後十數歲朝宗爲京兆尹因奏曰自陛下臨御已來所用宰相皆進退以禮善始令終身雖已沒子孫咸在朝廷唯張嘉貞晚年一子今猶未登官序上亦憫然遽令召之賜名延賞特拜左內率府兵曹參軍德宗朝位至宰輔自有傳嘉祐有幹略自右金吾將軍貶浦陽府折衝至

二十五年爲相州刺史相州自開元已來刺史死貶者十數人嘉祐訪知尉遲迥周末爲相州總管身死國難乃立其神祠以邀福經三考改左金吾將軍後吳兢爲鄴郡守又加尉遲神冕服自後郡守無患

蕭嵩貞觀初左僕射宋國公瑀之曾姪孫祖鈞中書舍人有名於時嵩美鬚髯儀形偉麗初娶會稽賀晦女與吳郡陸象先爲僚壻象先時爲洛陽尉宰相子門望甚高嵩尙未入仕宣州人夏榮稱有相術謂象先曰陸郎十年內位極人臣然不及蕭郎一門盡貴官位高而有壽時人未之許神龍元年嵩調補洛州參軍尋而侍中扶陽王桓彥範出爲洛州刺史見之推重待以殊禮景雲元年爲醴泉尉時陸象先已爲中書侍郎引爲監察御史及象先知政事嵩又驟遷殿中侍御史開元初爲中書舍人與崔琳王丘齊澣同列皆以嵩寡學術未異之而紫微令姚崇許其致遠眷之特深歷宋州刺史三遷爲尚書左丞兵部侍郎十五年涼州刺史河西節度王君㚟恃衆每歲攻擊吐蕃吐蕃大將悉諾邏恭祿及燭龍莽布支攻陷瓜州城執刺史田元獻及君㚟父壽盡取城中軍資

及倉糧仍毀其城而去又攻玉門軍及常樂縣縣令賈師順嬰城固守賊遂引退無何君㚟又爲迴紇諸部殺之於鞏筆驛河隴震駭玄宗以君㚟勇將無謀果及於難擇堪邊任者乃以嵩爲兵部尚書河西節度使判涼州事嵩乃請以裴寬郭虛己牛仙客在其幕下又請以建康軍使左金吾將軍張守珪爲瓜州刺史修築州城招輯百姓令其復業又加嵩銀青光祿大夫時悉諾邏恭祿威名甚振嵩乃縱反間於吐蕃言其與中國潛通贊普遂召而誅之明年秋吐蕃大下悉末明復率衆攻瓜州守珪出兵擊走之隴右節度使鄯州都督張志亮引兵至青海西南渴波谷與吐蕃接戰大破之八月嵩又遣副將杜賓客率弩手四千人與吐蕃戰于祁連城下自晨至暮散而復合賊徒大潰臨陣斬其副將一人散走山谷哭聲四合露布至玄宗大悅乃加嵩同中書門下三品恩顧莫比十七年授宇文融裴光庭宰相又加嵩兼中書令自十四年燕國公張說罷中書令後缺此位四年而嵩居之常帶河西節度遙領之加集賢殿學士知院事兼修國史進位金紫光祿大夫子衡尚新昌公主嵩夫人賀氏入覲拜席

玄宗呼爲親家母禮儀甚盛尋又進封徐國公二十一年二月侍中裴光庭卒光庭與蒿同位數年情頗不協及是玄宗遣蒿擇相蒿以右丞韓休長者舉之及休入相蒿舉事休峭直輒不相假互於玄宗前論曲直因讓位玄宗眷蒿厚乃許蒿授尚書右丞相令罷相以休爲工部尚書尋又以蒿子華爲給事中二十四年拜太子太師及幽州節度使張守珪坐賂遺中官牛仙童貶爲括州刺史蒿嘗賄仙童李林甫發之貶青州刺史尋又追拜太子太師蒿又請老蒿性好服餌及罷相於林園植藥合鍊自適華時爲工部侍郎衡以主壻三品蒿皤然就養十餘年家財豐贍衣冠榮之天寶八年薨年八十餘贈開府儀同三司子華天寶末轉兵部侍郎祿山之亂從駕不及陷賊僞署魏州刺史乾元元年郭子儀與九節度之師渡河攻安慶緒於相州華潛通表疏俟官軍至爲內應賊伺知之禁錮華於獄崔光遠收魏州破械出華魏人美華之惠政詣光遠請留朝廷正授魏州刺史既而史思明率衆南下子儀懼華復陷乃表崔光遠代華召至軍中及相州兵潰華歸京仍以僞命所汙降授試祕書少監華謹重方

雅綽有家法人士稱之尋遷尙書右丞乾元二年出爲河中尹河中晉絳節度使上元元年十二月制曰弼予之選審象是求天步未平廟謨尤切必資明表佇以佐時晝一之才取則不遠正議大夫前河中尹兼御史中丞充本府晉絳等州節度觀察等使上柱國嗣徐國公賜紫金魚袋蕭華公輔成名承家繼業詞標麗則德蘊謨明再履宮坊尤知至行致君望美閱相求能且推伊陟之賢更啓漢臣之閤還依日月佐理陰陽俾參政於紫宸用建中於皇極可中書侍郎同中書門下平章事集賢殿崇文館大學士監修國史時中官李輔國專典禁兵怙寵用事求爲宰相諷宰臣裴冕等薦己華頗拒之輔國怒肅宗方寢疾輔國矯命罷華相位守禮部尙書仍引元載代華肅宗崩代宗在諒闇元載希輔國旨貶華爲硤州員外司馬卒於貶所衡子復德宗朝位亦至宰輔華子恆悟恆子俛大和中宰輔悟子倣咸通中宰輔皆自有傳

張九齡字子壽一名博物曾祖君政韶州別駕因家于始興今爲曲江人父弘愈以九齡貴贈廣州刺史九齡幼聰敏善屬文年十三以書干廣州刺史王方

慶大嗟賞之曰此子必能致遠登進士第應舉登乙第拜校書郎玄宗在東宮舉天下文藻之士親加策問九齡對策高第遷右拾遺時帝未行親郊之禮九齡上疏曰伏以天者百神之君而王者之所由受命也自古繼統之主必有郊配之義蓋以敬天命以報所受故於郊之義則不以德澤未洽年穀不登凡事之故而闕其禮孝經云昔者周公郊祀后稷以配天斯謂成王幼沖周公居攝猶用其禮明不蹔廢漢丞相匡衡亦云帝王之事莫重乎郊祀董仲舒又云不郊而祭山川失祭之序逆於禮正故春秋非之臣愚以爲匡衡仲舒古之知禮者皆謂郊之爲祭所宜先也伏惟陛下紹休聖緒其命惟新御極已來於今五載既光太平之業未行大報之禮竊考經傳義或未通今百穀嘉生鳥獸咸若夷狄內附兵革用寧將欲鑄劍爲農泥金封禪用彰功德之美允答神祇之心能事畢行光耀帝載況郊祀常典猶闕其儀有若怠於事天臣恐不可以訓伏望以迎日之至展焚柴之禮升紫壇陳采席定天位明天道則聖朝典則可謂無遺矣九齡以才鑒見推當時吏部試拔萃選人及應舉者咸令九齡與右拾

遺趙冬曦考其等第前後數四每稱平允開元十年三遷司勳員外郎時張說為中書令與九齡同姓敘為昭穆尤親重之常謂人曰後來詞人稱首也九齡既欣知己亦依附焉十一年拜中書舍人十三年車駕東巡行封禪之禮說自定侍從升中之官多引兩省錄事主書及己之所親攝官而上遂加特進階超授五品初令九齡草詔九齡言於說曰官爵者天下之公器德望為先勞舊次焉若顛倒衣裳則譏謗起矣今登封霈澤千載一遇清流高品不沐殊恩胥吏末班先加章紱但恐制出之後四方失望今進草之際事猶可改唯令公審籌之無貽後悔也說曰事已決矣悠悠之談何足慮也竟不從及制出內外甚咎於說時御史中丞宇文融方知田戶之事每有所奏說多建議違之融亦以此不平於說九齡復勸說為備說又不從其言無幾說果為融所劾罷知政事九齡亦改太常少卿尋出為冀州刺史九齡以母老在鄉而河北道里遼遠上疏固請換江南一州望得數承母音耗優制許之改為洪州都督俄轉桂州都督仍充嶺南道按察使上又以其弟九章九皐為嶺南道刺史令歲時伏臘皆得

寧覲初張說知集賢院事常薦九齡堪爲學士以備顧問說卒後上思其言召拜九齡爲祕書少監集賢院學士副知院事再遷中書侍郎常密有陳奏多見納用尋丁母喪歸鄉里二十一年十二月起復拜中書侍郎同中書門下平章事明年遷中書令兼修國史時范陽節度使張守珪以裨將安祿山討奚契丹敗衂執送京師請行朝典九齡奏劾曰穰苴出軍必誅莊賈孫武教戰亦斬宮嬪守珪軍令必行祿山不宜免死上特捨之九齡奏曰祿山狼子野心面有逆相臣請因罪戮之冀絕後患上曰卿勿以王夷甫知石勒故事誤害忠良遂放歸藩二十三年加金紫光祿大夫累封始興縣伯李林甫自無學術以九齡文行爲上所知心頗忌之乃引牛仙客知政事九齡屢言不可帝不悅二十四年遷尚書右丞相罷知政事後宰執每薦引公卿上必問風度得如九齡否故事皆搢笏於帶而後乘馬九齡體羸常使人持之因設笏囊笏囊之設自九齡始也初九齡爲相薦長安尉周子諒爲監察御史至是子諒以妄陳休咎上親加詰問令於朝決殺之九齡坐引非其人左遷荊州大都督府長史俄請歸拜墓

因遇疾卒年六十八贈荆州大都督諡曰文憲九齡在相位時建議復置十道採訪使又教河南數州水種稻以廣屯田議置屯田費功無利竟不能就罷之性頗躁急動輒忿詈議者以此少之子極伊闕令祿山之亂陷賊不受僞命兩京克復詔加太子右贊善弟九皋自尙書郎歷唐徐宋襄廣五州刺史九章歷吉明曹三州刺史鴻臚卿九齡爲中書令時天長節百寮上壽多獻珍異唯九齡進金鏡錄五卷言前古興廢之道上賞異之又與中書侍郎嚴挺之尙書左丞袁仁敬右庶子梁升卿御史中丞盧怡結交友善挺之等有才幹而交道終始不渝甚爲當時之所稱至德初上皇在蜀思九齡之先覺下詔褒贈曰正大廈者柱石之力昌帝業者輔相之臣生則保其榮名歿乃稱其盛德節終未允於人望加贈實存乎國章故中書令張九齡維嶽降神濟川作相開元之際寅亮成功讜言定其社稷先覺合於蓍策永懷賢弼可謂大臣竹帛猶存樵蘇必禁爰從八命之秩更進三台之位可贈司徒仍遣使就韶州致祭有集二十卷九皋曾孫仲方少朗秀爲兒童時父友高郢見而奇之曰此子非常必爲國器

吾獲高位必振發之後郢爲御史大夫首請仲方爲御史歷金州刺史郡人有田產爲中人所奪仲方三疏奏聞竟理其寃入爲度支郎中駁李吉甫諡吉甫之黨惡之出爲遂州司馬稍遷復曹鄭三郡守爲諫議大夫時鄠縣令崔發因辱小黃門敬宗赫怒付臺推鞫及元日大赦獨發不得宥仲方上疏其略曰鴻恩將布於天下而不行御前霈澤始被於昆蟲而獨遺崔發由是發得不死時論美之太和九年爲京兆尹將相從累者皆大戮仲方密令識之旋詔下許令收葬得認遺骸實仲方之力也是時軍人橫恣仲方脂韋坐不稱職出爲華州刺史改祕書監開成二年卒年七十二贈禮部尙書諡曰成

李適之一名昌恆山王承乾之孫也父象官至懷州別駕適之神龍初起家拜左衞郎將開元中累遷通州刺史以強幹見稱時給事中韓朝宗爲按察使特表薦之擢拜秦州都督俄轉陝州刺史入爲河南尹適之性簡率不務苛細人吏便之歲餘拜御史大夫開元二十七年兼幽州大都督府長史知節度事適之以祖得罪見廢父又遭則天所黜葬禮有闕上疏請歸葬昭陵之闕內於是

下詔追贈承乾爲恆山愍王象爲越州都督郇國公伯父厥及亡兄數人並有
襃贈數喪同至京師葬禮甚盛仍刊石於墳所俄拜刑部尚書適之雅好賓友
飲酒一斗不亂夜則宴賞晝決公務庭無留事天寶元年代牛仙客爲左相累
封清和縣公與李林甫爭權不叶適之性疎爲其陰中林甫嘗謂適之曰華山
有金鑛採之可以富國上未之知適之心善其言他日從容奏之玄宗大悅顧
問林甫對曰臣知之久矣然華山陛下本命王氣所在不可穿鑿臣故不敢上
言帝以爲愛己薄適之言疎黜右節度皇甫惟明刑部尚書韋堅戶部尚書裴
寬京兆尹韓朝宗悉與適之善林甫皆中傷之構成其罪相繼放逐適之懼不
自安求爲散職五載罷知政事守太子少保遽命親故歡會賦詩曰避賢初罷
相樂聖且銜盃爲問門前客今朝幾箇來竟坐與韋堅等相善貶宜春太守後
御史羅希奭奉使殺韋堅盧幼臨裴敦復李邕等於貶所州縣且聞希奭到無
不惶駭希奭過宜春郡適之聞其來仰藥而死子季卿弱冠舉明經頗工文詞
應制舉登博學宏詞科再遷京兆府鄠縣尉肅宗朝累遷中書舍人以公事坐

貶通州別駕代宗即位大舉淹抑自通州徵爲京兆少尹尋復中書舍人拜吏部侍郎俄兼御史大夫奉使河南江淮宣慰振拔幽滯進用忠廉時人稱之在銓衡數年轉右散騎常侍季卿有宇量性識博達善與人交襟懷豁如其在朝以進賢爲務士以此多之大曆二年卒贈禮部尚書孫融立性嚴整善吏事貞元十年歷官至渭州節度使卒

嚴挺之華州華陰人叔父方嶷景雲中戶部郎中挺之少好學舉進士神龍元年制舉擢第授義興尉遇姚崇爲常州刺史見其體質昂藏雅有吏幹深器異之及崇再入爲中書令引挺之爲右拾遺睿宗好樂聽之忘倦玄宗又善音律先天二年正月望胡僧婆陁請夜開門燃百千燈睿宗御延喜門觀樂凡經四日又追作先天元年大酺睿宗御安福門樓觀百司酺宴以夜繼晝經月餘日挺之上疏諫曰微臣竊惟陛下應天順人發號施令躬親大禮昭布鴻澤孜孜庶政業業萬幾蓋以天下心爲心深戒安危之理此誠堯舜禹湯之德教也奈何親御城門以觀大酺累日兼夜臣愚竊所未諭夫酺者因人所利合醵爲歡

無相奪倫不至糜弊且臣卜其晝史冊攸存君舉必書帝王重愼今乃暴衣冠於上路羅妓樂於中宵雜鄭衞之音縱倡優之樂陛下還淳復古宵衣旰食不矜細行恐非聖德所宜臣以爲一不可也譏何警夜伐鼓通晨以備非常存之善教今陛下不深惟戒愼輕違動息重門弛禁巨猾多徒儻有躍馬奔車流言駭叫一塵聽覽有累宸衷臣以爲二不可也且一人向隅滿堂不樂一物失所納隍增慮陛下北宮多暇西墉暫臨青春日長已積埃塵之弊紫微漏永重窮歌舞之樂儻令有司跛倚下人饑倦以陛下近猶不恤而況於遠乎聖情攸聞豈不懍然祇畏臣以爲四不可也且元正首祚大禮頻光百姓顒顒咸謂業盛配天功垂曠代今陛下恩似薄於衆望酺卽過於往年王公貴人各承微旨州縣坊曲競爲課稅吁嗟道路貿易家產損萬人之力營百戲之資適欲同其歡而乃遺其患復令兼夜人何以堪臣以爲五不可也書曰罔咈百姓以從己之欲況自去夏霪霖經今亢旱農乏收成市有騰貴損其實崇其虛馳不急之務擾方春之業前代聖主明王忽於細微而成過患多矣陛下可效之哉伏望書

則歡娛暮令休息要令兼夜恐無益於聖朝上納其言而止時侍御史任知古
恃憲威於朝行詬詈衣冠挺之深讓之以爲不敬乃爲臺司所劾左遷萬州員
外參軍開元中爲考功員外郎典舉二年大稱平允登科者頓減二分之一遷
考功郎中特勑又令知考功貢舉事稍遷給事中時黃門侍郎杜暹中書侍郎
李元紘同列爲相不叶暹與挺之善元紘素重宋遙引爲中書舍人及與起居
舍人張垍等同考吏部等第判遙復與挺之好尙不同遙言於元紘元紘詰譙
挺之挺之曰明公位尊國相情溺小人乃有憎惡甚爲不取也詞色俱厲元紘
曰小人爲誰挺之曰卽宋遙也因出爲登州刺史太原少尹殿中監王毛仲使
太原朔方幽州計會兵馬事隔數年乃牒太原索器仗挺之以不挾勑毛仲寵
幸久恐有變故密奏之尋遷濮汴二州刺史挺之所歷皆嚴整吏不敢犯及莅
大郡人乃重足側息二十年毛仲得罪賜死玄宗思曩日之奏擢爲刑部侍郎
深見恩遇改太府卿與張九齡相善九齡入相用挺之爲尙書左丞知吏部選
陸景融知兵部選皆爲一時精選時侍中裴耀卿禮部尙書李林甫與九齡同

在相位九齡以詞學進入視草翰林又爲中書令甚承恩顧耀卿與九齡素善林甫巧密知九齡方承恩遇善事之意未相與林甫引蕭炅爲戶部侍郎嘗與挺之同行慶弔客次有禮記蕭炅讀之曰蒸嘗伏獵炅早從官無學術不識伏臘之意誤讀之挺之戲問炅對如初挺之白九齡曰省中豈有伏獵侍郎由是出爲岐州刺史林甫深恨之九齡嘗欲引挺之同居相位謂之曰李尚書深承聖恩足下宜一造門款狎挺之素負氣薄其爲人三年非公事竟不私造其門以此彌爲林甫所嫉及挺之囑蔚州刺史王元琰林甫使人詰於禁中以此九齡罷相挺之出爲洛州刺史二十九年移絳郡太守天寶元年玄宗嘗謂林甫曰嚴挺之何在此人亦堪進用林甫乃召其弟損之至門敘故云當授子員外郎因謂之曰聖人視賢兄極深要須作一計入城對見當有大用令損之取絳郡一狀云有少風氣請入京就醫林甫將狀奏云挺之年高近患風且須授閑官就醫玄宗歎吒久之林甫奏授員外詹事便令東京養疾挺之素歸心釋典事僧惠義及至東都鬱鬱不得志成疾自爲墓誌曰天寶元年嚴挺之自絳郡

太守抗疏陳乞天恩允請許養疾歸閑兼授太子詹事前後歷任二十五官每承聖恩嘗忝獎擢不盡驅策駑蹇何階仰答鴻造春秋七十無所展用爲人士所悲其年九月寢疾終於洛陽某里之私第十一月葬於大照和尚塔次西原禮也盡忠事君叨載國史勉拙從仕或布人謠陵谷可以自紀文章焉用爲飾遺文薄葬斂以時服挺之與裴寬皆奉佛開元末惠義卒挺之服縗麻送於龕所寬爲河南尹僧普寂卒寬與妻子皆服縗經設次哭臨妻子送喪至嵩山故挺之誌文云葬於大照塔側祈其靈祐也挺之素重交結有許與凡舊交先歿者厚撫其妻子凡嫁孤女數十人時人重之子武廣德中黃門侍郎成都尹劍南節度使

史臣曰崔日用附會三思以取高位預討韋氏遂握重權自言吾一生行事皆臨時制變不必專守始謀信矣與夫守死善道者不可同年而語也張嘉貞雖不立田園奈急於勢利朋比近習杖姜皎伷先非中立之士也蕭嵩位極中令異政無聞樹破虜之勳真致遠之器九齡文學政事咸有所稱一時之選也適

之臨下雖簡在公克勤惜乎不得其死也挺之才略器識不下諸公恥近權門為人所惡不登台輔養疾宮寮雖富貴在天窮達有命彼林甫者誠可投畀豺虎也

贊曰開元之代多士盈庭日用無守嘉貞近名嵩齡適挺各有度程大位俱極半慚德馨

舊唐書卷九十九

舊唐書卷九十九考證

崔日用傳尋出爲揚州長史歷婺汴二州刺史兗州都督○揚州新書作婺州婺汴新書作揚汴兗州都督新書作兗州刺史皆互異

張九齡傳子諒以妄陳休咎上親加詰問令於朝決殺之○沈炳震曰按綱目自命撲于殿庭絕而復蘇仍杖之朝堂流瀼州至藍田驛死 臣宗萬按流瀼州事新書載之兩傳各據其一也

九齡進金鏡錄○新書進千秋金鑑錄綱目同

臣德潛按武惠妃陷太子事此玄宗治亂之關九齡林甫忠姦之分也舊書不載不及新書之識

李適之子季卿傳○新書作李適子見文苑傳中未知孰是

舊唐書卷九十九考證

舊唐書卷一百

後晉司空同中書門下平章事劉昫撰

列傳第五十

尹思貞　李傑　解琬　畢構　蘇珦子晉

鄭惟忠　王志愔　盧從愿　李朝隱　裴漼從祖弟寬

王丘

尹思貞京兆長安人也弱冠明經舉補隆州參軍時晉安縣有豪族蒲氏縱橫不法前後官吏莫能制州司令思貞推按發其姦贓萬計竟論殺之遠近稱慶刻石以紀其事由是知名累轉明堂令以善政聞三遷殿中少監檢校洛州刺史會契丹孫萬榮作亂河朔不安思貞善於綏撫境內獨無驚擾則天降璽書褒美之長安中七遷秋官侍郎以忤張昌宗被構出爲定州刺史轉晉州刺史尋復入爲司府少卿時卿侯知一亦厲威嚴吏人爲之語曰不畏侯卿杖惟畏尹卿筆其爲人所伏若此尋加銀青光祿大夫於宅中掘得古戟十二俄而門

加棨戟時人異焉神龍初爲大理卿時武三思擅權御史大夫李承嘉附會之雍州人韋月將上變告三思謀逆中宗大怒命斬之思貞以發生之月固執奏以爲不可行刑竟有勑決杖配流嶺南三思令所司因此非法害之思貞又固爭之承嘉希三思旨託以他事不許思貞入朝廷謂承嘉曰公擅作威福不顧憲章附託姦臣以圖不軌將先除忠良以自恣耶承嘉大怒遂劾奏思貞出爲青州刺史境內有蠶一年四熟者黜陟使衞州司馬路敬潛八月至州見繭歎曰非善政所致孰能至於此乎特表薦之思貞前後爲十三州刺史皆以清簡爲政奏課連最睿宗卽位徵爲將作大匠累封天水郡公時左僕射竇懷貞與造金仙玉真兩觀調發夫匠思貞常節減之懷貞怒頻詰責思貞思貞曰公職居端揆任重弼諧不能翼贊聖明光宣大化而乃盛興土木害及黎元豈不愧也又受小人之譖輕辱朝臣今日之事不能苟免請從此辭拂衣而去闔門累日上聞而特令視事其年懷貞伏誅乃下制曰國之副相位亞中台自匪邦直孰司天憲將作大匠尹思貞賢良方正碩儒耆德剛不護缺清而畏知簡言易

從莊色難犯徵先王之體要敷袵必陳折佞臣之怙權拂衣而謝故以事聞海內名動京師鷹隼是擊豺狼自遠必能條理前弊發揮舊章宜承弄印之榮式允登車之志可御史大夫俄兼申王府長史遷戶部尚書轉工部尚書以老疾累表請致仕許之開元四年卒年七十七贈黃門監謚曰簡

李傑本名務光相州滏陽人後魏并州刺史寶之後也其先自隴西徙焉傑少以孝友著稱舉明經累遷天官員外郎明敏有吏才甚得當時之譽神龍初累遷衞尉少卿爲河東道巡察黜陟使奏課爲諸使之最開元初爲河南尹傑既勤於聽理每有訴列雖衢路當食無廢處斷由是官無留事人吏愛之先是河汴之間有梁公堰年久堰破江淮漕運不通傑奏調發汴鄭丁夫以濬之省功速就公私深以爲利刊石水濱以紀其績尋代宋璟爲御史大夫時皇后妹壻尚衣奉御長孫昕與其妹壻楊仙玉因於里巷遇傑遂毆擊之上大怒令斬昕等散騎常侍馬懷素以爲陽和之月不可行刑累表陳請乃下勑曰夫爲令者自近而及遠行罰者先親而後疎長孫昕楊仙玉等憑恃姻戚恣行兇險輕侮

常憲損辱大臣情特難容故令斬決今羣官等累陳表疏固有誠請以陽和之節非肅殺之時援引古今詞義懇切朕志從深諫情亦惜法宜寬異門之罰聽從枯木之斃即宜決殺以謝百寮傑明年以護橋陵作賜爵武威子初傑護作時引侍御史王旭爲判官旭貪冒受贓傑將繩之而不得其實反爲旭所構出爲衢州刺史俄轉揚州大都督府長史又爲御史所劾免官歸第尋卒贈戶部尚書

解琬魏州元城人也少應幽素舉拜新政尉累轉成都丞因奏事稱旨超遷監察御史丁憂離職則天以琬識練邊事起復舊官令往西域安撫夷虜抗疏固辭則天嘉之下勑曰解琬孝性淳至哀情懇切固辭權奪之榮乞就終憂之典足可以激揚風俗敦獎名教宜遂雅懷允其所請仍令服闋後赴上聖曆初遷侍御史充使安撫烏質勒及十姓部落咸得其便宜蕃人大悅以功擢拜御史中丞兼北庭都護持節西域安撫使琬素與郭元振同官相善遂爲宗楚客所毀由是左遷滄州刺史爲政務存大體甚得人和景龍中遷右臺御史大夫兼

持節朔方行軍大總管琬前後在軍二十餘載務農習戰多所利益邊境安之景雲二年復爲朔方軍大總管琬分遣隨軍要籍官河陽丞張冠宗肥鄉令韋景駿普安令于處忠等校料三城兵募於是減十萬人奏罷之尋授右武衛大將軍兼檢校晉州刺史賜爵濟南縣男以年老乞骸骨拜表訖不待報而去優詔加金紫光祿大夫聽致仕其祿準品全給尋降璽書勞之曰卿器局堅正才識高遠公忠彰其立身貞固足以幹事類張騫之出使同魏絳之和戎職綰文武功申方面勤于王家是爲國老頃者顧斯側景願言勇退深惜馬援之能未遂祁奚之請然章疏頻上雅懷難奪今知脫屣歸閑拂衣高謝固可以激勵頹俗儀刑庶僚永言終始良可嘉尚宜善攝養以介期頤未幾吐蕃寇邊復召拜左散騎常侍令與吐蕃分定地界兼處置十姓降戶琬言吐蕃必潛懷叛計請預支兵十萬於秦渭等州嚴加防遏其年冬吐蕃果入寇竟爲支兵所擊走之俄又表請致仕不許遷太子賓客開元五年出爲同州刺史明年卒年八十餘

畢構河南偃師人也父憬則天時爲司衛少卿構少舉進士神龍初累遷中書

舍人時敬暉等奏請降削武氏諸王構次當讀表旣聲韻朗暢兼分析其文句左右聽者皆歷然可曉由是武三思惡之出爲潤州刺史累除益州大都督府長史景雲初召拜左御史大夫轉陝州刺史加銀青光祿大夫封魏縣男頃之復授益州大都督府長史兼充劍南道按察使所歷州府咸著聲績在蜀中尤革舊弊政號清嚴睿宗聞而善之璽書勞曰我國家創開天地再造黎元四夷來王萬邦會至置州立郡分職設官貞觀永徽之前皇猷惟穆咸亨垂拱之後淳風漸替征賦將急調役頗繁選吏舉人涉於浮濫省閣臺寺罕有公直苟貪祿秩以度歲時中外因循紀綱弛紊且無懲革弊乃滋深爲官旣不擇人非親卽賄爲法又不按罪作孽寧逃貪殘放手者相仍淸白潔己者斯絶蓋由賞罰不舉生殺莫行更以水旱時乖邊隅未謐日損一日徵斂不休大東小東杼軸爲怨就更割剝何以克堪昔聞當官以留犢還珠爲上今之從職以充車聯駟爲能或交結富豪抑弃貧弱或矜假典正樹立腹心邑屋之間囊篋俱委或地有椿榦梓漆或家有畜產資財卽被暗通並從取奪若有固悋卽因事以繩纍

杖大枷動傾性命懷寃抱痛無所告陳比差御史委令巡察或有貴要所囑未能不避權豪或有親故在官又罕絕於顏面載馳原隰徒煩出使之名安問狐狸未見埋車之節揚清激濁涇渭不分嫉惡好善蕭蘭莫別官守既且若此下人豈以聊生數年已來凋殘更甚卿孤潔獨行有古人之風自臨蜀川弊化頓易覽卿前後執奏何異破柱求姦諸使之中在卿爲最並能盡節似卿如此百郡何憂乎不理萬人何慮乎不安卿當益堅勿爲後顧朕嘉卿直道今賜袍帶並衣一副尋拜戶部尚書轉吏部尚書並遙領益州大都督府長史玄宗卽位累拜河南尹遷戶部尚書開元四年遇疾上手疏毉方以賜之時議戶部尚書爲凶官遽改授太子詹事冀其有瘳尋卒贈黃門監諡曰景構初喪繼母時有二妹在襁褓親加鞠養咸得成立及構卒二妹號絕久之以撫育恩遂制三年之服其弟栩亦甚哀毀並爲當時所稱栩官至荆州司馬

蘇珦雍州藍田人明經舉累授鄠縣尉雍州長史李義琰召而謂曰鄠縣本多訴訟近日遂絕訪問果由明公爲其疏理因顧指廳事曰此座卽明公座也但

恨非遲暮所見耳垂拱初拜右臺監察御史時則天將誅韓魯等諸王使珣按
其密狀珣訊問皆無徵驗或誣告珣與韓魯等同情則天召見詰問珣抗議不
回則天不悅曰卿大雅之士朕當別有驅使此獄不假卿也遂令珣於河西監
軍五遷右司郎中時御史王弘義託附來俊臣構陷無罪朝廷疾之嘗受詔於
虢州採木役使不節丁夫多死珣按奏其事弘義竟以坐黜珣尋遷給事中累
授左肅政臺御史大夫時有詔白司馬坂營大像糜費巨億珣以妨農上疏切
諫則天納焉神龍初武三思擅權韋月將告三思將有逆謀返爲三思所構中
宗令斬之珣奏非時不可行刑由是忤三思旨轉爲右御史大夫尋出爲岐州
刺史復爲右臺大夫會節愍太子敗詔珣窮其黨與時睿宗在藩爲得罪者所
引珣因辯析事狀密奏以保持之中宗意解因是多所原免擢珣爲戶部尚書
賜爵河內郡公尋授太子賓客檢校詹事以年老致仕開元三年卒年八十一
贈兗州都督謚曰文子晉亦知名晉數歲能屬文作八卦論吏部侍郎房穎叔
祕書少監王紹宗見而賞歎曰此後來王粲也弱冠舉進士又應大禮舉皆居

上第先天中累遷中書舍人兼崇文館學士玄宗監國每有制命皆令晉及賈曾爲之晉亦數進讜言深見嘉納俄出爲泗州刺史以父老乞辭職歸侍許之父卒後歷戶部侍郎襲爵河內郡公開元十四年遷吏部侍郎時開府宋璟兼尚書事晉及齊澣遞於京都知選事既糊名考判晉獨多賞拔甚得當時之譽俄而侍中裴光庭知尚書事每遇官應批退者但對衆披簿以朱筆點頭而已晉遂牓選院云門下點頭者更引注擬光庭以爲侮己甚不悅遂出爲汝州刺史三遷魏州刺史加銀青光祿大夫入爲太子左庶子二十二年卒年五十九

初晉與洛陽人張循之仲之兄弟友善循之等並以學業著名循之則天時上書忤旨被誅仲之神龍中謀殺武三思爲友人宋之遜所發下獄死晉厚撫仲之子漸有如己子教之書記爲營婚宦及晉卒漸制猶子之服時人甚以此稱之

鄭惟忠宋州宋城人也儀鳳中進士舉授井陘尉轉湯陰尉天授中應舉召見則天臨軒問諸舉人何者爲忠諸人對不稱旨惟忠對曰臣聞忠者外揚君之

美內匡君之惡則天曰善授左司禦率府胄曹參軍累遷水部員外郎則天幸長安惟忠待制引見則天謂曰朕識卿前於東都言忠臣外揚君之美內匡君之惡至今不忘尋加朝散大夫再遷鳳閣舍人中宗即位甚敬重之擢拜黃門侍郎時議請禁嶺南首領家畜兵器惟忠曰夫爲政不可革以習俗且吳都賦云家有鶴膝戶有犀渠如或禁之豈無驚擾耶遂寢無何守大理卿節愍太子與將軍李多祚等舉兵誅武三思事覺伏誅其詿誤守門者並配流將行有韋氏黨與密奏請盡誅之中宗令推斷惟忠奏曰今大獄始決人心未寧若更改推必遞相驚恐則反側之子無由自安勑令百司議遂依舊斷所全者甚多俄拜御史大夫持節賑給河北道仍黜陟牧宰還敷奏稱旨加銀青光祿大夫封滎陽縣男開元初爲禮部尚書轉太子賓客十年卒贈太子少保

王志愔博州聊城人也少以進士擢第神龍年累除左臺御史加朝散大夫執法剛正百僚畏憚時人呼爲皁鵰言其顧瞻人吏如鵰鶚之視鸞雀也尋遷大理正嘗奏言法令者人之隄防隄防不立則人無所禁竊見大理官僚多不奉

法以縱罪爲寬恕以守文爲苛刻臣濫執刑典實恐爲衆所謗遂表上所著應
正論以見志其詞曰嘗讀易至萃利見大人亨聚以正也六二引吉无咎注曰
居萃之時體柔當位處坤之中己獨處正異操而聚獨正者危未能變體以遠
於害故必見引然後乃吉而无咎王肅曰六二與九五相應俱履貞正引由迎
也爲吉所迎何咎之有未嘗不輟書而歎曰居中履正事之常體見引无咎道
亦宜然有客聞而惑之因謂僕曰今主上文明域中理定君累司典憲不務和
同處正之志雖存見引之吉誰應行之不已余竊懼焉僕斂襟降階揖而謝曰
補遺闕於袞職用忠讜爲己任以蒙養正見引獲吉應此道也仁何遠哉昔咎
繇謨虞登朝作士設教理物開訓成務是以五流有宅五宅三居怙終賊刑刑
故無小於是舜美其事曰汝明於五刑以弼五教期于予理刑期于無刑人協
于中時乃功懋哉故孔子歎其政曰舜舉咎繇不仁者遠此非明辟執法大人
見引之應乎季孫行父之事君也舉竊寶之愆黜授邑之賞明善惡而糾慝議
僭賞以塞違在虞舜之功居二十之一主司得行其道時君不以爲嫌此非己

獨處正應正而无咎觀魚於棠臧伯正色賂鼎在廟哀伯抗詞言者得盡其忠聞之不加其罪故春秋稱臧氏之正曰積善之家必有餘慶此非異操而聚引吉之所致乎魏絳理直晉侯乃復其位郲人辭順趙盾不伐其國此非正體未變爲吉所迎者乎夫在上垂拱臣下守制若正應乎上乃引吉於下而中士聞道若存若亡交戰於譎正之門懷疑乎語默之境懼獨正之莫引忘此正之必亨吁嗟乎行己立身居正踐義其動也直其正也方維正直而是與何往而非攸利何以明之坤六二直方大不習無不利文言曰直其正也方其義也君子敬以直內義以方外敬義立而德不孤直方大則不疑其所行也嵇康撰釋私論曹羲著至公篇皆以崇公激俗抑私事主一言可以蔽之歸於體正而已矣禮記曰刑者侀也侀者成也一成而不可變故君子盡心焉若以喜怒制刑輕重設比是則橋前驚馬用希旨論人苑中獵兔以從欲廢法理有違而合道物貴和而不同不同之和正在其中矣昔任延爲武威太守漢帝誡之曰善事上官無失名譽延對曰臣聞忠臣不私私臣不忠上下雷同非國家之福善事上

官臣不敢奉詔任延雅奏漢主是其言此則歸正不回乖旨順義不以忤懷見忌斯亦違而合道晏子春秋景公見梁丘據曰據與我和晏子曰此同也和者君甘則臣酸君澹則臣鹹今據也君甘亦甘所謂同也安得爲和是以濟鹽梅以調羹乃適平心之味獻可否而論道方恢政體之節侯引正而遵度故曰物貴和而不同劉曼山辯和同之義有旨哉若以不同見譏未敢聞誨客曰和同乖訓則已聞之援法成而不變者豈恤獄之寬憲耶書曰御衆以寬傳曰寬則得衆若以嚴統物異乎寬政矣對曰刑賞二柄唯人主操之崇厚任寬是謂帝王之德愼子曰以力役法者百姓也以死守法者有司也以道變法者君上也然則匪人臣所操後魏游肇之爲廷尉也魏帝嘗私勑肇有所降恕肇執而不從曰陛下自能恕之豈可令臣曲筆也是知寬恕是君道曲從非臣節人或未達斯旨不料其務以平刑爲峻將曲法爲寬謹守憲章號爲深密內律釋種虧戒一誅五百人如來不救其罪豈謂佛法爲殘刻耶老子道德經云天網恢恢疎而不漏豈謂道教爲凝峻耶家語曰王者之誅有五而竊盜不預焉即心辯

言僞之流禮記亦陳四殺破律亂名之謂豈是儒家執禁孔子之深文哉此三
教之用法者所以明貞諦重玄猷存天綱立人極也然則乾象震曜天道明威
齊衆惟刑百王所以垂範折人以法三后於是成功所務掌憲決平斯廷尉之
職耳易曰家人嗃嗃无咎婦子嘻嘻終吝嚴於其家可移於國昔崔寔達於理
而作政論仲長統曰凡爲人主宜寫政論一通置諸坐側其大抵云爲國者以
嚴致平非以寬致平者也然則稱嚴者不必踰條越制凝網重罰在於施隱括
以矯枉用平典以禁非刑故有常罰輕無捨人不易犯防之難越故也但人慢
吏濁僞積贓深而曰以寬理之可以無過何異乎命王良御駻捨銜策於奔踶
請俞跗攻疾停藥石於膚腠適見秋駕轉逸膏肓更深人毉僕夫何功之有又
謂僕曰成法而變唯帝王之命歟對曰何爲其然也昔漢武帝甥昭平君殺人
以公主子廷尉上請論左右爲言武帝垂涕歎曰法令者先王之所造也用親
故誣先帝之法吾何面目入高廟乎又下負萬人乃可其奏近代隋文帝子秦
王俊爲并州總管以奢縱免官僕射楊素奏言王陛下愛子請捨其過文帝曰

法不可違若如公意我是五兒之父非兆人之父何不別制天子兒律乎我安能虧法卒不許此是帝王操法協於禮經不變之義況於秋官典職司寇肅事而可變動者乎我皇睿哲登圖高視巖廊之上宰衡明允就列輯穆廟堂之下乾坤交泰日月光華庶績其凝衆工咸理聚以正也僕幸利見大人引其吉焉期養正於下位中正是託予何懼乎夫君子百行之基出處二途而已出則策名委質行直道以事人進善納忠仰太階而緝政諤諤其節思爲社稷之臣蹇蹇匪躬願參柱石之任處則高謝公卿孝友揚名是亦爲政烟霞尙志其用永貞行藏事業心迹斯在至如水中泛泛天下悠悠執馭爲榮掃門自媚拜塵邀勢括囊守祿從來長息以爲深恥客乃逡巡不對遂無以閒僕也中宗覽而嘉之稍遷駕部郎中景雲元年累轉左御史中丞尋遷大理少卿二年制依漢置刺史監郡於天下衝要大州置都督二十人妙選有威重者爲之遂拜志愔齊州都督事竟不行又授齊州刺史充河南道按察使未幾遷汴州刺史仍舊充河南道按察使太極元年又令以本官兼御史中丞內供奉特賜實封一百戶

尋加銀青光祿大夫拜戶部侍郎出爲魏州刺史轉揚州大都督府長史俱充本道按察使所在令行禁止姦猾屏迹境內肅然久之召拜刑部尚書開元九年上幸東都令充京師留守十年有京兆人權梁山僞稱襄王男自號光帝與其黨及左右屯營押官謀反夜半時擁左屯營兵百餘人自景風長樂等門斬關入宮城將殺志愔志愔踰牆避賊俄而屯營兵潰散翻殺梁山等五人傳首東都志愔遂以駭卒

盧從愿相州臨漳人後魏度支尚書昶六代孫也自范陽徙家焉世爲山東著姓弱冠明經舉授絳州夏縣尉又應制舉拜右拾遺俄遷右肅政監察御史充山南道黜陟巡撫使奉使稱旨拜殿中侍御史累遷中書舍人睿宗踐祚拜吏部侍郎中宗之後選司頗失綱紀從愿精心條理大稱平允其有冒名僞選及虛增功狀之類皆能擿發其事典選六年前後無及之者上嘉之特與一子太子通事舍人從愿上疏乞迴恩贈父乃贈其父吉陽丞敬一爲鄭州長史初高宗時裴行儉馬載爲吏部最爲稱職及是從愿與李朝隱同時典選亦有美譽

時人稱曰吏部前有馬裴後有盧李開元四年上盡召新授縣令一時於殿庭策試考入下第者一切放歸學問從愿以注擬非才左遷豫州刺史爲政嚴簡按察使奏課爲天下第一等璽書勞問賜絹百匹無幾入爲工部侍郎轉尙書左丞又與楊滔及吏部侍郎裴漼禮部侍郎王丘中書舍人劉令植刪定開元後格遷中書侍郎十一年拜工部尙書加銀青光祿大夫仍令東都留守十三年從升泰山又加金紫光祿大夫代韋抗爲刑部尙書頻年充校京外官考使前後咸稱允當御史中丞宇文融承恩用事以括獲田戶之功本司校考爲上下從愿抑不與之融頗以爲恨密奏從愿廣占良田至有百餘頃其後上嘗擇堪爲宰相者或薦從愿上曰從愿廣占田園是不廉也遂止不用從愿又因早朝途中爲人所射中其從者捕賊竟不獲時議從愿久在選司爲被抑者所讎十六年東都留守時坐子起居郎論糴米入官有剩利爲憲司所糾出爲絳州刺史再還太子賓客二十年河北穀貴勑從愿爲宣撫處置使開倉以救饑餒使迴以年老抗表乞骸骨乃拜吏部尙書聽致仕給全祿二十五年卒年七十

餘贈益州大都督諡曰文

李朝隱京兆三原人也少以明法舉拜臨汾尉累授大理丞神龍年功臣敬暉桓彥範爲武三思所構諷侍御史鄭愔奏請誅之勑大理結其罪朝隱以暉等所犯不經推窮未可即正刑名時裴談爲大理卿異筆斷斬仍籍沒其家朝隱由是忤旨中宗令貶嶺南惡處侍中韋巨源中書令李嶠奏曰朝隱素稱清正斷獄亦甚當事一朝遠徙嶺表恐天下疑其罪中宗意解出爲聞喜令尋還侍御史三遷長安令有宦官閭興貴詣縣請託朝隱命拽出之睿宗聞而嘉歎廷召朝隱勞曰卿爲京縣令能如此朕復何憂乃下制曰夫不吐剛而詔上不茹柔而黷下者君子之事也踐霤必繩登車無屈者正人之務也長安縣令李朝隱德義不回清強自遂亟聞嘉政累著能名近者品官入縣有乖儀式遂能責之以禮繩之以愆但閹豎之流多有憑恃柔寬之代必弄威權歷觀載籍常所歎息朕規誡前古勤求典憲能副朕意實賴斯人昔虞延持皇后之客梅陶鞭太子之傅古稱遺直復見於今思欲旌其美行遷以重職爲時屬閔尸政在養

人宜加一階用表剛烈可太中大夫特賜中上考兼絹百匹七遷絳州刺史兼
知吏部選事開元二年遷吏部侍郎銓敘平允甚爲當時所稱降璽書褒美授
一子太子通事舍人四年春以授縣令非其人出爲滑州刺史轉同州刺史駕
幸東都路由同州朝隱蒙旨召見賞慰賜衣一副絹百匹尋遷河南尹政甚清
嚴豪右屏跡時太子舅趙常奴恃勢侵害平人朝隱曰此而不繩何以爲政執
而杖之上聞又降勑書慰勉之十年遷大理卿時武強令裴景仙犯乞取贓積
五千匹事發逃走上大怒令集衆殺之朝隱執奏曰裴景仙緣是乞贓犯不至
死又景仙曾祖故司空寂往屬締構首預元勳載初年中家陷非罪凡有兄弟
皆被誅夷唯景仙獨存今見承嫡據贓表當死坐準犯猶入請條十代宥賢功
實宜錄一門絕祀情或可哀願寬暴市之刑俾就投荒之役則舊勳斯允手詔
不許朝隱又奏曰有斷自天處之極法生殺之柄人主合專輕重有條臣下當
守枉法者枉理而取十五疋便抵死刑乞取者因乞爲贓數千匹止當流坐今
若乞取得罪便處斬刑後有枉法當科欲加何辟所以爲國惜法期守律文非

敢以法隨人曲矜仙命射兔魏苑驚馬漢橋初震皇赫竟從廷議豈威不能制而法貴有常又景仙曾祖寂草昧忠節定爲元勳位至台司恩倍常數載初之際被枉破家諸子各犯非辜唯仙今見承嫡若寂勳都弃仙罪特加則叔向之賢何足稱者若敖之鬼不其餒而捨罪念功乞垂天聽應勑決杖及有犯配流近發德音普標殊澤杖者既聽減數流者仍許給程天下顒顒孰不幸甚瞻彼四海已被深恩豈於一人獨峻常典伏乞採臣之議致仙於法乃下制曰罪不在大本乎情罰在必行不在重朕垂範作訓庶動植咸若豈嚴刑逞戮使手足無措者哉裴景仙幸藉緒餘超升令宰輕我憲法蠹我風猷不慎畏知之金詎識無貪之寶家盈黷貨身乃逃亡殊不知天孽可違自愆難逭所以不從本法加以殊刑冀懲貪暴之流以塞侵漁之路然以其祖父昔預經綸佐命有功締構斯重緬懷賞延之義俾協政寬之典宜捨其極法以竄遐荒仍決杖一百流嶺南惡處朝隱俄轉岐州刺史母憂去官起爲揚州大都督府長史抗疏固辭制許之朝隱性孝友時年已衰暮在喪尤加毀瘠明年制又起爲揚州長史不

獲已而就職復入爲大理卿累封金城伯代崔隱甫爲御史大夫朝隱素有公
直之譽每御史大夫缺時議咸許之及居其職竟無所糾劾唯煩於細務時望
由是稍減俄轉太常卿二十一年兼判廣州事仍攝御史大夫充嶺南採訪處
置使明年卒於嶺外年七十贈吏部尚書官給靈輿兼家口給遞還鄉謚曰貞
裴漼絳州聞喜人也世爲著姓父琰之永徽中爲同州司戶參軍時年少美容
儀刺史李崇義初甚輕之先是州中有積年舊案數百道崇義促琰之使斷之
琰之命書吏數人連紙進筆斯須剖斷並畢文翰俱美且盡與奪之理崇義大
驚謝曰公何忍藏鋒以成鄙夫之過由是大知名號爲霹靂手後爲永年令有
惠政人吏刊石頌之歷任倉部郎中以老疾廢於家漼色養劬勞十數年不求
仕進父卒後應大禮舉拜陳留主簿累遷監察御史時吏部侍郎崔湜鄭愔坐
贓爲御史李尚隱所劾漼同鞫其獄安樂公主及上官昭容阿黨湜等漼竟執
正奏其罪甚爲當時所稱三遷中書舍人太極元年睿宗爲金仙玉真公主造
觀及寺等時屬春旱興役不止漼上疏諫曰臣謹案禮記春秋令曰無聚大衆

無起大役不可與土功恐妨農事若號令乖度役使不時則加疾疫之危國有
水旱之災此五行之必應也今自春至夏時雨愆期下人憂心莫知所出陛下
雖降哀矜之旨兩都仍有寺觀之作時旱之應實此之由且春令告期東作方
始正是丁壯就功之日而土木方興臣恐所妨尤多所益尤少耕夫蠶妾饑寒
之源故春秋莊公三十一年冬不雨五行傳以爲歲三築臺僖公二十一年夏
大旱五行傳以時作南門勞人與役陛下每以萬方爲念睿旨殷勤安國濟人
防微慮遠伏願下明制發德音順天時副人望兩京公私營造及諸和市木石
等並請且停則蒼生幸甚農桑失時戸口流散縱寺觀營構豈救黎元饑寒之
弊哉疏奏不報尋轉兵部侍郎以銓敘平允特授一子爲太子通事舍人開元
五年遷吏部侍郎典選數年多所持拔再轉黃門侍郎代韋抗爲御史大夫漼
早與張說特相友善時說在相位數稱薦之漼又善於敷奏上亦嘉重焉由是
擢拜吏部尚書尋轉太子賓客漼家世儉約既久居清要頗飾妓妾後庭有綺
羅之賞由是爲時論所譏二十四年卒年七十餘贈禮部尚書謚曰懿漼從祖

弟寬寬父無晦袁州刺史寬通略以文詞進騎射彈棊投壺特妙景雲中爲潤州參軍刺史韋銑爲按察使引爲判官清幹善於剖斷銑重其才以女妻之後應拔萃舉河南丞再轉爲長安尉時宇文融爲侍御史括天下田戶使奏差爲江南東道勾當租庸地稅兼覆田判官轉太常博士禮部擬國忌之辰享廟用樂下太常寬深達禮節特建新意以爲廟尊忌卑則登歌廟卑忌尊則去簫中書令張說謂寬明識舉而行之再遷爲刑部員外郎有萬騎將軍馬崇正晝殺人時開府霍國公王毛仲恩幸用事將翳其獄寬執之不回兵部尚書蕭嵩爲河西節度使奏寬及郭虛己爲判官累年專見委任嵩加中書令寬歷中書舍人御史中丞兵部侍郎開元二十一年冬裴耀卿以黃門侍郎知政事扈從出關知江淮轉運於河陰置倉奏寬爲戶部侍郎爲其副寬性友愛弟兄多宦達子姪亦有名稱於東京立第同居八院相對甥姪皆有休憩所擊鼓而食當世榮之選吏部侍郎及玄宗還京又改蒲州刺史州境久旱入境雨乃大浹遷河南尹不附權貴務於恤隱政乃大理改左金吾衛大將軍一年除太原尹賜紫

金魚袋玄宗賦詩而餞之曰德比岱雲布心如晉水清天寶初除陳留太守兼採訪使尋而范陽節度李適之入爲御史大夫除寬范陽節度兼採訪使河北替之其年又加御史大夫時北平軍使烏承恩恃以蕃酋與中貴通恣求貨賄寬以法按之檀州刺史何僧獻生口數十人寬悉命歸之故夷夏感悅三載以安祿山爲范陽節度寬爲戸部尚書兼御史大夫玄宗素重寬日加恩顧刑部尚書裴敦復討海賊迴頗張賊勢又廣敘功以開請托之路寬嘗幾微奏之居數日有河北將士入奏盛言寬在范陽能政塞上思之玄宗嗟賞久之李林甫懼其入相又惡寬與李適之善乃呼裴敦復且以寬之語告之敦復使氣性疎與寬素不相下以爲林甫推誠於己因願結之且訴其寃先是寬以親故名囑敦復求請軍功至是敦復氣憤發其事林甫曰公宜速奏無後於人尋而敦復扈從幸溫泉宮寬在京城未發遇有敦復下軍將程藏曜郎將曹鑒鑒郴州富人藏曜嶺南首領之子皆有他事與人詣臺告訴寬受其狀捕鑒等鞫之敦復判官太常博士王悅聞之謂寬求其過連夜詣湯所以告敦復大懼促裝待罪

因令子婿以五百金賂於貴妃姊楊三娘楊氏遽爲言之明日貶寬爲睢陽太守寬以清簡爲政故所莅人皆愛之當時望爲宰輔及韋堅構禍寬又以親累貶爲安陸別駕員外置林甫使羅希奭南殺李適之紆路至安陸過擬怖死之寬叩頭祈請希奭不宿而過寬又懼死上表請爲僧詔不許然崇信釋典常與僧徒往來焚香禮懺老而彌篤累遷東海太守襄州採訪使銀青光祿大夫轉馮翊太守入拜禮部尚書十四載卒年七十五詔贈太子少傅賻帛一百五十段粟一百五十石兄弟八人皆明經及第入臺省典郡者五人寬歿之後弟珣爲河內郡太守安祿山反以執父喪將投闕庭恐累其母乃詣河東節度訴誠而退後在母憂又陷史思明授其僞官委任使弟朗密奉表疏至上京代宗時爲左司郎中兼侍御史河東道租庸判官

王丘光祿卿同皎從兄子也父同晊左庶子丘年十一童子舉擢第時類皆以誦經爲課丘獨以屬文見擢由是知名弱冠又應制舉拜奉禮郎丘神氣清古而志行修潔尤善詞賦族人左庶子方慶及御史大夫魏元忠皆稱薦之長安

中自偃師主簿擢第拜監察御史開元初累遷考功員外郎先是考功舉人請託大行取士頗濫每年至數百人丘一切覈其實材登科者僅滿百人議者以爲自則天已後凡數十年無如丘者其後席豫嚴挺之爲其次焉三遷紫微舍人以知制誥之勤加朝散大夫再轉吏部侍郎典選累年甚稱平允擢用山陰尉孫逖桃林尉張鏡微湖城尉張晉明進士王泠然皆稱一時之秀俄換尙書左丞十一年拜黃門侍郎其年山東旱儉朝議選朝臣爲刺史以撫貧民制曰昔咎繇與禹言曰在知人在安人此皆念存邦本光於帝載乾乾夕惕無忘一日而長吏或不稱蒼生或未寧深思循良以矯過弊仍重諸侯之選故自朝廷始之於是以丘爲懷州刺史又以中書侍郎崔沔等數人皆爲山東諸州刺史至任皆無可稱唯丘在職清嚴人吏甚畏慕之俄又分知吏部選事入爲尙書左丞丁父憂去職服闋拜右散騎常侍仍知制誥二十一年侍中裴光庭病卒中書令蕭嵩與丘有舊將薦丘知政事丘知而固辭且盛推尙書右丞韓休嵩因而奏之及休作相遂薦丘代崔琳爲御史大夫丘旣訥於言詞敷奏多不稱

旨俄轉太子賓客襲父爵宿預男尋以疾拜禮部尙書仍聽致仕丘雖歷要職
固守淸儉未嘗受人饋遺第宅輿馬稱爲敝陋致仕之後藥餌殆將不給上聞
而嘉歎下制曰王丘夙負良材累升茂秩比緣疾疹假以優閑聞其家道屢空
醫藥靡給久此從宦遂無餘資持操若斯古人何遠且優賢之義方冊所先用
急之宜沮勸攸在其俸祿一事已上並宜全給式表殊常之澤用旌貞白之吏
天寶二年卒贈荊州大都督
史臣曰有唐之興綿歷年所骨鯁淸廉之士懷忠抱義之臣臺省之間駕肩接
武但時有夷險道有汙隆用與不用而已睿玄之世若李傑畢構蘇珦鄭惟忠
王志愔盧從愿裴漼王丘並位歷亞台名德兼著如尹思貞李朝隱折李承嘉
竇懷貞辱閻興貴趙常奴詩人所謂不畏強禦者也解琬總兵朔野料敵如神
功遂身退深知止足茲亦有足多也
贊曰尙書亞台京尹方伯我朝重官云誰稱職傑構珦忠能竭其力愔愿漼丘
聿修厥德貞蔑大僚隱繩貴戚琬馳令名燕蜀之北

舊唐書卷一百

舊唐書卷一百一

後晉司空同中書門下平章事劉昫撰

列傳第五十一

李乂　薛登　韋湊從子虛心虛舟　韓思復思復孫佽

張廷珪　王求禮　辛替否

李乂本名尚真趙州房子人也少與兄尚一尚貞俱以文章見稱舉進士景龍中累遷中書舍人時中宗遣使江南分道贖生以所在官物充直乂上疏曰江南水鄉採捕爲業魚鱉之利黎元所資土地使然有自來矣伏以聖慈含育恩周動植布天下之大德及鱗介之微品雖雲雨之私有霑於末類而生成之惠未洽於平人何則江湖之饒生育無限府庫之用支供易殫費之若少則所濟何成用之儻多則常支有闕在於拯物豈若憂人且鬻生之徒唯利斯視錢刀日至網罟年滋施之一朝營之百倍未若迴救贖之錢物減困貧之徭賦活國愛人其福勝彼乂知制誥凡數載景雲元年遷吏部侍郎與宋璟盧從愿同時

典選銓敘平允甚爲當時所稱尋轉黃門侍郎時睿宗令造金仙玉真二觀乂頻上疏諫帝每優容之開元初特令乂與中書侍郎蘇頲纂集起居注錄其嘉謩昌言可體國經遠者別編奏之乂在門下多所駮正開元初姚崇爲紫微令乂爲紫微侍郎外託薦賢其實引在己下去其糺駮之權也俄拜刑部尚書乂方雅有學識朝廷稱其有宰相之望會病卒兄尚一清源尉早卒尚貞官至博州刺史兄弟同爲一集號曰李氏花萼集總二十卷

薛登本名謙光常州義興人也父士通大業中爲鷹揚郎將江都之亂士通與鄉人聞人嗣安等同據本郡以禦寇賊武德二年遣使歸國高祖嘉之降璽書勞勉拜東武州刺史俄而輔公祏於江都構逆遣其將西門君儀等寇常州士通率兵拒戰大破之君儀等僅以身免及公祏平累功封臨汾侯貞觀初歷遷泉州刺史卒謙光博涉文史每與人談論前代故事必廣引證驗有如目擊少與徐堅劉子玄齊名友善文明中解褐閬中主簿天授中爲左補闕時選舉頗濫謙光上疏曰臣聞國以得賢爲寶臣以舉士爲忠是以子皮之讓國僑鮑叔

之推管仲燕昭委兵於樂毅符堅託政於王猛子產受國人之謗夷吾貪共賈
之財昭王錫輅馬以止讒永固戮樊世以除譖處猜嫌而益信行間毀而無疑
此由默而識之委而察之深也至若宰我見愚於宣尼逢萌被知於文叔韓信
無聞於項氏毛遂不齒於平原此失士之故也是以人主受不肖之士則政乖
得賢良之佐則時泰故堯資八元而庶績其理周任十亂而天下和平由是言
之則士不可不察而官不可妄授也何者比來舉薦多不以才假譽馳聲互相
推獎希潤身之小計忘臣子之大猷非所以報國求賢副陛下翹翹之望者也
臣竊窺古之取士實異於今先觀名行之源考其鄉邑之譽崇禮讓以勵己明
節義以標信以敦朴爲先最以雕蟲爲後科故人崇勸讓之風士去輕浮之行
希仕者必修貞確不拔之操行難進易退之規衆議以定其高下郡將難誣於
曲直故計貢之賢愚即州將之榮辱穢行之彰露亦鄉人之厚顏是以李陵降
而隴西慚干木隱而西河美故名勝於利則小人之道消利勝於名則貪暴之
風扇是以化俗之本須擯輕浮昔冀缺以禮讓升朝則晉人知禮文翁以儒林

獎俗則蜀士多儒燕昭好馬則駿馬來庭葉公好龍則真龍入室由是言之未有上之所好而下不從其化者也自七國之季雖雜縱横而漢代求才猶徵百行是以禮節之士敏德自修閭里推高然後爲府寺所辟魏氏取人尤愛放達晉宋之後祇重門資獎爲人求官之風乖授職惟賢之義有梁薦士雅愛屬詞陳氏簡賢特珍賦詠故其俗以詩酒爲重不以修身爲務逮至隋室餘風尚在開皇中李諤論之於文帝曰魏之三祖更好文詞忽君人之大道好雕蟲之小藝連篇累牘不出月露之形積案盈箱唯是風雲之狀代俗以此相高朝廷以茲擢士故文筆日煩其政日亂帝納李諤之策由是下制禁斷文筆浮詞其年泗州刺史司馬幼之以表不典實得罪於是風俗改勵政化大行煬帝嗣興又變前法置進士等科於是後生之徒復相放傚因陋就寡赴速邀時緝綴小文名之策學不以指實爲本而以浮虛爲貴有唐纂曆雖漸革於故非陛下君臨思察才於共理樹本崇化惟在旌賢今之舉人有乖事實鄉議決小人之筆行修無長者之論策第喧競於州府祈恩不勝於拜伏或明制纔出試遣搜敭驅

馳府寺之門出入王公之第上啓陳詩唯希欬唾之澤摩頂至足冀荷提攜之恩故俗號舉人皆稱覓舉覓爲自求之稱未是人知之辭察其行而度其材則人品於茲見矣徇己之心切則至公之理乖貪仕之性彰則廉潔之風薄是知府命雖高異叔度勤勤之讓黃門已貴無秦嘉耿耿之辭縱不能抑己推賢亦不肯待於三命豈與夫白駒皎皎不雜風塵束帛戔戔榮高物表校量其廣狹也是以耿介之士羞自拔而致其辭循常之人捨其疎而取其附故選司補署諠然於禮闈州貢賓王爭訟於階闥謗議紛合浸以成風夫競榮者必有競利之心謙遜者亦無貪賄之累自非上智焉能不移在於中人理由習俗若重謹厚之士則懷祿者必崇德以修名若開趨競之門邀仕者皆戚施而附會附會則百姓罹其弊潔己則兆庶蒙其福故風化之漸靡不由茲今訪鄉閭之談唯祇歸於里正縱使名虧禮則罪挂刑章或冒籍以偷資或邀勳而竊級假其不義之賂則是無犯鄉閭豈得比郭有道之銓量茅容望重裴逸人之賞拔夏少名高語其優劣也祇如才應經邦之流唯令試策武能制敵之例只驗彎弧若

其文擅清奇便充甲第藻思微減便即告歸以此收人恐乖事實何者樂廣假筆於潘岳靈運詞高於穆之平津文劣於長卿子建筆麗於荀彧若以射策爲最則潘謝曹馬必居孫樂之右若使協贊機猷則安仁靈運亦無裨附之益由此言之不可一槩而取也至如武藝則趙雲雖勇資諸葛之指撝周勃雖雄乏陳平之計略若使樊噲居蕭何之任必失指縱之機使蕭何入戲下之軍亦無免主之効闘將長於摧鋒謀將審於料事是以文泉聚米知隗囂之可圖陳湯屈指識烏孫之自解八難之謀設高祖追慚於酈生九拒之計窮公輸息心於伐宋謀將不長於弓馬良相寧資於射策豈與夫元長自表妄飾詞鋒曹植題章虛飛麗藻校量其可否也伏願陛下降明制頒峻科千里一賢尚不爲少僥倖冒進須立隄防斷浮虛之飾詞收實用之良策不取無稽之說必求忠告之言文則試以効官武則令其守禦始既察言觀行終亦循名責實自然僥倖濫吹之伍無所藏其妄庸故晏嬰云舉之以語考之以事寡其言而多其行拙於文而工於事此取人得賢之道也其有武藝超絕文鋒挺秀有効伎之偏用無

經國之大才爲軍鋒之爪牙作詞賦之標準自可試淩雲之策練穿札之工承
上命而賦甘泉稟中軍而令赴敵既有隨才之任必無負乘之憂臣謹案吳起
臨戰左右進劍吳子曰夫提鼓揮桴臨難決疑此將事也一劍之任非將事也
謹案諸葛亮臨戎不親戎服頓蜀兵於渭南宣王持劍卒不敢當此豈弓矢之
用也謹案楊得意誦長卿之文武帝曰恨不得與此人同時及相如至終於文
園令不以公卿之位處之者蓋非其所任故也謹案漢法所舉之主終身保任
揚雄之坐田儀責其冒薦成子之居魏相酬於得賢賞罰之令行則請謁之心
絕退讓之義著則貪競之路消自然朝廷無爭祿之人選司有謙撝之士仍請
寬立年限容其採訪簡汰堪用者令其試守以觀能否參驗行事以別是非不
實免王丹之官得人加翟璜之賞自然見賢不隱食祿不專苟或進鍾繇郭嘉
劉隱薦李膺朱穆勢不云遠有稱職者受薦賢之賞濫舉者抵欺罔之罪自然
舉得賢行則君子之道長矣尋轉水部員外郎累遷給事中檢校常州刺史屬
宣州狂寇朱大目作亂百姓奔走謙光嚴備安輯闔境肅然轉刑部侍郎加銀

青光祿大夫再遷尚書左丞景雲中擢拜御史大夫時僧惠範恃太平公主權勢逼奪百姓店肆州縣不能理謙光將加彈奏或請寢之謙光曰憲臺理寃滯何所迴避朝彈暮黜亦可矣遂與殿中慕容珣奏彈之反爲太平公主所構出爲岐州刺史惠範既誅遷太子賓客轉刑部尚書加金紫光祿大夫昭文館學士開元初爲東都留守又轉太子賓客以與太子同名表請行字特勑賜名登尋以孽子悅千牛爲憲司所劾放歸田里朝廷以其家貧又特給致仕祿七年卒年七十三贈晉州刺史撰四時記二十卷

韋湊京兆萬年人曾祖瓚隋尚書右丞祖叔諧蒲州刺史父玄桂州都督府長史湊永淳二年解褐授婺州參軍累轉揚府法曹參軍州人前仁壽令孟神爽豪縱數犯法交通貴戚前後官吏莫敢繩按湊白長史張潛請因事除之會神爽坐事推問湊無所假借神爽妄稱有密究問引虛遂杖殺之遠近稱伏湊景龍中歷遷將作少匠司農少卿嘗以公事忤宗楚客出爲貝州刺史睿宗卽位拜鴻臚少卿加銀青光祿大夫景龍二年轉太府少卿又兼通事舍人時改葬

節愍太子優詔加謚又雪李多祚等罪還其官爵仍議更加贈官湊上書曰臣聞王者發號施令必法乎天道使三綱敘十等咸若者善善明惡惡著也善善者懸爵賞以勸之也惡惡者設刑罰以懲之也其賞罰所不加者則考行立謚以褒貶之所以勸誡將來也斯並至公之大猷非私情之可徇故箕微獲用管蔡爲戮謚者臣議其君子議其父而曰靈曰厲者不敢以私而亂大猷也則其餘安可失衷哉臣竊見節愍太子與李多祚等擁北軍禁旅上犯宸居破扉斬關突禁而入兵指黃屋騎騰紫微孝和皇帝移御玄武門親降德音諭以逆順而太子據鞍自若督衆不停俄而其黨悔非轉逆爲順或迴兵討賊或投狀自拘多祚等伏誅太子方事逃竄向使同惡相濟天道無徵賊徒闕倒戈之人侍臣虧陛戟之衞其爲禍也胡可忍言于時臣任將作少匠賜通事舍人內供奉其明日孝和皇帝引見供奉官等雨淚謂曰幾不與卿等相見其爲危懼不亦甚乎而今聖朝雪罪禮葬謚爲節愍以臣愚識竊所惑焉夫臣子之禮嚴敬斯極故過位必趨蹙路馬芻有誅昔漢成之爲太子也行不敢絕馳道當周室之

褒徵也秦師過周北門左右免冑而下王孫滿猶以其不卷甲束兵譏其無禮知其必敗由是言之則太子稱兵宮內跨馬御前悖禮已甚矣況將更甚乎而可褒謚此臣所未諭也以其斬武三思父子而嘉之乎然弄兵討逆以安君父則可嘉也而乃因欲自取之是競爲逆可褒謚乎此又臣所未諭也將廢韋氏而嘉之乎然韋氏逆彰義絕雖誅之亦可也當此時也韋氏未有逆彰未有義絕於太子爲母豈有廢母之理乎且既非中宗之命而廢之是劫父廢母亦悖逆也可褒謚乎此又臣所未諭也夫君或不君臣安可不臣父或不父子安可不子借如君父有桀紂之行臣子無廢殺之理況先帝功格宇宙德被生靈廟號中宗謚曰孝和皇帝而逆命之子可褒謚乎此又臣所未諭也昔獻公惑驪姬之譖將殺其太子申生公子重耳謂之曰子盍言子之志於公乎太子曰不可君安驪姬是我傷君之心也曰然則盍行乎曰不可君謂我欲弒君也天下豈有無父之國哉吾何行之使人辭於狐突曰申生不敢愛其死雖然吾君老矣子少國家多難伯氏苟出而圖吾君申生受賜而死再拜稽首乃自縊其行

如是其謚僅可爲恭今太子之行反是可謚爲節愍乎此又臣所未諭也昔漢武帝末年江充與太子有隙恐帝晏駕後爲太子所誅會巫蠱事起充典理其事因此爲姦遂至太子宮掘蠱得桐木以誣太子時武帝避暑甘泉宮獨皇后太子在太子不能自明納其少傅石德謀遂矯節斬充因敗逃匿非稱兵詣闕無逆謀於父然身死於湖不葬無謚至昭帝時有男子詣北闕自稱衞太子制使公卿識視至者莫敢發言京兆尹雋不疑後至叱從吏收縛之或曰是非未可知且安之不疑曰諸君何患於衞太子昔蒯聵出奔輒拒而不納春秋是之衞太子得罪先帝亡不卽死今來自詣此罪人也遂送制獄天子聞而嘉之曰公卿大臣當用經術明於大義者及後太子孫立爲天子是曰孝宣皇帝太子方獲禮葬而謚曰戾今節愍太子之行比之豈可同年而語其於陛下又猶子也而謚爲節愍乎此又臣所未諭也昔項羽之臣丁公嘗將危漢高祖高祖謂之曰二賢豈相厄哉丁公乃止及高祖滅項氏遂戮丁公以徇曰使項王失天下者丁公也夫戮之大義至公也不私德之所以誡其後之事君者今節愍太

子之爲逆復非欲保護陛下其可褒謚乎此又臣之所未諭也陛下天縱聖哲所任賢明以臣至愚寧可干議然臣又惟堯舜聖君也八凱五臣良佐也猶廣聽芻蕘之言者蓋爲智者千慮或有一失愚者千慮或有一得也故曰狂夫之言聖人擇焉臣輒緣斯義敢以陳聞願得與議謚者對議於御前若臣言非也甘受謗聖政之罪赴鼎鑊之誅仍請申明義以示天下使臣輩愚惑者咸蒙冰釋則無復異議矣若所謚未當奈何施之聖朝垂之史冊使後代逆臣賊子因而引譬資以爲辭是開悖亂之門豈示將來之法伏望改定其謚務合禮經其李多祚等罪請從宥免不謂爲雪以順天下之心則盡善盡美矣書奏睿宗引湊謂曰誠如卿言事已如此如何改動湊曰太子實行悖逆不可褒美請稱其行改謚以一字多祚等以兵犯君非曰無罪祇可云放不可稱雪帝然其言當時執政以制令已行難於改易唯多祚等停贈官而已明年春起金仙玉眞兩觀用工巨億湊進諫曰陛下去夏以妨農停兩觀作今正農月翻欲與功雖知用公主錢不出庫物但土木作起高價雇人三輔農人趨目前之利捨農受雇

棄本逐末臣聞一夫不耕天下有受其饑者臣竊恐不可帝不應湊又奏曰日陽和布氣萬物生育土木之間昆虫無數此時興造傷殺甚多臣亦恐非仁聖本旨睿宗方納其言令在外詳議中書令崔湜侍中岑羲謂湊曰公敢言此大是難事湊曰叨食厚祿死且不辭況在明時必知不死尋出爲陝州刺史無幾轉汝州刺史開元二年夏勑靖陵建碑徵料夫匠湊以自古園陵無建碑之禮又時正旱儉不可興功飛表極諫工役乃止尋遷岐州刺史四年入爲將作大匠時有勑復孝敬廟爲義宗湊上書曰臣聞王者制禮是曰規模規模之興實由師古師古之道必也正名名之與實故當相副其在宗廟禮之大者豈可失哉禮祖有功而宗有德祖宗之廟百代不毀故殷太甲爲太宗太戊曰中宗武丁曰高宗周宗文王武王漢則文帝爲太宗武帝爲世宗其後代有稱宗者皆以方制海內德澤可宗列於昭穆期於不毀稱宗之義不亦大乎伏惟孝敬皇帝位止東宮未嘗南面聖道誠冠於儲副德教不被於寰瀛立廟稱宗恐非合禮況別起寢廟不入昭穆稽諸祀典何義稱宗而廟號義宗稱之萬代以臣庸

識竊謂不可陛下率循典禮以闢大猷有司所議以致此失或虧盡善豈不惜哉望更詳議務合於禮於是勑太常議遂停義宗之號湊前後上書論時政得失多見採納再遷河南尹累封彭城郡公以公事左授杭州刺史轉汾州刺史十年拜太原尹兼節度支度營田大使其年卒官年六十五贈幽州都督謚曰文子見素自有傳湊從子虛心虛心父維少習儒業博涉文史舉進士自大理丞累至戶部郎中善於剖判時員外郎宋之問工於詩時人以爲戶部有二妙終於左庶子虛心舉孝廉爲官嚴整累至大理丞侍御史神龍年推按大獄時僕射竇懷貞侍中劉幽求意欲寬假虛心堅執法令有不可奪之志景龍中西域羌胡背叛時並擒獲有勑盡欲誅之虛心論奏但罪元首其所全者千餘人虛心有孝行及丁父憂哀毀過禮鬚鬢盡白朝廷深所嗟尚後還御史中丞左右丞兵部侍郎荆揚潞長史兼採訪使所在官吏振肅威令甚舉中外以爲標準歷戶部尚書東京留守卒年六十七季弟虛舟亦以舉孝廉自御史累至戶部司勳左司郎中歷荆州長史洪魏州刺史兼採訪使多著能政入爲刑部侍

郎終大理卿家有禮則父子兄弟更踐郎署時稱郎官家

韓思復京兆長安人也祖倫貞觀中爲左衞率賜爵長山縣男思復少襲祖爵初爲汴州司戶參軍爲政寬恕不行杖罰在任丁憂家貧鬻薪終喪制時姚崇爲夏官侍郎知政事深嘉歎之擢授司禮博士景龍中累遷給事中時左散騎常侍嚴善思坐譙王重福事下制獄有司言善思昔嘗任汝州刺史素與重福交遊召至京師竟不言其謀逆唯奏云東都有兵氣據狀正當匿反請從絞刑思復駁奏曰議獄緩死列聖明規刑疑從輕有國常典嚴善思往在先朝屬韋氏擅內恃寵宮掖謀危宗社善思此時遂能先覺因詣相府有所發明進論聖躬必登宸極雖交遊重福蓋謀陷韋氏及其謁見猶不奏聞將此行藏即從極法且勑追善思書至便發向懷逆節寧即奔命一面疎網誠合順生三驅取禽來而可宥惟刑是恤事合昭詳請付刑部集羣官議定奏裁以符慎獄是時議者多云善思合從原宥有司仍執前議請誅之思復又駁曰臣聞刑人於市爵人於朝必僉謀攸同始行之無惑謹按諸司所議嚴善思十纔一入抵罪惟輕

夫帝閽九重塗遠千里故借天下之耳以聽聽無不聰借天下之目以視視無不接今羣言上聞採擇宜審若棄多就少臣實懼焉輿誦一乖下情不達雖欲從衆其可及乎凡百京司逢時之泰列官分職有賢有親親則列藩諸王陛下愛子賢則胙茅開國陛下名臣見無禮於君寧肯雷同不異今措詞多出法令從輕上納其奏竟免善思死配流静州思復尋轉中書舍人數上疏陳得失多見納用開元初爲諫議大夫時山東蝗蟲大起姚崇爲中書令奏遣使分往河南河北諸道殺蝗蟲而埋之思復以爲蝗蟲是天災當修德以禳之恐非人力所能翦滅上疏曰臣聞河南河北蝗蟲頃日更益繁熾經歷之處苗稼都損今漸翾飛河西游食至洛使命來往不敢昌言山東數州甚爲惶懼且天災流行埋瘞難盡望陛下悔過責躬發使宣慰損不急之務召至公之人上下同心君臣一德持此誠實以答休咎前後驅蝗使等伏望總停書云皇天無親惟德是輔人心無親惟惠是懷不可不收攬人心也上深然之出思復疏以付崇崇乃請遣思復往山東檢蝗蟲所損之處及還具以實奏崇又請令監察御史劉沼

重加詳覆沼希崇旨意遂箠撻百姓迴改舊狀以奏之由是河南數州竟不得免思復遂爲崇所擠出爲德州刺史轉絳州刺史入爲黃門侍郎加銀青光祿大夫代裴漼爲御史大夫思復性恬澹好玄言安仁體道非紀綱之任無幾轉太子賓客十三年卒年七十餘子朝宗天寶初爲京兆尹曾孫佽字相之少有文學性尙簡澹舉進士累辟藩方自襄州從事徵拜殿中侍御史遷刑部員外求爲澧州刺史歲滿受代宰相牛僧孺鎮鄂渚辟爲從事徵拜刑部郎中轉京兆少尹遷給事中出爲桂州觀察使桂管二十餘郡州掾而下至邑長三百員由吏部而補者什一他皆廉吏量其才而補之佽既至桂吏以常所爲官者數百人引謁一吏執籍而前曰具員請補其闕佽戒曰在任有政者不奪所理有過者必繩以法缺者當俟稽諸故籍取其可者然後補之會春衣使內官至求賄於郵吏三豪家因厚其資以求邑宰佽悉諾之使去坐以撓法各笞其背自是豪猾斂跡皆得清廉吏以蘇活其人未幾詔置五管都監計所費盡一境地征不足飽其意佽特用儉約處之遂爲定制君子以爲難開成二年卒於官贈

工部侍郎

張廷珪河南濟源人其先自常州徙焉廷珪少以文學知名性慷慨有志尚弱冠應制舉長安中累遷監察御史則天稅天下僧尼出錢欲於白司馬坂營建大像廷珪上疏諫曰夫佛者以覺知爲義因心而成不可以諸相見也經云若以色見我以音聲求我是人行邪道不能見如來此真如之果不外求也陛下信心歸依發弘誓願壯其塔廟廣其尊容已徧於天下久矣蓋有住於相而行布施非最上第一希有之法何以言之經云若人滿三千大千世界七寶以用布施及恆河沙等身命布施其福甚多若人於此經中受持及四句偈等爲人演說其福勝彼如佛所言則陛下傾四海之財殫萬人之力窮山之木以爲塔極冶之金以爲像雖勞則甚矣費則多矣而所獲福不愈於一禪房之匹夫菩薩作福德不應貪著蓋有爲之法不足高也況此營建事殷土木或開發盤礴峻築基階或塞穴洞通轉採斫輾壓蟲蟻動盈巨億豈佛標坐夏之義愍蠢動而不忍害其生哉又役鬼不可唯人是營通計工匠率多貧窶朝驅暮役勞筋

苦骨簞食瓢飲晨炊星飯饑渴所致疾疹交集豈佛標徒行之義愍畜獸而不
忍殘其力哉又營築之資僧尼是稅雖乞丐所致而貧闕猶多州縣徵輸星火
逼迫或謀計靡所或鬻賣以充怨聲載路和氣未洽豈佛標隨喜之義愍愚蒙
而不忍奪其產哉且邊朔未寧軍裝日給天下虛竭海內勞弊伏惟陛下愼之
重之思菩薩之行爲利益一切衆生應如是布施則其福德若南西北方四維
上下虛空不可思量夫何必勤於住相凋蒼生之業崇不急之務乎臣以時政
論之則宜先邊境畜府庫養人力臣以釋教論之則宜救苦厄滅諸相崇無爲
伏願陛下察臣之愚行佛之意務以理爲上不以人廢言幸甚幸甚則天從其
言卽停所作仍於長生殿召見深賞慰之景龍末爲中書舍人再轉洪州都督
仍爲江南西道按察使開元初入爲禮部侍郎時久旱關中饑儉下制求直諫
昌言弘益政理者廷珪上疏曰臣聞古有多難興王殷憂啓聖者皆以事危則
志銳情迫則思深故能自下登高轉禍爲福者也伏見景龍之末中宗遇禍先
天之際兇黨構謀社稷有危於綴旒國朝將均於絕綖陛下神武超代精誠動

天再掃氛沴六合清朗而後上順皇旨俯念黔黎高運璿衡光膺寶籙日月所
燭之地書軌未通之鄉無不霑濡渥恩被服淳化十堯九舜未足稱也明明上
帝照臨下土宜錫介祉以答鴻休然屬頃歲已來陰陽愆候九穀失稔萬姓阻
饑關輔之間更爲尤劇至有樵蘇莫爨糧糗靡資不復聊生方憂轉死偶會昌
運遘茲難否者臣竊思之皇天之意將恐陛下春秋鼎盛神聖在躬不崇朝而
建大功自藩邸而陟元后或簡下濟之道獨滿雄圖之志輕虞舜而不法思漢
武以自高是故昭見咎徵載加警誘將欲大君日慎一日雖休勿休永保太和
以固邦本也斯皇天於陛下睠顧深矣陛下焉可不奉若休旨而寅畏哉臣愚
誠願陛下約心削志澄思勵精考羲農之書敦素朴之道登庸端士放黜佞人
屏退後宮減徹外廄場無蹴踘之翫野絕從禽之賞休石田之遠境罷金甲之
縣軍矜恤惸嫠蠲薄徭賦去奇伎淫巧捐和璧隋珠不見可欲使心不亂自然
波清四海塵銷九域農夫樂其業餘糧棲於畝則和氣上通於天雖五星連珠
兩曜合璧未足多也珍祥下降於地雖鳳皇巢閣麒麟在郊未足奇也或謂天

之炯戒不足畏者則將上帝憑怒風雨迷錯荒饉日甚無以濟下矣或謂人之窮乏不足恤者則將齊甿沮志億兆攜離愁苦勢極無以奉上矣斯蓋安危所繫禍福之源柰何朝廷曾不是察況今陛下受命伊始敷政惟新卿士百寮華夷萬族莫不清耳以聽刮目而視延頸企踵冀有所聞見顒顒如也何可怠棄典則坐辜其望哉再遷黃門侍郎時監察御史蔣挺以監決杖刑稍輕勑朝堂杖之廷珪奏曰御史憲司清望耳目之官有犯當殺即殺當流即流不可決杖士可殺不可辱也時制命已行然議者以廷珪之言為是俄坐泄禁中語出為沔州刺史又歷蘇宋魏三州刺史入為少府監加金紫光祿大夫封范陽男四遷太子詹事以老疾致仕二十二年卒年七十餘贈工部尚書謚曰貞穆廷珪素與陳州刺史李邕親善屢上表薦之邕所撰碑碣之文必請廷珪八分書之廷珪既善楷隸甚為時人所重

王求禮許州長社人則天朝為左拾遺遷監察御史性忠謇敢言每上封彈事無所畏避時契丹李盡忠反叛其將孫萬榮寇陷河北數州河內王武懿宗擁

兵討之畏懦不敢進旣而賊大掠而去懿宗條奏滄瀛百姓爲賊詿誤者數百家請誅之求禮執而劾之曰此詿誤之人比無良吏教習城池又不完固爲賊驅逼苟徇圖全豈素有背叛之心哉懿宗擁强兵數十萬聞賊將至走保城邑罪當誅戮今乃移禍於詿誤之人豈是爲臣之道請斬懿宗以謝河北百姓懿宗大懼則天竟降制赦之契丹陷幽州饋輓不給左相豆盧欽望請輟京官兩月俸料以助軍求禮謂欽望曰公祿厚俸優輟之可也國家富有四海足以儲軍國之用何籍貧官薄俸公此舉豈宰相法邪欽望作色拒之乃奏曰秦漢皆有稅算以贍軍求禮不識大體妄有訟辭求禮對曰秦皇漢武稅天下虛中以事邊柰何使聖朝則效不知欽望此言是大體耶事遂不行時三月雪鳳閣侍郞蘇味道等以爲瑞草表將賀求禮止之曰宰相調燮陰陽而致雪降暮春災也安得爲瑞如三月雪爲瑞雪則臘月雷亦瑞雷也舉朝嗤笑以爲口實求禮竟以剛正名位不達而卒

辛替否京兆人也景龍年爲左拾遺時中宗置公主府官屬安樂公主府所補

尤多猥濫又駙馬武崇訓死後棄舊宅別造一宅侈麗過甚時又盛興佛寺百姓勞弊帑藏爲之空竭替否上疏諫曰臣聞古之建官員不必備九卿已下皆有其位而闕其選賞一人謀乎三事職一人訪乎羣司負寵者畏權勢之在躬知榮者避權門而不入故稱賞不僭官不濫士皆完行家有廉節朝廷有餘俸百姓有餘食下忠於上上禮於下委裘而無倉卒之危垂拱而無顛沛之患夫事有惕耳目動心慮作不師古以行於今者蓋有之矣伏惟陛下百倍行賞十倍增官金銀不供其印束帛無充於錫何媿於無用之臣何惠於無力之士至於公府補授罕存推擇遂使富商豪賈盡居纓冕之流鬻伎行巫咸涉膏腴之地臣聞古人曰福生有基禍生有胎伏惟公主陛下之愛女選賢良以嫁之設官職以輔之傾府庫以賜之壯第觀以居之廣池籞以嬉之可謂之至重也可謂之至憐也然而用不合於古義行不根於人心將恐變愛成憎轉福爲禍何者竭人之力人怨也費人之財人怨也奪人之家人怨也愛數子而取三怨於天下使邊疆之士不盡力朝廷之士不盡忠人之散矣獨持所愛何所恃乎向

者魯王賞同諸壻禮等朝臣則亦有今日之福無曩時之禍人徒見其禍不知禍之所來所以禍者寵愛過於臣子也去年七月五日已見其徵矣而今事無改更尚因循棄一宅而造一宅忘前禍而忽後禍臣竊謂陛下憎之矣非愛之也臣聞君以人爲本本固則邦寧邦寧則陛下夫婦母子長相保也伏惟外謀宰臣爲久安之計以存之不使姦臣賊子以伺之臣聞微不可不防遠不可不慮當今疆埸危駭倉廩空虛揭竿守禦之士賞不及肝腦塗地之卒輸不充而方大起寺舍廣造第宅伐木空山不足充梁棟運土塞路不足充牆壁誇古耀今踰章越制百僚鉗口四海傷心夫釋教者以清淨爲基慈悲爲主故當體道以濟物不欲利己以損人故常去己以全真不爲榮身以害教三時之月掘山穿池損命也殫府虛帑損人也廣殿長廊榮身也損命則不慈悲損人則不濟物榮身則不清淨豈大聖大神之心乎臣以爲非真教非佛意違時行違人欲自像王西下佛教東傳青螺不入於周前白馬方行於漢後風流雨散千帝百王飾彌盛而國彌空役彌重而禍彌大覆車繼軌曾不改途晉臣以佞佛取譏

梁主以捨身構隳若以造寺必爲其理體養人不足以經邦則殷周已往皆暗
亂漢魏已降皆聖明殷周已往爲不長漢魏已降爲不短臣聞夏爲天子二十
餘代而殷受之殷爲天子二十餘代而周受之周爲天子三十餘代而秦受之
自漢已後歷代可知也何者有道之長無道之短豈因其窮金玉修塔廟方得
久長之助乎臣聞於經曰菩薩心住於法而行布施如人入暗卽無所見又曰
一切有爲法如夢幻泡影如露亦如電臣以減雕琢之費以賑貧下是有如來
之德息穿掘之苦以全昆蟲是有如來之仁罷營構之直以給邊陲是有湯武
之功迴不急之祿以購廉清是有唐虞之理陛下緩其所急急其所緩親未來
而疏見在失眞實而冀虛無重俗人之所爲而輕天子之功業臣竊痛之矣當
今出財依勢者盡度爲沙門避役姦訛者盡度爲沙門其所未度唯貧窮與善
人將何以作範乎將何以役力乎臣以爲出家者捨塵俗離朋黨無私愛今殖
貨營生非捨塵俗拔親樹知非離朋黨畜妻養孥非無私愛是致人以毀道非
廣道以求人伏見今之宮觀臺榭京師之與洛陽不增修飾猶恐奢麗陛下尚

欲填池壍捐苑囿以賑貧人無產業者今天下之寺蓋無其數一寺當陛下一宮壯麗之甚矣用度過之矣是十分天下之財而佛有七八陛下何有之矣百姓何食之矣雖以陰陽爲炭萬物爲銅役不食之人使不衣之士猶尙不給況資於天生地養風動雨潤而後得之乎臣聞國無九年之儲國非其國伏計倉廩度府庫百寮供給百事用度臣恐卒歲不充況九年之積乎一旦風塵再擾霜雹荐臻沙門不可擐干戈寺塔不足穰饑饉臣竊痛之矣疏奏不納歲餘安樂公主被誅睿宗卽位又爲金仙玉眞公主廣營二觀先是中宗時斜封受官人一切停任凡數百千人又有勑放令却上替否時爲左補闕又上疏陳時政曰臣嘗以爲古之用度不時爵賞不當破家亡國者口說不如身逢耳聞不如眼見臣請以有唐已來理國之得失陛下之所眼見者以言之惟陛下審之聽之擇善而從之則萬歲之業自可致矣何憂乎黎庶之不康福祚之不永伏以太宗文武聖皇帝陛下之祖撥亂反正開階立極得至理之體設簡要之方省其官清其吏舉天下職司無一虛受用天下財帛無一枉費賞必俟功官必得

後所爲無不成所征無不伏不多造寺觀而福德自至不多度僧尼而殃咎自滅道合乎天地德通乎神明故天地憐之神明祐之使陰陽不愆風雨合度四人樂其業五穀遂其成腐粟爛帛填街委巷千里萬里貢賦於郊九夷百蠻歸款於闕自有帝皇已來未有若斯之神聖者也故得享國久長多歷年所陛下何不取而則之中宗孝和皇帝陛下之兄居先人之業忽先人之化不取賢良之言而恣子女之意官爵非擇虛食祿者數千人封建無功妄食土者百餘戶造寺不止枉費財者數百億度人不休免租庸者數十萬是使國家所出加數倍所入減數倍倉不停卒歲之儲庫不貯一時之帛所惡者逐逐多忠良所愛者賞賞多讒慝朋佞喋喋交相傾動容身不爲於朝廷保位皆由於黨附奪百姓之食以養殘兇剝萬人之衣以塗土木於是人怨神怒親忿衆離水旱不調疾疫屢起遠近殊論公私罄然五六年間再三禍變享國不永受終於兇婦人寺舍不能保其身僧尼不能護妻子取譏萬代見笑四夷此陛下之所眼見也何不除而改之依太宗之理國則百官以理百姓無憂故太山之安立可致矣

依中宗之理國則萬人以怨百事不寧故累卵之危立可致矣頃自夏已來霪
雨不解穀荒於隴麥爛於場入秋已來亢旱成災苗而不實霜損蟲暴草葉枯
黄下人咨嗟未知賙賑而營寺造觀日繼於時檢校試官充臺溢署伏惟陛下
愛兩女爲造兩觀燒瓦運木載土填坑道路流言皆云計用錢百餘萬貫惟陛
下聖人也無所不知陛下明君也無所不見既知且見知倉有幾年之儲庫有
幾年之帛知百姓之間可存活乎三邊之上可轉輸乎當今發一卒以禦邊陲
遣一兵以衞社稷多無衣食皆帶饑寒賞賜之間迥無所出軍旅驟敗莫不由
斯而乃以百萬貫錢造無用之觀以受六合之怨乎以違萬人之心乎伏惟陛
下續阿韋之醜跡而不改阿韋之亂政忍棄太宗之理本不忍棄中宗之亂階
忍棄太宗久長之謀不忍棄中宗短促之計陛下又何以繼祖宗親萬國昔陛
下爲皇太子在阿韋之時危亡是懼常切齒於羣兇今貴爲天子富有海內而
不改羣兇之事臣恐復有切齒於陛下者也陛下又何以非羣兇而誅之臣往
見明勑自今已後一依貞觀故事且貞觀之時豈有今日之造寺營觀加僧尼

道士益無用之官行不急之務而亂政者也臣以為棄其言而不行其信慕其善而不遷其惡陛下又何以刑於四海往者和帝之憐悖逆也為姦人之所誤宗晉卿勸為第宅趙履温勸為園亭損數百家之居侵數百家之地工徒斲而未息義兵紛以交馳卒使亭不得遊宅不得坐信邪佞之說成骨肉之刑此陛下之所眼見也今茲造觀臣必知非陛下公主之本意得無趙履温之徒將勸為之冀誤其骨肉不可不明察也臣聞出家修道者不預人事專清其身心以虛泊為高以無為為妙依兩卷老子視一軀天尊無欲無營不損不害何必璇臺玉榭寶像珍龕使人困窮然後為道哉且舊觀足可歸依無造無營以取窮竭若此行之三年國不富人不安朝廷不清陛下不樂則臣請殺身於朝以令天下言事者伏惟陛下行非常之惠權停兩觀以俟豐年以兩觀之財為公主施貧窮填府庫則公主福德無窮矣不然臣恐下人怨望不減於前朝之時前朝之時賢愚知敗人雖有口而不敢言言未發聲禍將及矣韋月將受誅於丹徼燕欽融見殺於紫庭此人皆不惜其身而納忠於主身既死矣朝亦危矣故

先朝誅之陛下賞之是陛下知直言之士有裨於國臣今直言亦先代之直惟陛下察之疏奏睿宗嘉其公直稍遷爲右臺殿中侍御史開元中累轉穎王府長史天寶初卒年八十餘

史臣曰夫好聞其善惡聞其過君人者之常情也寧詔媚以取容不逆耳以招禍臣人者之常情也能反此者不亦善乎李薛等六君吐忠讜之言補朝廷之失有犯無隱不愧古人有唐之良臣也

贊曰臣之事君有邪有正君之使臣從諫則聖李薛輸忠救人之命韋韓讜言醫國之病辛王章疏犯顏竦聽張子法言實裨時政

舊唐書卷一百一考證

薛登傳屬宣州狂寇朱大目作亂○新書鋌大眼

韋湊傳使三綱敘十等減若者𠿔𠿔明惡惡著也○十等二字下有闕文

王求禮傳欽望作色拒之乃奏曰秦漢皆有税算以贍軍求禮不識大體妄有訟辭○新書作姚璹語

舊唐書卷一百一考證

珍傲宋版玳

舊唐書卷一百二

後晉司空同中書門下平章事劉昫撰

列傳第五十二

馬懷素　褚无量　劉子玄兄知柔子貺餗彙秩迅迥　徐堅

元行沖　吳兢　韋述弟逌迪蕭直蕭穎士毋煚殷踐猷附

馬懷素潤州丹徒人也寓居江都少師事李善家貧無燈燭晝採薪蘇夜燃讀書遂博覽經史善屬文舉進士又應制舉登文學優贍科拜鄠尉四遷左臺監察御史長安中御史大夫魏元忠爲張易之所構配徙嶺表太子僕崔貞慎東宮率獨孤禕之餞于郊外易之怒使人誣告貞慎等與元忠同謀則天令懷素按鞫遣中使促迫諷令構成其事懷素執正不受命則天怒召懷素親加詰問懷素奏曰元忠犯罪配流貞慎等以親故相送誠爲可責若以爲謀反臣豈誣罔神明昔彭越以反伏誅欒布奏事於其屍下漢朝不坐況元忠罪非彭越陛下豈加追送之罪陛下當生殺之柄欲加之罪取決聖衷可矣若付臣推鞫臣

敢不守陛下之法則天意解貞慎等由是獲免時夏官侍郎李迥秀恃張易之
之勢受納貨賄懷素奏劾之迥秀遂罷知政事懷素累轉禮部員外郎與源乾
曜盧懷慎李傑等充十道黜陟使懷素處事平恕當時稱之使還遷考功員外
郎時貴戚縱恣請託公行懷素無所阿順典舉平允擢拜中書舍人開元初爲
戶部侍郎加銀青光祿大夫累封常山縣公三遷祕書監兼昭文館學士懷素
雖居吏職而篤學手不釋卷謙恭謹慎深爲玄宗所禮令與左散騎常侍褚无
量同爲侍讀每次閤門則令乘肩轝以進上居別館以路遠則命宮中乘馬或
親自送迎以申師資之禮是時祕書省典籍散落條疏無敘懷素上疏曰南齊
已前墳籍舊編王儉七志已後著述其數盈多隋志所書亦未詳悉或古書近
出前志闕而未編或近人相傳浮詞鄙而猶記若無編錄難辯淄澠望括檢近
書篇目幷前志所遺者續王儉七志藏之祕府上於是召學涉之士國子博士
尹知章等分部撰錄幷刊正經史粗創首尾會懷素病卒年六十上特爲之舉
哀廢朝一日贈潤州刺史謚曰文

褚无量字弘度杭州鹽官人也幼孤貧勵志好學家近臨平湖時湖中有龍鬭傾里閈就觀之无量時年十二讀書晏然不動及長尤精三禮及史記舉明經累除國子博士景龍三年遷國子司業兼修文館學士是歲中宗將親祀南郊詔禮官學士修定儀注國子祭酒祝欽明司業郭山惲皆希旨請以皇后爲亞獻无量獨與太常博士唐紹蔣欽緒固爭以爲不可无量建議曰夫郊祀者明皇之盛事國家之大禮行其禮者不可以臆斷不可以情求皆上順天心下符人事欽若稽古率由舊章然後可以交神明可以膺福祐然禮文雖衆莫如周禮周禮者周公致太平之書先聖極由衷之典法天地而行教化辯方位而敘人倫其義可以幽贊神明其文可以經緯邦國備物致用其可忽乎至如冬至圓丘祭中最大皇后內主體位甚尊若合郊天助祭則當具著禮典今徧檢周官無此儀制蓋由祭天南郊不以地配唯將始祖爲主不以祖妣配天故唯皇帝親行其禮皇后不合預也謹按大宗伯職云若王不祭祀則攝位注云王有故代行其祭事下文云凡大祭祀王后不與則攝而薦豆籩徹若皇后合助祭

承此下文卽當云若不祭祀則攝而薦豆籩今於文上更起凡則是別生餘事
夫事與上異則別起凡凡者生上起下之名不專繫於本職周禮一部之內此
例極多備在文中不可具錄又王后助祭親薦豆籩而不徹案九嬪職云凡祭
贊后薦徹豆籩注云后進之而不徹則知中徹者爲宗伯生文若宗伯攝祭則
宗伯親徹不別使人又案外宗掌宗廟之祀王后不與則贊宗伯此之一文與
上相證何以明之案外宗唯掌宗廟祭祀不掌郊天足明此文是宗廟祭也案
王后行事總在內宰職中檢其職文唯云大祭祀后祼獻則贊瑤爵亦如之鄭
注云謂祭宗廟也注所以知者以文云祼獻祭天無祼以此得知又祭天之器
則用陶匏亦無瑤爵注以此得知是宗廟也又內司服掌王后六服無祭天之
服而巾車職掌王后之五輅亦無后祭天之輅祭天七獻無后亞獻以此諸文
參之故知后不合助祭天也唯漢書郊祀志則有天地合祭皇后預享之事此
則西漢末代強臣擅朝悖亂彝倫黷神諂祭不經之典事涉誣神故易傳曰誣
神者殃及三代太誓曰正稽古立功立事可以永年承天之大律斯史策之良

誠豈可不知今南郊禮儀事不稽古忝守經術不敢默然請旁詢碩儒俯摭舊
典採曲臺之故事行圓丘之正儀使聖朝叶昭曠之塗天下知文物之盛豈不
幸甚時左僕射韋巨源等阿旨叶同欽明之議竟不從无量所奏尋以母老請
停官歸侍景雲初玄宗在春宮召拜國子司業兼皇太子侍讀嘗撰翼善記以
進之皇太子降書嘉勞賚絹四十匹太極元年皇太子國學親釋奠令无量講
孝經禮記各隨端立義博而且辯觀者歎服焉既畢進授銀青光祿大夫兼賜
以章服并綵絹百段玄宗卽位遷郯王傅兼國子祭酒尋以師傅恩遷左散騎
常侍仍兼國子祭酒封舒國公實封二百戶未幾丁憂解職廬於墓側其所植
松柏時有鹿犯之无量泣而言曰山中衆草不少何忍犯吾先塋樹哉因通夕
守護俄有羣鹿馴狎不復侵害无量因此終身不食鹿肉服闋召拜左散騎常
侍復爲侍讀以其年老每隨仗出入特許緩行又爲造腰輿令內給使輿於內
殿无量頻上書陳時政得失多見納用又嘗手勑褒美賜物二百段无量以內
庫舊書自高宗代卽藏在宮中漸致遺逸奏請繕寫刊校以弘經籍之道玄宗

令於東都乾元殿前施架排次大加搜寫廣采天下異本數年間四部充備仍
引公卿已下入殿前令縱觀焉開元六年駕還又勑无量於麗正殿以續前功
皇太子及郯王嗣直等五人年近十歲尚未就學无量繕寫論語孝經各五本
以獻上覽之曰吾知无量意无量遽令選經明篤行之士國子博士郄恆通郭
謙光左拾遺潘元祚等爲太子及郯王已下侍讀七年詔太子就國子監行齒
冑之禮无量登座說經百寮集觀禮畢賞賜甚厚明年无量病卒年七十五臨
終遺言以麗正寫書未畢爲恨上爲舉哀廢朝兩日贈禮部尚書謚曰文初无
量與馬懷素俱爲侍讀顧待甚厚及无量等卒後祕書少監康子原國子博士
侯行果等又入侍講雖屢加賞賜而禮遇不逮褚焉
劉子玄本名知幾楚州刺史胤之族孫也少與兄知柔俱以詞學知名弱冠舉
進士授獲嘉主簿證聖年有制文武九品已上各言時政得失知幾上表陳四
事詞甚切直是時官爵僭濫而法網嚴密士類競爲趨進而多陷刑戮知幾乃
著思慎賦以刺時且以見意鳳閣侍郎蘇味道李嶠見而歎曰陸機豪士所不

及也知幾長安中累遷左史兼修國史擢拜鳳閣舍人修史如故景龍初再轉
太子中允依舊修國史時侍中韋巨源紀處訥中書令楊再思兵部尚書宗楚
客中書侍郎蕭至忠並監修國史知幾以監修者多甚爲國史之弊蕭至忠又
嘗責知幾著述無課知幾於是求罷史任奏記於至忠曰僕自策名士伍待罪
朝列三爲史臣再入東觀竟不能勒成國典貽彼後來者何哉靜言思之其不
可者五也何者古之國史皆出自一家如魯漢之丘明子長晉齊之董狐南史
咸能立言不朽藏諸名山未聞藉以衆功方云絕筆唯後漢東觀大集羣儒而
著述無主條章靡立由是伯度譏其不實公理以爲可焚張蔡二子紀之於當
代傅范兩家嗤之於後葉今史司取士有倍東京人自以爲荀袁家自稱爲政
駿每欲記一事載一言皆閣筆相視含毫不斷故首白可期而汗青無日其不
可一也前漢郡國計書先上太史副上丞相後漢公卿所撰始集公府乃上蘭
臺由是史官所修載事爲博原自近古此道不行史臣編錄唯自詢採而左右
二史闕注起居衣冠百家罕通行狀求風俗於州郡視聽不該討沿革於臺閣

簿籍難見雖使尼父再出猶且成其管窺況限以中才安能遂其博物其不可二也昔董狐之書法也以示於朝南史之書弒也執簡以往而近代史局皆通籍禁門幽居九重欲人不見尋其義者由杜彼顏面防諸請謁故也然今館中作者多士如林皆願長喙無聞齰舌儻有五始初成一字加貶言未絕口而朝野具知筆未棲毫而搢紳咸誦夫孫盛實錄取嫉權門王韶直書見讎貴族人之情也能無畏乎其不可三也古者刊定一史纂成一家體統各殊指歸咸別夫尚書之教也以疏通知遠爲主春秋之義也以懲惡勸善爲先史記則退處士而進姦雄漢書則抑忠臣而飾主闕斯並曩賢得失之例良史是非之準作者言之詳矣頃史官注記多取稟監修楊令公則云必須直詞宋尚書則云宜多隱惡十羊九牧其事難行一國三公適從焉在其不可四也竊以史置監修雖無古式尋其名號可得而言夫言監者蓋總領之義耳如創紀編年則年有斷限草傳敘事則事有豐約或可略而不略或應書而不書此失刊削之例也屬詞比事勞逸宜均揮鉛奮墨勤惰須等某袠某篇付之此職某紀某傳歸之

此官此銓配之理也斯並宜明立科條審定區域儻人思自勉則書可立成今監之者既不指授修之者又無尊奉用使爭學苟且務相推避坐變炎涼徒延歲月其不可五也凡此不可其流實多一言以蔽三隅自反而時談物議焉得笑僕編次無聞者哉比者伏見明公每汲汲於勸誘勤勤於課績或云墳籍事重努力用心或云歲序已淹何時輟手竊以綱維不舉而督課徒勤雖威以刺骨之刑勖以懸金之賞終不可得也語曰陳力就列不能則止僕所以比者布懷知己歷詆羣公屢辭載筆之官願罷記言之職者正謂此耳當今朝號得人國稱多士蓬山之下良直差肩芸閣之中英奇接武僕既功虧刻鵠筆未獲麟徒殫太官之膳虛索長安之米乞以本職還其舊居多謝簡書請避賢路惟明公足下哀而許之至忠惜其才不許解史任宗楚客嫉其正直謂諸史官曰此人作書如是欲置我何地時知幾又著史通子二十卷備論史策之體太子右庶子徐堅深重其書嘗云居史職者宜置此書於座右知幾自負史才常慨時無知己乃委國史於著作郎吳兢別撰劉氏家史十五卷譜考三卷推漢氏爲

陸終苗裔非堯之後彭城叢亭里諸劉出自宣帝子楚孝王囂曾孫司徒居巢侯劉愷之後不承楚元王交皆按據明白正前代所誤雖爲流俗所譏學者服其該博初知幾每云若得受封必以居巢爲名以紹司徒舊邑後以修則天實錄功果封居巢縣子又鄉人以知幾兄弟六人進士及第文學知名改其鄉里爲高陽鄉居巢里景雲中累遷太子左庶子兼崇文館學士仍依舊修國史加銀青光祿大夫時玄宗在東宮知幾以名音類上名乃改子玄二年皇太子將親釋奠於國學有司草儀注令從臣皆乘馬著衣冠子玄進議曰古者自大夫已上皆乘車而以馬爲騑服魏晉已降迄乎隋代朝士又駕牛車歷代經史具有其事不可一二言也至如李廣北征解鞍憩息馬援南伐據鞍顧盼斯則鞍馬之設行於軍旅戎服所乘貴於便習者也按江左官至尚書郎而輒輕乘馬則爲御史所彈又顏延之罷官後好騎馬出入閭里當代稱其放誕此則專車憑軾可擐朝衣單馬御鞍宜從褻服求之近古灼然之明驗也自皇家撫運沿革隨時至如陵廟巡謁王公冊命則盛服冠履乘彼輅車其士庶有衣冠親迎

者亦時以服箱充馭在於他事無復乘車貴賤所行通用鞍馬而已臣伏見比者鑾輿出幸法駕首途左右侍臣皆以朝服乘馬夫冠履而出只可配車而行今乘車既停而冠履不易可謂唯知其一而未知其二也何者褒衣博帶革履高冠本非馬上所施自是車中之服必也韈而升鐙跣以乘鞍非唯不師古道亦自取驚今俗求諸折中進退無可且長裾廣袖襜如翼如鳴珮行組鏘鏘弈弈馳驟於風塵之內出入於旌棨之間儻馬有驚逸人從顛墜遂使屬車之右遺履不收清道之傍絓驂相續固以受嗤行路有損威儀今議者皆云祕閣有梁武帝南郊圖多有危冠乘馬者此則近代故事不得謂無其文臣案此圖是後人所爲非當時所撰且觀代閒有古今圖畫者多矣如張僧繇畫羣公祖二疏而兵士有著芒屩者閻立本畫明君入匈奴而歸人有著帷帽者夫芒屩出於水鄉非京華所有帷帽創於隋代非漢宮所作議者豈可徵此二畫以爲故實者乎由斯而言則梁氏南郊之圖義同於此又傳稱因俗禮貴緣情殷輅周冕規模不一秦冠漢佩用捨無常況我國家道軼百王功高萬古事有不便理

資變通其乘馬衣冠竊謂宜從省廢臣懷此異議其來自久日不暇給未及摧揚今屬殿下親從齒冑將臨國學凡有衣冠乘馬皆憚此行所以輒進狂言用申鄙見皇太子手令付外宣行仍編入令以爲常式開元初遷左散騎常侍修史如故九年長子貺爲太樂令犯事配流子玄詣執政訴理上聞而怒之由是貶授安州都督府別駕子玄掌知國史首尾二十餘年多所撰述甚爲當時所稱禮部尚書鄭惟忠嘗問子玄曰自古已來文士多而史才少何也對曰史才須有三長世無其人故史才少也三長謂才也學也識也夫有學而無才亦猶有良田百頃黃金滿籯而使愚者營生終不能致於貨殖者矣如有才而無學亦猶思兼匠石巧若公輸而家無楩柟斧斤終不果成其宮室者矣猶須好是正直善惡必書使驕主賊臣所以知懼此則爲虎傅翼善無可知所向無敵者矣脫苟非其才不可叨居史任自敻古已來能應斯目者罕見其人時人以爲知言子玄至安州無幾而卒年六十一自幼及長述作不倦朝有論著必居其職預修三教珠英文館詞林姓族系錄論孝經非鄭玄注老子河上公注修唐

書實錄皆行於代有集三十卷後數年玄宗勑河南府就家寫史通以進讀而善之追贈汲郡太守尋又贈工部尚書謚曰文兄知柔少以文學政事歷荆揚曹益宋海唐等州長史刺史戶部侍郎國子司業鴻臚卿尚書右丞工部尚書東都留守卒贈太子少保謚曰文代傳儒學之業時人以述作名其家子玄子貺餗彙秩迅迥皆知名於時貺博通經史明天文律曆音樂醫算之術終於起居郎修國史撰六經外傳三十七卷續說苑十卷太樂令壁記三卷真人肘後方三卷天宮舊事一卷餗右補闕集賢殿學士修國史著史例三卷傳記三卷樂府古題解一卷彙給事中尚書右丞左散騎常侍荆南長沙節度有集三卷秩給事中尚書右丞國子祭酒撰政典三十五卷止戈記七卷至德新議十二卷指要三卷論喪紀制度加籩豆許私鑄錢改制國學事各在本志迅右補闕撰六說五卷迥諫議大夫給事中有集五卷貺子浹滋彙子贊滋貞元中位至宰輔贊觀察使自有傳

徐堅西臺舍人齊聃子也少好學徧覽經史性寬厚長者進士舉累授太學聖

曆中車駕在三陽宮御史大夫楊再思太子左庶子王方慶爲東都留守引堅爲判官表奏專以委之方慶善三禮之學每有疑滯常就堅質問堅必能徵舊說訓釋詳明方慶深善之又賞其文章典實常稱曰掌綸誥之選也再思亦曰此鳳閣舍人樣如此才識走避不得堅又與給事中徐彥伯定王府倉曹劉知幾右補闕張說同修三教珠英時麟臺監張昌宗及成均祭酒李嶠總領其事廣引文詞之士日夕談論賦詩聚會歷年未能下筆堅獨與說構意撰錄以文思博要爲本更加姓氏親族二部漸有條槩諸人依堅等規制俄而書成遷司封員外郎則天又令堅刪改唐史會則天遜位而止神龍初再遷給事中時雍州人韋月將上書告武三思不臣之跡反爲三思所陷中宗卽令殺之時方盛夏堅上表曰月將誣構良善故違制命準其情狀誠合嚴誅但今朱夏在辰天道生長卽從明戮有乖時令謹按月令夏行秋令則丘隰水潦禾稼不熟陛下誕膺靈命中興聖圖將弘羲軒之風以光史策之美豈可非時行戮致傷和氣哉君舉必書將何以訓伏願詳依國典許至秋分則知恤刑之規冠於千載哀

矜之惠洽乎四海中宗納堅所奏遂令決杖配流嶺表睿宗即位堅自刑部侍郎加銀青光祿大夫拜左散騎常侍俄轉黃門侍郎時監察御史李知古請兵以擊姚州西貳河蠻既降附又請築城重征稅之堅以蠻夷生梗可以羈縻屬之未得同華夏之制勞師涉遠所損不補所獲獨建議以爲不便睿宗不從令知古發劍南兵往築城將以列置州縣知古因是欲誅其豪傑沒子女以爲奴婢蠻衆恐懼乃殺知古相率反叛役徒奔潰姚巂路由是歷年不通堅妻即侍中岑義之妹堅以與義近親固辭機密乃轉太子詹事謂人曰非敢求高蓋避難也及義誅堅竟免坐累出爲絳州刺史五轉復入爲祕書監開元十三年再遷左散騎常侍其年玄宗改麗正書院爲集賢院以堅爲學士副張說知院事累封東海郡公以修東封儀注及從升太山之功特加光祿大夫堅多識典故前後修撰格式氏族及國史等凡七入書府時論美之十七年卒年七十餘上深悼惜之遣中使就家弔內出絹布以賻之贈太子少保謚曰文堅長姑爲太宗充容次姑爲高宗婕妤並有文藻堅父子以詞學著聞議者方之漢世班氏

元行沖河南人後魏常山王素連之後也少孤爲外祖司農卿韋機所養博學多通尤善音律及詁訓之書舉進士累轉通事舍人納言狄仁傑甚重之行沖性不阿順多進規誡嘗謂仁傑曰下之事上亦猶蓄聚以自資也譬貴家儲積則脯腊膎胰以供滋膳參朮芝桂以防疴疾伏想門下賓客堪充旨味者多願以小人備一藥物仁傑笑而謂人曰此吾藥籠中物何可一日無也九遷至陝州刺史兼隴右關內兩道按察使未行拜太常少卿行沖以本族出於後魏而未有編年之史乃撰魏典三十卷事詳文簡爲學者所稱初魏明帝時河西柳谷瑞石有牛繼馬後之象魏收舊史以爲晉元帝是牛氏之子冒姓司馬以應石文行沖推尋事跡以後魏昭成帝名犍繼晉受命考校謠讖著論以明之開元初自太子詹事出爲岐州刺史又充關內道按察使行沖自以書生不堪搏擊之任固辭按察乃以寧州刺史崔琬代焉俄復入爲右散騎常侍東都副留守時嗣彭王志暕庶兄志謙被人誣告謀反考訊自誣繫獄待報連坐十數人行沖察其寃濫並奏原之四遷大理卿時揚州長史李傑爲侍御史王旭所陷

詔下大理結罪行沖以傑歷政清貞不宜枉爲讒邪所構又奏請從輕條出之當時雖不見從深爲時論所美俄又固辭刑獄之官求爲散職七年復轉左散騎常侍九遷國子祭酒月餘拜太子賓客弘文館學士累封常山郡公先是祕書監馬懷素集學者續王儉今書七志左散騎常侍褚无量於麗正殿校寫四部書事未就而懷素无量卒詔行沖總代其職於是行沖表請通撰古今書目名爲羣書四錄命學士鄠縣尉毋煚櫟陽尉韋述曹州司法參軍殷踐猷太學助教余欽等分部修檢歲餘書成奏上上嘉之又特令行沖撰御所注孝經疏義列於學官尋以衰老罷知麗正殿校寫書事初有左衛率府長史魏光乘奏請行用魏徵所注類禮上遽令行沖集學者撰義疏將立學官行沖於是引國子博士范行恭四門助教施敬本檢討刊削勒成五十卷十四年八月奏上之尙書左丞相張說駁奏曰今之禮記是前漢戴德戴聖所編錄歷代傳習已向千年著爲經教不可刊削至魏孫炎始改舊本以類相比有同抄書先儒所非竟不行用貞觀中魏徵因孫炎所修更加整比兼爲之注先朝雖厚加賞錫其

書竟亦不行今行沖等解徵所注勒成一家然與先儒第乖章句隔絕若欲行用竊恐未可上然其奏於是賜行沖等絹二百匹留其書貯於內府竟不得立於學官行沖恚諸儒排己退而著論以自釋名曰釋疑其詞曰客問主人曰小戴之學行之已久康成銓注見列學官傳聞魏公乃有刊易又承制旨造疏將頒未悉二經孰爲優劣主人答曰小戴之禮行於漢末馬融注之時所未覩盧植分合二十九篇而爲說解代不傳習鄭絪子幹師於季長屬黨錮獄起師門道喪康成於竄伏之中理紛挐之典志存探究靡所咨謀而猶緝述忘疲聞義能徙具於鄭志向有百科章句之徒曾不窺覽猶遵覆轍頗類刻舟王肅因之重茲開釋或多改駮仍按本篇又鄭學之徒有孫炎者雖扶玄義乃易前編自後條例支分箴石間起馬伷增革向踰百篇葉遵刪修僅全十二魏公病羣言之錯雜紬衆說之精深經文不同未敢刊正注理睽誤寧不芟礱成畢上聞太宗嘉賞賚縑千匹錄賜儲藩將期頒宣未有疏義聖皇纂業耽古崇儒高曾規矩宜所修襲乃制昏愚甄分舊義其有注遺往說理變新文務加搜窮積稔方

畢具錄呈進勅付羣儒庶能斟詳以課踈密豈悟章句之士堅持昔言特嫌知新欲仍舊貫沉疑多月擯壓不申優劣短長定於通識手成口答安敢銓量容曰當局稱迷傍觀見審累朝銓定故是周詳何所爲疑不爲申列答曰是何言歟談豈容易昔孔安國注壁中書會巫蠱事經籍道息族兄臧與之書曰相如常忿俗儒淫詞冒義欲撥亂反正而未能果然雅達通博不代而生浮學守株比肩皆是衆非難正自古而然誠恐此道未申而以獨智爲議也則知變易章句其難一矣漢有孔季產者專於古學有孔扶者隨俗浮沉扶謂產云今朝廷皆爲章句內學而君獨修古義修古義則非章句內學非章句內學則危身之道也獨善不容於代必將貽患禍乎則知變易章句其難二矣劉歆以通書屬文待詔官署見左氏傳而大好之後蒙親近欲建斯業哀帝欣納令其討論各遷延推辭不肯置對劉歆移書責讓其言甚切諸博士等皆忿恨之名儒龔勝時爲光祿見歆此議乃乞骸骨司空師丹因大發怒奏歆改亂前志非毀先朝所立帝曰此廣道術何爲毀耶由是犯忤大臣懼誅求出爲河南太守宗室不

典三河又徙五原太守以君實之著名好學公仲之深博守道猶廹同門朋黨之議卒令子駿負謗於時則知變易章句其難三矣子雍規玄數十百件守鄭學者時有中郎馬昭上書以爲肅繆詔王學之輩占答以聞又遣博士張融案經論詰融登召集分別推處理之是非具呈證論王肅酬對疲於歲時則知變易章句其難四矣卜商疑聖納誚於曾輿木賜近賢貽嗤於武叔自此之後唯推鄭公王粲稱伊洛已東淮漢之北一人而已莫不宗焉咸云先儒多闕鄭氏道備粲竊嗟怪因求其學得尙書注退而思之以盡其意意皆盡矣所疑之者猶未喻焉凡有兩卷列於其集又王肅改鄭六十八條張融覈之將定臧否融稱玄注泉深廣博兩漢四百餘年未有偉於玄者然二郊之祭殊天之祀此玄誤也其如皇天祖所自出之帝亦玄慮之失也及服虔釋傳未免差違後代言之思弘聖意非謂揚己之善掩人之名也何者君子用心願聞其過故仲尼曰過也人皆見之更也人皆仰之是也而專門之徒恕己及物或攻先師之誤如聞父母之名將謂亡者之德言而見壓於重壤也故王邵史論曰魏晉浮華古

道亦替洎王肅杜預更開門戶歷載三百士大夫恥爲章句唯草野生以專經自許不能究覽異義擇從其善徒欲父康成兄子慎寧道孔聖誤諱聞鄭服非然於鄭服甚憒憒鄭服之外皆讎也則知變易章句其難五也伏以安國尚書劉歆左傳悉遭擯於曩葉見重於來今故知二人之鑒高於漢廷遠矣孔季產云物極則變比及百年外當有明直君子恨不與吾同代者於戲道之行廢必有其時者歟僕非專經罕習章句高名不著易受經誣頃者修撰殆淹年月賴諸賢輩能左右之免致愆尤仍叨賞賚內省昏朽其榮已多何遽持一己之區區抗羣情之噂喈捨勿矜之美成自我之私觸近名之誡興犯衆之禍一舉四失中材不爲是用韜聲甘此沉默也行沖俄又累表請致仕制許之十七年卒年七十七贈禮部尙書諡曰獻

吳兢汴州浚儀人也勵志勤學博通經史宋州人魏元忠亳州人朱敬則深器重之及居相輔薦兢有史才堪居近侍因令直史館修國史累月拜右拾遺內供奉神龍中遷右補闕與韋承慶崔融劉子玄撰則天實錄成轉起居郎俄遷

水部郎中丁憂還鄉里開元三年服闋抗疏言曰臣修史已成數十卷自停職還家匪忘紙札乞終餘功乃拜諫議大夫依前修史俄兼修文館學士歷衞尉少卿右庶子居職殆三十年敘事簡要人用稱之末年傷於太簡國史未成十七年出爲荊州司馬制許以史藁自隨中書令蕭嵩監修國史奏取兢所撰國史得六十五卷累遷台洪饒蘄四州刺史加銀青光祿大夫遷相州長垣縣子天寶初改官名爲鄴郡太守入爲恆王傅兢嘗以梁陳齊周隋五代史繁雜乃別撰梁齊周史各十卷陳史五卷隋史二十卷又傷疎略兢雖衰耗猶希史職而行步傴僂李林甫以其年老不用天寶八年卒於家時年八十餘兢卒後其子進兢所撰唐史八十餘卷事多紕繆不逮於壯年兢家聚書頗多嘗目錄其卷第號吳氏西齋書目

韋述司農卿弘機曾孫也父景駿房州刺史述少聰敏篤志文學家有書二千卷述爲兒童時記覽皆徧人駭異之景龍中景駿爲肥鄉令述從父至任洺州刺史元行沖景駿姑子爲時大儒常載書數車自隨述入其書齋忘寢與食行

沖異之引與之談貫穿經史事如指掌探賾奧旨如遇師資又試以綴文操牘便就行沖大悅引之同榻曰此吾外家之寶也舉進士西入關時述甚少儀形眇小考功員外郎宋之問曰韋學士童年有何事業述對曰性好著書述有所撰唐春秋三十卷恨未終篇至如詞策仰待明試之問曰本求異才果得遷固是歲登科開元五年爲櫟陽尉祕書監馬懷素受詔編入圖書乃奏用左散騎常侍元行沖左庶子齊澣祕書少監王珣衞尉少卿吳兢幷述等二十六人同於祕閣詳錄四部書懷素尋卒行沖代掌其事五年而成其總目二百卷述好譜學祕閣中見嘗侍柳沖先撰姓族系錄二百卷述於分課之外手自抄錄暮則懷歸如是周歲寫錄皆畢百氏源流轉益詳悉乃於柳錄之中別撰成開元譜二十卷其篤志忘倦皆此類也轉右補闕中書令張說專集賢院事引述爲直學士遷起居舍人說重詞學之士述與張九齡許景先袁暉趙冬曦孫逖王幹常遊其門趙冬曦兄冬日弟知壁居貞安貞頤貞等六人述弟迪逌迥迨巡亦六人並詞學登科說曰趙韋昆季今之杞梓也十八年兼知史官事轉屯田

員外職方吏部二郎中學士知史官事如故及張九齡爲中書令卽集賢之同職裴耀卿爲侍中卽述舅皆相推重語必移晷二十七年轉國子司業傳知史事俄而復兼史職充集賢學士天寶初歷左右庶子加銀青光祿大夫九載兼充禮儀使其載遷尙書工部侍郎封方城縣侯述在書府四十年居史職二十年嗜學著書手不釋卷國史自令狐德棻至於吳兢雖累修撰竟未成一家之言至述始定類例補遺續闕勒成國史一百一十二卷幷史例一卷事簡而記詳雅有良史之才蘭陵蕭穎士以爲譙周陳壽之流述早以儒術進當代宗仰而純厚長者澹於勢利道之同者無閒貴賤皆禮接之家聚書二萬卷皆自校定鉛槧雖御府不逮也兼古今朝臣圖歷代知名人畫魏晉已來草隸眞跡數百卷古碑古器藥方格式錢譜璽譜之類當代名公尺題無不畢備及祿山之亂兩京陷賊玄宗幸蜀述抱國史藏於南山經籍資產焚剽殆盡述亦陷於賊庭授僞官至德二年收兩京三司議罪流於渝州爲刺史薛舒困辱不食而卒其甥蕭直爲太尉李光弼判官廣德二年直因入奏言事稱旨乃上疏理述於

蒼黃之際能存國史致聖唐大典得無遺逸以功補過合霑恩宥乃贈右散騎常侍議者云自唐已來氏族之盛無踰於韋氏其孝友詞學承慶嗣立爲最明於音律則萬石爲最達於禮義則叔夏爲最史才博識以述爲最所撰唐職儀三十卷高宗實錄三十卷御史臺記十卷兩京新記五卷凡著書二百餘卷皆行於代逌學業亦亞於述尤精三禮與述對爲學士迪同爲禮官時人榮之累遷考功員外郎國子司業以風疾卒蕭穎士者聰儁過人富詞學有名於時嘗會席豫張垍及述皆引爲談客開元二十三年登進士第考功員外郎孫逖稱之於朝褊躁無威儀與時不偶前後五授官旋卽駁落乾元初終於揚府功曹

述在祕閣時與鄠縣尉毋煚曹州司法殷踐猷並友善二人相次卒踐猷申州刺史仲容從子明班史通於族姓子寅有至性早孤事母以孝聞應宏詞舉爲永寧尉

史臣曰前代文學之士氣壹矣然以道義偶乖遭遇斯難馬懷素褚无量好古嗜學博識多聞遇好文之君隆師資之禮儒者之榮可謂際會矣劉徐等五公

學際天人才兼文史俾西垣東觀一代粲然蓋諸公之用心也然而子玄鬱結於當年行沖彷徨於極筆官不過俗吏寵不逮常才非過使然蓋此道非趨時之具也其窮也宜哉

贊曰學者如市博通甚難文士措翰典麗惟艱馬褚兢述徐元子玄文學之書胡寧比焉

舊唐書卷一百二

舊唐書卷一百二考證

徐堅傳睿宗即位堅自刑部侍郎加銀青光祿大夫拜左散騎常侍○新書太子左庶子兼崇文館學士

韋述傳○臣德潛按傳末附蕭穎士而文苑中另有蕭穎士傳此爲贅設

舊唐書卷一百二考證

舊唐書卷一百三

後晉司空同中書門下平章事劉昫撰

列傳第五十三

郭虔瓘張嵩　郭知運子英傑　王君㚟賈師順附　張守珪

牛仙客　王忠嗣

郭虔瓘，齊州歷城人也。開元初，累遷右驍衛將軍，兼北庭都護。二年春，突厥默啜遣其子移江可汗及同俄特勒率精騎圍逼北庭，虔瓘率衆固守。同俄特勒單騎親逼城下，虔瓘使勇士伏於路左，突起斬之。賊衆既至，失同俄，相率於城下乞降，請盡軍中衣資器仗以贖同俄。及聞其死，三軍慟哭，便引退。默啜女壻火拔頡利發石阿失畢時與同俄特勒同領兵，以同俄之死，懼不敢歸，遂將其妻歸降。虔瓘以破賊之功，拜冠軍大將軍，又下制曰：「朕聞賞有功，報有德者，政之急也。若功不賞，德不報，則人何謂哉？雲麾將軍、檢校右驍衛將軍、兼北庭都護、瀚海軍經略使、金山道副大總管、招慰營田等使、上柱國、太原縣開國子郭虔瓘宣威將軍守右驍衛翊府中郎將檢校伊州刺史兼伊吾軍使借紫金魚袋上柱國郭知運等早負名節見稱義勇頃者柳中金滿偏師禦敵蕭條窮漠之外奔迫孤城之下強寇益侵援兵不至既守而戰自秋涉冬櫪馬長嘶戍人遠望謀以十勝成其九拒遂能推日逐之遺種斬天驕之愛息豈耿恭班超獨高前史將廉頗李牧與朕同時眷言茂勳是所嘉歎信可以疇其井邑昭示遐邇俾勞臣覩而懦夫立焉虔瓘可進封太原郡開國公知運可封介休縣開國公虔瓘俄轉安西副大都護攝御史大夫四鎮經略安撫使進封潞國公賜實封一百戶虔瓘乃奏請募關中兵一萬人往安西討擊皆給公乘兼供熟食勑許之將作大匠韋湊上疏曰臣聞兵者凶器不獲已而用之今西域諸蕃莫不順軌縱鼠竊狗盜有戍卒鎮兵足宣式遏之威非降赫斯之怒此師之出未見其名臣又聞安不忘危理必資備自近及遠強幹弱枝是以漢實關中徙諸豪族今關輔戶口積久逋逃承前先虛見猶未實屬北虜犯塞西戎駭邊凡在丁壯征行略盡豈宜更募驍勇遠資荒服又一萬行人詣六千餘里咸給遞馱并

供熟食道次州縣將何以供秦隴之西人戶漸少涼州已去沙磧悠然遺彼居
人如何得濟又萬人賞賜費用極多萬里資糧破損尤廣縱令必剋其獲幾何
儻稽天誅無乃甚損請令計議所用所得校其多少卽知利害況用者必賞獲
者未量何要此行頓空畿甸且上古之時大同之化不獨子子不獨親親何隔
華戎務均安靖洎皇道謝古帝德慙皇猶尙綏懷不從征伐有占風覘雨之客
無越海踰山之師其後漢武膺圖志恢土宇西通絕域北擊匈奴雖廣獲珍奇
多斬首級而中國疲耗殆至危亡是以俗號昇平君稱盛德者咸指唐堯之代
不歸漢武之年其要功不成者復焉足比議惟陛下圖之虔瓘竟無克獲之功
尋還右威衛大將軍以疾卒其後又以張嵩爲安西都護以代虔瓘嵩身長七
尺偉姿儀初進士舉常以邊任自許及在安西務農重戰安西府庫遂爲充實
十年轉太原尹卒官俄又以黃門侍郎杜暹代嵩爲安西都護

郭知運字逢時瓜州常樂人壯勇善射頗有膽略初爲秦州三度府果毅以戰
功累除左驍衛中郎將瀚海軍經略使又轉檢校伊州刺史兼伊吾軍使開元

二年春副郭虔瓘破突厥於北庭以功封界休縣公加雲麾將軍擢拜右武衞將軍其秋吐蕃入寇隴右掠監牧馬而去詔知運率衆擊之知運與薛訥王晙等掎角擊敗之拜知運鄯州都督隴右諸軍節度大使四年冬突厥降戸阿悉爛跌跌思太等率衆反叛單于副都護張知運爲賊所執詔薛訥領兵討之叛賊至綏州界詔知運領朔方兵募橫擊之大破賊衆於黑山呼延谷賊捨甲仗走六年知運又率兵入討吐蕃賊徒無備遂掩至九曲獲鎧及甲馬犛牛等數萬計知運獻捷遂分賜京文武五品已上清官及朝集使拜知運爲兼鴻臚卿攝御史中丞加封太原郡公八年六州胡康待賓等反詔知運與王晙討平之拜左武衞大將軍授一子官賜金銀器百事雜綵千段九年卒於軍贈涼州都督錫米粟五百斛絹帛五百段仍令中書令張說爲其碑文知運自居西陲甚爲蕃夷所憚其後王君㚟亦號勇將時人稱王郭焉子英傑英乂英傑官至左衞將軍開元二十一年幽州長史薛楚玉遣英傑及裨將吳克勤烏知義羅守忠等率精騎萬人及降奚之衆以討契丹屯兵於榆關之外契丹首領可突于

引突厥之衆拒戰於都山之下官軍不利知義守忠率麾下便道遁歸英傑與
克勤逢賊力戰皆沒于陣其下精銳六千餘人仍與賊苦戰賊以英傑之首示
之竟不降盡爲賊所殺英乂劍南西川節度使自有傳
王君㚟瓜州常樂人也初爲郭知運別奏驍勇善騎射以戰功累除右衛副率
及知運爲河西隴右節度使遷右羽林軍將軍判涼州都督事開元十六年冬
吐蕃大將悉諾邏率衆入寇大斗谷又移攻甘州焚燒市里而去君㚟以其兵
疲整士馬以掩其後會大雪賊徒凍死者甚衆賊遂取積石軍西路而還君㚟
令副使馬元慶裨將車蒙追之不及君㚟先令人潛入賊境於歸路燒草悉諾
邏還至大非川將息甲牧馬而野草皆盡馬死過半君㚟襲其後入至青海之
西時海水冰合君㚟與秦州都督張景順等率將士並乘冰而渡會悉諾邏已
度大非山輜重及疲兵尚在青海之側君㚟縱兵盡俘獲之及羊馬萬數君㚟
以功還右羽林軍大將軍攝御史中丞依舊判涼州都督封晉昌伯拜其父壽
爲少府監仍聽致仕上又嘗於廣達樓引君㚟及妻夏氏設宴賜以金帛夏氏

亦有戰功故特賞之封爲武威郡夫人其冬吐蕃寇陷瓜州執刺史田仁獻及君奐父壽殺掠人戶幷取軍資及倉糧又進攻玉門軍及常樂縣仍縱僧徒使歸涼州謂君奐曰將軍常欲以忠勇報國今日何不一戰君奐聞父被執登陴西向哭竟不敢出兵初涼州界有迴紇契苾思結渾四部落代爲酋長君奐微時往來涼府爲迴紇等所輕及君奐爲河西節度使迴紇等怏怏恥在其麾下君奐以法繩之迴紇等積怨密使人詣東都自陳枉狀君奐遽發驛奏迴紇部落難制潛有叛謀上使中使往按問之迴紇等竟不得理由是瀚海大都督迴紇承宗長流瀼州渾大得長流吉州賀蘭都督契苾承明長流藤州盧山都督思結歸國長流瓊州右散騎常侍李令問特進契苾嵩以與迴紇等結婚貶令問爲撫州別駕嵩連州別駕於是承宗之黨瀚海州司馬護輸糺合黨與謀殺君奐以復其怨會吐蕃使閒道往突厥君奐率精騎往肅州掩之還至甘州南鞏筆驛護輸伏兵突起奪君奐旌節先殺其左右宗貞剖其心云是其始謀也君奐從數十人與賊力戰自朝至晡左右盡死遂殺君奐馱其屍以奔吐蕃追

及之護輸遂棄君㚟屍而走上甚痛惜之制贈特進荆州大都督給靈轝遞歸京師葬於京城之東官供喪事仍令張說爲其碑文上自書石以寵異之吐蕃之寇瓜州也分遣副將犇布支攻常樂縣令賈師順嬰城固守及瓜州城陷大將悉諾邏又盡引其衆乘勢以攻之數日不陷賊中有分得漢口爲妻者其妻弟在常樂城中悉諾邏使夜就城下詐爲私見謂師順曰瓜州已破吐蕃盡衆來此豈有拒守之理小人妻弟在城情有所念明府何不早降以全城中之衆師順答曰漢法降賊者九族爲戮吾受國官爵祇可以死拒寇豈得背恩降賊悉諾邏知師順不降又攻城八日復令前使謂師順曰明府旣不肯降吾衆欲還城中豈無財物以相贈耶師順請脫士卒衣裳以爲賂悉諾邏知城中無財帛夜燒死人收營而去引衆毀瓜州城師順遽開門收器械更修守備吐蕃果使精騎迴襲而巡城知有備始去賈師順者岐州人也以守城之功累遷鄯州都督隴右節度使入爲左領軍將軍病卒

張守珪陝州河北人也初以戰功授平樂府別駕從郭虔瓘於北庭鎭遣守珪

率衆救援在路逢賊甚衆守珪身先士卒與之苦戰斬首千餘級生擒賊率頡斤一人開元初突厥又寇北庭虔瓘令守珪間道入京奏事守珪因上書陳利害請引兵自蒲昌輪臺翼而擊之及賊敗守珪以功特加游擊將軍再轉幽州良社府果毅守珪儀形瓌壯善騎射性慷慨有節義時盧齊卿爲幽州刺史深禮遇之常共榻而坐謂曰足下數年外必節度幽涼爲國之良將方以子孫相託豈得以寮屬常禮相期耶守珪後累轉左金吾員外將軍爲建康軍使十五年吐蕃寇陷瓜州王君㚟死河西恟懼以守珪爲瓜州刺史墨離軍使領餘衆修築州城板堞纔立賊又暴至城下城中人相顧失色雖相率登陴略無守禦之意守珪曰彼衆我寡又創痍之後不可以矢石相持須以權道制之也乃於城上置酒作樂以會將士賊疑城中有備竟不敢攻城而退守珪縱兵擊敗之於是修復廨宇收合流亡皆復舊業守珪以戰功加銀青光祿大夫仍以瓜州爲都督府以守珪爲都督瓜州地多沙磧不宜稼穡每年少雨以雪水溉田至是渠堰盡爲賊所毀旣地少林木難爲修葺守珪設祭祈禱經宿而山水暴至

大漂材木塞澗而流直至城下守珪使取充堰於是水道復舊州人刻石以紀其事明年遷鄯州都督仍充隴右節度二十一年轉幽州長史兼御史中丞營州都督河北節度副大使俄又加河北採訪處置使先是契丹及奚連年為邊患契丹衙官可突于驍勇有謀略頗為夷人所伏趙含章薛楚玉等前後為幽州長史竟不能拒及守珪到官頻出擊之每戰皆捷契丹首領屈剌與可突于恐懼遣使詐降守珪察知其偽遣管記右衛騎曹王悔詣其部落就謀之悔至屈剌帳賊徒初無降意乃移其營帳漸向西北密遣使引突厥將殺悔以叛會契丹別帥李過折與可突于爭權不叶悔潛誘之斬屈剌可突于盡誅其黨率餘衆以降守珪因出師次于紫蒙川大閱軍實讌賞將士傳屈剌可突于等首于東都梟於天津橋之南詔封李過折為北平王使統其衆尋為可突于餘黨所殺二十三年春守珪詣東都獻捷會籍田禮畢酺宴便為守珪飲至之禮上賦詩以褒美之遂拜守珪為輔國大將軍右羽林大將軍兼御史大夫餘官並如故仍賜雜綵一千匹及金銀器物等與二子官仍詔於幽州立碑以紀功賞

二十六年守珪裨將趙堪白真陁羅等假以守珪之命逼平盧軍使烏知義令
率騎邀叛奚餘衆於湟水之北將踐其禾稼知義初猶固辭真陁羅又詐稱詔
命以迫之知義不得已而行及逢賊初勝後敗守珪隱其敗狀而妄奏克獲之
功事頗泄上令謁者牛仙童往按之守珪厚賂仙童遂附會其事但歸罪於白
真陁羅逼令自縊而死二十七年仙童事露伏法守珪以舊功減罪左遷括州
刺史到官無幾疽發背而卒弟守琦左驍衛將軍守瑜金吾將軍守珪子獻誠
守瑜子獻恭守琦子獻甫三人皆爲與元節度使各自有傳
牛仙客涇州鶉觚人也初爲縣小吏縣令傅文靜甚重之文靜後爲隴右營田
使引仙客參預其事遂以軍功累轉洮州司馬開元初王君㚟爲河西節度使
以仙客爲判官甚委信之時又有判官宋貞與仙客俱爲腹心之任及君㚟死
宋貞亦爲迴紇所殺仙客以不從獲免俄而蕭嵩代君㚟爲河西節度又以軍
政委於仙客仙客清勤不倦接待上下必以誠信及嵩入知政事數稱薦之稍
遷太僕少卿判涼州別駕事仍知節度留後事竟代嵩爲河西節度使判涼州

事歷太僕卿殿中監軍使如故開元二十四年秋代信安王禕爲朔方行軍大總管右散騎常侍崔希逸代仙客知河西節度事初仙客在河西節度時省用所積鉅萬希逸以其事奏聞上令刑部員外郎張利貞馳傳往覆視之仙客所積倉庫盈滿器械精勁皆如希逸之狀上大悅以仙客爲尚書中書令張九齡執奏以爲不可乃加實封二百戶其年十一月九齡等罷知政事遂以仙客爲工部尚書同中書門下三品仍知門下事時有監察御史周子諒竊言于御史大夫李適之曰牛仙客不才濫登相位大夫國之懿親豈得坐觀其事適之遽奏子諒之言上大怒廷詰之子諒辭窮於朝堂決配流瀼州行至藍田而死仙客既居相位獨善其身唯諾而已所有錫賚皆緘封不啓百司有所諮決仙客曰但依令式可也不敢措手裁決明年特封豳國公贈其父意爲禮部尚書祖會爲涇州刺史俄又進拜侍中兼兵部尚書天寶年改易官名拜左相尚書如故其年七月卒年六十八内出絹一千匹布五百端遣中使送至宅以賻之贈尚書左丞謚曰貞簡初仙客爲朔方軍使以姚崇孫閎爲判官及知政事閎累

遷侍御史自云能通鬼道預知休咎仙客頗信惑之及疾甚閔請爲仙客祈禱
在其門下遂逼仙客令作遺表薦閔叔尚書右丞奕及兵部侍郎盧奐堪代己
閔爲起草仙客時既危殆署字不成其妻因中使來弔以其表上玄宗覺而怒
之左遷奕爲永陽太守盧奐爲臨淄太守賜閔死

王忠嗣太原祁人也家于華州之鄭縣父海賓太子右衛率豐安軍使太谷男
以驍勇聞隴上開元二年七月吐蕃入寇朝廷起薛訥攝左羽林將軍爲隴右
防禦使率杜賓客郭知運王晙安思順以禦之以海賓爲先鋒及賊于渭州西
界武階驛苦戰勝之殺獲甚衆諸將嫉其功按兵不救海賓以衆寡不敵歿于
陣大軍乘其勢擊之斬首一萬七千級獲馬七萬五千匹羊牛十四萬頭玄宗
聞而憐之詔贈左金吾大將軍忠嗣初名訓年九歲以父死王事起復拜朝散
大夫尚輦奉御賜名忠嗣養於禁中累年肅宗在忠邸與之游處及長雄毅寡
言嚴重有武略玄宗以其兵家子與之論兵應對縱橫皆出意表玄宗謂之曰
爾後必爲良將十八年又贈其父安西大都護其後遂從河西節度兵部尚書

蕭嵩河東副元帥信安王禕並引爲兵馬使二十一年再轉左領軍衛郎將河西討擊副使左威衛將軍賜紫金魚袋清源男兼檢校代州都督嘗短皇甫惟明義弟王昱憾焉遂爲所陷貶東陽府左果毅屬河西節度使杜希望謀拔新城或言忠嗣之材足以輯事必欲取勝非其人不可希望卽奏聞詔追忠嗣赴河西既下新城忠嗣之功居多因授左威衛郎將專知行軍兵馬是秋吐蕃大下報新城之役晨壓官軍衆寡不敵師人皆懼焉忠嗣乃以所部策馬而前左右馳突當者無不辟易出而復合殺數百人賊衆遂亂三軍翼而擊之吐蕃大敗以功最詔拜左金吾衛將軍同正員尋又兼左羽林軍上將軍河東節度副使兼大同軍使二十八年以本官兼代州都督攝御史大夫兼充河東節度又加雲麾將軍二十九年代韋光乘爲朔方節度使仍加權知河東節度事其月以田仁琬充河東節度使忠嗣依舊朔方節度天寶元年兼靈州都督是歲北伐與奚怒皆戰于桑乾河三敗之大虜其衆耀武漠北高會而旋時突厥葉護新有內難忠嗣盛兵磧口以威振之烏蘇米施可汗懼而請降竟遷延不至忠

嗣乃縱反間於拔悉密與葛邏祿迴紇三部落攻米施可汗走之忠嗣因出兵
伐之取其右廂而歸其西葉護及毗伽可敦男殺葛臘哆率其部落千餘帳入
朝因加左武衞大將軍明年又再破怒皆及突厥之衆自是塞外晏然虜不敢
入天寶三載突厥十姓拔悉密葉等竟攻殺烏蘇米施可汗傳首京師四載加
攝御史大夫充河東節度採訪使五月進封清源縣公忠嗣少以勇敢自負及
居節將以持重安邊爲務嘗謂人云國家昇平之時爲將者在撫其衆而已吾
不欲疲中國之力以徼功名耳但訓練士馬缺則補之有漆弓百五十斤嘗貯
之袋中示無所用軍中皆日夜思戰因多縱間諜以伺虜之隙時以奇兵襲之
故士樂爲用師出必勝每軍出即各召本將付其兵器令給士卒雖一弓一箭
必書其名姓於上以記之軍罷却納若遺失即驗其名罪之故人人自勸甲仗
充牣矣四載又兼河東節度採訪使自朔方至雲中緣邊數千里當要害地開
拓舊城或自創制斥地各數百里自張仁亶之後四十餘年忠嗣繼之北塞之
人復罷戰矣五年正月河隴以皇甫惟明敗衂之後因忠嗣以特節充西平郡

太守判武威郡事充河西隴右節度使其月又權知朔方河東節度使事忠嗣佩四將印控制萬里勁兵重鎮皆歸掌握自國初已來未之有也尋遷鴻臚卿餘如故又加金紫光祿大夫仍授一子五品官後頻戰青海積石皆大尅捷尋又伐吐谷渾於墨離虜其全國而歸初忠嗣在河東朔方日久備諳邊事得士卒心及至河隴頗不習其物情又以功名富貴自處望減於往日矣其載四月固讓朔方河東節度許之玄宗方事石堡城詔問以攻取之略忠嗣奏云石堡險固吐蕃舉國而守之若頓兵堅城之下必死者數萬然後事可圖也臣恐所得不如所失請休兵秣馬觀釁而取之計之上者玄宗因不快李林甫尤忌忠嗣曰求其過六載會董延光獻策請下石堡城詔忠嗣分兵應接之忠嗣僶俛而從延光不悅河西兵馬使李光弼危之遽而入告將及於庭忠嗣曰李將軍有何事乎光弼進而言曰請議軍忠嗣曰何也對曰向者大夫以士卒爲心有拒董延光之色雖曰受詔實奪其謀何者大夫以數萬衆付之而不懸重賞則何以賈三軍之勇乎大夫財帛盈庫何惜數萬段之賞以杜其讒口乎彼如不

捷歸罪於大夫矣忠嗣曰李將軍忠嗣計已決矣平生始望豈及貴乎今爭一城得之未制於敵不得之未害於國忠嗣豈以數萬人之命易一官哉假如明主見責豈失一金吾羽林將軍歸朝宿衛乎其次豈失一黔中上佐乎此所甘心也雖然公寔愛我光弼謝曰向者恐累大夫敢以哀告大夫能行古人之事非光弼所及也遂趨而出及延光過期不剋訴忠嗣緩師故師出無功李林甫又令濟陽別駕魏林告忠嗣稱往任朔州刺史忠嗣爲河東節度云早與忠王同養宮中我欲尊奉太子玄宗大怒因徵入朝令三司推訊之幾陷極刑會哥舒翰代忠嗣爲隴右節度特承恩顧因奏忠嗣之枉詞甚懇切請以己官爵贖罪玄宗怒稍解十一月貶漢陽太守七載量移漢東郡太守明年暴卒年四十五子震天寶中秘書丞其後哥舒翰大舉兵伐石堡城拔之死者太半竟如忠嗣之言當代稱爲名將先是忠嗣之在朔方也每至互市時卽高估馬價以誘之諸蕃聞之競來求市來輒買之故蕃馬益少而漢軍益壯及至河隴又奏請徙朔方河東戎馬九千匹以實之其軍又壯迄于天寶末戰馬蕃息寶應元年

追贈兵部尚書

史臣曰郭虔瓘郭知運王君㚟張守珪牛仙客王忠嗣立功邊域爲世虎臣班超傳介子之流也然虔瓘以萬人征西請給公乘熟食可謂謀之不臧矣君㚟以父執登陴兵竟不出此則不知門外之事義斷恩也守珪以至誠感神取材成堰與夫耿恭拜井有何異焉仙客爰自方隅驟登廊廟顯招物議獨善其身蓋才有不周昧於陳力就列忠嗣因青蠅之點幾危其身讒人之言誠可畏也

贊曰隴山之西幽陵之北爰有戎夷世爲殘賊二郭二王守珪仙客禦寇之功存乎方策

舊唐書卷一百三

舊唐書卷一百四

後晉司空同中書門下平章事劉昫撰

列傳第五十四

高仙芝　封常清　哥舒翰

高仙芝本高麗人也父舍雞初從河西軍累勞至四鎮十將諸衞將軍仙芝美姿容善騎射勇決驍果少隨父至安西以父有功授游擊將軍年二十餘卽拜將軍與父同班秩事節度使田仁琬蓋嘉運未甚任用後夫蒙靈詧累拔擢之開元末爲安西副都護四鎮都知兵馬使小勃律國王爲吐蕃所招妻以公主西北二十餘國皆爲吐蕃所制貢獻不通後節度使田仁琬蓋嘉運幷靈詧累討之不捷玄宗特勑仙芝以馬步萬人爲行營節度使往討之時步軍皆有私馬自安西行十五日至撥換城又十餘日至握瑟德又十餘日至疎勒又二十餘日至葱嶺守捉又行二十餘日至播密川又二十餘日至特勒滿川卽五識匿國也仙芝乃分爲三軍使疎勒守捉使趙崇玭統三千騎趣吐蕃連雲堡自

北谷入使撥換守捉使賈崇瓘自赤佛堂路入仙芝與中使邊令誠自護密國
入約七月十三日辰時會于吐蕃連雲堡堡中有兵千人又城南十五里因山
爲柵有兵八九千人城下有婆勒川水漲不可渡仙芝以三牲祭河命諸將選
兵馬人齎三日乾糧早集河次水既難渡將士皆以爲狂既至人不濕旗馬不
濕韉已濟而成列矣仙芝喜謂令誠曰向吾半渡賊來吾屬敗矣今既濟成列
是天以此賊賜我也遂登山挑擊從辰至巳大破之至夜奔逐殺五千人生擒
千人餘並走散得馬千餘匹軍資器械不可勝數玄宗使術士韓履冰往視曰
懼不欲行邊令誠亦懼仙芝留令誠等以羸病尫弱三千餘人守其城仙芝遂
進三日至坦駒嶺直下峭峻四十餘里仙芝料之曰阿弩越胡若速迎卽是好
心又恐兵士不下乃先令二十餘騎詐作阿弩越城胡服上嶺來迎既至坦駒
嶺兵士果不肯下云大使將我欲何處去言未畢其先使二十人來迎云阿弩
越城胡並好心奉迎娑夷河藤橋已斫訖仙芝陽喜以號令兵士盡下娑夷河
卽古之弱水也不勝草芥毛髮下嶺三日越胡果來迎明日至阿弩越城當日

令將軍席元慶賀婁餘潤先修橋路仙芝明日進軍又令元慶以一千騎先謂小勃律王曰吾取汝城亦不斫汝橋但借汝路過向大勃律去城中有首領五六人皆赤心吐蕃仙芝先約元慶云軍到首領百姓必走入山谷招呼取以勑命賜綵物等首領至齊縛之以待我元慶既至一如仙芝之所教縛諸首領王及公主走入石窟取不可得仙芝至斬其爲吐蕃者五六人急令元慶斫藤橋去勃律猶六十里及暮纔斫了吐蕃兵馬大至已無及矣藤橋闊一箭道修之一年方成勃律先爲吐蕃所詐借路遂成此橋至是仙芝徐自招諭勃律及公主出降並平其國天寶六載八月仙芝虜勃律王及公主趣赤佛堂路班師九月復至婆勒川連雲堡與邊令誠等相見其月末還播密川令劉單草告捷書遣中使判官王廷芳告捷仙芝軍還至河西夫蒙靈詧都不使人迎勞罵仙芝曰噉狗腸高麗奴噉狗屎高麗奴于闐使誰與汝奏得仙芝曰中丞焉耆鎮守使誰邊得曰中丞安西副都護使誰邊得曰中丞安西都知兵馬使誰邊得曰中丞靈詧曰此既皆我所奏安得不待我處分懸奏捷書據高麗奴此罪合當

斬但緣新立大功不欲處置又謂劉單曰聞爾能作捷書單恐懼請罪令誠具奏其狀曰仙芝立奇功今將憂死其年六月制授仙芝鴻臚卿攝御史中丞代夫蒙靈詧爲四鎮節度使徵靈詧入朝靈詧大懼仙芝每日見之趨走如故靈詧益不自安將軍程千里時爲副都護大將軍畢思琛爲靈詧押衙行官王滔康懷順陳奉忠等嘗構譖仙芝之靈詧仙芝既領節度事謂程千里曰公面似男兒心如婦人何也又謂思琛曰此胡敢來我城東一千石種子莊被汝將去憶之乎對曰此是中丞知思琛辛苦見乞仙芝曰吾此時懼汝作威福豈是憐汝與之我欲不言恐汝懷憂言了無事矣又呼王滔等至捽下將笞良久皆釋之由是軍情不懼八載入朝加特進兼左金吾衞大將軍同正員仍與一子五品九載將兵討石國平之獲其國王以歸仙芝性貪獲石國大瑟瑟十餘石真金五六駞駝名馬寶玉稱是初舍雞以仙芝爲懦緩恐其不能自存至是立功家財鉅萬頗能散施人有所求言無不應其載入朝拜開府儀同三司尋除武威太守河西節度使代安思順思諷羣胡割耳剺面請留監察御史裴周南奏之

制復留思順以仙芝爲右羽林大將軍十四載封密雲郡公十一月安祿山據范陽叛是日以京兆牧榮王琬爲討賊元帥仙芝爲副命仙芝領飛騎彍騎及朔方河西隴右應赴京兵馬幷召募關輔五萬人繼封常清出潼關進討仍以仙芝兼御史大夫十二月師發玄宗御望春亭慰勞遣之仍令監門將軍邊令誠監其軍屯於陝州是月十一日封常清兵敗於汜水十三日祿山陷東京常清以餘衆奔陝州謂仙芝曰累日血戰賊鋒不可當且潼關無兵若狂寇奔突則京師危矣宜棄此守急保潼關常清仙芝乃率見兵取太原倉錢絹分給將士餘皆焚之俄而賊騎繼至諸軍惶駭棄甲而走無復隊伍仙芝至關繕修守具又令索承光守善和戍賊騎至關已有備矣不能攻而去仙芝之力也

封常清蒲州猗氏人也外祖犯罪流安西効力守胡城南門頗讀書每坐常清於城門樓上教其讀書多所歷覽外祖死常清孤貧三十餘屬夫蒙靈詧爲四鎮節度使將軍高仙芝爲都知兵馬使頗有材能每出軍奏傔從三十餘人衣服鮮明常清慨然發憤投牒請預一傔常清細瘦目纇脚短而跛仙芝見其貌

寢不納明日又投牒仙芝謂曰吾奏傔已足何煩復來常清怒倨謂仙芝曰常
清慕公高義願事鞭轡所以無媒而前何見拒之深乎公若方圓取人則士大
夫所望若以貌取人恐失之子羽矣仙芝猶未納常清自爾仙芝出入晨夕不
離其門凡數十日仙芝不得已補爲傔開元末會達奚部落背叛自黑山北向
西趣碎葉玄宗勑靈詧邀擊之靈詧使仙芝以兵北至綾嶺下遇賊擊之達奚
行遠人馬皆疲斬殺略盡常清於幕中潛作捷書具言次舍井泉遇賊形勢克
獲謀略事頗精審仙芝所欲言無不周悉仙芝大駭異之仙芝軍迴靈詧賞勞
仙芝去奴袜帶刀見判官劉眺獨孤峻等逆問之曰前者捷書誰之所作副大
使幕下何得有如此人仙芝曰即仙芝傔人封常清也眺等揖仙芝命常清進
坐與語如舊相識衆人方異之以破達奚功授疊州地下戍主便以爲判官累
以軍功授鎮將果毅折衝天寶六年從仙芝破小勃律十二月仙芝代夫蒙靈
詧爲安西節度使便奏常清爲慶王府錄事參軍充節度判官賜紫金魚袋加
朝散大夫專知四鎮倉庫屯田甲仗支度營田事仙芝每出征討常令常清知

留後事常清有才學果決知留後時仙芝之乳母子鄭德詮已爲郎將德詮母在宅內仙芝視之如兄弟家事皆令知之威望動三軍常清出迴諸將皆引前德詮見常清出其門素易之自後走馬突常清而去常清至使院命左右密引至廳連節度使宅院凡經數重門德詮既過命隨後閉之德詮至常清離席謂之曰常清起自細微預中丞兵馬使傔中丞再不納郎將豈不知乎今中丞過聽以常清爲留後使郎將何得無禮對中使相凌因叱之曰郎將須蹔死以肅軍容因令勒迴杖六十面仆地曳出仙芝妻及乳母於門外號哭救之不得因以其狀上仙芝仙芝覽之驚曰已死矣及見常清遂無一言常清亦不之謝諸大將有罪者擊殺二人於是軍中股慄十載仙芝改河西節度使奏常清爲判官王正見爲安西節度奏常清爲四鎮支度營田副使行軍司馬十一載正見死乃以常清爲安西副大都護攝御史中丞持節充安西四鎮節度經略支度營田副大使知節度事十三載入朝攝御史大夫仍與一子五品官賜第一區亡父母皆贈封爵俄而北庭都護程千里入爲右金吾大將軍仍令常清權知北

庭都護持節充伊西節度等使常清性勤儉每出征或乘驛私馬不過一兩匹
賞罰嚴明十四載入朝十一月謁玄宗於華清宮時祿山已叛玄宗言兇胡負
恩之狀何方誅討常清奏曰祿山領兇徒十萬徑犯中原太平斯久人不知戰
然事有逆順勢有奇變臣請走馬赴東京開府庫募驍勇挑馬箠渡河計日取
逆胡之首懸於闕下玄宗方憂壯其言翌日以常清爲范陽節度俾募兵東討
其日常清乘驛赴東京召募旬日得兵六萬皆傭保市井之流乃斫斷河陽橋
於東京爲固守之備十二月祿山渡河陷陳留入甖子谷兇威轉熾先鋒至葵
園常清使驍騎與柘羯逆戰殺賊數十百人賊大軍繼至常清退入上東門又
戰不利賊鼓譟於四城門入殺掠人吏常清又戰於都亭驛不勝退守宣仁門
又敗乃從提象門入倒樹以礙之至穀水西奔至陝郡遇高仙芝具以勢賊告
之恐賊難與爭鋒仙芝遂退守潼關玄宗聞常清敗削其官爵令白衣與仙芝
軍效力仙芝令常清監巡左右廂諸軍常清衣皂衣以從事監軍邊令誠每事
干之仙芝多不從令誠入奏事具言仙芝常清逗撓奔敗之狀玄宗怒遣令誠

齎勅至軍並誅之令誠至潼關引常清於驛南西街宣勅示之常清曰常清所以不死者不忍污國家旌麾受戮賊手討逆無効死乃甘心初常清兵敗入關欲馳赴闕庭至渭南有勅令却赴潼關自草表待罪是日臨刑託令誠上之其表曰中使駱奉仙至奉宣口勅恕臣萬死之罪收臣一朝之効令臣却赴陝州隨高仙芝行營負斧縲囚忽焉解縛敗軍之將更許增修臣常清誠懽誠喜頓首頓首臣自城陷已來前後三度遣使奉表具述赤心竟不蒙引對臣之此來非求苟活實欲陳社稷之計破虎狼之謀冀拜首闕庭吐心陛下論逆胡之兵勢陳討捍之別謀酬萬死之恩以報一生之寵豈料長安日遠謁見無由函谷關遙陳情不暇臣讀春秋見狼瞫稱未獲死所臣今獲矣昨日者與羯胡接戰自今月七日交兵至于十三日不已臣所將之兵皆是烏合之徒素未訓習率周南市人之衆當漁陽突騎之師尚猶殺敵塞路血流滿野臣欲挺身刃下死節軍前恐長逆胡之威以挫王師之勢是以馳御就日將命歸天一期陛下斬臣於都市之下以誡諸將二期陛下問臣以逆賊之勢將誡諸軍三期陛下知

臣非惜死之徒許臣竭露臣今將死抗表陛下或以臣失律之後誑妄爲辭陛
下或以臣欲盡所忠肝膽見察臣死之後望陛下不輕此賊無忘臣言則冀社
稷復安逆胡敗覆臣之所願畢矣仰天飲鴆向日封章卽爲屍諫之臣死作聖
朝之鬼若使歿而有知必結草軍前迴風陣上引王師之旗鼓平寇賊之戈鋋
生死酬恩不任感激臣常清無任永辭聖代悲戀之至常清旣刑陳其尸於蘧
篨上仙芝之歸至廳令誠索陌刀手百餘人隨而從之曰大夫亦有恩命仙芝遽
下遂至常清所刑處仙芝曰我退罪也死不辭然以我爲減截兵糧及賜物等
則誣我也謂令誠曰上是天下是地兵士皆在足下豈不知乎其召募兵排列
在外素愛仙芝仙芝呼謂之曰我於京中召兒郎輩雖得少許物裝束亦未能
足方與君輩破賊然後取高官重賞不謂賊勢憑陵引軍至此亦欲固守潼關
故也我若實有此君輩卽言實我若實無之君輩當言枉兵齊呼曰枉其聲殷
地仙芝又目常清之尸謂之曰封二子從微至著我則引拔子爲我判官俄又
代我爲節度使今日又與子同死於此豈命也夫遂斬之

哥舒翰突騎施首領哥舒部落之裔也蕃人多以部落稱姓因以爲氏祖沮左清道率父道元安西副都護世居安西翰家富於財倜儻任俠好然諾縱蒱酒年四十遭父喪三年客居京師爲長安尉不禮慨然發憤折節仗劍之河西初事節度使王倕倕攻新城使翰經略三軍無不震慴後節度使王忠嗣補爲衙將翰好讀左氏春秋傳及漢書疎財重氣士多歸之忠嗣以爲大斗軍副使嘗使翰討吐蕃于新城有同列爲副者見翰禮倨不爲用翰怒撾殺之軍中股慄遷左衛郎將後吐蕃寇邊翰拒之于苦拔海其衆三行從山差池而下翰持半段槍當其鋒擊之三行皆敗無不摧靡由是知名天寶六載擢授右武衛員外將軍充隴西節度副使都知關西兵馬使河源軍使先是吐蕃每至麥熟時即率部衆至積石軍獲取之共呼爲吐蕃麥莊前後無敢拒之者至是翰使王難得楊景暉等潛引兵至積石軍設伏以待之吐蕃以五千騎至翰於城中率驍勇馳擊殺之略盡餘或挺走伏兵邀擊匹馬不還翰有家奴曰左車年十五六亦有膂力翰善使槍追賊及之以槍搭其肩而喝之賊驚顧翰從而刺其喉皆

剔高三五尺而墮無不死者左車輒下馬斬首率以爲常其冬玄宗在華清宮
王忠嗣被劾勑召翰至與語悅之遂以爲鴻臚卿兼西平郡太守攝御史中丞
代忠嗣爲隴右節度支度營田副大使知節度事仍極言救忠嗣上起入禁中
翰叩頭隨之而前言詞慷慨聲淚俱下帝感而寬之貶忠嗣爲漢陽太守朝廷
義而壯之明年築神威軍於青海上吐蕃至攻破之又築城於青海中龍駒島
有白龍見遂名爲應龍城吐蕃屏跡不敢近青海吐蕃保石堡城路遙而險久
不拔八載以朔方河東羣牧十萬衆委翰總統攻石堡城翰使麾下將高秀巖
張守瑜進攻不旬日而拔之上錄其功拜特進鴻臚員外卿與一子五品官賜
物千匹莊宅各一所加攝御史大夫十一載加開府儀同三司翰素與祿山思
順不協上每和解之爲兄弟其冬祿山思順翰並來朝上使內侍高力士及中
貴人於京城東駙馬崔惠童池亭宴會翰母尉遲氏于闐之族也祿山以思順
惡翰嘗銜之至是忽謂翰曰我父是胡母是突厥公父是突厥母是胡與公族
類同何不相親乎翰應之曰古人云野狐向窟嗥不祥以其忘本也敢不盡心

焉祿山以爲譏其胡也大怒罵翰曰突厥敢如此耶翰欲應之高力士目翰翰遂止十二載進封涼國公食實封三百戶加河西節度使尋封西平郡王時楊國忠有隙於祿山頻奏其反狀故厚賞翰以親結之十三載拜太子太保更加實封三百戶又兼御史大夫翰好飲酒頗恣聲色至土門軍入浴室遘風疾絶倒良久乃蘇因入京廢疾于家及安祿山反上以封常清高仙芝喪敗召翰入拜爲皇太子先鋒兵馬元帥以田良丘爲御史中丞充行軍司馬以王思禮鉗耳大福李承光蘇法鼎管崇嗣及蕃將火拔歸仁李武定渾蕚契苾寧等爲裨將河隴朔方兵及蕃兵與高仙芝舊卒共二十萬拒賊於潼關上御勤政樓勞遣之百寮出餞于郊十五載加翰尚書左僕射同中書門下平章事翰至潼關或勸翰曰祿山阻兵以誅楊國忠爲名公若留兵三萬守關悉以精銳迴誅國忠此漢挫七國之計也公以爲何如翰心許之未發有客泄其謀於國忠國忠大懼乃奏曰兵法安不忘危今潼關兵衆雖盛而無後殿萬一不利京師得無恐乎請選監牧小兒三千人訓練於苑中詔從之遂遣劍南軍將李福劉光庭

分統焉又奏召募一萬人屯於灞上令其腹心杜乾運將之翰慮爲所圖乃上表請乾運兵隸於潼關遂召乾運赴潼關計事因斬之自是翰心不自安又素有風疾至是頗甚軍中之務不復躬親委政於行軍司馬田良丘良丘復不敢專斷教令不一頗無部伍其將王思禮李承光又爭長不叶人無鬭志先是翰數奏祿山雖竊河朔而不得人心請持重以弊之彼自離心因而翦滅之可不傷兵擒茲寇矣賊將崔乾祐於陝郡潛鋒蓄銳而覘者奏云賊殊無備上然之命悉衆速討之翰奏曰賊既始爲兇逆祿山久習用兵必不肯無備是陰計也且賊兵遠來利在速戰今王師自戰其地利在堅守不利輕出若輕出關是入其算乞更觀事勢楊國忠恐其謀己屢奏使出兵上久處太平不練軍事既爲國忠眩惑中使相繼督責翰不得已引師出關六月四日次于靈寶縣之西原八日與賊交戰官軍南迫險峭北臨黃河崔乾祐以數千人先據險要翰及良丘等浮船中流以觀進退謂乾祐兵少輕之遂促將士令進爭路擁塞無復隊伍午後東風急乾祐以草車數十乘縱火焚之煙焰亘天將士掩面開目不得

因爲兇徒所乘王師自相排擠墜于河後者見前軍陷敗悉潰填委于河死者數萬人號叫之聲振天地縛器械以槍爲楫投北岸十不存一二軍既敗翰與數百騎馳而西歸爲火拔歸仁執降於賊祿山謂之曰汝常輕我今日如何翰懼俯伏稱肉眼不識陛下遂至於此陛下爲撥亂主今天下未平李光弼在土門來瑱在河南魯炅在南陽但留臣臣以尺書招之不日平矣祿山大喜遂僞署翰司空作書招光弼等諸將報書皆讓翰不死節祿山知事不諧遂閉翰於苑中潛殺之翰之守潼關也主天下兵權肆志報怨誣奏戶部尚書安思順與祿山潛通僞令人爲祿山遺思順書於關門擒之以獻其年三月思順及弟太僕卿元貞並坐誅徙其家屬于嶺外天下寃之

史臣曰大盜作梗祿山亂常詞雖欲誅國忠志則謀危社稷于時承平日久金革道消封常清高仙芝相次率不教之兵募市人之衆以抗兇寇失律喪師哥舒翰廢疾于家起專兵柄二十萬衆拒賊關門軍中之務不親委任又非其所及遇羯賊旋致敗亡天子以之播遷自身以之拘執此皆命帥而不得其人也

禮曰大夫死衆又曰謀人之軍師敗則死之翰受署賊庭苟延視息忠義之道
即可知也豈不愧於顏杲卿乎抑又聞之古之命將者推轂而謂之曰閫外之
事將軍裁之觀楊國忠之奏事邊令誠之護戎又掣肘於軍政者也未可偏責
三帥不尤伊人後之君子得不深鑑
贊曰羯賊犯順戎車啓行委任失所封高敗亡虔劉圻甸僭竊衣裳醜哉舒翰
不能死王

舊唐書卷一百四

舊唐書卷一百四考證

高仙芝傳六月制授仙芝鴻臚卿攝御史中丞代夫蒙靈詧爲四鎮節度使○臣德潛按此天寶六載六月也而封常清傳又云天寶六載從仙芝破小勃律十二月仙芝代夫蒙靈詧爲安西節度使便奏常清爲慶王府錄事參軍二傳互異

封常清傳十二月祿山渡河陷陳留○新書陷滎陽

舊唐書卷一百四考證

後晉司空同中書門下平章事劉昫撰

列傳第五十五

宇文融　韋堅　楊愼矜　王鉷

宇文融京兆萬年人隋禮部尚書平昌公弢之玄孫也祖節貞觀中爲尚書右丞明習法令以幹局見稱時江夏王道宗嘗以私事託於節節遂奏之太宗大悅賜絹二百匹仍勞之曰朕所以不置左右僕射者正以卿在省耳永徽初累遷黄門侍郎同中書門下三品代于志寧爲侍中坐房遺愛事配流桂州而卒父嶠萊州長史融開元初累轉富平主簿明辯有吏幹源乾曜孟温相次爲京兆尹皆厚禮之俄拜監察御史時天下戶口逃亡免役多僞濫朝廷深以爲患融乃陳便宜奏請檢察僞濫搜括逃戶玄宗納其言因令融充使推勾無幾獲僞濫及諸免役甚衆特加朝散大夫再遷兵部員外郎兼侍御史融於是奏置勸農判官十人並攝御史分往天下所在檢括田疇招攜戶口其新附客戶則

免其六年賦調但輕稅入官議者頗以爲擾人不便陽翟尉皇甫憬上疏曰臣聞智者千慮或有一失愚夫千計亦有一得且無益之事繁則不急之務衆不急之務衆則數役數役則人疲人疲則無聊生矣是以太上務德以靜爲本其次化之以安爲上但責其疆界嚴之隄防山水之餘卽爲見地何必聚人阡陌親遣括量故奪農時遂令受弊又應出使之輩未識大體所由殊不知陛下愛人至深務以勾剝爲計州縣懼罪據牒卽徵逃亡之家鄰保代出鄰保不濟又便更輸急之則都不謀生緩之則慮法交及臣恐逃逸從此更深至如澄流在源止沸由火不可不慎今之具寮向逾萬數蠶食府庫侵害黎人國絕數載之儲家無經月之畜雖其厚稅亦不可供戶口逃亡莫不由此縱使伊臯申術管晏陳謀豈息茲弊若以此給將何以堪雖東海南山盡爲粟帛亦恐不足豈括田稅客能周給也左拾遺楊相如上書咸陳括客爲不便上方委任融侍中源乾曜及中書舍人陸堅皆贊成其事乃貶璟爲盈川尉於是諸道括得客戶凡八十餘萬田亦稱是州縣希融旨意務於獲多皆虛張其數亦有以實戶爲客

者歲終徵得客戶錢數百萬融由是擢拜御史中丞言事者猶稱括客損居人上令集百寮於尚書省議公卿已下懼融恩勢皆雷同不敢有異詞唯戶部侍郎楊瑒獨建議以括客不利居人徵籍外田稅使百姓困弊所得不補所失無幾瑒出爲外職融乃馳傳巡歷天下事無大小先牒上勸農使而後申中書省司亦待融指撝而後決斷融之所至必招集老幼宣上恩命百姓感其心至有流淚稱父母者融使還具奏乃下制曰人惟邦本本固邦寧必在安人方能固本永言理道實獲朕心思所以康濟黎庶寵綏華夏上副宗廟乾坤之寄下答寓縣貢獻之勤何嘗不夜分輟寢日旰忘食然後以眇眇之身當四海之責雖則長想遐邇不可家至日見至于宣布政教安輯逋亡言念再三其勤至矣莫副朕命實用惡焉當扆永懷靜言厥緒豈人流自久招諭不還上情靡通于下衆心罔達於上求之明發想見其人當屬括地使宇文融謁見于延英殿朕以人必土著因議逃亡嘉其忠讜堪任以事乃授其田戶紀綱兼委之都縣釐革便令充使奉以安人遂能恤我黎元克將朕命發自夏首及於歲終巡按所及

歸首百萬仍聞宣制之日老幼欣躍惟令是從多流涙以感朕心咸吐誠以荷
王命猶恐朕之薄德未孚于人撫字安存更冀良算遂命百司長吏方州岳牧
僉議廟堂廣徵異見羣詞盈於札翰環省彌于旬日庶廣朕意豈以爲勞稽衆
考言謂斯折衷欲人必信期於令行凡爾司存勉以遵守夫食爲人天富而後
教經教彝體前哲至言故平糴行於昔王義倉加於近代所以存九年之蓄收
上中之斂穰賤則農不傷財災饉則時無菜色救人活國其利博哉今流戶大
來王田載理敖庾之務寤寐所懷其客戶所稅錢宜均充所在常平倉用仍許
預付價直任粟麥兼貯幷舊常平錢粟並委本道判官句當處置使斂散及時
務以矜恤且分災恤患州黨之常情損餘濟闕親鄰之善貸故木鐸云徇里胥
均功夜績相從齊俗以贍今陽和布澤丁壯就田言念鰥惸事資拯助宣委使
司與州縣商量勸作農社貧富相恤耕耘以時仍每至雨澤之後種穫忙月州
縣常務一切停減使趨時急於備寇尺璧賤於寸陰是則天無虛施人無遺力
又政在經遠功惟久著今逃亡初復居業未康循逃戶及籍外剩田猶宜勞徠

理資存撫其十道分判官三五年內使就厥功令有終始當道覆屯及須推劾並以委之不須廣差餘使亦專其事不擾于人政術有能必行賞罰其已奏復業歸首句當州縣每季一申不須挾名致有勞擾其歸首戶各令新首處與本貫計會年戶色役勿欺隱及其兩處徵科宣布天下使明知朕意中書令張說素惡融之爲人又患其權重融之所奏多建議爭之融揣其意先事圖之中書舍人張九齡言於說曰宇文融承恩用事辯給多詞不可不備也說曰此狗鼠輩焉能爲事融尋兼戶部侍郎從東封還又密陳意見分吏部爲十銓典選事所奏又爲說所抑融乃與御史大夫崔隱甫連名劾說廷奏其狀說由是罷知政事融恐說復用爲己患數譖毀之上惡其朋黨尋出融爲魏州刺史俄轉汴州刺史又上表請用禹貢九河舊道開稻田以利人幷迴易陸運本錢官收其利雖與役不息而事多不就十六年復入爲鴻臚卿兼戶部侍郎明年拜黃門侍郎與裴光庭並兼同中書門下平章事融既居相位欲以天下爲己任謂人曰使吾居此數月庶令海內無事矣於是薦宋璟爲右丞相裴耀卿爲戶部侍

郎許景先爲工部侍郎甚允朝廷之望然性躁急多言又引賓客故人晨夕飲
謔由是爲時論所譏時禮部尚書信安王禕爲朔方節度使殿中侍御史李宙
驛召將下獄禕旣申訴得理融坐阿黨李宙出爲汝州刺史在相凡百日而罷
裴光庭時兼御史大夫又彈融交遊朋黨及男受贓等事貶昭州平樂尉在嶺
外歲餘司農少卿蔣岑舉奏融在汴州迴造船脚隱沒鉅萬給事中馮紹烈又
深文案其事實融於是配流巖州地旣瘴毒憂恚發疾遂詣廣府將停留未還
都督耿仁忠謂融曰明公負朝廷深譴以至於此更欲故犯嚴命淹留他境仁
忠見累誠所甘心亦恐朝廷知明公在此必不相容也融遽還卒于路上聞之
思其舊恩贈台州刺史
韋堅京兆萬年人父元珪先天中銀青光祿大夫開元初兗州刺史堅姊爲贈
惠宣太子妃堅妻又楚國公姜皎女堅妹又爲皇太子妃中外榮盛故早從官
叙二十五年爲長安令以幹濟聞與中貴人善探候主意見宇文融楊愼矜父
子以句剝財物爭行進奉而致恩顧堅乃以轉運江淮租賦所在置吏督察以

裨國之倉廩歲益鉅萬玄宗以爲能天寶元年三月擢爲陝郡太守水陸轉運使自西漢及隋有運渠自關門西抵長安以通山東租賦奏請於咸陽擁渭水作興成堰截灞滻水傍渭東注至關西永豐倉下與渭合於長安城東九里長樂坡下滻水之上架苑牆東面有望春樓樓下穿廣運潭以通舟楫二年而成堅預於東京汴宋取小斛底船三二百隻置於潭側其船皆署牌表之若廣陵郡船即於栿背上堆積廣陵所出錦鏡銅器海味丹陽郡船即京口綾衫段晉陵郡船即折造官端綾繡會稽郡船即銅器羅吳綾絳紗南海郡船即瑇瑁真珠象牙沉香豫章郡船即名瓷酒器茶釜茶鐺茶椀宣城郡船即空青石紙筆黃連始安郡船即蕉葛蚺蛇膽翡翠船中皆有米吳郡即三破糯米方丈綾凡數十郡駕船人皆大笠子寬袖衫芒屨如吳楚之制先是人間戲唱歌詞云得丁紇反體都董反紇那也紇囊得體耶潭裏船車鬧揚州銅器多三郎當殿坐看唱得體歌至開元二十九年田同秀上言見玄元皇帝云有寶符在陝州桃林縣古關令尹喜宅發中使求而得之以爲殊祥改桃林爲靈寶縣及此潭成陝縣

尉崔成甫以堅爲陝郡太守鑿成新潭又致揚州銅器翻出此詞廣集兩縣官使婦人唱之言得寶弘農野弘農得寶那潭裏船車鬧揚州銅器多三郎當殿坐看唱得寶歌成甫又作歌詞十首白衣缺胯綠衫錦半臂偏袒膊紅羅抹額於第一船作號頭唱之和者婦人一百人皆鮮服靚糚齊聲接影鼓笛胡部以應之餘船洽進至樓下連檣彌亘數里觀者山積京城百姓多不識驛馬船檣竿人人駭視堅跪上諸郡輕貨又上百牙盤食府縣進奏教坊出樂迭奏玄宗歡悅下詔勅曰古之善政者貴於足食欲求富國者必先利人朕關輔之間尤資殷贍比來轉輸未免艱辛故置此潭以通漕運萬代之利一朝而成將允叶於永圖豈苟求於縱觀其陝郡太守韋堅始終檢校夙夜勤勞賞以懋功則惟常典宜特與三品仍改授一子三品京官兼太守判官等並卽量與改轉其專知檢校始末不闕潭所者并孔目官及至典選日優與處分仍委韋堅具名錄奏應役人夫等雖各酬傭直終使役日多並放今年地稅且啓鑿功畢舟檝已通既涉遠途又能先至永言觀勵稍宜甄獎其押運綱各賜一中上考準前錄

奏船夫等宜共賜錢二千貫以充宴樂外郡進上物賜貴戚朝官賜名廣運潭
時堅姊故惠宣太子妃亦出寶物供樓上鋪設進食竟日而罷李林甫以堅姜
氏壻甚狎之至是懼其詭計求進承恩日深堅又與李適之善益怒之恐入爲
相乃與腹心構成其罪四月進銀青光祿大夫左散騎常侍陝郡太守水陸轉
運使句當緣河及江淮南租庸轉運處置使並如故又以判官元擿豆盧友除
監察御史三年正月堅又加兼御史中丞封韋城男九月拜守刑部尚書奪諸
使以楊慎矜代之五載正月望夜堅與河西節度鴻臚卿皇甫惟明夜遊同過
景龍觀道士房爲林甫所發以堅戚里不合與節將狎暱是構謀規立太子玄
宗惑其言遽貶堅爲晉雲太守惟明爲播川太守尋發使殺惟明於黔中籍其
資財六月又貶堅爲江夏員外別駕又構堅與李適之善貶適之爲宜春太守
七月堅又長流嶺南臨封郡堅弟將作少匠蘭鄠縣令冰兵部員外郎芝堅男
河南府戶曹諒並遠貶至十月使監察御史羅希奭逐而殺之諸弟及男諒並
死堅妻姜氏林甫以其久遭輕賤特放還本宗倉部員外郎鄭章貶南豐丞殿

中侍御史鄭欽說貶夜郎尉監察御史豆盧友貶富水尉監察御史楊惠貶巴東尉連累者數十人又勑嗣薛王琄夷陵郡員外別駕長任其母隨男任女壻新貶巴陵太守盧幼林長流合浦郡肅宗時爲皇太子恐懼上表稱與新婦離絶七載嗣薛王琄停仍於夜郎郡安置其母亦勒隨男堅貶黜後林甫諷所司發使於江淮東京緣河轉運使恣求堅之罪以聞因之綱典船夫溢於牢獄郡縣徵剝不止鄰伍盡成裸形死於公府林甫死乃停

楊愼矜隋煬帝玄孫也曾祖隋齊王暕祖正道大業末隨宇文化及至河北爲竇建德所破因與其祖母蕭皇后入于建德軍建德送于突厥處羅可汗牙貞觀初李靖擊破頡利可汗胡酋康蘇密以蕭后及正道歸授尚衣奉御父隆禮長安中天官郎中神龍後歷洛梁滑汾懷五州刺史皆以清嚴能檢察人吏絶於欺隱聞景雲中以名犯玄宗上字改爲崇禮開元初擢爲太府少卿雖錢帛充牣丈尺間皆躬自省閱時議以爲前後爲太府者無與爲比擢拜太府卿加銀青光祿大夫進封弘農郡公在職二十年公清如一年九十餘授戶部尚書

致仕時太平且久御府財物山積以爲經楊卿者無不精好每歲句剝省便出錢數百萬貫愼矜沉毅有材幹任氣尚朋執初爲汝陽令有能名崇禮罷太府玄宗訪其子堪委其父任者宰臣以愼餘愼矜愼名三人皆勤恪清白有父風而愼矜爲其最因拜監察御史知太府出納愼餘先爲司農丞除太子舍人監京倉尋丁父憂二十六年服闋累遷侍御史仍知太府出納愼名授大理評事攝監察御史充都含嘉倉出納使甚承恩顧愼矜於諸州納物者有水漬傷破及色下者皆令本州徵折估錢轉市輕貨州縣徵調不絕於歲月矣在臺數年又專知雜事風格甚高天寶二年遷權判御史中丞充京畿採訪使知太府出納使並如故時右相李林甫握權愼矜以遷拜不由其門懼不敢居其任固讓之因除諫議大夫兼侍御史仍依舊知太府出納以鴻臚少卿蕭諒爲御史中丞諒至臺無所撝讓頗不相能竟出爲陝郡太守林甫以愼矜屈於己復擢爲御史中丞仍充諸道鑄錢使餘如故時散騎常侍陝郡太守韋堅兼御史中丞爲水陸漕運使權傾宰相侍御史王鉷推堅獄愼矜引身中立以候望鉷恨之

林甫亦憾焉慎矜與鉷父瑨中外兄弟鉷即表姪少相狎鉷入臺慎矜爲臺端亦有推引及鉷遷中丞雖與鉷同列每呼爲王鉷鉷特與林甫善漸不平之五載慎矜遷戶部侍郎中丞使如故林甫見慎矜受主恩心嫉之又知王鉷於慎矜有間又誘而啗之鉷乃伺其隙以陷之慎矜奪鉷職田背詈鉷詆其母氏鉷不堪其辱慎矜性疎快素昵於鉷嘗話讖書於鉷又與還俗僧史敬忠游處敬忠有學業鉷於林甫構成其罪云慎矜是隋家子孫心規克復隋室故蓄異書與凶人來往而說國家休咎時天寶六載十一月玄宗在華清宮林甫令人發之玄宗震怒繫之於尚書省詔刑部尚書蕭隱之大理卿李道邃少卿楊璹侍御史楊釗殿中侍御史盧鉉同鞫之又使京兆士曹吉溫往東京收慎矜兄少府少監慎餘弟洛陽令慎名等雜訊之又令溫於汝州捕史敬忠獲之便赴行在所先令盧鉉收太府少卿張瑄於會昌驛繫而推之瑄不肯答辯鉉百端拷訊不得乃令不良枷瑄以手力絆其足以木按其足間橛其枷柄向前挽其身長校數尺腰細欲絶眼鼻皆血出謂之驢駒拔撅瑄竟不肯答又使鉉與御史

崔器入城搜愼矜宅無所得拷其小妻韓珠團乃在暨櫃上作一闇函盛讖書等鉉於袖中出而納之詬以示愼矜愼矜曰他日不見今乃來是命也吾死矣及溫以敬忠至戲水驛東十餘里使證說之若至溫湯卽求首陳不可得矣去溫湯十餘里敬忠乞紙筆於桑樹下具吐之比見愼矜敬忠證之愼矜皆引實二十五日詔楊愼矜愼餘愼名並賜自盡史敬忠決重杖一百鮮于賁范滔並決重杖配流遠郡愼矜外甥前通事舍人辛景湊決杖配流義陽郡司馬嗣虢王巨與敬忠相識解官於南賓郡安置太府少卿張瑄決六十長流嶺南臨封郡亦死於流所愼矜兄弟幷史敬忠莊宅官收以男女配流嶺南諸郡其張瑄万俟承暉鮮于賁等準此配流乃使監察御史顏真卿送勑至東京殿中侍御史崔寓引愼名令河南法曹張萬頃宣勑示之愼名見愼矜賜自盡初尙撫膺及聞愼餘及身皆爾遂止及宣勑了愼名曰今奉聖恩不敢稽留晷刻但以寡姊老年請作數行書以別之寓揖真卿真卿許之愼名神色不變入房中作書曰拙於謀運不能靜退兄弟幷命唯姊尙存老年孤煢何以堪此書後又數條

事又宅中作一板池池中魚一皆放之遂縊而死監察御史平冽齊勑至大理寺慎餘聞死合掌指天而縊初慎矜至温湯正食忽見一鬼物長丈餘朱衣冠幘立於門扇後慎矜叱之良久不滅以熱羹投乃滅無何下獄死兄弟甚友愛事寡姊如母皆偉儀形風韻高朗愛客喜飲籍甚於時慎名嘗覽鏡見其鬚面神彩有過於人覆鏡歎惋曰吾兄弟三人盡長六尺餘有如此貌如此材而見容當代以期全難矣何不使我少體弱耶竟如其言

王鉷太原祁人也祖方翼夏州都督爲時名將生瑨珣瑨開元初並歷中書舍人珣兵部侍郎祕書監鉷即瑨之孽子開元十年爲鄠縣尉京兆尹稻田判官二十四年再遷監察御史二十九年累除戶部員外郎常兼御史天寶二年充京和市和糴使遷戶部郎中三載長安令柳升以賄敗初韓朝宗爲京兆尹引升爲京令朝宗又于終南山下爲苟家觜買山居欲以避世亂玄宗怒勅鉷推之朝宗自高平太守貶爲吳興別駕又加鉷長春宮使四載加句戶口色役使又遷御史中丞兼充京畿採訪使五載又爲京畿關內道黜陟使又兼充

關內採訪使時右相李林甫怙權用事志謀不利於東儲以除不附己者而鉷有吏幹倚之轉深以爲己用既爲戶口色役使時有勑給百姓一年復鉷卽奏徵其脚錢廣張其數又市輕貨乃甚於不放輸納物者有浸漬折估皆下本郡徵納又勑本郡高戶爲租庸脚士皆破其家產彌年不了恣行割剝以媚於時人用嗟怨古制天子六宮皆有品秩高下其俸物因有等差唐法沿於周隋妃嬪宮官位有尊卑亦隨其品而給授以供衣服鉛粉之費以奉於宸極玄宗在位多載妃御承恩多賞賜不欲頻於左右藏取之鉷探旨意歲進錢寶百億萬便貯於內庫以恣主恩錫賚鉷云此是常年額外物非征稅物玄宗以爲鉷有富國之術利於王用益厚待之丁嫡母憂起復舊職使如故七載又加檢察內作事遷戶部侍郎仍兼御史中丞賜紫魚金袋八載兼充閑廏使及苑內營田五坊宮苑等使隴右羣牧都支度營田使餘並如故太白山人李渾言于金星洞見老人云有玉版石記符聖上長生久視玄宗令鉷入山洞求而得之因上尊號加鉷銀青光祿大夫都知總監及栽接等使九載五月兼京兆尹使並如

故鉷威權轉盛兼二十餘使近宅爲使院文案堆積胥吏求押一字卽累日不遂中使賜遺不絕於門雖晉公林甫亦畏避之林甫子岫爲將作監供奉禁中鉷子準衞尉少卿亦鬬鷄供奉每謔岫岫常下之萬年尉韋黃裳長安尉賈季隣常於廳事貯錢數百緡名倡珍饌常有備擬以候準所適又於宅側自有追歡之所鉷與弟戶部郎中銲召術士任海川遊其門問其相命言有王否海川震懼潛匿不出鉷懼洩其事令逐之至馮翊郡得誣以他事杖殺之定安公主男韋會任王府司馬聞之話於私庭乃被侍兒說於傭保者或有憾於會告於鉷鉷遣賈季隣收於長安獄入夜縊之明辰載屍還其家會皇堂外甥同產兄王繇尚永穆公主而惕息不敢言十載封太原縣公又兼殿中監十一載四月銲與故鴻臚少卿邢璹子縡情密累年縡潛構逆謀引右龍武軍萬騎刻取十一月殺龍武將軍因燒諸城門及市分數百人殺楊國忠及右相李林甫左相陳希烈等先期二日事發玄宗臨朝召鉷上於玉案前過狀與鉷鉷好弈棋縡善棊鉷因銲與之交故至是意銲在縡處金城坊密召之日晏始令捕賊官捕

之萬年尉薛榮光長安尉賈季鄰等捕之逢銲於化度寺門季鄰爲鉷所引用爲赤尉銲謂之曰我與邢縡故舊縡今反恐事急妄相引請足下勿受其言榮先等至縡門縡等十餘人持弓刃突出榮先等遂與格戰季鄰以銲語白鉷鉷謂之曰我弟何得與之有謀乎鉷與國忠共討逐縡縡下人曰勿損大夫人國忠爲劍南節度使有隨身官以白國忠曰賊有號不可戰須臾驃騎大將軍內侍高力士領飛龍小兒甲騎四百人討之縡爲亂兵所斬擒其黨善射人韋瑤等以獻國忠以白玄宗玄宗以鉷委任深必不與之知情鉷與銲別生嫉其富貴故欲陷鉷耳遂特原銲不問然意欲鉷請罪之上密令國忠諷之國忠不敢洩上意諷鉷曰且主上眷大夫深今日大夫須割慈存門戶但抗疏請罪郎中郎中亦未必至極刑大夫必存何如併命鉷俛首久曰小弟先人餘愛平昔頻有處分義不欲捨之而謀存乃進狀十二日鉷入朝左相陳希烈言語侵之鉷恨之憤訴言氣頗高鉷朝迴於中書侍郎廳修表令人進狀門司已不納矣須臾勑希烈推之鉷以表示宰相林甫曰大夫後之矣遂不許俄銲至國忠問大

夫知否銲未及應侍御史裴冕恐銲引之冕叱詈之曰足下爲臣不忠爲弟不義聖上以大夫之故以足下爲戸部郎中又加五品恩亦厚矣大夫豈知綷事乎國忠愕然謂銲曰實知卽不可隱不知亦不可妄引銲方曰七兄不知季鄰證其罪及日暮奏之銲決杖死於朝堂賜鉷自盡於三衛廚明日移於資聖寺廊下裴冕言於國忠令歸宅權斂之又請令妻女送墓所國忠義而許之令鉷判官齊奇營護之男準除名長流嶺南承化郡備長流珠崖郡至故驛殺之妻薛氏及在室女並流初鉷與御史中丞戸部侍郎楊愼矜親且情厚頗爲汲引及貴盛爭權鉷附於李林甫爲所誘陷愼矜家經五年而鉷至赤族豈天道歟

史臣曰夫奸佞之輩惟事悅人聚斂之臣無非害物賈禍招怨敗國喪身罕不由斯道也君人者中智已降亦心緣利動言爲甘聞志雖慕於聖明情不勝於嗜欲徒有賢佐無如之何所以禮經戒其勿蓄宇文融韋堅楊愼矜王鉷皆開元之倖人也或以括戸取媚或以漕運承恩或以聚貨得權或以剝下獲寵負勢自用人莫敢違張說李林甫手握大權承主恩顧尙遭凌擯以身下之他人

卽可知也然天道惡盈器滿則覆終雖不令其弊已多良可痛也宋璟裴耀卿許景先獲居重任因融薦之此亦有鳳之一毛也玄宗以聖哲之姿處高明之位未免此累或承之羞後之帝王得不深鑑

贊曰財能域人聚則民散如何帝王志求餘羨融堅矜鉠因利乘便以徼寵榮宜招後患

舊唐書卷一百五

舊唐書卷一百五考證

楊愼矜傳太府少卿張瑄決六十長流嶺南○新書瑄與愼矜同賜死

王珙傳祖方翼爲時名將生琎○沈炳震曰按王方翼傳作子瑤新書作子瑱

舊唐書卷一百五考證

舊唐書卷一百六

後晉司空同中書門下平章事劉昫撰

列傳第五十六

李林甫　楊國忠　張暐　王琚

王毛仲陳玄禮附

李林甫高祖從父弟長平王叔良之曾孫叔良生孝斌官至原州長史孝斌生思誨官至揚府參軍思誨即林甫之父也林甫善音律初爲千牛直長其舅楚國公姜皎深愛之開元初遷太子中允時源乾曜爲侍中乾曜姪孫光乘姜皎妹壻乾曜與之親乾曜之男潔白其父曰李林甫求爲司門郎中乾曜曰郎官須有素行才望高者哥奴豈是郎官耶數日除諭德哥奴林甫小字累遷國子司業十四年宇文融爲御史中丞引之同列因拜御史中丞歷刑吏二侍郎時武惠妃愛傾後宮二子壽王盛王以母愛特見寵異太子瑛益疎薄林甫多與中貴人善乃因中官白惠妃云願保護壽王惠妃德之初侍中裴光庭妻武三

思女詭譎有材略與林甫私中官高力士本出三思家及光庭卒武氏銜哀祈
於力士請林甫代其夫位力士未敢言玄宗使中書令蕭嵩擇相嵩久之以右
丞韓休對玄宗然之乃令草詔力士遽漏於武氏乃令林甫白休休既入相甚
德林甫與嵩不和乃薦林甫堪爲宰相惠妃陰助之因拜黃門侍郎玄宗眷遇
益深二十三年以黃門侍郎平章事裴耀卿爲侍中中書侍郎平章事張九齡
爲中書令林甫爲禮部尚書同中書門下三品並加銀青光祿大夫林甫面柔
而有狡計能伺候人主意故驟歷清列爲時委任而中官妃家皆厚結託伺上
動靜皆預知之故出言進奏動必稱旨而猜忌陰中人不見於詞色朝廷受主
恩顧不由其門則構成其罪與之善者雖廝養下士盡至榮寵尋歷戸兵二尚
書知政事如故尋又以太子瑛鄂王瑤光王琚皆以母失愛而有怨言駙馬都
尉楊洄白惠妃玄宗怒謀於宰臣將罪之九齡曰陛下三箇成人兒不可得太
子國本長在宮中受陛下義方人未見過陛下奈何以喜怒間忍欲廢之臣不
敢奉詔玄宗不悅林甫惘然而退初無言既而謂中貴人曰家事何須謀及於

人時朔方節度使牛仙客在鎮有政能玄宗加實封九齡又奏曰邊將訓兵秣馬儲蓄軍實常務耳陛下賞之可也欲賜實賦恐未得宜惟聖慮思之帝默然林甫以其言告仙客仙客翌日見上泣讓官爵玄宗欲行實封之命兼爲尚書九齡執奏如初帝變色曰事總由卿九齡頓首曰陛下使臣待罪宰相事有未允臣合盡言違忤聖情合當萬死玄宗曰卿以仙客無門籍耶卿有何門閥九齡對曰臣荒徼微賤仙客中華之士然陛下擢臣踐臺閣掌綸誥仙客本河湟一使典目不識文字若大任之臣恐非宜林甫退而言曰但有材識何必辭學天子用人何有不可玄宗滋不悅九齡與中書侍郎嚴挺之善挺之初娶妻出之妻乃嫁蔚州刺史王元琰時元琰坐贓詔三司使推之挺之救免其罪玄宗察之謂九齡曰王元琰不無贓罪嚴挺之囑託所由輩有顏面九齡曰此挺之前妻今已婚崔氏不合有情玄宗曰卿不知雖離之亦却有私玄宗籍前事以九齡有黨與裴耀卿俱罷知政事拜左右丞相出挺之爲洺州刺史元琰流于嶺外卽日林甫代九齡爲中書集賢殿大學士修國史拜牛仙客工部尚書同

中書門下平章事知門下省事監察御史周子諒言仙客非宰相器玄宗怒而殺之林甫言子諒本九齡引用乃貶九齡為荆州長史玄宗終用林甫之言廢太子瑛鄂王瑤光王琚為庶人太子妃兄駙馬都尉薛鏽長流瀼州死於故驛人謂之三庶聞者冤之其月侫媚者言有烏鵲巢於大理獄戶天下幾致刑措玄宗推功元輔封林甫晉國公仙客豳國公其冬惠妃病三庶人為祟而薨儲宮虛位玄宗未定所立林甫曰壽王年已成長儲位攸宜玄宗曰忠王仁孝年又居長當守器東宮乃立為皇太子自是林甫懼巧求陰事以傾太子林甫既秉樞衡兼領隴右河西節度又加吏部尚書天寶改易官名為右相停知節度事加光祿大夫遷尚書左僕射六載加開府儀同三司賜實封三百戶而恩渥彌深凡御府膳羞遠方珍味中人宣賜道路相望與宰相李適之雖同宗屬而適之輕率嘗與林甫同論時政多失大體由是主恩益疎以至罷免黃門侍郎陳希烈性便佞嘗曲事林甫適之既罷乃引希烈同知政事林甫久典樞衡天下威權並歸於己台司機務希烈不敢參議但唯諾而已每有奏請必先賂遺

左右伺察上旨以固恩寵上在位多載倦於萬機恆以大臣接對拘檢難徇私欲自得林甫一以委成故杜絕逆耳之言恣其宴樂衽席無別不以爲恥由林甫之贊成也林甫京城邸第田園水磑利盡上腴城東有薛王別墅林亭幽邃甲於都邑特以賜之及女樂二部天下珍玩前後賜與不可勝紀宰相用事之盛開元已來未有其比然每事過慎條理衆務增修綱紀中外遷除皆有恆度而耽寵固權己自封植朝望稍著必陰計中傷之初韋堅登朝以堅皇太子妃兄引居要職示結恩信實圖傾之乃潛令御史中丞楊愼矜陰伺堅隙會正月望夜皇太子出遊與堅相見愼矜知之奏上上大怒以爲不軌黜堅免太子妃韋氏林甫因是奏李適之與堅昵狎及裴寬韓朝宗並曲附適之上以爲然賜堅自盡裴韓皆坐之斥逐後楊愼矜權位漸盛林甫又忌之乃引王鉷爲御史中丞託以心腹鉷希林甫意遂誣罔密奏愼矜左道不法遂族其家楊國忠以椒房之親出入中禁奏請多允乃擢在臺省令按刑獄會皇太子良娣杜氏父有鄰與子壻柳勣不叶勣飛書告有鄰不法引李邕爲證詔王鉷與國忠按問

鉷與國忠附會林甫奏之於是賜有隣自盡出良娣爲庶人李邕裴敦復枝黨數人並坐極法林甫之苞藏安忍皆此類也林甫自以始謀不佐皇太子慮爲後患故屢起大獄以危之賴太子重愼無過流言不入林甫嘗令濟陽別駕魏林告隴右河西節度使王忠嗣林往任朔州刺史忠嗣時爲山東節度自云與忠王同養宮中情意相得欲擁兵以佐太子玄宗聞之曰我兒在內何路與外人交通此妄也然忠嗣亦左授漢陽太守八載咸寧太府趙奉章告林甫罪狀二十餘條告未上林甫知之諷御史臺逮捕以爲妖言重杖決死十載林甫兼領安西大都護朔方節度俄兼單于副大都護十一載以朔方副使李獻忠叛讓節度舉安思順自代國家武德貞觀已來蕃將如阿史那社爾契苾何力忠孝有才略亦不專委大將之任多以重臣領使以制之開元中張嘉貞王晙張說蕭嵩杜暹皆以節度使入知政事林甫固位志欲杜出將入相之源嘗奏曰文士爲將怯當矢石不如用寒族蕃人蕃人善戰有勇寒族卽無黨援帝以爲然乃用思順代林甫領使自是高仙芝哥舒翰皆專任大將林甫利其不識文

字無入相由然而祿山竟爲亂階由專得大將之任故也林甫恃其早達輿馬
被服頗極鮮華自無學術僅能秉筆有才名於時者尤忌之而郭愼微苑咸文
士之闒茸者代爲題尺林甫典選部時選人嚴迥判語有用杕杜二字者林甫
不識杕字謂吏部侍郎韋陟曰此云杖杜何也陟俛首不敢言太常少卿姜度
林甫舅子度妻誕子林甫手書慶之曰聞有弄麞之慶客視之掩口初楊國忠
登朝林甫以微才不之忌及位至中司權傾朝列林甫始惡之時國忠兼領劍
南節度會南蠻寇邊林甫請國忠赴鎭帝雖依奏然待國忠方渥有詩送行句
末言又相之意又曰卿止到蜀郡處置軍事屈指待卿林甫心尤不悅林甫時
已寢疾其年十月扶疾從幸華清宮數日增劇巫言一見聖人差減帝欲視之
左右諫止乃勑林甫出於庭中上登降聖閣遙視舉紅巾招慰之林甫不能興
使人代拜於席翌日國忠自蜀還謁林甫拜於牀下林甫垂涕託以後事尋卒
贈太尉揚州大都督給班劍西園祕器諸子以吉儀護柩還京師發喪於平康
坊之第林甫晚年溺於聲妓姬侍盈房自以結怨於人常憂刺客竊發重扃複

壁絡板甃石一夕屢徙雖家人不知之有子二十五人女二十五人岫爲將作監崿爲司儲郎中嶼爲太常少卿子壻張博濟爲鴻臚少卿鄭平爲戸部員外郎杜位爲右補闕齊宣爲諫議大夫元撝爲京兆府戸曹初林甫嘗夢一白皙多鬚長丈夫逼己接之不能去既寤言曰此形狀類裴寛寛謀代我故也時寛爲戸部尚書兼御史大夫故因李適之黨斥逐之是時楊國忠始爲金吾胄曹參軍至是不十年林甫卒國忠竟代其任其形狀亦類寛焉國忠素憾林甫既得志誣奏林甫與蕃將阿布思同構逆謀誘林甫親族閒素不悅者爲之證詔奪林甫官爵廢爲庶人岫崿諸子並謫於嶺表林甫性沉密城府深阻未嘗以愛憎見於容色自處台衡動循格令衣冠士子非常調無仕進之門所以秉鈞二十年朝野側目憚其威權及國忠誣構天下以爲冤

楊國忠本名釗蒲州永樂人也父珣以國忠貴贈兵部尚書則天朝幸臣張易之即國忠之舅也國忠無學術拘檢能飲酒蒱博無行爲宗黨所鄙乃發憤從軍事蜀帥以屯優當遷益州長史張寛惡其爲人因事笞之竟以屯優授新都

尉稍遷金吾衛兵曹參軍太真妃即國忠從祖妹也天寶初太真有寵劍南節度使章仇兼瓊引國忠爲賓佐既而擢授監察御史去就輕率驟履清貴朝士指目嗤之時李林甫將不利於皇太子掎摭陰事以傾之侍御史楊慎矜望風旨誣太子妃兄韋堅與皇甫惟明私謁太子以國忠怙寵敢言援之爲黨以按其事京兆府法曹吉溫舞文巧詆爲國忠爪牙之用因深竟堅獄堅及太子良娣杜氏親屬柳勣杜昆吾等痛繩其罪以樹威權於京城別置推院自是連歲大獄追捕擠陷誅夷者數百家皆國忠發之林甫方深阻保位國忠凡所奏劾涉疑似於太子者林甫雖不明言以指導之皆林甫所使國忠乘而爲邪得以肆意上春秋高意有所愛惡國忠探知其情動契所欲驟遷檢校度支員外郎兼侍御史監水陸運及司農出納錢物內中市買召募劍南健兒等使以稱職遷度支郎中不朞年兼領十五餘使轉給事中兼御史中丞專判度支事是歲貴妃姊虢國韓國秦國三夫人同日拜命兄銛拜鴻臚卿八載玄宗召公卿百寮觀左藏庫喜其貨幣山積面賜國忠金紫兼權太府卿事國忠既專錢穀之

任出入禁中日加親幸初楊愼矜希林甫旨引王鉷爲御史中丞同構大獄以
傾東宮旣帝意不迴愼矜稍避事防患因與鉷有隙鉷乃附國忠奏誣愼矜誅
其昆仲繇是權傾內外公卿惕息吉溫爲國忠陳移奪執政之策國忠用其謀
尋兼兵部侍郎京兆尹蕭炅御史中丞宋渾皆林甫所親善國忠皆誣奏譴逐
林甫不能救王鉷爲御史大夫兼京兆尹恩寵侔於國忠而位望居其右國忠
忌其與己分權會邢縡事泄乃陷鉷兄弟誅之因代鉷爲御史大夫權京兆尹
賜名國忠乃窮竟邢縡獄令引林甫交私鉷銲與阿布思事狀而陳希烈哥舒
翰附會國忠證成其狀上由是疎薄林甫南蠻質子閤羅鳳亡歸不獲帝怒甚
欲討之國忠薦閬州人鮮于仲通爲益州長史令率精兵八萬討南蠻與羅鳳
戰于瀘南全軍陷沒國忠掩其敗狀仍敘其戰功仍令仲通上表請國忠兼領
益部十載國忠權知蜀郡都督府長史充劍南節度副大使知節度事仍薦仲
通代己爲京兆尹國忠又使司馬李宓率師七萬再討南蠻宓渡瀘水爲蠻所
誘至和城不戰而敗李宓死於陣國忠又隱其敗以捷書上聞自仲通李宓再

舉討蠻之軍其徵發皆中國利兵然於土風不便沮洳之所陷瘴疫之所傷饋餉之所乏物故者十八九凡舉二十萬衆棄之死地隻輪不還人銜冤毒無敢言者國忠尋兼山南西道採訪使十一載南蠻侵蜀蜀人請國忠赴鎮林甫亦奏遣之將辭雨泣懇陳必為林甫所排帝憐之不數月召還會林甫卒遂代為右相兼吏部尚書集賢殿大學士太清太微宮使判度支劍南節度山南西道採訪兩京出納租庸鑄錢等使並如故國忠本性疎躁強力有口辯既以便佞得宰相剖決幾務居之不疑立朝之際或攘袂扼腕自公卿已下皆頤指氣使無不讋憚故事宰相居台輔之地以元功盛德居之不務威權出入騎從簡易自林甫承恩顧年深每出車騎滿街節將侍郎有所關白皆趨走辟易有同案吏舊例宰相午後六刻始出歸第林甫奏太平無事以巳時還第機務填委皆決於私家主書吳珣持籍就左相陳希烈之第希烈引籍署名都無可否國忠代之亦如前政國忠自侍御史以至宰相凡領四十餘使又專判度支吏部三銓事務鞅掌但署一字猶不能盡皆責成胥吏賄賂公行國忠既以宰臣典選

奏請銓日便定留放不用長名先天已前諸司官知政事午後歸本司決事兵部尚書侍郎亦分銓注擬開元已後宰臣數少始崇其任不歸本司故事吏部三銓三注三唱自春及夏才終其事國忠使胥吏於私第暗定官員集百寮於尚書省對注唱一日令畢以誇神速資格差謬無復倫序明年注擬又於私第大集選人令諸女弟垂簾觀之笑語之聲朗聞於外故事注官訖過門下侍中給事中國忠注官時呼左相陳希烈於座隅給事中在列曰既對注擬過門下了矣吏部侍郎韋見素張倚皆衣紫是日與本曹郎官同咨事趨走於屏樹之間既退國忠謂諸妹曰兩員紫袍主事何如人相對大噱其所昵京兆尹鮮于仲通中書舍人竇華侍御史鄭昻諷選人於省門立碑以頌國忠銓綜之能貴妃姊虢國夫人國忠與之私於宣義里構連甲第土木被綈繡棟宇之盛兩都莫比晝會夜集無復禮度有時與虢國並轡入朝揮鞭走馬以爲諧謔衢路觀之無不駭歎玄宗每年冬十月幸華清宮常經冬還宮國忠山第在宮東門之南與虢國相對韓國秦國甍棟相接天子幸其第必過五家賞賜宴樂每扈從

驪山五家合隊國忠以劍南幢節引於前出有餞路還有軟脚遠近餉遺珍玩狗馬閹侍歌兒相望于道進封衛國公食實封三百戶俄拜司空時安祿山恩寵特深總握兵柄國忠知其跋扈終不出其下將圖之屢於上前言其悖逆之狀上不之信是時祿山已專制河北聚幽并勁騎陰圖逆節動未有名伺上千秋萬歲之後方圖叛換及見國忠用事慮不利於己祿山遙領內外閑廐使遂以兵部侍郎吉温知留後兼御史中丞京畿採訪使內伺朝廷動靜國忠使門客蹇昂何盈求祿山陰事圍捕其宅得李超安岱等使侍御史鄭昂縊殺於御史臺又奏貶吉温於合浦以激怒祿山幸其搖動內以取信於上上竟不之悟由是祿山惶懼遂舉兵以誅國忠爲名玄宗聞河朔變起欲以皇太子監國自欲親征謀於國忠國忠大懼歸謂姊妹曰我等死在旦夕今東宮監國當與娘子等併命矣姊妹哭訴於貴妃貴妃銜土請命其事乃止及哥舒翰守潼關諸將以函關距京師三百里利在守險不利出攻國忠以翰持兵未決慮反圖己欲其速戰自中督促之翰不獲已出關及接戰桃林王師奔敗哥舒受擒敗國

喪師皆國忠之誤惑也自祿山兵起國忠以身領劍南節制乃布置腹心於梁益間以圖自全之計六月九日潼關不守十二日凌晨上率龍武將軍陳玄禮左相韋見素京兆尹魏方進國忠與貴妃及親屬擁上出延秋門諸王妃主從之不及慮賊奄至令內侍曹大仙擊鼓于春明門外又焚芻藁之積煙火燭天既渡渭即令斷便橋辰時至咸陽望賢驛官吏駭竄無復貴賤坐宮門大樹下亭午上猶未食有老父獻麨帝令具飯始得食翌日至馬嵬軍士飢而憤怒龍武將軍陳玄禮懼亂先謂軍士曰今天下崩離萬乘震蕩豈不由楊國忠割剝甿庶朝野怨咨以至此耶若不誅之以謝天下何以塞四海之怨憤衆曰念之久矣事行身死固所願也會吐蕃和好使在驛門遮國忠訴事軍士呼曰楊國忠與蕃人謀叛諸軍乃圍驛擒國忠斬首以徇是日貴妃既縊韓國虢國二夫人亦爲亂兵所殺御史大夫魏方進死左相韋見素傷良久兵解陳玄禮等見上謝罪曰國忠撓敗國經構興禍亂使黎元塗炭乘輿播越此而不誅患難未已臣等爲社稷大計請矯制之罪帝曰朕識之不明任寄失所近亦覺悟審其

詐佞意欲到蜀肆諸市朝今神明啓卿諧朕夙志將疇爵賞何至言焉是時祿山雖據河洛其兵鋒東止於梁宋南不過許鄧李光弼郭子儀統河朔勁卒連收恆定若崤函固守兵不妄動則兇逆之勢不討自弊及哥舒翰出師凡不數日乘輿遷幸朝廷陷沒百寮繫頸妃主被戮兵滿天下毒流四海皆國忠之召禍也國忠子暄朏曉晞暄爲太常卿兼戶部侍郎尚延和郡主朏爲鴻臚卿尚萬春公主兄弟各立第於親仁里窮極奢侈國忠娶蜀倡裴氏女曰裴柔國忠既死柔與虢國夫人皆自剄死暄死於馬嵬朏陷賊被殺曉走漢中郡漢中王瑀榜殺之晞走至陳倉爲追兵所殺國忠之黨翰林學士張漸竇華中書舍人宋昱吏部郎中鄭昂等憑國忠之勢招來賂遺車馬盈門財貨山積及國忠敗皆坐誅滅其斲喪王室俱一時之沴氣焉

張暐汝州襄城人也祖德政武德中鄆州刺史暐景龍初爲銅鞮令家本豪富好賓客以弋獵自娛會臨淄王爲路州別駕暐潛識英姿傾身事之日奉遊處及樂人趙元禮自山東來有女美麗善歌舞王幸之止於暐第生廢太子瑛唐

隆元年六月王清內難升爲皇太子召暐拜宮門大夫每與諸王姜皎崔滌李令問王守一薛伯陽在太子左右以接歡令問其年擢拜左臺侍御史數月遷左御史臺中丞先天元年太子即位帝居武德殿太平公主有異謀廣樹朋黨暐與僕射劉幽求請先爲備太平聞之白於睿宗乃流暐於嶺南峯州幽求謫於嶺外及太平之敗幽求追拜尚書左僕射兼侍中暐爲大理卿封鄧國公實封三百戶逾月又加權兼雍州長史其年十二月改元開元以雍州爲京兆府長史爲尹暐首遷京兆尹入侍宴私出主都政以爲榮寵之極暐亦有應務才幹遷太子詹事判尚書左右丞再除左羽林大將軍三爲左金吾大將軍又爲殿中監太僕卿二十年以暐年高加特進子履冰季良弟晤皆居清列天寶初暐還鄉拜掃特賜錦袍繒綵御賜詩以寵異之乘傳來往勑郡縣供擬暐鬢髮華皓在輿中子弟車馬連接數里衣冠榮之中使中路追賜藥物至襄城月餘詔還京五載薨年九十餘贈開府儀同三司其後履冰爲金吾將軍季良殿中監俱列棨戟時人美之暐壽考善保終始

王琚懷州河內人也叔父隱客則天朝爲鳳閣侍郎琚少孤而聰敏有才略好玄象合鍊之學神龍初年二十餘嘗謁駙馬王同皎同皎甚器之益歡洽言及刺武三思事琚義而許之與周璟張仲之爲忘年之友及同皎敗琚恐爲吏所捕變姓名詣於江都傭書於富商家主人後悟其非傭者以女嫁之資給其財經四五年睿宗登極琚具白主人厚資其行裝乃至長安遇玄宗爲太子監國爲太平公主所忌思立孱弱以竊威權太子憂危沙門普潤先與玄宗筮剋清內難加三品食實封常入太子宮琚見之說以天時人事歷然可觀普潤白玄宗玄宗異之及琚於吏部選補諸暨主簿於東宮過謝及殿而行徐視高中官曰殿下在簾下琚曰在外只聞有太平公主不聞有太子太子有大功於社稷大孝於君親何得有此聲玄宗遽召見之琚曰頃韋庶人智識淺短親行弒逆人心盡搖思立李氏殿下誅之爲易今社稷已安太平則天之女凶狡無比專思立功朝之大臣多爲其用主上以元妹之愛能忍其過賤臣淺識爲殿下深憂玄宗命之同榻而坐玄宗泣曰四哥仁孝同氣唯有太平言之恐有違犯不

言憂患轉深爲臣爲子計無所出琚曰天子之孝貴於安宗廟定萬人徵之於昔蓋主漢帝之長姊帝幼蓋主共養帝於宮中後與上官桀燕王謀害大司馬霍光不議及君上漢主恐危劉氏以大義去之況殿下功格天地位尊儲貳太平雖姑臣妾也何敢議之今劉幽求張說郭元振一二大臣心輔殿下太平之黨必有移奪安危之計不可立談玄宗又曰公有何小藝可隱跡與寡人遊處琚曰飛丹鍊藥談諧嘲詠堪與優人比肩玄宗益喜與之爲友恨相知晚呼爲王十一翌日奏授詹事府司直內共俸兼崇文學士日與諸王及姜皎等侍奉焉獨琚常預祕計踰月又拜太子舍人尋又兼諫議大夫內供奉又贈其父故下邽丞仲友楚州刺史先天元年七月玄宗居尊位在武德殿八月擢拜中書侍郎時劉幽求張暐並流於嶺外琚見事迫請早爲之計二年七月三日琚與岐王範薛王業姜皎李令問王毛仲王守一並預誅逆以鐵騎至承天門時睿宗聞鼓譟聲召郭元振升承天樓宣詔下關侍御史任知古召募數百人於朝堂不得入頃間琚等從玄宗至樓上誅蕭至忠岑羲竇懷貞常元楷李慈李猷

等睿宗遜居百神殿十日拜琚銀青光祿大夫戶部尚書封趙國公食實封五百戶皎銀青光祿大夫工部尚書封楚國公實封五百戶令問銀青光祿大夫殿中監宋國公實封三百戶毛仲輔國大將軍左武衛大將軍檢校閑廐兼知監牧使霍國公實封五百戶守一銀青光祿大夫太常卿員外置同正員進封晉國公實封五百戶琚皎令問並固讓尚書殿中監不上十八日琚皎依舊官各加實封二百戶通前七百戶累日玄宗讌於內殿賜功臣金銀器皿各一床雜綵各一千匹絹一千匹列於庭讌慰終夕載之而歸琚轉見恩顧每延入閤中迄夜方出歸休之日中官至第召之中官亦使尚宮就琚宅問訊琚母時果珍味賚之助其甘旨琚在帷幄之側常參聞大政時人謂之內宰相無有比者又贈其父魏州刺史或有上說於玄宗曰彼王琚麻嗣宗譎詭縱橫之士可與履危不可得志天下已定宜益求純樸經術之士玄宗乃疎之十一月令御史大夫持節巡天兵以北諸軍十二月改年號爲開元又改官名與蘇頲同爲紫微侍郎二年二月迴未及京便除澤州刺史削封歷衡郴滑虢沔夔許潤九州

刺史又復其封二十年丁母憂二十二年起復右庶子兼嶲州刺史又改同蒲通鄧蔡五州刺史天寶後又爲廣平鄴郡二太守性豪侈著勳中朝又食實封典十五州常受饋遺下檐帳設皆數千貫玄宗念舊常優容之侍兒二十人皆居寶帳家累三百餘口作造不遵於法式雖居州伯與佐官胥吏酋豪連榻飲謔或擕蒱藏鉤以爲樂每移一州車馬塡路數里不絕擕妓從禽恣爲歡賞垂四十年矣時李邕王弼與琚皆年齒尊高久在外郡書疏尺題來往有譴謫留落之句右相林甫以琚等負材使氣陰議除之五載正月琚果爲林甫構成其罪貶琚江華郡員外司馬削階封至任未幾林甫使羅希奭重按之希奭排馬牒至琚懼仰藥竟不能死及希奭至遂自縊而卒死非其罪人用憐之天寶元年贈太子少保

王毛仲本高麗人也父游擊將軍職事求婁犯事沒官生毛仲因隸于玄宗性識明悟玄宗爲臨淄王常伏事左右及出兼潞州別駕又見李宜德趫捷善騎射爲人蒼頭以錢五萬買之景龍三年冬玄宗還長安以二人挾弓矢爲翼初

太宗貞觀中擇官戶蕃口中少年驍勇者百人每出遊獵令持弓矢於御馬前射生令騎豹文韉著畫獸文衫謂之百騎至則天時漸加其人謂之千騎分隸左右羽林營孝和謂之萬騎亦置使以領之玄宗在藩邸時常接其豪俊者或賜飲食財帛以此盡歸心焉毛仲亦悟玄宗旨待之甚謹玄宗益憐其敏惠及四年六月中宗遇弑韋后稱制令韋播高嵩爲羽林將軍令押千騎營榜棰以取威其營長葛福順陳玄禮等相與見玄宗訴冤會玄宗已與劉幽求麻嗣宗薛崇簡等謀舉大計相顧益歡令幽求諷之皆願決死從命及二十日夜玄宗入苑中宜德從焉毛仲避之不入乙夜福順等至玄宗曰與公等除大逆安社稷各取富貴在於俄頃何以取信福順等請號而行斯須斬韋播韋璿高嵩等頭來玄宗舉火視之又召鍾紹京領總監丁匠刀鋸百人至因斬關而入后及安樂公主等皆爲亂兵所殺其夜少帝以玄宗著大勳進封平王以紹京幽求知政事署詔勑崇簡嗣宗及福順宜德功大者爲將軍次者爲中郎將其時梓宮在殯舉城縞素及明玄宗引新立功者皆衣紫衣緋持滿鐵騎而出傾城聚

觀歡慰其犯道者盡曝屍於城外毛仲數日而歸玄宗不責又超授將軍及玄
宗爲皇太子監國因奏改左右萬騎左右營爲龍武軍與左右羽林爲北四門
軍以福順等爲將軍以押之龍武官盡功臣受錫賚號爲唐元功臣長安良家
子避征徭納資以求隸於其中遂每軍至數十人毛仲專知東宮駝馬鷹狗等
坊未逾年已至大將軍階三品矣及先天二年七月毛仲預誅蕭岑等功授輔
國大將軍左武衛大將軍檢校內外閑廐兼知監牧使進封霍國公實封五百
戶毛仲奉公正直不避權貴兩營萬騎功臣閑廐官吏皆懼其威人不敢犯苑
中營田草萊常收率皆豐溢玄宗以爲能開元十四年贈其父秦州刺史毛仲
雖有賜莊宅奴婢駝馬錢帛不可勝紀常於閑廐側內宅住每入侍讌賞與諸
王姜皎等御幄前連榻而坐玄宗或時不見則悄然如有所失見之則歡洽連
宵有至日晏其妻已邑號國夫人賜妻李氏又爲國夫人每入內朝謁二夫人
同承賜賚生男孩稚已授五品與皇太子同遊故中官楊思勗高力士等常避
畏之七年進位特進行太僕卿餘並如故九年持節充朔方道防禦討擊大使

仍以左領軍大總管王晙與天兵軍節度張說東與幽州節度裴伷先等計會毛仲部統嚴整羣牧孳息遂數倍其初芻粟之類不敢盜竊每歲迴殘常致數萬斛不三年扈從東封以諸牧馬數萬匹從每色爲一隊望如雲錦玄宗益喜於岳下以宰相源乾曜張說加左右丞相毛仲加開府儀同三司自玄宗先天正位後以后父王同皎及姚崇宋璟及毛仲十五年間四人至開府又勑張說爲監牧頌以美之十七年從朝五陵又贈毛仲父益州大都督毛仲益驕嘗求爲兵部尚書玄宗不悅毛仲怏怏見於詞色又福順子娶毛仲女宜德唐地文等數十人皆與毛仲善倚之多爲不法中官等妬其全盛逾己專發其罪尤倨慢之中官高品者毛仲視之蔑如也如卑品者小忤意則坐辱如己之僮僕力士輩恨入骨髓毛仲承恩遇妻產嘗借苑中亭子納涼玄宗借之中官構之彌甚曰北門奴官太盛豪者皆一心不除之必起大患後毛仲索甲仗於太原軍器監時嚴挺之爲少尹奏之玄宗恐其黨震懼爲亂乃隱其實狀詔曰開府儀同三司兼殿中監霍國公內外閑廐監牧都使王毛仲是惟微細非有功績擢

自家臣升于朝位恩寵莫二委任斯崇無涓塵之益肆驕盈之至往屬艱難遽茲逃匿念深惟舊義在優容仍荷殊榮蔑聞悛悔在公無竭盡之効居常多怨望之詞迹其深愆合從誅殛恕其庸昧宜從遠貶可瀼州別駕員外置長任差使馳驛領送至任勿許東西及判事左領軍大將軍耿國公葛福順貶壁州員外別駕左監門將軍盧龍子唐地文貶振州員外別駕右武衛將軍成紀侯李守德貶嚴州員外別駕守德本宜德也立功後改名右威衛將軍王景耀貶黨州員外別駕右威衛將軍高廣濟貶道州員外別駕毛仲男太子僕守貞貶施州司戶太子家令守廉貶溪州司戶率更令守慶貶鶴州司倉左監門長史守道貶涪州參軍連累者數十人又詔殺毛仲及永州而縊之其後中官益盛而陳玄禮以淳樸自檢宿衛宮禁志節不衰天寶中玄宗在華清宮乘馬出宮門欲幸虢國夫人宅玄禮曰未宣勑報臣天子不可輕去就玄宗爲之迴轡他年在華清宮逼正月半欲夜遊玄禮奏曰宮外卽是曠野須有備預若欲夜遊願歸城闕玄宗又不能違及安祿山反玄禮欲於城中誅楊國忠事不果竟於馬

嵬斬之從玄宗入巴蜀迴封蔡國公實封三百戶上元元年八月致仕

史臣曰李林甫以諂佞進身位極台輔不懼盈滿蔽主聰明生既唯務陷人死亦爲人所陷得非彼蒼假手以示禍淫者乎楊國忠稟性奸回才薄行穢領四十餘使恣弄威權天子莫見其非羣臣由之杜口致祿山叛逆鑾輅播遷梟首覆宗莫救艱步以玄宗之睿哲而惑於二人者蓋巧言令色先意承旨財利誘之迷而不悟也開元任姚崇宋璟而治幸林甫國忠而亂與夫齊桓任管仲隰朋幸豎刁易牙亦何異哉書曰臣有作福作威害于而家凶于而國孔子曰佞人殆誠哉是言也張暐王琚王毛仲皆鄧通閎孺之流也琚有締構之功過多僭侈死於非罪亦可惜之

贊曰天啓亂階甫忠當國蔽主聰明秉心讒慝暐同二王亦承恩德吁哉僭踰不知紀極

舊唐書卷一百六

舊唐書卷一百六考證

李林甫傳○李林甫楊國忠新書入姦臣傳

楊國忠傳是日貴妃旣縊韓國虢國二夫人亦爲亂兵所殺○臣德潛按楊貴妃傳虢國至陳倉爲縣令薛景仙所殺未嘗從入蜀也此顯誤

舊唐書卷一百六考證

西元二〇二〇年十一月一日重製一版

舊唐書（附考證）冊六（晉劉昫撰）

平裝十冊基本定價捌仟元正
（郵運匯費另加）

發行人　張敏君
發行處　中華書局
臺北市內湖區舊宗路二段一八一巷八號五樓（5FL., No. 8, Lane 181, JIOU-TZUNG Rd., Sec 2, NEI HU, TAIPEI, 11494, TAIWAN）
客服電話：886-2-8797-8396
公司傳真：886-2-8797-8909
匯款帳戶：華南商業銀行西湖分行
179100026931
印　刷：維中科技有限公司
海瑞印刷品有限公司

No. N1053-6

國家圖書館出版品預行編目(CIP)資料

舊唐書/(晉)劉昫撰. -- 重製一版. -- 臺北市 :
中華書局, 2020.11
冊 ;　公分
ISBN 978-986-5512-33-0(全套 : 平裝)

1.唐史

624.101　　109016731